G

18275

HISTOIRE
DE
L'EUROPE.

IMPRIMERIE DE D'URTUBIE ET WORMS,
Rue Saint-Pierre-Montmartre, 17.

HISTOIRE
DE L'EUROPE,

PENDANT

LA RÉVOLUTION FRANÇAISE
ET L'EMPIRE;

PAR ARCHIBALD ALISON.

TRADUITE DE L'ANGLAIS SUR LA DEUXIÈME ÉDITION,

PAR M. PAQUIS.

TOME DEUXIÈME.

PARIS,
BEAUVAIS, LIBRAIRE-ÉDITEUR,
RUE SAINT-THOMAS-DU-LOUVRE, 26.

—

1838.

HISTOIRE DE L'EUROPE,

PENDANT LA RÉVOLUTION FRANÇAISE.

CHAPITRE V.

DEPUIS L'OUVERTURE DE L'ASSEMBLÉE LÉGISLATIVE JUSQU'A LA CHUTE DE LA MONARCHIE.

ARGUMENT.

Formation de l'Assemblée Législative.— Etat du pays pendant les élections. — L'émigration des nobles continue. — Ses funestes effets. — Ouverture de l'assemblée.— Partis qui la composent.— Les Girondins et les Feuillants.— Clubs de la capitale, les Cordeliers et les Jacobins. — Luttes avec l'église. — Debats sur la confiscation des propriétés, et lois contre les émigrés. — Décrets contre ces derniers, et contre le clergé non assermenté. — Le roi refuse de les sanctionner, mais il rappelle les émigrés et sanctionne le décret contre le comte d'Artois. — Election d'un maire de Paris. — Debats sur les relations extérieures. — Préparatifs de guerre. — Ils sont vivement combattus par Robespierre. — Changement de ministère. — Les Girondins admis au pouvoir. — Dumourier, son caractère, et Madame Rolland. — Affaires étrangères. — La guerre désirée par tous les partis, mais spécialement par les Girondins. — Le roi cède contre son propre jugement, et la guerre est déclarée. — Massacre d'Avignon. — Terrible insurrection à St-Domingue. — La garde royale dissoute par l'assemblée. — Changement de ministère. — Nouveaux ministres choisis parmi les Feuillants — Les Girondins, pour se venger, organisent l'insurrection contre le trône. — Lettre de Lafayette à l'assemblée.—Troubles du 20 juin.—L'assemblée et le Palais-Royal envahis par la populace.—Conduite héroïque du roi, de la reine et de la princesse Elisabeth. — Première apparition de Napoléon. Indignation publique qu'excite cet outrage.—Lafayette arrive à Paris.—Il n'est soutenu ni par la cour ni par la garde nationale, et échoue. — Les Girondins organisent ouvertement une révolte. — Débats dans l'assemblée sur ce sujet. — Fête du 14 juillet. — Arrivée des fédérés à Paris. — Divers plans de la cour. —Progrès des Prussiens et des Autrichiens.—Proclamation du duc de Brunswick. — Nouveaux préparatifs de la cour et des insurgés.—Le roi se retire avec sa famille dans l'Assemblée Législative. — Conflit dans la place du Carrousel, et massacre des Suisses. — Prise et pillage du palais. — Détrônement du roi. — Réflexions générales sur les erreurs des révolutionnaires, des nobles et des alliés, qui amenèrent ces évènements.

Le suffrage universel, ou un cens extrêmement bas, a toujours été, dans les moments d'effervescence démocratique, l'objet favori du peuple. Tous les hommes, dit-on, sont égaux par la nature; les privilèges dont jouissent quelques-uns d'entre eux sont le fruit de l'injustice et de la superstition ; et le premier pas vers la liberté c'est de rétablir l'ancienne égalité de l'espèce. C'est d'après ce principe que se dirigea l'Assemblée Constituante; elle donna le droit de concourir à l'élection des représentants de la nation à tous les citoyens domiciliés, et l'Assemblée Législative est le premier exemple sur une grande échelle, qu'offre l'Europe moderne, des effets d'une élection complètement populaire.

Si l'objet du gouvernement n'était que de protéger les personnes contre la violence ou l'injustice, et que tout homme, à quelque rang, qu'il appartînt, fût également capable de juger des questions politiques, il n'est pas douteux que les prétentions des basses classes à une part égale dans la représentation nationale seraient bien fondées, parce que pour tous les hommes la vie a la même valeur. Mais le gouvernement n'a pas moins pour but la protection des propriétés que celles des personnes; et de ce double devoir résulte la nécessité de borner le droit d'élection à ceux qui possèdent le dernier avantage.

Dans la vie privée les hommes ne se trompent jamais sur ce sujet. Lorsqu'il s'agit de l'administration d'un fonds commun, ou de la disposition d'une propriété commune, jamais on ne songe à donner au moindre partenaire le même droit qu'au plus fort, à donner au créancier réclamant vingt schillings sur la fortune d'un failli, par exemple, le même vote qu'à celui à qui il est dû une somme de dix mille livres sterling. L'injustice d'un tel partage serait trop choquante. Les intérêts des gros créanciers courraient le risque le plus imminent d'être violés ou négligés par ceux dont la part est si minime.

Dans le monde politique, les intérêts supposés ou immédiats de la grande masse du peuple sont non-seulement différents, ils sont même contraires à ceux des possesseurs du sol. Acquérir est l'affaire des uns; conserver celui des autres. Les lois agraires, et le partage égal de la propriété, ou les mesures qui tendent indirectement à ce but, seront dans tous les temps l'objet des désirs d'une multitude irréfléchie, qui en apparence n'a rien à perdre et tout à gagner, dans de pareilles convulsions. Dans le fait, leurs véritables intérêts ne peuvent manquer d'en souffrir considérablement à la fin, mais c'est là une conséquence éloignée, qui ne frappera jamais l'esprit du grand nombre.

Dans l'état ordinaire de la société, la supériorité d'intelligence et d'énergie morale des hautes classes leur donne les moyens de contrôler efficacement cette tendance naturelle, mais dangereuse, de la part de leurs inférieurs. Mais le suffrage universel ou un cens bas fait disparaître toutes les barrières, et réduit toutes les luttes du genre humain à un pur calcul de nombre; dans un tel système, le vote de Napoléon ou de Newton n'a pas plus de poids que celui d'un manœuvre ignorant. Les représentants élus d'après un pareil principe, ne sont réellement rien autre chose que des tribuns du peuple, forcés de faire valoir les vœux de leurs constituants. Les luttes de parti se résolvent en pures querelles d'intérêts opposés. Aux époques de tranquillité, cette petite guerre peut bien ne produire qu'un système de législation égoïste; dans des moments d'agitation il occasionne une insurrection générale des basses classes contre les classes supérieures.

La vérité de ces observations se manifesta d'une manière éclatante dans l'histoire de l'Assemblée Législative. Les décrets de l'assemblée qui l'avait précédée avaient concentré toutes les prérogatives de la souveraineté dans le peuple; il avait obtenu ce qui équivalait presque au suffrage universel, et des élections biennales; ses représentants exerçaient une autorité despotique; il nommait ses magistrats, ses juges, ses évêques; la force militaire de l'état était entre ses mains, ses délégués commandaient

CHAPITRE V.

la garde nationale et dérigeaient les armées. En possession d'une autorité aussi illimitée, on ne pouvait guère imaginer ce qu'il avait encore à désirer, ou quel prétexte pouvait lui rester pour s'insurger contre le gouvernement. Néanmoins, la législature, qu'il avait lui-même nommée, devint, dès le début, l'objet de son antipathie et de sa jalousie; et l'histoire de l'Assemblée Législative n'est que l'histoire des préparatifs de la révolte qui renversa la monarchie [1].

C'est là, dit l'historien républicain, le progrès naturel des troubles révolutionnaires. L'ambition, l'amour du pouvoir, surgit d'abord au sein des hautes classes; elles s'agitent, et obtiennent une part de l'autorité suprême. Mais la même passion descend dans la société; elle gagne rapidement la classe inférieure, jusqu'à ce qu'enfin toute la masse se mette en mouvement. Satisfaits de ce qu'ils ont obtenu, tous les hommes d'intelligence essaient de s'arrêter; mais cela n'est plus en leur pouvoir; ils sont incessamment pressés par la foule qui les suit. Ceux qui tâchent ainsi d'arrêter le mouvement, quand même ils ne sont que fort peu élevés au-dessus des autres, reçoivent le nom d'aristocrates, et encourent sa haine [2].

Deux circonstances malheureuses contribuèrent, dès le principe, à la mauvaise composition de l'as-

---

[1] Lacr, Pr. Hist. I. 187. Th., II. 6, 7.
[2] Th., II. 7.

semblée : la fuite du roi à Varennes, et l'émigration générale des nobles pendant la période des élections primaires.

La nouvelle de la disparition du roi fut reçue dans la plupart des départements au moment même de l'élection des délégués qui devaient choisir les députés. La terreur, la méfiance et l'inquiétude s'emparèrent de tous les cœurs; on s'attendait chaque jour à une explosion générale des partisans de la royauté; on se croyait à la veille d'une invasion étrangère, d'une guerre civile et d'une misère universelle. C'est dans cet état des esprits qu'eurent lieu les élections primaires, ou la nomination des collèges électoraux. Mais avant que ces délégués procédassent à l'élection des députés, l'alarme s'était jusqu'à un certain point apaisée; l'arrestation du roi avait dissipé la crainte des dangers immédiats, et la révolte des Jacobins au Champ-de-Mars avait créé une nouvelle source d'inquiétude. Voilà pourquoi la nomination des députés fut loin de répondre, dans tous les cas, aux vœux des électeurs primaires; ces derniers choisis pour la plupart parmi les hommes énergiques, turbulents, propres aux temps orageux qu'on prévoyait; les autres, plus calmes, s'efforçant de mêler parmi eux quelques hommes de fortune, qui devaient avoir intérêt à maintenir les institutions établies; les uns élus pour détruire, les autres pour conserver. La majorité des députés se composait d'hommes portés à soutenir la constitution telle qu'elle venait d'être votée. La plupart des électeurs primaires désiraient une révolution plus étendue [1].

Mais il y eut dans la composition de cette seconde assemblée une circonstance digne d'une attention particulière ; c'était sa séparation presque complète de tous les propriétaires du royaume. Sous ce rapport, elle offrait un frappant contraste avec l'Assemblée Constituante, qui, quoique gouvernée par le tiers-état après la réunion des ordres, comptait néanmoins parmi ses membres quelques-uns des plus grands propriétaires et une foule des noms les plus nobles de France. Dans l'Assemblée Législative au contraire, il n'y avait pas cinquante personnes qui possédassent un revenu de 3,000 fr. Toute la propriété de la France se trouvait ainsi non représentée ; elle ne l'était ni directement par l'influence des possesseurs dans les élections, ni indirectement par la sympathie et l'identité d'intérêts entre les membres de l'assemblée et la classe des propriétaires. La législature était presque entièrement composée de jeunes gens présomptueux et d'une demi-éducation, de commis de négociants, ou de procureurs de petites villes, qui s'étaient produits pendant l'absence de toutes les personnes riches, et qui se recommandaient à l'attention publique par la véhémence avec laquelle ils avaient soutenu les principes de la démocratie dans les clubs populaires. Ils avaient en

[1] Ib., t. 192.

général assez de talent pour être suffisants et dangereux, sans avoir des connaissances assez profondes pour modérer leurs vues, ou assez de fortune pour calmer leur ambition. Si un démon avait choisi une assemblée propre à conduire une nation à sa perte, son choix n'aurait pu être plus heureusement adapté à son but [1].

Ce déplorable résultat fut dû, en partie du moins, à la fuite de la noblesse, si fertile en désastres pour la France. L'émigration continue et croissante des propriétaires contribua au plus haut degré à troubler l'esprit public, et fut peut-être, en définitive, la plus grande cause de tous les maux qui signalèrent plus tard le cours de la révolution. Leur nombre, à cette époque, s'élevait à près de cent mille hommes des plus riches et des plus influents de France [2]. Toutes les routes qui conduisaient au Rhin étaient couvertes de hautains fugitifs, dont l'incapacité n'était égalée que par la présomption de leur langage. Ils opposaient la première à toute espèce d'amélioration ; ne voulaient entendre parler d'aucun compromis avec le parti populaire, et menaçaient leurs adversaires de tout le poids de la vengeance de l'Europe, s'ils persistaient à les réclamer. Coblentz devint le grand centre anti-révolutionnaire ; et pour des hommes accoutumés à mesurer la force de leurs troupes par le nombre

[1] Burke, *Thoughts on French Affairs*. Works, vii. 81.
[2] Burke, viii. 72. Lacr., i. 191.

des titres qu'elles renfermaient, on ne pouvait guère imaginer de réunion plus formidable. Mais elle manquait complètement de ce qui fait réellement la puissance des assemblées aristocratiques, le nombre et l'ardeur de leurs partisans. La jeune et présomptueuse noblesse, ne possédant de qualités estimables que sa valeur, était tout-à-fait incapable de lutter contre l'énergie morale et le talent pratique qui s'étaient développés parmi les classes moyennes de la France. Le corps des émigrés, quoique toujours brave et disposé à se porter en avant, était trop dépourvu de discipline et de subordination pour être d'un grand secours dans les campagnes suivantes, tandis que leurs impétueux conseils entraînaient trop souvent leurs alliés dans des mesures malheureuses. La témérité des avis et l'incapacité dans l'action ont, à l'exception de la Vendée, caractérisé tous les efforts militaires du parti royaliste en France, depuis le commencement jusqu'à la fin de la révolution.

En abandonnant ainsi son pays à l'époque la plus critique de son histoire, la noblesse française montra autant de bassesse que d'imprudence ; de la bassesse, parce que c'était son devoir de rester à tous risques à côté de son souverain, et de ne point le livrer sans défense à un peuple rebelle ; de l'imprudence, parce qu'en se joignant aux armées de l'étranger et en combattant contre sa patrie, elle détacha sa cause de celle de la France, et s'exposa à l'éternel reproche de mettre son pays en danger pour défendre ses intérêts particuliers et exclusifs. Les Jacobins durent principalement leur force aux appels qu'ils étaient toujours en état de faire au patriotisme du peuple, et aux guerres étrangères qui identifiaient leur pouvoir avec une carrière de gloire. Les royalistes ne se sont jamais lavés de la honte de s'être joints aux armées de l'ennemi, et d'avoir regagné le trône aux dépens de l'indépendance nationale. Combien l'issue des évènements eût été différente, si au lieu d'appeler d'inutiles invasions de la part des états de l'Allemagne, la noblesse française s'était mise à la tête des généreux efforts de son parti; si elle avait partagé les gloires de la Vendée, ou combattu sous les murs de Lyon! Dans de pareilles circonstances la défaite eût été respectée, le succès sans flétrissure; en agissant comme elle fit, le revers devint ruine pour elle, et la victoire humiliation [1].

La nouvelle assemblée ouvrit ses séances le premier octobre. Un évènement malheureux interrompit la bonne harmonie entre elle et le roi. Une députation de soixante membres fut nommée pour se rendre par devers Louis XVI, mais il ne la reçut pas, et se contenta de lui faire dire par le ministre de la justice, qu'il lui donnerait audience le lendemain à midi. L'entrevue fut froide et peu satisfaisante de part et d'autre. Peu de temps après, le roi se rendit avec ap-

---

[1] Madame de Staël, II. 1, D.

pareil à l'assemblée; il fut reçu avec le plus grand enthousiasme. Son discours eut principalement pour but la conciliation, et le maintien de l'harmonie entre les différentes branches du gouvernement. Dans cette occasion, Louis éprouva la force des principes républicains, qui, sous la main énergique de l'Assemblée Constituante, avaient fait de si rapides progrès en France. On décréta d'abord, que les titres de *Sire* et de *Votre Majesté* seraient supprimés désormais dans le cérémonial, puis, que le roi serait assis sur un fauteuil semblable, sous tous les rapports, à celui du président. Lorsque le roi refusa de se rendre à l'assemblée à ces conditions, elle céda sur ce point, mais elle insista sur le droit de s'asseoir en même temps que lui, ce qui fut fait à l'ouverture de la session. Le roi fut si affecté de cette circonstance, que, quand il revint près de la reine, il se jeta sur un fauteuil et fondit en larmes [1].

Sans être anarchique, l'assemblée était fortement attachée aux principes de la démocratie. La cour et les nobles n'avaient exercé aucune espèce d'influence sur les élections; l'autorité de la cour était en décadence; les nobles avaient abandonné leur pays. De là vint que les partis dans l'Assemblée Législative étaient tout autres que dans l'Assemblée Constituante. Personne n'était attaché aux intérêts de la royauté ou de l'aristocratie; la seule question qui restait à résoudre, c'était le maintien ou le ren-

[1] Madame Campan, II. 120 Mign., I. 147. Th., II. 18, 19.

versement du trône constitutionnel. « Et nous aussi, nous voulons faire une révolution, » dit un des membres révolutionnaires, peu de temps après son élection; et tel était dans le fait le sentiment d'un grand nombre d'électeurs et d'une portion considérable des députés. Le désir de la nouveauté, l'ambition du pouvoir, et un besoin insatiable de changement, s'étaient emparés de l'esprit de la plupart de ceux qui n'avaient point participé à l'établissement de la première constitution. Déjà l'objet des premiers soutiens de la révolution était, non plus de détruire l'ouvrage des autres, mais de conserver le leur. Conformément au progrès naturel des changements révolutionnaires, la partie démocratique de la première assemblée fut la partie aristocratique de la seconde [1].

Les membres de la droite, ou les amis de la constitution, s'appelèrent les Feuillants, du club qui formait le centre de leur pouvoir. Lameth, Barnave, Duport, Damas et Vaublanc, étaient les chefs de ce parti. La garde nationale, l'armée, les magistrats des départements, et en général toutes les autorités constituées, étaient dans ses intérêts; mais il ne comptait pas dans ses rangs les brillants orateurs qui faisaient la force de ses adversaires; et l'appui du peuple passa rapidement du côté du parti agresseur [2].

[1] Mign., I. 180 Toul., II. 89. Lacr., I. 192. Th., II. 10. 11.
[2] Mign., I. 180, 181. Th., II. 11, 12, 13.

CHAPITRE V.

Les Girondins, ainsi appelés du nom d'un district près de Bordeaux, d'où venaient les plus capables d'entre eux, comprenaient les républicains de l'assemblée, et représentaient ce corps nombreux et enthousiaste qui voulait des institutions sur le modèle de l'antiquité. Vergniaud, Guadet, Gensonné, Isnard et Brissot formaient les brillants chefs de ce parti, et le pouvoir de l'éloquence, et la force de la pensée les rendirent bientôt célèbres. Brissot fut d'abord le plus populaire d'entre eux, par suite de l'influence de son journal, le *Patriote*, où il exposait chaque jour à la France les idées que sa prodigieuse activité d'esprit avait recueillies la veille au soir dans les réunions de la municipalité, de l'assemblée nationale, et dans le club des Jacobins. Condorcet exerçait l'ascendant d'un esprit philosophique, qui lui donnait à peu près la place que Sièyes avait occupée dans l'Assemblée Constituante; tandis que Pétion, calme et résolu, était l'homme d'action de son parti, et acquérait rapidement dans la municipalité de Paris, dont il était membre, le même empire que Bailly avait obtenu dans les classes moyennes au commencement de la révolution. Ils se flattaient d'avoir conservé la vertu républicaine, parce qu'ils n'étaient adonnés ni aux dépenses, ni aux vices de la cour; oubliant que le zèle de parti, l'amour du pouvoir et l'ambition de la popularité peuvent produire des conséquences plus désastreuses et une aussi grande corruption que l'amour du plaisir, la soif de l'or ou l'ambition des rois; ils succombèrent enfin sous les attaques d'un parti plus révolutionnaire et moins humain qu'eux, qui, dédaignant les grâces de la composition, et les principes de la philosophie, se livraient assidûment aux artifices de la séduction, et devenaient d'habiles adeptes dans l'art infernal de soulever la multitude [1].

Les chefs de ce dernier parti dans l'assemblée, étaient Chabot, Bazire et Merlin; mais ce n'était pas là que s'exerçait leur véritable influence. Les clubs des Jacobins et des Cordeliers étaient les piliers de leur autorité; Robespierre, Billaud Varennes, et Collot d'Herbois, régnaient avec un pouvoir absolu dans le premier; l'autre était sous l'empire de Danton, de Carrier, de Camille Desmoulins et de Fabre d'Églantine. Robespierre était exclu de l'assemblée par la disposition que lui-même avait proposée; mais il avait acquis une puissance illimitée aux Jacobins par l'extravagance de ses opinions, l'énergie concentrée de son langage, et la réputation d'intégrité, qui lui avait déjà valu le surnom de l'Incorruptible. Au faubourg Saint-Antoine, le brasseur Santerre, qui se fit si bien connaître aux jours les plus sanglants de la révolution, avait obtenu un ascendant non contesté, tandis que la municipalité de Paris, élue conformément au nouveau système, par le suffrage universel des habitants, était tombée,

[1] Mign., 1. 181. Dum., 381. Th., 11. 12.

comme on pouvait bien le prévoir, entre les mains des plus violents et des moins estimables des démagogues [1]. L'importance de ce corps ne fut d'abord pas remarquée, mais comme il possédait les moyens de soulever à son gré les forces de la capitale, il acquit bientôt une influence prépondérante, et se vit en état de faire trembler le gouvernement même qui bravait les armées de l'Europe.

C'est un fait admis par les écrivains républicains, qu'à cette époque le roi et la reine étaient sincèrement portés à soutenir la constitution [2]. Dans le fait, Louis avait de grandes espérances qu'elle réussirait, et quoiqu'il ne s'aveuglât point sur ses défauts, ou qu'il désirât la voir modifiée dans quelques parties, il se fiait au temps et au retour du bon sens de la nation, pour opérer ces changements, et il était décidé à lui laisser subir tranquillement l'épreuve du temps; la reine partageait ses sentiments, et d'après le calme comparatif de l'année précédente, elle commençait à espérer fortement que l'anarchie de la nation s'apaiserait enfin [3].

Le première lutte sérieuse que l'assemblée eut à soutenir, fut avec les émigrés et le clergé. Par un seul acte de flagrante injustice, l'Assemblée Constituante avait jeté les semences d'une éternelle discorde entre le parti révolutionnaire et le clergé. Naturellement les victimes se montrèrent infatigables dans

[1] Mign., I. 182. Th., II. 13, 15. Toul., I. 95.
[2] Th., II. 265.
[3] Bertrand de Molleville, VI 22, et suiv. Mad. Campan, II. 261.

leurs efforts pour engager le peuple à soutenir leur cause. Les évêques et les prêtres employèrent toute leur influence pour agiter la population des campagnes, et ils réussirent, surtout dans les provinces de l'Ouest, à produire une puissante sensation. Des circulaires furent envoyées aux curés des paroisses, et des instructions généralement transmises au peuple. Le clergé constitutionnel y fut représenté comme irrégulier et sacrilège; la distribution qu'il faisait des sacrements, comme impie et vaine; les mariages bénis par lui, comme des concubinages; la vengeance divine, comme prête à punir ceux qui assisteraient à leur service [1]. Excitée par ces représentations, la population des districts ruraux du Calvados, du Gévaudan et de la Vendée, éclatèrent en révolte ouverte.

Brissot proposa de prendre sur-le-champ des mesures vigoureuses contre le clergé dissident et les émigrés réfractaires. « Tout moyen de conciliation avec ces gens-là, est impossible, dit Isnard; quel effet a obtenu votre première indulgence pour eux? Leur audace a augmenté avec votre tolérance; jamais ils ne cesseront de vous faire du mal, que quand ils auront perdu le pouvoir de le faire; il faut qu'ils soient vainqueurs ou vaincus; les choses en sont venues là, et il faudrait être aveugle pour ne pas le reconnaître.[2] »

[1] Ferrière, I. 32. Mign., II. 184. Th., II. 27.
[2] Mign., I. 155. Th., II. 274.

« Le droit d'aller d'un pays à un autre, dit Brissot, est un droit inhérent à la nature de l'homme, mais le droit cesse quand il devient un crime. Peut-il y avoir un crime plus flagrant que celui d'émigrer dans le but d'attirer sur son pays les horreurs d'une guerre étrangère; or, quel autre but se proposent cette foule de nobles qui chaque jour abandonnent la France. Écoutez leurs menaces, examinez leur conduite, lisez leurs libelles, et vous verrez que ce qu'ils appellent honneur, est ce que la voix universelle du genre humain a condamné comme le comble de la bassesse. Pouvons-nous ignorer qu'en ce moment les cabinets de l'Europe sont assiégés de leurs importunités, et se préparent peut-être à seconder leurs vœux? La confiance s'affaiblit chaque jour; la chute rapide des assignats rend inutiles les plans de finances les mieux combinés. Comment est-il possible de dompter les factions de l'intérieur, quand nous souffrons que les émigrés s'échappent avec impunité, eux qui apportent le fléau de la guerre étrangère dans nos foyers [1]?»

Le parti constitutionnel ne pouvait nier la justesse de ces alarmes, mais il tâchait de modérer la sévérité des mesures qu'on préparait contre les émigrés. « Nous allons, disait-il, mettre la sincérité du roi à une trop rude épreuve, si nous lui demandons d'adopter des mesures de sévérité con-

[1] Lacr., Préc. Hist. 1. 266.

tre ses plus proches parents. On ne saurait guère convaincre les puissances étrangères qu'il jouit réellement de sa liberté. Est-ce la sanction qu'il donnera à un tel acte qui lèvera leurs doutes? Quel sera l'effet des mesures extrêmes qu'on propose? Sont-elles de nature à calmer les passions, à adoucir l'orgueil, ou à cicatriser les blessures qu'on a faites? Elles ramèneront un bien petit nombre des absents, et irriteront une foule de ceux qui sont restés.

» Le temps, le besoin, la froide hospitalité des étrangers, l'amour du chez soi, le sentiment de notre justice, doivent être les moyens de rallumer dans leur cœur l'amour de la patrie; par les mesures qu'on propose, vous l'éteindrez. L'Assemblée Constituante, plus sage que nous, regarda avec mépris ces rassemblements de mécontents sur la frontière, qui auraient été réellement plus formidables, s'ils avaient exercé leur rancune à l'intérieur. Un signal d'alarme, ainsi donné par nous, exciterait la jalousie de toutes les puissances européennes, et produirait réellement ces dangers extérieurs, qui ne viendront jamais des supplications de notre noblesse. La peine de la confiscation est odieuse dans les états les plus tyranniques; que sera-t-elle dans une nation qui exerce les premiers droits de la liberté? Tous les émigrés sont-ils coupables au même degré? Combien la peur en a-t-elle exilés de leur patrie! Irez-vous proclamer à la face du monde, que cette frayeur est fondée, pour justifier leur désertion, et montrer au genre humain que le tableau qu'ils ont tracé de notre gouvernement n'est point chargé! Prouvons plutôt que leurs calomnies sont sans fondements, et faisons taire leurs plaintes en suivant une conduite diamétralement opposée à celle qu'ils attendent [1]. »

L'assemblée, influencée par les dangers pressants de l'émigration, méprisa toute autre considération. Elle rendit deux décrets, dont l'un ordonnait au frère du roi de rentrer en France, sous peine d'être censé avoir renoncé à son droit éventuel à la régence, tandis que le second déclarait tous les Français hors du royaume en état de conspiration contre la Constitution, et condamnait tous ceux qui ne seraient pas rentrés avant le premier janvier, à la peine de mort et à la confiscation de leurs biens, sous la réserve des droits de leurs veuves, de leurs enfants et de leurs créanciers [2].

On ne peut mieux caractériser cette mesure qu'en rapportant les paroles de l'éloquent auteur des *Vindiciæ Gallicæ*, qu'on ne saurait soupçonner d'une injuste prévention contre la Révolution. « Des exemples de ce genre, dit Sir James Mackintosh, sont des preuves de cette tyrannie impitoyable qui punit l'innocent pour avoir la certitude de ne pas laisser échapper le coupable, ainsi que de cette cruauté raffinée, qui, après avoir rendu le séjour de

[1] Lacr., I. 207.
[2] Mign., I. 156. Lacr., I. 208. Th., II. 23, 24.

la patrie odieux, peut-être insupportable, poursuit avec une rage incessante celles de ses victimes qui se sont réfugiées dans les pays étrangers [1]. »

La nécessité de faire plier le clergé réfractaire fut l'objet qui occupa ensuite l'assemblée : cette affaire excita des débats encore plus orageux que celle des émigrés, parce que la rancune religieuse est encore plus amère que la dissension civile. « Qu'allez-vous faire? s'écriaient les avocats du clergé ; vous, qui avez consacré la liberté du culte, serez-vous les premiers à la violer? la déclaration des droits de l'homme la place sur une base encore plus solennelle que la constitution, et cependant vous proposez sérieusement de l'abolir ! l'Assemblée Constituante, qui a fait tant de bien à la France, n'a laissé que cette source de schisme à ses successeurs ; fermez-la au nom du ciel, mais n'élargissez pas la brèche. Refuser de prêter serment parce qu'on s'y croit obligé par devoir, ne saurait être un acte blâmable ; le prêter par un désir d'en tirer avantage est seul déshonorant. Priverons-nous ceux qui refusent par des scrupules de conscience, des chétifs moyens d'existence dont ils jouissent? Destructeurs de l'inégalité politique, rétablirons-nous une distinction plus odieuse qu'aucune autre, en frappant d'un injuste châtiment une classe d'hommes honorables? Qui nous garantira nous-mêmes d'une semblable spoliation, si nous réduisons

[1] Makintosh's England. III. 162.

à la misére les premiers soutiens de la révolution ; ceux qui les premiers se joignirent à notre drapeau après l'immortel serment du Jeu de Paume? Gardez-vous de pousser au désespoir un corps nombreux qui possède encore une immense influence sur les populations rurales. Si vous êtes sourds à tout sentiment de justice, réfléchissez du moins, avant d'adopter une mesure qui peut allumer parmi nous les flammes de la guerre civile. » Mais le temps de la raison et de la justice était passé. Les chefs du parti populaire se déclarèrent tous contre les prêtres. Condorcet même, l'avocat de la liberté des cultes, fut le premier à appuyer les mesures violentes proposées contre eux. Il fut résolu, que tous les prêtres recevraient l'ordre de prêter sur-le-champ serment à la constitution, sous peine d'être privés de leurs bénifices, et déclarés suspects de trahison contre l'état ; qu'on les transporterait souvent de place en place, pour les empêcher d'acquérir de l'influence sur leurs troupeaux, et qu'on les mettrait en prison s'ils refusaient d'obéir. Sous aucun prétexte ils ne pouvaient célébrer aucun rit religieux en particulier [1]. Telle était la liberté que la révolution avait donnée à la France ; telle était sa reconnaissance pour ses premiers soutiens.

L'adoption de ces lois oppressives fut signalée par la première manifestation ouverte des sentiments irréligieux ou athées de l'assemblée. « Mon

[1] Th., II. 28. Lacr., I. 209 Mign., II. 186.

Dieu est la loi, je n'en connais pas d'autre, s'écria l'un des adversaires de l'église. » La remontrance des évêques constitutionnels ne produisit aucun effet; ces expressions et d'autres semblables furent vivement applaudies, et le décret fut emporté au milieu du tumulte et des acclamations [1].

Lorsque, conformément à la constitution, ces actes furent soumis à l'examen du roi, il sanctionna le premier décret contre les émigrés, mais mit son véto au dernier contre les prêtres. Il avait blâmé ouvertement la fuite de son frère hors du royaume, et sa désapprobation de l'émigration générale de la noblesse était bien connue de tous les partis; mais il lui répugnait d'accorder sa sanction aux mesures extrêmes que l'on méditait maintenant contre elle. Dans le conseil, on proposa que, pour apaiser le peuple que l'exercice du véto ne pouvait manquer d'exaspérer, le roi renverrait tous les prêtres de sa maison, excepté ceux qui avaient prêté serment à la constitution; mais Louis, quoiqu'en général si flexible, opposa à cela une invincible résistance, disant qu'il siérait mal à ceux qui avaient accordé la liberté de conscience à tous ses sujets, de la refuser au roi seul. En agissant ainsi avec fermeté, il fut soutenu par une portion nombreuse du parti constitutionnel, et par le directoire du département de Paris; et dans le fait, il avait grandement besoin de leur adhésion, en se plaçant ainsi en

[1] Lacr., t. 209. Mign., ii. 186

rupture ouverte avec le peuple et la législature [1].

L'annonce du refus du roi fut reçue avec des impressions très-différentes dans les différentes parties de l'assemblée. Les républicains ne pouvaient déguiser leur contentement d'une mesure qui ne manquerait pas de le brouiller encore davantage avec la nation, et de donner à leurs ambitieux projets le poids de l'appui populaire; ils félicitèrent les ministres avec ironie de la preuve décisive qu'ils avaient donnée de la liberté de la couronne. Le lendemain matin parut une sévère proclamation de Louis contre les émigrés. Les Feuillants la signalèrent comme une extension inconstitutionnelle de la prérogative, les Jacobins comme trop indulgente dans ses expressions [2].

Le choix d'un maire pour la ville de Paris occupa bientôt après l'attention de la capitale. Lafayette s'était démis du commandement de la garde nationale, et se portait comme candidat pour cette dignité; il était appuyé par les constitutionnels, pendant que Pétion, l'organe des Girondins et des Jacobins alors réunis, était le favori du peuple. La cour, jalouse de Lafayette, qui n'avait jamais cessé depuis le 5 octobre, d'être un objet d'antipathie, spécialement pour la reine, eut l'imprudence de jeter le poids de la couronne dans la balance en faveur de Pétion, et de dépenser même de fortes som-

[1] Mign., II. 157. Th., II. 50, 51.
[2] Lacr., I. 211.

mes pour cet objet. « M. de Lafayette, dit la reine, aspire à la mairie dans l'espoir de devenir bientôt maire du palais; Pétion est un jacobin et un républicain, mais c'est un sot incapable de se faire chef de parti. » En conséquence, Pétion fut élu, et consacra tout le poids de son influence à la cause de la révolution. C'est pour d'aussi misérables motifs que la cour s'aliéna l'affection des amis d'un gouvernement constitutionnel, et livra les postes de confiance entre les mains des partisans d'un gouvernement républicain [1].

Encouragés par ce succès, les républicains aspirèrent ouvertement à des pouvoirs encore plus importants. Le principal objet de leurs efforts était d'entraîner le roi dans une guerre étrangère, dans l'espoir, que les évènements justifièrent si complètement plus tard, qu'en identifiant leur cause avec celle de l'indépendance nationale, ils finiraient par triompher. Ils manifestèrent la plus grande satisfaction du ton de fermeté que le roi avait employé dans la proclamation contre les émigrés. « Élevons-nous, dit Isnard dans cette circonstance, à la véritable dignité de notre situation; parlons aux ministres, au roi, à l'Europe en armes, avec la fermeté qui nous convient; disons aux premiers que nous ne sommes pas satisfaits de leur conduite, qu'ils ont à choisir entre la reconnaissance publique et la vengeance des lois; et que par vengeance nous enten-

[1] Mign., I. 189. I. 34, 95.

dons la mort. Disons au roi que son intérêt est de défendre la constitution ; qu'il règne par le peuple et pour le peuple ; que la nation est son souverain, et qu'il est le sujet de la loi. Disons à l'Europe, que si la nation tire l'épée, elle jettera le fourreau ; qu'elle ne le reprendra que couronné des lauriers de la victoire; que si les cabinets engagent les rois dans une guerre contre les peuples, nous exciterons les peuples à tenter une lutte mortelle contre les souverains. Disons-lui, que les combats dans lesquels les peuples s'engagent par ordre des souverains, ressemblent à la lutte que deux amis se livrent dans l'obscurité, à l'instigation d'un perfide émissaire ; lorsque le jour paraît et qu'ils se reconnaissent, ils jettent leurs armes, s'embrassent avec transport, et tournent leur colère contre l'auteur de leur querelle. Tel sera le destin de nos ennemis; du moment que leurs armées s'engageront avec les nôtres, la lumière de la philosophie frappera leurs yeux. » Transportée par ces idées, l'assemblée adopta unanimement la mesure proposée de s'adresser au trône. Vaublanc fut l'organe de la députation (1ᵉʳ décembre 1791).

« L'assemblée, dit-il, n'a pas plutôt jeté les yeux sur l'état du royaume, qu'elle s'est aperçue que les troubles qui l'agitent ont leur source dans les criminels préparatifs des émigrés français ; leur audace est appuyée par les princes allemands, qui, oubliant la foi des traités, encouragent ouvertement leurs armements, et nous forcent à faire de notre côté des préparatifs qui absorbent les sommes destinées à la liquidation de la dette ; c'est votre mission de mettre un terme à ces maux, et de tenir aux puissances étrangères le langage qui convient au roi des Français ; dites-leur que partout où l'on se livre à des préparatifs de guerre, la France ne voit que des ennemis ; que pour notre part nous observerons religieusement la paix ; que nous respecterons leurs lois, leurs usages, leurs constitutions ; mais que si elles continuent à favoriser les armements destinés contre les Français, la France portera au sein de leurs états, non le fer et le feu, mais la liberté. » Le roi promit de prendre en considération le message de l'assemblée, et peu de jours après il vint en personne à la chambre (14 décembre 1791), et annonça qu'il avait notifié à l'électeur de Trèves, et aux autres électeurs, que si avant le 15 janvier, ils ne mettaient pas fin aux préparatifs militaires qui se faisaient dans leurs états, il les regarderait comme des ennemis ; et qu'il avait écrit à l'empereur, pour l'inviter, comme chef de l'empire, à éviter les conséquences désastreuses d'une guerre. « Si ces remontrances, dit-il en terminant, ne sont point écoutées, il ne nous restera qu'à déclarer la guerre, mesure qu'un peuple qui a renoncé à l'idée de conquête, ne prendra jamais sans une absolue nécessité, mais devant laquelle une nation généreuse et libre ne reculera pas, quand elle y sera invitée par la voix de l'honneur et du salut public. » De bruyants applaudissements suivirent ces paroles, et il était déjà évident que l'énergie révolutionnaire prenait son cours naturel, les exploits militaires [1].

Ces déclarations furent suivies de préparatifs sérieux; Narbonne, jeune homme entreprenant du parti des Feuillants, fut nommé ministre de la guerre, et partit sur-le-champ pour les frontières. Cent cinquante mille hommes furent immédiatement mis en réquisition, et 20,000,000 de fr. votés pour cet objet. Trois armées furent organisées, l'une sous le commandement de Rochambeau, la seconde sous celui de Luckner et la troisième sous celui de Lafayette. Le comte d'Artois et le prince de Condé furent accusés de conspirer contre la sûreté de l'état et de la constitution, et leurs biens mis sous séquestre. Enfin, le comte de Provence, plus tard Louis XVIII, n'ayant pas obéi à l'invitation de rentrer dans le royaume à l'époque fixée, fut privé de son droit à la régence [2].

L'électeur de Trèves obéit à l'invitation du roi; mais l'empereur d'Autriche, quoique naturellement pacifique, et point préparé à la guerre, donna ordre à son général, le maréchal de Bender, de défendre l'électeur, s'il était attaqué, et insista pour que les droits des seigneurs féodaux fussent réta-

---

[1] Mign., I. 162. Th., II. 38.
[2] Mign., I. 162. Lacr., I. 217. Th., II. 59, 40.

blis en Alsace. Presque aussitôt, les troupes impériales furent mises en mouvement; cinquante mille hommes furent établis dans les Pays-Bas; six mille dans le Brisgau, et trente mille appelés de la Bohême [1].

L'empereur Léopold répugnait extrêmement à une lutte pour laquelle il n'était pas préparé, et qu'il savait bien être hostile à ses intérêts. Son désir était d'établir un congrès, et d'arranger les points en litige avec la France de manière à satisfaire toutes les parties. Il reconnaissait la nécessité de maintenir le système constitutionnel intact dans ses parties essentielles; mais il voulait rendre au trône quelques-unes des prérogatives qu'il avait perdues, et diviser la législature en deux chambres, changements dont la France se serait bien trouvée, comme l'a démontré l'expérience, si on avait pu les faire adopter par son peuple turbulent et passionné [2].

Brissot était le plus ardent avocat de la guerre dans le club des Jacobins; son influence sur ce point fut long-temps contrebalancée par celle de Robespierre, qui craignait par-dessus tout l'accroissement de force que le commandement des armées pourrait donner à ses adversaires politiques. « Prenez-garde, disait-il dans le club des Jacobins, vous qui vous êtes si long-temps prémunis contre la perfidie de la cour, de devenir les instruments aveugles

[1] Lacr., I. 163. Th., II. 41.
[2] Bouille, II. 299, 300. Th., II. 41.

de ses projets ! Brissot est hautement pour la guerre ; je vous demande où sont vos armées, vos forteresses, vos magasins ? Quoi ! irons-nous croire que la cour, qui, dans des temps de tranquillité, se livre à toute sorte d'intrigues, s'en abstiendra quand elle aura la conduite des armées ? Je vois clairement les signes de la perfidie, non-seulement dans ceux qui veulent proclamer la guerre, mais encore dans ceux qui la conseillent. Tout le monde doit s'apercevoir que les efforts des émigrés pour exciter les puissances étrangères sont tout-à-fait impuissants. Voulez-vous, par une démarche précipitée, les forcer à prendre des mesures vigoureuses ? J'affirme, sans crainte d'être contredit, que le sang de nos soldats est vendu par des traîtres. Plus je médite sur les chances de la guerre, plus mon esprit est rempli des plus tristes présages. Déjà je vois les hommes qui versèrent lâchement le sang de nos concitoyens au Champ-de-Mars, à la tête des armées. Quelle garantie m'offre-t-on contre des dangers si effrayants ? Le patriotisme de Brissot et de Condorcet ! Je ne sais pas s'il est vrai ; je ne sais pas s'il est sincère ; mais je sais qu'il est bien tardif. Je les ai vu adorer M. de Lafayette ; ils firent mine de résistance à l'époque de son odieux succès ; mais ils ont depuis soutenu sa cause, et n'ont montré que trop évidemment qu'ils participaient à ses projets contre le bien public [1]. »

[1] Lacr., I. 216, 217. Th , II. 47, 48.

Pendant que ces divisions s'établissaient au sein du parti révolutionnaire, les ministres du roi voyaient chaque jour décliner leur influence. Divisés entre eux, ils étaient incapables de résister aux attaques incessantes de l'assemblée et des clubs patriotes. Les uns, ayant à leur tête Delessart et Bertrand de Molleville, penchaient pour le parti aristocratique ; les autres, conduits par Narbonne et par Cahier de Gerville, pour le parti démocratique. Voyant la faiblesse de leurs adversaires, les chefs populaires de l'assemblée poussèrent leurs avantages, et portèrent une accusation contre Delessart et Bertrand de Molleville. Bien que leurs charges fussent pendant quelque temps repoussées et leurs pièges déjoués par l'habileté et la présence d'esprit de ce dernier, le roi fut néanmoins forcé de céder à la fin, et de changer tout son ministère.

Le principe adopté dans la formation du nouveau ministère fut le même que suivit Charles 1er dans une extrémité semblable, ce fut de diviser l'opposition en choisissant les plus modérés de ses membres. Roland fut nommé ministre de l'intérieur ; Dumouriez ministre des affaires étrangères ; Lacoste, Clavière, Duranton et Servan, ministres de la marine, des finances, de la justice et de la guerre [2].

Dumouriez avait quarante-sept ans, quand il fut

[1] Mign., 1. 164. Lacr., 1. 218, 219.
[2] Mign., 1. 164. Lacr., 1. 224. Th., ii. 87, 88.

ap elé à cette importante situation. Il avait beaucoup des qualités du grand homme : des talents variés, un caractère entreprenant, une infatigable activité, de l'impétuosité dans l'esprit, de la confiance dans sa fortune, un coup-d'œil rapide et sûr; fertile en ressources, souple et spirituel, entraînant dans la conversation, d'une ambition sans bornes, il était éminemment propre à briller dans des temps de troubles civils. Mais ces grandes facultés étaient neutralisées par d'autres d'une tendance tout opposée. Courtisan avant 1789, constitutionnel sous la première assemblée, girondin sous la seconde, il semblait porté à tourner à tout vent qui soufflait, dans le constant désir de s'élever à la tête des affaires. Mobile, inconstant, inconsidéré, il adopta des mesures trop précipitamment pour s'assurer le succès. Cédant à tous les changements, il manquait de l'ascendant d'un caractère énergique et du poids d'un homme vertueux. Si avec son génie il avait possédé la fermeté de Bouillé, les passions de Mirabeau, ou le dogmatisme de Robespierre, il aurait pu gouverner la révolution pendant quelque temps. Admirable partisan, il était un faible chef de parti; merveilleusement fait pour jouer le rôle d'Antoine ou d'Alcibiade, il n'était pas propre à suivre les traces de César ou de Cromwell [1].

Austère dans ses mœurs, simple dans ses manières, ferme dans ses principes, Roland était sous

---

[1] Mign., 1. 164. Lacr., 1. 224. Th., 11. 59.

tous les rapports le contre-pied de Dumouriez. Son caractère n'avait rien de commun avec le siècle dans lequel il vivait; il apportait au gouvernement de la France, au dix-huitième siècle, l'intégrité et la simplicité des temps antiques. Républicain inflexible, il convenait parfaitement pour un état de liberté bien assis, mais non pour un temps de troubles; sans ostentation dans sa conduite, sans ambition dans l'esprit, incapable de transiger avec les principes, il ne serait probablement jamais sorti de l'obscurité de la vie privée, sans les brillants talents et le caractère extraordinaire de sa femme. Séduisante de manières, sans rivale dans la conversation, d'une âme ardente et passionnée, cette femme remarquable unissait les grâces de la Française à l'élévation de la matrone romaine. Née parmi les classes moyennes, ses manières, quoique dépourvues de l'aisance d'une naissance illustre, faisaient cependant honneur à une position élevée; entourée de la société la plus séduisante de France, elle conserva intacte la simplicité de la vie domestique. Elle avait autant de vertu que d'orgueil, autant d'ambition que de mérite. Son esprit susceptible ne pouvait souffrir les attaques continuelles que l'on dirigeait contre son mari à la tribune, et elle répondait, peut-être avec trop de chaleur, dans des brochures et des articles de journaux qui portaient le nom de son mari. Ardente admiratrice de l'antiquité, elle pleurait, encore enfant, de n'être pas née citoyenne de

Rome. Elle vécut pour voir des malheurs plus grands que n'en connurent jamais les états antiques, et pour les supporter avec une constance plus que romaine [1]. .

La cour donna au nouveau ministère le nom de ministère sans culotte. La première fois que Roland se présenta au palais, il avait des souliers sans boucles et un chapeau rond. Le maître des cérémonies refusa de le laisser entrer dans un costume si inusité, ne sachant pas qui il était; lorsqu'il en fut informé et que par conséquent il dut le laisser passer, il se tourna vers Dumouriez et dit avec un soupir : Ah! Monsieur, pas de boucles à ses souliers! —Tout est perdu! répondit le ministre des affaires étrangères avec une ironie sarcastique [2].

Le premier devoir du nouveau ministère fut de se préparer à la guerre. La situation des affaires extérieures devenait chaque jour plus menaçante. Le vieux et pacifique Léopold venait de mourir (17 mars, 1792); et il n'était guère probable que son successeur, François II, jeune et sans expérience, montrerait la même circonspection. L'Autriche rassemblait des troupes, et plaçait des garnisons dans des postes qui menaçaient les contrées du Jura; le rassemblement des émigrés à Coblentz s'augmen-

---

[1] Mémoires de Madame Roland, I. 32. Mign., I. 165. Th., II. 63, 64. Lacr., I. 225. Hist. de la Convent. I. 38. Elle était trop entreprenante et trop active pour la femme d'un homme d'état. Quand je veux voir le ministre de l'intérieur, dit Condorcet, je ne puis jamais apercevoir que les jupons de sa femme.

[2] Mign., I. 166. Th., I. 65.

tait avec plus d'activité que jamais, et des préparatifs militaires, quoique sur une petite échelle, se poursuivaient dans les Pays-Bas. Les conditions auxquelles l'Autriche consentait à cesser ses préparatifs, étaient le rétablissement de la monarchie française sur les bases fixées par la déclaration royale du 23 juin 1789; la restitution des biens du clergé, la cession de l'Alsace, avec tous ses droits seigneuriaux, aux princes allemands, et du comtat d'Avignon au pape. Ces conditions parurent tout-à-fait inadmissibles aux chefs du parti révolutionnaire, et il devenait évident pour tout le monde qu'une lutte était inévitable [1].

Toutes les classes en France désiraient également la guerre. Les royalistes espéraient tout de l'invasion des puissances germaniques; la supériorité de leur discipline, le nombre de leurs armées leur faisaient déjà entrevoir une marche immédiate sur Paris, et l'extinction définitive de la manie révolutionnaire, dont ils avaient tant souffert. Les constitutionnels, fatigués de la pénible lutte qu'ils avaient si longtemps soutenue contre leurs ennemis domestiques, s'attendaient à recouvrer leur ascendant par l'influence de l'armée et la nécessité éprouvée de la discipline militaire. Les démocrates souhaitaient ardemment l'excitation et le tumulte des campagnes, à cause de tous les changements dont ils espéraient tirer avantage; avec la victoire ils voyaient déjà leurs

[1] Mign., II. 167. Lacr., I. 226. Th., II. 70, 72.

principes établis dans les pays étrangers; avec la défaite, ils s'attendaient à la chute des constitutionnels, à la place desquels eux-mêmes seraient installés [1].

Pressé à la fois par ses amis, ses ministres et ses ennemis, Louis fut enfin forcé de prendre la fatale résolution. Le 20 Avril, il se rendit à l'assemblée, et après que Dumouriez eut longuement exposé les sujets de plaintes contre l'Autriche, la teneur secrète des conférences de Mantoue, de Reichembach, et de Pilnitz; la coalition des rois, formée pour arrêter les progrès de la révolution, la protection ouverte donnée aux troupes des émigrés, et les intolérables conditions de l'ultimatum, le roi prononça d'une voix émue et tremblante ces irrévocables paroles : « Vous avez entendu, Messieurs, le résultat de mes négociations avec la cour de vienne; les conclusions du rapport sont conformes au vœu que m'a manifesté plus d'une fois l'assemblée nationale, et aux sentiments que m'ont témoignés un grand nombre de citoyens des différentes parties du royaume; tous préfèrent la guerre à voir plus long-temps la dignité du peuple français outragée et la sûreté nationale menacée.

» J'avais dû préalablement épuiser tous les moyens de maintenir la paix. Je viens aujourd'hui, aux termes de la constitution, proposer à l'assemblée nationale la guerre contre le roi de Hongrie et de Bohême. »

[1] Lacr., I. 228. Th., II. 47, 49.

Cette déclaration fut reçue avec un silence qu'interrompirent seulement quelques applaudissements partiels. Quoique tous les membres approuvassent la proposition, ils étaient trop profondément pénétrés de la solennité et de la grandeur d'un tel acte, pour donner cours à quelque tumultueuse manifestation. Le soir, dans une séance spécialement convoquée à cet effet, la guerre fut résolue presque à l'unanimité [1].

Un grand nombre d'hommes éclairés de l'assemblée, parmi lesquels Condorcet, Clavière, Roland et de Graves, désapprouvaient cette mesure, et votèrent cependant pour elle, preuve frappante de la manière dont, dans des temps de troubles, le parti modéré et raisonnable est toujours entraîné par les mesures audacieuses des hommes violents [2].

Le roi savait fort bien que les évènements de la guerre, quels qu'ils fussent, ne pouvaient manquer de nuire aux intérêts de sa famille; que s'ils étaient vainqueurs, les Français seraient plus impérieux dans leurs demandes, et plus difficiles à gouverner; qu'en cas de défaite, on accuserait le souverain de trahison, et qu'on lui ferait supporter tout le poids de l'indignation publique. Il était si fortement pénétré de ses idées et si intimement convaincu, que son adhésion à cette guerre deviendrait un sujet d'accusation dans le procès qu'il voyait bien approcher,

[1] Mign., i. 168. Lacr., ii. 228. Th., ii. 75, 76.
[2] Dumont, 418.

qu'il traça un compte rendu des délibérations du conseil où il avait parlé contre la guerre, et qu'après l'avoir fait signer par tous les ministres, il le déposa dans l'armoire en fer qu'il avait faite secrètement dans le mur de son appartement aux Tuileries, pour renfermer les papiers les plus importants, tant ceux qui pouvaient fournir une charge contre lui, que ceux qui pouvaient servir à sa défense, s'il était accusé. Malheureusement le serrurier que Louis XVI avait employé appartenait aux Jacobins, et plus tard il trahit le secret [1].

Ainsi commença la guerre la plus grande, la plus sanglante et la plus intéressante qui ait agité le monde depuis la chute de l'empire romain. Faible dans ses commencements, elle enveloppa bientôt le monde dans sa conflagration; comprenant tous les intérêts et excitant les passions de toutes les classes du peuple, elle amena sur les champs de bataille des armées comme on n'en avait pas vues encore, et fut soutenue avec une exaspération inconnue dans les temps civilisés. Mais de cette lutte de principes, aussi bien que d'intérêts, doit résulter enfin, espérons-le, l'établissement solide de la liberté civile; et c'est dans les efforts qu'ont faits les souverains pour étouffer son esprit, et les démagogues pour l'enflammer, que se trouveront les moyens d'apprendre aux masses la sagesse et la modération.

[1] Madame Campan, II. 222. Th., II. 73.

La nouvelle de la déclaration de guerre fut reçue avec joie par toute la France, principalement par les contrées qui devaient un jour en souffrir le plus. Les Jacobins voyaient en elle le terme des craintes que leur causaient les émigrés et la conduite incertaine du roi. Les constitutionnels espéraient que le danger commun réunirait toutes les factions qui troublaient alors la république, pendant que le champ de bataille emporterait les esprits turbulents que la révolution avait produits sur la scène. Quelques-uns des Feuillants seulement reprochaient à l'assemblée d'avoir violé la constitution, et commencé une guerre d'agression, qui ne pouvait manquer de se terminer d'une manière fatale pour la France [1].

Elle communiqua une nouvelle impulsion à l'esprit public déjà si fortement excité. Les districts, les municipalités et les clubs votèrent des adresses à l'assemblée, la félicitant d'avoir vengé l'honneur national. Des armes furent préparées, des piques forgées, des dons offerts volontairement, et la nation semblait impatiente d'aller au-devant de ses envahisseurs. Mais les efforts du patriotisme, qui sont d'un utile secours pour les forces militaires, sont rarement capables de les suppléer. Les premiers combats furent malheureux pour les armes françaises, et l'on verra plus d'une fois, dans la suite, que si les alliés avaient agi avec plus de dé-

[1] Th., II. 77.

cision, et marché sur Paris avant que leurs antagonistes aient eu le temps d'ajouter l'expérience militaire à l'enthousiasme, il n'est pas douteux que la guerre eût été terminée dans une seule campagne [1].

Deux évènements occupèrent l'attention de l'assemblée vers cette époque, évènements qui firent sentir la nature dangereuse des principes qui étaient alors promulgués par la capitale de la France.

Le premier fut le massacre d'Avignon ; cette ville avait déjà été souvent le théâtre de sanglants évènements, depuis l'époque de sa réunion avec la France. Saint-Louis n'avait consenti qu'avec répugnance à cet empiètement sur les droits du Saint-Siège, et jamais les habitants n'y avaient acquiescé. Deux partis, l'un favorable, l'autre opposé à l'incorporation, divisaient la ville. Le dernier avait massacré Lécuyer, secrétaire de la municipalité, au pied de l'autel où il s'était réfugié. La vengeance du parti populaire fut lente, mais elle n'en fut pas moins atroce; il rassembla ses forces en silence, et entoura enfin la ville, lorsqu'il la vit sans défense; les portes furent fermées, les remparts gardés de manière à rendre toute fuite impossible, et une bande d'assassins alla chercher jusque dans leurs demeures les individus destinés à la mort. Soixante malheureuses victimes furent promptement jetées en prison, où, pendant l'obscurité de

[1] Mign., t. 169. Toul., ii. 121. Th., ii. 79.

la nuit, les meurtriers accomplirent leur vengeance avec impunité ; un jeune homme en tua quatorze de sa propre main, et ne s'arrêta que par excès de fatigue : le père fut amené là pour voir le massacre de ses enfants, et les enfants celui de leur père ; douze femmes périrent après avoir subi des tortures pires que la mort; un vieux prêtre, remarquable par une vie toute de bienfaisance, qui s'était échappé, fut poursuivi, et immolé par ceux qu'il avait comblés de bontés. Quand la vengeance eut accompli ses affreux forfaits, les victimes furent déchirées et mutilées, et entassées dans un fossé, ou jetées dans le Rhône [1].

Le récit de ces atrocités excita la plus profonde commisération dans l'assemblée ; des cris d'indignation s'élevèrent de tous côtés ; le président s'évanouit après avoir lu la lettre qui communiquait ces détails. Mais ce crime, comme tous les autres du parti populaire, pendant le cours de la révolution, resta impuni. La législature, après quelque délai, sentit la nécessité de proclamer une amnistie, et quelques-uns des auteurs du massacre tombèrent plus tard (31 mai) victimes des passions sanguinaires dont ils avaient donné un si cruel exemple. Dans une révolution, le pouvoir dominant, quand il est soutenu par la populace, ne peut guère punir ses excès ; il faut attendre l'époque de

---

[1] Lacr., t. 213. Toul., II. 97.

la réaction, avant de l'entreprendre en général [1].

La seconde catastrophe, plus étendue dans ses effets, et encore plus terrible dans ses détails, fut la révolte de Saint-Domingue. Les esclaves de cette florissante colonie, agités par les nouvelles qu'ils recevaient des principes niveleurs de l'Assemblée Constituante, avaient de bonne heure manifesté des symptômes d'insubordination. L'assemblée, partagée entre le désir d'affranchir une si grande masse d'hommes, et les dangers évidents d'une telle mesure, avait long-temps hésité sur la marche qu'elle devait suivre, et elle était encore portée à soutenir les droits des planteurs. Mais les passions des nègres étaient excitées par les efforts d'une association qui s'intitulait: *Société des amis des Noirs*, dont Brissot était le principal membre, et leurs imprudents avis décidèrent les mulâtres à organiser une insurrection. Ils espéraient pouvoir gouverner la férocité des esclaves mêmes pendant la chaleur de la révolte; ils connaissaient bien peu la dissimulation et la cruauté du caractère sauvage. Une révolte universelle fut projetée et organisée, sans que les planteurs en eussent le moindre soupçon, et la même nuit fixée pour l'explosion sur toute l'île [2].

Enfin, le 30 octobre, à minuit, l'insurrection éclata; en un instant douze cents plantations de café, et deux cents plantations de cannes à sucre,

[1] Lacr., i. 213.
[2] Toul., ii. 98. Lacr., i. 214.

furent en flammes; les bâtiments, les machines, les fermes, réduits en cendre; les malheureux propriétaires poursuivis partout, massacrés, ou jetés dans les flammes par les nègres en fureur. Les horreurs d'une guerre d'esclaves apparurent alors partout. L'Africain déchaîné signala son habileté par la découverte de nouveaux modes de tortures. Un malheureux planteur fut scié entre deux planches; les horreurs commises envers les femmes surpassèrent tout ce qu'on peut imaginer de plus atroce. Le maître indulgent fut sacrifié comme le maître inhumain; jeunes et vieux, riches et pauvres, tous payèrent indistinctement pour les injures d'une race opprimée. Des bandes d'esclaves parcouraient la campagne portant au bout de leurs piques des têtes d'enfants; c'étaient comme les étendards de ces rassemblements furieux [1]. Ce ne fut que dans quelques rares circonstances que l'humanité du caractère nègre résista à la sauvage contagion du temps; et quelques fidèles esclaves, au risque de leur vie, nourrirent dans des caves, leurs maîtres ou leurs enfants, qu'ils avaient arrachés à la mort.

La nouvelle de ces désastres excita une vive discussion dans l'assemblée. Brissot, le plus violent adversaire de l'esclavage, les attribua tous à l'obstination avec laquelle on refusait les bienfaits de la liberté aux nègres; les membres modérés, aux adresses incendiaires que la société contre l'escla-

[1] Lacr., t 214. Toul, II. 98.

vage faisait circuler parmi eux. Enfin on convint d'accorder aux hommes de couleur les droits politiques qu'ils réclamaient, et, en conséquence, St-Domingue obtint les bienfaits de la liberté [1]. Mais ce n'est pas ainsi que se font les grands changements de la nature; un enfant n'acquiert pas la force d'un homme en une heure, ni un arbre la consistance des rois de la forêt dans une saison. Les philanthropes impatients qui conférèrent tout-à-coup à une population ignorante le don de la liberté, lui firent plus de mal que ses plus cruels ennemis. La population nègre de St-Domingue n'a cessé d'offrir jusqu'à ce jour un mémorable exemple du funeste effet d'une émancipation précipitée. Sans les habitudes stables de la vie civilisée, ignorant les besoins qui font supporter une vie de travail, privée de l'appui qu'un gouvernement régulier aurait pu lui offrir, elle a apporté à l'accomplissement des devoirs des peuples civilisés les habitudes de la vie sauvage; à l'indolence du nègre elle a joint les vices de la corruption européenne ; dissolue, désordonnée, paresseuse, elle a considérablement perdu en nombre et en bonheur. L'île offrait la plus belle plantation de sucre qu'il y eût dans le monde; elle s'est vue réduite depuis à importer ce précieux produit; et les habitants nus et voluptueux, retombent rapidement dans l'état de nature auquel leurs ancêtres avaient été arrachés

[1] Lacr., I. 215. Toul., II. 98.

deux siècles auparavant, par la rapacité de l'avarice chrétienne [1].

Pendant ce temps, les désastres des armées, effet naturel de trente années de paix continentale, et de la licence et de l'insubordination des derniers temps, excitaient la plus profonde consternation à Paris. Le pouvoir des Jacobins croissait rapidement; leurs sociétés affiliées étendaient chaque jour leurs ramifications à travers la France, et les débats du club central ébranlaient le royaume d'un bout à l'autre. Ils accusaient les royalistes d'avoir causé les défaites de l'armée, en poussant le cri de *sauve qui peut;* les aristocrates ne pouvaient dissimuler leur joie en apprenant des évènements qui promettaient d'amener bientôt les armées alliées à Paris, et de rétablir l'ancien régime; les généraux attribuaient leurs désastres à Dumouriez, qui avait fait le plan de campagne; celui-ci attribuait tout à la manière malhabile dont on avait exécuté ses ordres. La méfiance et la dissimulation régnaient partout [2].

Dans cette extrémité, l'assemblée prit les mesures les plus énergiques pour assurer son autorité et la sûreté publique. Elle se déclara en permanence, licencia la garde du roi, qui avait excité la jalousie populaire, et rendit un décret qui condamnait à

[1] On trouvera les détails de cette terrible insurrection, avec un tableau complet de l'histoire postérieure de St-Domingue, dans un chapitre suivant, qui traite de l'expédition de Napoléon dans cette île. Ce n'est pas l'époque la moins importante de cette ère extraordinaire. V. plus bas. Ch. XXXVII.

[2] Mign., i. 171. Toul., ii. 121. Lacr., i. 233. Th., ii. 80, 81.

l'exil le clergé réfractaire. Pour protéger la capitale contre toute insulte, elle ordonna la formation d'un camp de vingt mille hommes près de Paris, et chercha à entretenir l'enthousiasme du peuple par des fêtes révolutionnaires, et à augmenter sa puissance en l'armant de piques.

Le licenciement de la garde royale ne fut voté qu'à une faible majorité, et malgré la plus violente opposition. « Le voile est déchiré maintenant, dit Girardin, l'insurrection contre le trône ne se déguise plus. Dans un moment de danger public que tout le monde reconnaît, on nous demande d'éloigner de la couronne la dernière protection que lui accorde la constitution. Que nous parle-t-on des dangers à redouter de la part de la faction royaliste; parti faible en nombre, sans influence, qu'il serait si aisé de soumettre? Je vois deux factions, et deux sortes de dangers, et l'une nous pousse à grands pas vers un gouvernement régicide. Plaise à Dieu que mes appréhensions ne soient pas fondées! Mais je ne saurais fermer les yeux à la frappante analogie que présentent les deux pays de France et d'Angleterre; je ne saurais oublier que dans une crise semblable le long parlement licencia la garde de Charles 1er. Quel destin était réservé au malheureux monarque? Quel destin attend maintenant le souverain constitutionnel de la France [1]?

La garde royale fut réformée après sa dissolution;

[1] Lacr., 1. 234. Mign., I. 172.

les officiers choisis en partie dans une classe différente, l'état-major remis en d'autres mains, et des compagnies d'hommes armés de piques introduits dans les rangs pour neutraliser la loyauté de leurs compagnons. Le parti constitutionnel fit les remontrances les plus énergiques contre ces innovations périlleuses. Mais ses efforts furent inutiles; l'approche du danger et l'agitation publique avaient fait tomber toute la puissance du gouvernement entre les mains des Jacobins [1].

Le péril évident de sa situation éveilla le pacifique monarque, et excita en lui une énergie plus qu'ordinaire. Ses ministres le pressaient incessamment de donner sa sanction au décret d'exil contre les prêtres non assermentés, et d'accorder au clergé constitutionnel un libre accès près de sa personne, afin de faire cesser tout motif de plainte au sujet de la religion. Indifférent au danger personnel, peu sensible même à la diminution de la prérogative royale, il était fermement décidé à ne faire aucun compromis avec ses devoirs religieux. Peu à peu il s'aliéna les membres du parti de la Gironde, et il resta plusieurs jours sans leur parler, ou sans leur faire connaître en particulier sa résolution. Ce fut alors que madame Roland écrivit, au nom de son mari, cette fameuse lettre au roi, dans laquelle elle l'engageait avec force à devenir sincèrement monarque constitutionnel, et à mettre fin aux

[1] Mign., I. 172. Th., II. 87.

troubles publics, en sanctionnant les décrets contre les prêtres (10 juin). Cette lettre, écrite avec beaucoup d'éloquence, mais dans un esprit trop républicain, excita la colère de Louis XVI, et Servan, Roland et Clavière furent renvoyés avec des expressions marquées de mécontentement [1].

La lettre est assez importante pour mériter d'être rapportée; la voici :

« Sire, l'état actuel de la France ne peut subsister long-temps; c'est un état de crise dont la violence atteint le plus haut degré; il faut qu'il se termine par un éclat qui doit intéresser votre majesté autant qu'il importe à tout l'empire.

» Honoré de votre confiance, et placé dans un poste où je vous dois la vérité, j'oserai la dire tout entière; c'est une obligation qui m'est imposée par vous-même.

» Les Français se sont donné une constitution; elle a fait des mécontents et des rebelles : la majorité de la nation la veut maintenir; elle a juré de la défendre au prix de son sang, et elle a vu avec joie la guerre, qui lui offrait un grand moyen de l'assurer. Cependant la minorité, soutenue par des espérances, a réuni tous ses efforts pour emporter l'avantage. De là cette lutte intestine contre les lois, cette anarchie dont gémissent les bons citoyens, et dont les malveillants ont bien soin de se prévaloir pour calomnier le nouveau régime; de là cette division

[1] Mign., t. 173. Lacr., I. 239.

partout répandue et partout excitée, car nulle part il n'existe d'indifférence : on veut ou le triomphe ou le changement de la constitution ; on agit pour la soutenir ou pour l'altérer. Je m'abstiendrai d'examiner ce qu'elle est par elle-même pour considérer seulement ce que les circonstances exigent; et, me rendant étranger à la chose autant qu'il est possible, je chercherai ce que l'on peut attendre et ce qu'il convient de favoriser.

» Votre majesté jouissait de grandes prérogatives, qu'elle croyait appartenir à la royauté ; élevée dans l'idée de les conserver, elle n'a pu se les voir enlever avec plaisir : le désir de les faire rendre était aussi naturel que le regret de les voir anéantir. Ces sentiments, qui tiennent à la nature du cœur humain, ont dû entrer dans le calcul des ennemis de la révolution ; ils ont donc compté sur une faveur secrète jusqu'à ce que les circonstances permissent une protection déclarée. Ces dispositions ne pouvaient échapper à la nation elle-même, et elles ont dû la tenir en défiance.

» Votre majesté a donc été constamment dans l'alternative de céder à ses premières habitudes, à ses affections particulières, ou de faire des sacrifices dictés par la philosophie, exigés par la nécessité ; par conséquent d'enhardir les rebelles en inquiétant la nation, ou d'apaiser celle-ci en vous unissant à elle. Tout a son temps, et celui de l'incertitude est enfin arrivé.

» Votre majesté peut-elle aujourd'hui s'allier ouvertement avec ceux qui prétendent réformer la constitution, ou doit-elle généreusement se dévouer sans réserve à la faire triompher ? Telle est la véritable question dont l'état actuel des choses rend la solution inévitable : quant à celle, très-métaphysique, de savoir si les Français sont mûrs pour la liberté, sa discussion ne fait rien ici, car il ne s'agit point de juger ce que nous serons devenus dans un siècle, mais de voir ce dont est capable la génération présente.

» Au milieu des agitations dans lesquelles nous vivons depuis quatre ans, qu'est-il arrivé ? Des privilèges onéreux pour le peuple ont été abolis ; les idées de justice et d'égalité se sont universellement répandues; elles ont pénétré partout ; l'opinion des droits du peuple a justifié le sentiment de ses droits; la reconnaissance de ceux-ci, faite solennellement, est devenue une doctrine sacrée ; la haine de la noblesse, inspirée depuis long-temps par la féodalité, s'est exaspérée par l'opposition manifeste de la plupart des nobles à la constitution, qui la détruit.

» Durant la première année de la révolution, le peuple voyait dans ces nobles des hommes odieux par les privilèges oppresseurs dont ils avaient joui, mais qu'il aurait cessé de haïr après la destruction de ces privilèges, si la conduite de la noblesse depuis cette époque n'avait fortifié toutes les raisons possibles de la redouter et de la combattre comme une irréconciliable ennemie.

» L'attachement pour la constitution s'est accru dans la même proportion ; non-seulement le peuple lui devait des bienfaits sensibles, mais il a jugé qu'elle lui en préparait de plus grands, puisque ceux qui étaient habitués à lui faire supporter toutes les charges, chercheraient si puissamment à la détruire ou à la modifier.

» La déclaration des droits est devenue un évangile politique, et la constitution française une religion pour laquelle le peuple est prêt à périr.

» Aussi le zèle a-t-il été déjà quelquefois jusqu'à suppléer à la loi, et lorsque celle-ci n'était pas assez réprimante pour contenir les perturbateurs, les citoyens se sont permis de les punir eux-mêmes.

» C'est ainsi que des propriétés d'émigrés ont été exposées aux ravages qu'inspirait la vengeance ; c'est pourquoi tant de départements se sont crus forcés de sévir contre les prêtres que l'opinion avait proscrits, et dont elle aurait fait des victimes.

» Dans ce choc des intérêts, tous les sentiments ont pris l'accent de la passion. La patrie n'est point un mot que l'imagination se soit complu d'embellir ; c'est un être auquel on a fait des sacrifices, à qui l'on s'attache chaque jour davantage par les sollicitudes qu'il cause, qu'on a créé par de grands efforts, qui s'élève au milieu des inquiétudes, et qu'on aime par tout ce qu'il coûte autant que par ce qu'on en espère ; toutes les atteintes qu'on lui porte sont des moyens d'enflammer d'enthousiasme pour elle. A quel point cet enthousiasme va-t-il monter, à l'instant où les forces ennemies réunies au dehors se concertent avec les intrigues intérieures pour porter les coups les plus funestes ! La fermentation est extrême dans toutes les parties de l'empire ; elle éclatera d'une manière terrible, à moins qu'une confiance raisonnée dans les intentions de votre majesté ne puisse enfin la calmer : mais cette confiance ne s'établira pas sur des protestations ; elle ne saurait plus avoir pour base que des faits.

» Il est évident pour la nation française que sa constitution peut marcher, que le gouvernement aura toute la force qui lui est nécessaire, du moment où votre majesté, voulant absolument le triomphe de cette constitution, soutiendra le corps législatif de toute la puissance de l'éxécution, ôtera tout prétexte aux inquiétudes du peuple, et tout espoir aux mécontents.

» Par exemple, deux décrets importants ont été rendus ; tous deux intéressent essentiellement la tranquillité publique et le salut de l'état : le retard de leur sanction inspire des défiances ; s'il est prolongé, il causera du mécontentement, et, je dois le dire, dans l'effervescence actuelle des esprits, les mécontentements peuvent mener à tout.

» Il n'est plus temps de reculer ; il n'y a même plus de moyen de temporiser : la révolution est faite dans les esprits; elle s'achèvera au prix du sang, et sera cimentée par lui, si la sagesse ne prévient pas les malheurs qu'il est encore possible d'éviter.

» Je sais qu'on peut imaginer tout opérer et tout contenir par des mesures extrêmes ; mais quand on aurait déployé la force pour contraindre l'assemblée, quand on aurait répandu l'effroi dans Paris, la division et la stupeur dans ses environs, toute la France se lèverait avec indignation, et, se déchirant elle-même dans les horreurs d'une guerre civile, développerait cette sombre énergie, mère des vertus et des crimes, toujours funeste à ceux qui l'ont provoquée.

» Le salut de l'état et le bonheur de votre majesté sont intimement liés; aucune puissance n'est capable de les séparer : de cruelles angoisses et des malheurs certains environneront votre trône, s'il n'est appuyé par vous-même sur les bases de la constitution, et affermi dans la paix que son maintien doit enfin nous procurer. Ainsi, la disposition des esprits, le cours des choses, les raisons de la politique, l'intérêt de votre majesté, rendent indispensable l'obligation de s'unir au corps législatif et de répondre au vœu de la nation ; ils font une nécessité de ce que les principes présentent comme devoir. Mais la sensibilité naturelle à ce peuple affectueux est prête à y trouver un motif de reconnaissance. On vous a cruellement trompé, sire, quand on vous a inspiré de l'éloignement ou de la méfiance pour ce peuple facile à toucher. C'est en vous inquiétant perpétuellement qu'on vous a porté à une conduite propre à l'alarmer lui-même; qu'il voie que vous êtes résolu à faire marcher cette constitution, à laquelle il a attaché sa félicité, et bientôt vous deviendrez le sujet de ses actions de grâces!

» La conduite des prêtres en beaucoup d'endroits, les prétextes que fournissait le fanatisme aux mécontents, ont fait porter une loi sage contre les perturbateurs : que votre majesté lui donne sa sanction; la tranquillité publique la réclame, et le salut des prêtres la sollicite. Si cette loi n'est mise en vigueur, les départements seront forcés de lui substituer, comme ils font de toutes parts, des mesures violentes, et le peuple irrité y suppléera par des excès.

» Les tentatives de nos ennemis, les agitations qui se sont manifestées dans la capitale, l'extrême inquiétude qu'avait excitée la conduite de votre garde, et qu'entretiennent encore les témoignages de satisfaction qu'on lui a fait donner par votre majesté, par une proclamation vraiment impolitique dans les circonstances; la situation de Paris, sa proximité des frontières, ont fait sentir le besoin d'un camp dans son voisinage: cette mesure, dont la sagesse et l'urgence ont frappé tous les bons esprits, n'attend encore que la sanction de votre majesté ; pourquoi faut-il que des retards lui donnent l'air du regret, lorsque la célérité lui mériterait la reconnaissance ?

» Déjà les tentatives de l'état-major de la garde nationale parisienne contre cette mesure, ont fait soupçonner qu'il agissait par une inspiration supérieure, déjà les déclamations de quelques démagogistes outrés réveillent les soupçons de leurs rapports avec les intéressés au renversement de la constitution ; déjà l'opinion publique compromet les intentions de votre majesté : encore quelque délai, et le peuple contristé croira apercevoir dans son roi l'ami et le complice des conspirateurs.

» Juste ciel ! auriez-vous frappé d'aveuglement les puissances de la terre, et n'auront-elles jamais que des conseils qui les entraîneront à leur ruine !

» Je sais que le langage austère de la vérité est rarement accueilli près du trône ; je sais aussi que c'est parce qu'il ne s'y fait presque jamais entendre, que les révolutions deviennent nécessaires ; je sais surtout que je dois le tenir à votre majesté, non-seulement comme citoyen soumis aux lois, mais comme ministre honoré de sa confiance, ou revêtu de fonctions qui la supposent ; et je ne connais rien qui puisse m'empêcher de remplir un devoir dont j'ai la conscience.

» C'est dans le même esprit que je réitérerai mes représentations à votre majesté sur l'obligation et l'utilité d'exécuter la loi qui prescrit d'avoir un secrétaire au conseil. La seule existence de la loi parle si puissamment, que l'exécution semblerait devoir suivre sans retardement ; mais il importe d'employer tous les moyens de conserver aux délibérations, la gravité, la sagesse, la maturité nécessaires ; et pour les ministres responsables, il faut un moyen de constater leurs opinions : si celui-là eût existé, je ne m'adresserais pas par écrit en ce moment à votre majesté.

» La vie n'est rien pour l'homme qui estime ses devoirs au-dessus de tout ; mais, après le bonheur de les avoir remplis, le seul bien auquel il soit encore sensible est celui de penser qu'il l'a fait avec fidélité, et cela même est une obligation pour l'homme public.

Paris, le 10 juin 1792, l'an IV de la liberté.

Signé ROLAND. »

Dumouriez chercha à profiter de la disgrâce de ses collègues pour augmenter son pouvoir. Il consentit à rester au ministère, et à se séparer de ses amis, à condition que le roi sanctionnerait le décret contre les prêtres. Mais Louis XVI persista dans son refus de ratifier ces décrets, ou dans son projet de former un camp de vingt mille hommes près de Paris. « Vous auriez dû songer à cette objection, dit Dumouriez, avant de consentir au premier décret de l'Assemblée Constituante, qui ordonnait le serment aux prêtres. » « J'eus tort alors, répondit le roi ; je ne dois pas avoir tort encore une fois. »

Dumouriez, après avoir perdu la confiance de son parti, se vit obligé de partir pour l'armée, où il acquit bientôt une réputation plus durable comme général [1]. L'assemblée éclata en invectives furieuses contre la cour, et déclara que les ministres renvoyés emportaient les regrets de la nation.

Le nouveau ministère fut choisi parmi les Feuillants. Scipion Chambonnas et Terrier Mont-Ciel furent nommés aux affaires étrangères et aux finances; mais ils étaient sans considération, soit auprès de leur parti, soit dans le pays. La couronne perdit l'appui des seuls hommes en France qui croyaient sincèrement qu'ils avanceraient la cause de la liberté au moyen de la révolution, au moment même où elle allait se livrer à ses plus violents excès. Le roi fut tellement déconcerté de l'impossibilité de former une administration efficace, qu'il tomba dans un état d'accablement moral qu'il n'avait jamais éprouvé depuis le commencement des troubles publics. Pendant dix jours consécutifs, il prononça à peine un mot, et parut si complètement abattu, qu'il perdit presque le pouvoir physique de se mouvoir. La reine, dont rien ne pouvait dompter l'énergie, le tira enfin de cet état déplorable, en se jetant à ses pieds, et en le conjurant par tout ce qu'il devait à elle et à ses enfants d'avoir plus de résolution et de fermeté, et de périr du moins avec honneur, en combattant pour leurs droits, si la mort

---

[1] Lacr., i. 240. Mign., i. 173. Th., ii. 103, 104.

était inévitable, plutôt que de rester pour être étouffé dans les murs du palais [1].

Mais si cette héroïque princesse s'efforçait ainsi d'inspirer du courage au roi, ce n'était pas qu'elle ignorât les dangers qui l'entouraient, ou qu'elle y fût insensible. Au palais des Tuileries où elle était réellement renfermée comme prisonnière, les canonniers de la garde l'insultaient ouvertement quand elle paraissait aux fenêtres, et exprimaient de la manière la plus brutale le désir de voir sa tête au bout de leurs baïonnettes. Le jardin du palais était le théâtre de toutes sortes de désordres. D'un côté, on voyait un orateur populaire déclamant avec violence et soufflant la sédition au milieu d'un auditoire entraîné; plus loin, on renversait un prêtre qu'on frappait sans pitié, tandis que la foule poursuivait tranquillement sa promenade dans les allées, comme si elle n'avait aucun intérêt aux insultes qu'on dirigeait contre la religion et le trône [2].

A cette époque, le roi avait ouvert une correspondance secrète avec les cours alliées, dans le but de diriger et de modérer les mesures qu'elles prenaient pour le délivrer. Il avait dans ce dessein envoyé M. Mallet du Pan à Vienne, avec des instructions écrites de sa main, dans lesquelles il leur recommandait d'avancer sur le territoire français avec la plus grande précaution, de montrer toutes sortes

---

[1] Madame Campan, II. 205. Lacr., t. 240. Mign., t. 174
[2] Dumont, III. 6.

d'égards pour les habitants, et de faire précéder leur armée par un manifeste, dans lequel elles exprimeraient les dispositions les plus modérées et les plus conciliantes. Le document original nous est resté comme un précieux monument de la sagesse et de l'esprit patriotique de cet infortuné souverain. Ce qu'il y a de remarquable, c'est que, pour séparer la faction des Jacobins de la nation, il recommande exactement le même langage et la même conduite que M. Burke recommanda fortement pendant toute cette période, et qu'adoptèrent plus tard avec tant de succès Alexandre et les souverains alliés, pour détacher le peuple français des drapeaux de Napoléon [1].

---

[1] Le roi recommandait à l'empereur et au roi de Prusse de publier une proclamation dans laquelle ils déclareraient qu'ils étaient obligés de prendre les armes pour résister à l'agression dirigée contre eux, non par le roi et la nation, mais par la faction criminelle qui les dominait l'un et l'autre; qu'en conséquence, loin de cesser d'avoir les mêmes sentiments d'amitié pour le roi de France, leurs majestés n'avaient recours aux armes que pour le délivrer lui et la nation d'une atroce tyrannie, et pour les mettre à même de rétablir la liberté sur une base solide; qu'ils n'avaient aucune intention d'intervenir dans le gouvernement intérieur de la nation, mais qu'ils désiraient uniquement lui rendre le pouvoir de choisir la forme qui était la plus conforme aux vœux de la grande majorité; qu'ils n'avaient aucune idée de conquête; que la propriété privée ne serait pas moins protégée que la propriété publique; que leurs majestés prenaient sous leur sauvegarde spéciale tous les citoyens fidèles et paisibles, et ne déclaraient la guerre qu'à ceux qui gouvernaient avec une verge de fer ceux qui voulaient l'établissement de la liberté. Conformément à ces principes, il priait les émigrés de ne prendre aucune part à la guerre, d'éviter tout ce qui pouvait donner l'apparence d'une lutte entre une partie de la nation et l'autre; il engageait les alliés à se présenter comme parties, non comme arbitres, dans la lutte entre la couronne et le peuple, les avertissant que toute autre conduite mettrait probablement en danger le roi et la famille royale, amènerait le renversement du trône et le massacre des royalistes; rallierait aux Jacobins tous les révolutionnaires qui s'en séparaient tous les jours davantage, ranimerait l'effervescence qui commençait à diminuer, et rendrait plus opiniâtre une résistance nationale qui céderait au

Alarmés du danger évident de la monarchie, les amis de la constitution employèrent les mesures les plus vigoureuses pour réprimer l'esprit d'insubordination qui allait toujours croissant, et, pour soutenir le trône, Lally Tollendal et Malouet, de l'ancien parti monarchique, s'unirent dans ce but avec les chefs des Feuillants, Duport, Lameth et Barnave; Lafayette, qui était employé à la frontière à la tête de l'armée, usa de son immense influence pour le même objet. Le 16 juin, il écrivit, du camp de Maubeuge, une lettre énergique à l'assemblée, où il dénonçait la faction des Jacobins, demandait la dissolution des clubs, l'émancipation du roi et l'établissement d'un trône constitutionnel, et conjurait les représentants, pour eux-mêmes, et au nom de l'armée et de tous les amis de la liberté, de se borner à des mesures strictement légales. Cette lettre eut le succès réservé à toute tentative de gouverner une révolution qu'on a soi même fomentée; elle produisit le plus violent mécontentement, détruisit la popularité de son auteur, et manqua tout-à-fait son but de calmer la populace [1].

Les Girondins, vexés d'avoir perdu leurs places dans l'administration, se livrèrent aux plus fu-

premier revers, si la nation était seulement convaincue que le sort de la liberté n'était pas attaché à la destruction de ceux qui en avaient été jusqu'alors les victimes. Les temps modernes n'offrent pas un monument plus frappant de sagesse et de prévision politique. (Voy. Bertrand de Molleville, vii. 57. 58.)

[1] Lacr., i. 240. Mig., i. 175. Th., ii. 116.

nestes excès; ils éprouvèrent alors cette cruelle nécessité à laquelle sont tôt ou tard exposés ceux qui cherchent à s'élever en excitant les passions du peuple, celle de se soumettre aux vices, et de s'associer à la brutalité de la foule. Ils s'allièrent en effet avec des hommes d'habitudes révoltantes et de la plus dégoûtante vulgarité, les flattèrent et commencèrent ce système d'égalité révolutionnaire qui devait bientôt bannir de la société française la politesse, l'humanité, et toutes les vertus sociales [1].
Ils résolurent d'exciter le peuple par des pétitions et des harangues incendiaires, et se flattèrent d'intimider la cour par une manifestation de résistance populaire, dangereux expédient, qui finit par leur être aussi fatal qu'au pouvoir contre lequel il était dirigé. Une insurrection générale fut préparée dans les faubourgs par leurs conseils, et, sous prétexte de célébrer l'anniversaire du serment du Jeu de Paume, qui approchait, un corps de dix mille hommes fut organisé dans le quartier St-Antoine. Ainsi, pendant que les royalistes pressaient les puissances alliées d'avancer sur la France [2], les patriotes excitaient l'insurrection du peuple. Cette double imprudence produisit son effet naturel, le règne de la terreur et le despotisme de Napoléon.

Le 20 juin, un corps tumultueux fort de six mille hommes, organisé secrètement par Pétion,

[1] Dumont, 389.
[2] Mign., I. 178 Th., II. 124

maire de Paris, et chef pratique des Girondins, descendit du faubourg St-Antoine et se dirigea vers l'assemblée. C'était la première tentative faite pour l'effrayer par le déploiement de la force brutale. La députation fut introduite dans la salle, pendant que les portes étaient assiégées par une multitude qui poussait de violentes clameurs. Ils s'exprimèrent de la manière la plus grossière et la plus menaçante, déclarant qu'ils étaient résolus à employer les moyens de résistance qui étaient en leur pouvoir, et que reconnaissait la déclaration des droits. « Le peuple est prêt, disaient-ils; il n'attend que nous; il est disposé à se servir de grands moyens pour exécuter l'article 2 de la déclaration des droits, *résistance à l'oppression*... Que le plus petit nombre d'entre vous, qui ne s'unit pas à vos sentiments et aux nôtres, purge la terre de la liberté et s'en aille à Coblentz chercher la cause des maux qui nous menacent; si elle dérive du pouvoir exécutif, qu'il soit anéanti. »

Cette harangue révolutionnaire fut appuyée par les auteurs du mouvement dans l'assemblée. Guadet, chef populaire de la Gironde, s'écria : « Qui osera aujourd'hui renouveler la scène sanglante, où des milliers de nos concitoyens furent massacrés au Champ-de-Mars, autour de l'autel de la Patrie, au pied duquel ils renouvelaient le plus sacré des serments? Si le peuple est violemment alarmé, le rôle

[1] Mign., t. 170. Th., II. 132.

de ses mandataires est-il de refuser d'écouter les plaintes que nous venons d'entendre? ne trouvent-elles pas de l'écho d'un bout de la France à l'autre? Est ce la première fois qu'à Paris la conduite du roi et la perfidie de ses conseils ont excité l'indignation publique? Vous avez entendu les pétitionnaires s'exprimer avec candeur, mais avec la fermeté qui convient à un peuple libre [1] ». Ce fut ainsi que les Girondins encouragèrent la populace dans ses tentatives d'intimider le gouvernement; avant l'expiration d'une année, ils succombèrent sur la même place, victimes de la violence qu'ils avaient excitée.

Effrayée par les dangers de sa situation, l'assemblée reçut la pétition avec indulgence, et permit à la foule de défiler devant elle. Une masse de 30,000 personnes, hommes, femmes et enfants, dans le costume le plus hideux, traversa aussitôt la salle, poussant des cris menaçants, et déployant des drapeaux séditieux. Santerre et le marquis de Saint-Hurugues, le sabre nu à la main, marchaient à sa tête; d'immenses tables, portant la déclaration des droits, précédaient la marche; d'autres portaient des banderolles ayant pour inscription : *La Constitution ou la mort! Vivent les sans-culottes!* On avait placé au bout d'une pique un cœur de veau tout saignant, et on lisait autour : *cœur d'un aristocrate*; des bandes d'hommes et d'enfants, agitant tour à

[1] Lacr., 1. 242.

CHAPITRE V.

tour des piques et des branches d'olivier, dansaient autour de ces terribles emblêmes, chantant le fameux *ça ira*. Au milieu de ces furieux, défilaient d'immenses colonnes d'insurgés portant des fusils, des sabres, et des fers tranchants placés au bout de gros bâtons. Les bruyants applaudissements des galeries, les cris de la multitude, le morne silence de l'assemblée, qui tremblait à la vue des auxiliaires qu'elle avait invoqués, formaient une scène qui est au-dessus de toute description. Le passage du cortège dura trois heures. Après avoir quitté l'assemblée, la foule se rendit en tumulte au palais [1].

Un ordre du roi fit ouvrir les portes extérieures. La multitude se précipita aussitôt dans le jardin, monta l'escalier et entra dans les appartements du roi. Louis XVI parut devant elle avec une faible suite; les plus avancés de la populace, intimidés par la dignité de sa présence, s'arrêtèrent involontairement; mais bientôt, pressés par la foule qui les suivait, ils entourèrent le monarque. Ceux qui l'accompagnaient parvinrent avec peine à le conduire dans l'embrasure d'une fenêtre, pendant que la foule roulait sur elle-même à travers les autres chambres du palais. Assis sur une chaise qu'on avait élevée sur une table, et entouré de quelques gardes nationaux fidèles, qui écartaient la populace, il conserva un visage calme et serein au milieu des dangers qui menaçaient à chaque instant sa vie. Jamais il ne pa-

[1] Lacr., t. 243. Mign., t. 177. Th., II. 133, 135.

rut plus véritablement grand que dans cette occasion. A la demande réitérée de ratifier sur-le-champ les décrets contre les prêtres, et de sanctionner l'établissement d'un camp près de Paris, il répondit constamment : « Ce n'est ni le temps, ni le lieu ; je ferai ce qu'exigera la constitution. » Un homme ivre lui présente un bonnet rouge au bout d'une pique ; le roi met avec un air résigné l'emblême révolutionnaire sur sa tête, et l'approbation est générale ; un autre lui présente un verre d'eau : quoique depuis long-temps il craignit d'être empoisonné, il but au milieu des applaudissements, que cet acte de calme courage arracha à la multitude.

Informée du danger que courait le roi, une députation de l'assemblée, ayant à sa tête Vergniaud et Isnard se rendit au palais. Elle pénétra avec difficulté à travers la foule qui encombrait les appartements, et trouva le roi assis à la même place, inébranlable dans son courage, mais presque entièrement épuisé de fatigue. Un garde national s'étant approché de lui pour l'assurer de son dévouement, « Sentez, dit-il en plaçant la main de celui-ci sur sa poitrine, sentez si les battements de ce cœur sont ceux d'un cœur agité par la crainte ! » Vergniaud cependant n'était pas sans inquiétude par suite des menaces qu'il avait entendues dans les parties les plus éloignées de la foule. A la fin il parvint à se faire écouter et engagea le peuple à sortir. Pétion le seconda dans ses efforts, et bientôt la multitude s'écoula insensiblement. A huit heures du soir le palais était complètement évacué, et il n'y régnait plus alors que le silence et l'étonnement [1].

Durant les terreurs de cette pénible journée, la reine et les princesses montrèrent une présence d'esprit vraiment héroïque. Comme elles se retiraient devant la multitude furieuse, la princesse Elisabeth fut prise pour la reine et chargée de malédictions. Elle défendit à ceux qui l'accompagnaient de faire reconnaître au peuple son erreur, heureuse d'attirer sur elle-même les dangers et les injures qui menaçaient son auguste parente. Quelques instants après, Santerre s'approcha d'elle et lui dit qu'elle n'avait rien à craindre; que le peuple était venu pour avertir, mais non pour frapper [2]. En même temps il lui remit un bonnet rouge qu'elle plaça sur la tête du dauphin. La princesse royale, plus âgée de quelques années que son frère, pleurait à côté de la reine; mais le jeune enfant, avec l'innocence de son âge, souriait à tout ce qui se passait autour de lui.

Un jeune officier, placé dans le jardin des Tuileries avec l'un de ses camarades de collège, avait été témoin de cette scène honteuse. Il blâmait hautement la conduite de la populace et la faiblesse du ministère, mais quand le roi se montra au balcon avec le bonnet de la liberté sur la tête, il ne put re-

[1] Mig., I. 178. Lacr., I. 244. Th., II. 141, 142.
[2] Mig., I. 178. Lacr., I. 224, Th., II. 140, 141.

tenir plus long-temps son indignation. « Les misérables ! » s'écria-t-il, « si l'on en mitraillait seulement cinq cents, le reste aurait bientôt pris la fuite. » Il vécut pour mettre en pratique non loin de là les principes qu'il professait alors. Son nom ne sera jamais oublié : *c'était Napoléon Bonaparte* [1].

Les évènements du 20 juin excitèrent la plus grande indignation dans toute la France. Les excès qui les avaient signalés, la violation de l'assemblée et de la résidence royale, l'illégalité d'une pétition soutenue par une foule tumultueuse et sans frein, furent l'objet de graves reproches adressés au parti populaire. Le duc de Larochefoucauld, qui commandait à Rouen, offrit au roi de lui donner un asile au milieu de son armée; Lafayette le pressait de se rendre à Compiègne et de se jeter dans les bras des forces constitutionnelles; la garde nationale voulait former un corps pour la défense de sa personne; mais Louis déclina toutes ces offres. Il comptait, pour sa délivrance, sur les puissances alliées, et ne voulait pas se compromettre lui-même en se joignant ouvertement au parti constitutionnel. Les Girondins ne se relevèrent jamais de l'échec qui résulta pour eux du non-succès de cette insurrection; ils perdirent l'appui d'un parti pour l'avoir tenté et celui de l'autre pour avoir échoué dans leur tentative [2].

[1] Bour., I. 75.
[2] Lacr., I. 246. Mig., I. 178 Th., II. 144.

Une pétition, signée de vingt mille honorables habitants de Paris, fut bientôt après présentée à l'assemblée pour la prier de punir les auteurs des derniers désordres ; mais telle était la terreur imprimée à ce corps, qu'il était désormais incapable de prendre aucune mesure décisive. La conduite du roi excitait l'admiration générale ; le noble sang-froid qu'il avait déployé au moment du danger arrachait des applaudissements même à ses ennemis, et la malheureuse irrésolution de ses premières années était effacée par l'intrépidité dont il avait récemment fait preuve. S'il avait eu assez d'énergie pour se servir de la réaction puissante que les évènements avaient produite en sa faveur, il aurait pu encore arrêter la révolution dans sa marche ; mais son courage était le courage passif qui sait souffrir et non le génie actif qui sait prévenir le péril [1].

Lafayette fit un dernier effort pour préserver de sa ruine le trône constitutionnel : ayant pourvu au commandement de son armée, et après avoir obtenu de ses soldats des adresses protestant contre les derniers excès dont la capitale avait été le théâtre, il vint lui-même à Paris, et, le 28 juin, se présenta inopinément à la barre de l'assemblée. Il demanda, au nom des troupes et au sien propre, que les fauteurs de la révolte fussent punis et que des mesures vigoureuses fussent prises pour détruire la faction jacobine. Son discours fut bruyam-

[1] Dumont, 383. Jom., II. 53. Th., II. 148, 149.

ment applaudi par les royalistes et jeta l'effroi parmi les révolutionnaires. Ceux-ci craignaient la promptitude et l'énergie de leur adversaire au Champ-de-Mars. Une faible majorité fut obtenue par le parti constitutionnel au sein de l'assemblée, sur la motion proposée de procéder à une enquête et de châtier les auteurs des derniers désordres. Encouragé par son succès, si mince qu'il fût, le général se présenta immédiatement à la cour. Il fut reçu froidement par le roi qui se décida avec la plus grande peine à permettre une revue de la garde nationale. Les chefs du parti royaliste s'enquéraient avec inquiétude au palais, de la conduite qu'ils devraient tenir dans cette circonstance. Le roi et la reine répondirent tous deux qu'ils ne pouvaient avoir aucune confiance dans Lafayette [1]. Celui-ci alors, avec quelques-uns de ses adhérents décidés comme lui à relever la couronne en dépit d'elle-même, s'adressa à la garde nationale; mais l'influence du général sur ce corps était passée. Il fut reçu en silence par ces bataillons qui naguère avaient suivi avec respect la trace de ses pas, et il revint à son hôtel désespérant de la cause constitutionnelle. Déterminé cependant à ne pas abandonner son entreprise sans un dernier effort, il indiqua pour la soirée même, aux plus zélés des gardes, un rendez-vous dans sa propre maison; son intention était de marcher de là contre le club ja-

[1] Mad. Campan, II. 224 Th., II. 184, 185.

cobin et de fermer ses séances. Trente hommes à peine se présentèrent, et l'irrésolution, l'incertitude étaient peintes dans tous leurs traits. Consterné de l'apathie publique, Lafayette resta encore quelques jours à Paris et partit bientôt seul pour rejoindre son armée, après avoir encouru la disgrâce d'un parti en essayant de contrôler la révolution, et celle de l'autre pour n'avoir pas réussi dans son entreprise. Les Jacobins le brûlèrent en effigie au Palais-Royal, récemment le théâtre de ses triomphes civiques [2].

Tel fut le dernier effort des constitutionnels; il ne fut plus dès lors question d'eux pendant tout le cours de la révolution, sinon, lorsque leurs chefs montèrent à l'échafaud. Leur défaite fut d'autant plus remarquable qu'un an auparavant ils jouissaient à Paris d'un ascendant absolu, et étaient parvenus à réprimer une insurrection de la populace au moment même de la plus grande fièvre publique. C'est lors de telles convulsions, plus peut-être qu'en aucune autre circonstance, qu'il est vrai de dire qu'il y a un flux et un reflux dans les affaires des hommes. Le moment du succès, s'il n'est pas saisi à propos, est perdu pour toujours; de nouvelles passions s'agitent, des intérêts nouveaux s'éveillent et le souverain d'une nation à une certaine époque se trouve souvent, quelques mois

[1] Lacr., I. 249, 280. Mig., I. 179, 180. Th., II. 151, 155.

plus tard, aussi dénué de pouvoir que le plus humble individu [1].

Les Girondins et les républicains, enhardis par le mauvais succès des desseins de Lafayette, tendirent ouvertement désormais au détrônement du roi. Vergniaud, dans un discours plein de force, retraça les dangers qui menaçaient la patrie. Il cita l'article de la constitution qui déclarait : « Si le roi se met à la tête d'une armée et en dirige les forces contre la nation, ou s'il ne s'oppose pas par un acte formel à une telle entreprise qui s'exécuterait en son nom, il sera censé avoir abdiqué la royauté. » « O roi, continuait-il, vous qui sans doute avez cru, avec le tyran Lysandre, que la vérité ne valait pas mieux que le mensonge, et qu'il fallait amuser les hommes par des serments comme on amuse les enfants avec des osselets; qui n'avez feint d'aimer les lois que pour conserver la puissance qui vous servirait à les braver, pensez-vous nous abuser aujourd'hui avec d'hypocrites protestations? Etait-ce nous défendre que d'opposer aux soldats étrangers des forces dont l'infériorité ne laissait pas même d'incertitude sur leur défaite? Etait-ce nous défendre que de ne pas réprimer un général qui violait la constitution? La loi vous laissa-t-elle le choix des ministres pour notre bonheur ou notre ruine? de nos généraux pour notre gloire ou notre honte? Vous donna-t-elle enfin

[1] Mig., 188.

le droit de sanction, une liste civile, et tant de grandes prérogatives pour perdre constitutionnellement la constitution et l'empire ? Non, non, homme que la générosité des Français n'a pu émouvoir, homme que le seul amour du despotisme a pu rendre sensible, vous n'avez pas rempli le vœu de la constitution ! Vous n'êtes plus rien pour cette constitution que vous avez si indignement violée, pour ce peuple que vous avez si lâchement trahi ! »

« Le danger qui nous menace, disait Brissot, est le plus extraordinaire qui se soit jamais vu dans le monde. La patrie est en péril, non pas que nous manquions d'hommes capables de porter les armes, non que nos forteresses soient en mauvais état, mais parce qu'on a paralysé nos forces; et à qui doit-on cette funeste léthargie? A un seul homme que la nation a fait son chef et que des courtisans perfides ont fait son ennemi. On vous dit de craindre le roi de Bohême et de Hongrie : moi je vous dis que la véritable force des rois est aux Tuileries, et que c'est là que vous devez frapper pour les réduire. On vous dit de frapper des prêtres réfractaires dans tous les lieux du royaume où ils se trouvent : moi je vous dis de frapper sur la cour et que vous anéantirez d'un seul coup la prêtrise toute entière. On vous dit de frapper les intrigants, les factieux, moi je vous dis : dirigez vos coups sur le cabinet royal et là vous étoufferez l'intrigue au centre de ses ramifications. Tel est le secret de notre position ; telle est la source de nos maux ; là est la partie gangrenée où le remède doit être appliqué [1]. »

Tandis que les esprits étaient enflammés au plus haut point par ces harangues incendiaires, les comités qui avaient été chargés de faire leur rapport sur la situation du pays, publièrent cette déclaration solennelle : « Citoyens, la patrie est en danger ! » Des coups de canon, tirés de minute en minute, annoncèrent aux habitants de la capitale ce terrible appel, qui invitait chacun d'eux à tout abandonner pour venir au secours de l'état. L'enthousiasme du moment fut tel, que quinze mille volontaires s'enrôlèrent à Paris dans un seul jour. Aussitôt toutes les autorités civiles déclarèrent leurs séances permanentes ; tous les citoyens, ne faisant pas encore partie de la garde nationale, furent mis en réquisition ; des piques furent distribuées à ceux qui n'avaient pas de fusils ; des bataillons de volontaires se formaient sur les places publiques, et, dans tous les lieux apparents, se déployaient des étendards portant ces mots : « Citoyens, la patrie est en danger ! » Ces mesures, que l'aspect menaçant des affaires publiques rendait indispensables, excitèrent au plus haut degré l'ardeur révolutionnaire. Une frénésie universelle s'empara de l'esprit public. L'élan patriotique alla si loin que plusieurs départements secouèrent ouvertement l'autorité gouvernementale, et, sans avoir reçu d'ordres,

[1] Mig., t. 130.

envoyèrent leurs contingents pour former le camp de vingt mille hommes près Paris. Tel fut le commencement de la révolte qui renversa le trône [1].

L'approche d'une crise devenait évidente au 14 juillet, lorsqu'une fête fut célébrée en commémoration de la prise de la Bastille. Pétion y fut l'objet de l'idolâtrie publique. Il avait été suspendu de ses fonctions de maire du département de Paris, par suite de son indolence pendant les troubles du 20 juin, mais le décret qui les lui avait enlevées fut révoqué par l'Assemblée Nationale. Son nom était inscrit sur des milliers de bannières, et partout on entendait ce cri : « Pétion, ou la mort!» Le roi vint en cortège du palais des Tuileries à l'autel du Champ-de Mars ; mais combien l'accueil qui lui fut fait alors différait de celui qu'il avait reçu deux ans auparavant, dans la même circonstance! Pensif et mélancolique, il marchait avec la reine et le dauphin au milieu d'une simple rangée de soldats, qui ne repoussaient qu'avec peine les invasions de la populace et ne pouvaient en aucune manière empêcher ses malédictions. Des voix innombrables lui reprochaient sa fuite perfide; l'aspect intrépide de la garde suisse le protégea seul contre les violences [2]. Il retourna à son palais dans le plus profond abattement, et on ne le revit plus en public jusqu'au jour où il monta à l'échafaud.

[1] Mig., I. 185. Th., II. 158, 165, 184.
[2] Mig., I. 185. Lacr., I. 284. De Staël, II. 54.

La déclaration faite par l'assemblée que la patrie était en danger, accrut prodigieusement le pouvoir du parti révolutionnaire. Lors de la fête de la confédération au 14 juillet, il n'y avait pas à Paris plus de deux mille personnes venues des provinces; mais leur nombre augmenta rapidement chaque jour. L'appel solennel adressé à la nation avait mis en mouvement toute la France. Une multitude de jeunes gens, animés du plus ardent esprit révolutionnaire, arrivaient d'heure en heure de tous les départements, et réchauffaient sans cesse la fermentation déjà si effrayante de la capitale. L'assemblée, avec une coupable faiblesse, leur abandonna l'usage exclusif de ses galeries où ils acquirent bien vite un empire absolu sur ses délibérations. Ils étaient tous payés à raison de trente sous par jour sur le trésor public, et le club qu'ils formèrent dépassa promptement en violence démocratique les fameuses réunions des Jacobins. Le dessein de renverser le trône était publiquement annoncé par ces bandes féroces, qui obtinrent bientôt les premiers éléments d'une organisation militaire, grâce à la discipline introduite parmi elles par quelques anciens gardes françaises que l'assemblée avait incorporés dans leurs rangs [1].

Cependant des mesures étaient ouvertement prises et combinées le mieux possible pour assurer le succès de la révolte. Les attaques contre Lafayette se

[1] Th., II 192, 193

renouvelaient incessamment; on le dénonçait dans tous les clubs, et il devint l'objet de l'exécration populaire. Le parti de la guerre prédominait partout; toutes les haines de l'Assemblée Nationale se dirigeaient contre la cour, dont elle redoutait, lorsque celle-ci serait soutenue par les puissances alliées, un prompt châtiment de ses innombrables actes de trahison. Par ses ordres, les bataillons de la garde nationale qu'elle soupçonnait d'incliner vers la cour, notamment les grenadiers du quartier Saint-Thomas, furent soigneusement surveillés; le club des Feuillants fut fermé; les grenadiers et les chasseurs de la garde nationale, qui constituaient la principale force de l'armée civique, furent licenciés; les troupes de ligne et la garde suisse tenus à distance de Paris [1].

Les chefs de la révolte se réunirent à Charenton, mais aucun d'eux ne voulut accepter la direction périlleuse de l'attaque. Robespierre parla avec effroi des dangers dont elle était accompagnée; Danton, Collot d'Herbois, Billaud Varennes et les autres meneurs du parti populaire déclarèrent qu'ils étaient prêts à seconder l'entreprise, mais qu'ils ne se sentaient point capables de se mettre à sa tête. A la fin, Danton présenta Westermann, homme d'un courage indompté et d'un caractère farouche, qui se signala plus tard dans la guerre de la Vendée, et termina sa carrière sur l'échafaud [2].

[1] Mig., t. 183. Lacr., t. 255. Th., II. 193.
[2] Lacr., I. 261.

La cour, au milieu de la dissolution générale de son autorité, n'avait plus d'espoir que dans l'approche des armées coalisées. La reine connaissait leur ordre de marche; elle savait à quelle époque elles étaient attendues à Verdun et dans les villes intermédiaires. La malheureuse princesse se flattait que sa délivrance aurait lieu avant un mois. Toutes les mesures prises par la cour n'avaient pour but que de gagner du temps jusqu'à leur arrivée. Cependant la famille royale était tellement tourmentée par la crainte d'un empoisonnement, qu'elle ne mangeait et ne buvait rien que ce qui avait été secrètement préparé par l'une des dames de la chambre à coucher et apporté par madame Campan, après que les viandes préparées à la cuine avaient été placées sur la table. Un grand nombre de royalistes dévoués allaient chaque jour aux Tuileries offrir leurs vies à leur souverain, au milieu des périls dont l'approche était évidente; mais, bien que les motifs de leur conduite commandent le respect, il faut dire que la diversité de leurs conseils ajoutait à l'irrésolution naturelle du caractère du roi. Quelques-uns voulaient l'emmener à Compiègne, et de là, à travers la forêt des Ardennes, jusqu'aux bords du Rhin; d'autres, et parmi eux Lafayette, l'engageaient à chercher un asile au sein des armées, tandis que Malesherbes le conjurait d'en venir à une abdication, comme dernière chance de salut. Dans le conflit de conseils si divers et en présence de dangers aussi imminents, rien ne se faisait. Une fuite secrète était projetée pour le lendemain et semblait promettre un plein succès; mais, après y avoir réfléchi pendant la nuit, le roi abandonnait un tel dessein, dans la crainte qu'il ne fût considéré comme une déclaration de guerre civile. Des comités royalistes se formaient, et faisaient leurs efforts pour arrêter les progrès de l'insurrection; tout était malheureusement inutile : la cour n'avait pour défenseurs que quelques milliers de gentilshommes résolus, qui étaient prêts à sacrifier leur vie pour elle, mais qui, entourés de plusieurs millions de révolutionnaires, ne pouvaient obtenir une organisation assez imposante pour protéger efficacement sa sûreté [1].

La conspiration, qui d'abord avait dû éclater le 4 août, fut plus d'une fois ajournée, parce que ses chefs ne jugeaient pas encore le peuple arrivé à un état d'excitation suffisante pour assurer le succès de l'entreprise. Mais bientôt tout délai fut rendu impossible par la marche et l'imprudente conduite des troupes alliées. Le duc de Brunswick, parti de Coblentz le 25 juillet, entra sur le territoire français à la tête de soixante-dix mille Prussiens et de soixante-huit mille Autrichiens et Hessois. Son arrivée fut précédée d'une proclamation dans laquelle « il reprochait à ceux qui avaient usurpé les rênes du gouvernement français, d'avoir troublé l'ordre

[1] Bert. de Moll. VIII. 284, 300. Th., II. 209, 213. Camp. II. 125, 188, 230.

social et renversé le gouvernement légitime; d'avoir commis des outrages journaliers envers le roi et la reine; d'avoir arbitrairement empiété sur les droits des princes allemands en Alsace et en Lorraine, et déclaré, sans nécessité, la guerre au roi de Hongrie et de Bohême. » Il proclamait en conséquence, « que les souverains alliés avaient pris les armes pour mettre un frein à l'anarchie qui désolait la France, pour prévenir les dangers qui menaçaient le trône et l'autel, pour donner la liberté au roi et lui rendre l'autorité légitime dont il avait été dépouillé, mais sans aucune intention d'agrandissement individuel; que les gardes nationales seraient responsables du maintien de l'ordre jusqu'à l'arrivée des forces alliées, et que ceux qui oseraient résister devaient s'attendre à toute la rigueur des exécutions militaires. Enfin, il avertissait les membres de l'Assemblée Nationale, ceux de la municipalité et les citoyens de la ville de Paris que, s'ils ne délivraient pas immédiatement le roi et ne se soumettaient pas à lui, ils en seraient personnellement responsables et paieraient de leurs têtes une telle désobéissance; et que, si le palais était forcé ou la moindre insulte faite à la famille royale, on donnerait l'exemple d'un châtiment mémorable par la destruction complète de la ville de Paris [1].

Si ce manifeste avait été conçu en des termes plus modérés et suivi d'un mouvement militaire prompt

[1] Mig., I. 186.

et énergique, il aurait peut-être produit l'effet désiré ; la passion du pouvoir eût fait place dans les esprits échauffés de la multitude au sentiment de la crainte; l'insurrection eût été étouffée, comme le furent plus tard celles d'Espagne et de Pologne, avant d'avoir acquis la force d'une puissance armée, et le trône de Louis XVI, eût été, pour un temps du moins, rétabli. Mais, venant ainsi au moment où l'agitation publique était extrême, et appuyé seulement, comme il l'était, par des mesures faibles et inefficaces, il contribua grandement à accélérer la marche de la révolution et fut la cause immédiate de la chute du trône. Les chefs du parti jacobin n'eurent bientôt plus lieu de se plaindre du peu d'enthousiasme du peuple. Un esprit unanime de résistance éclata dans toutes les parties de la France; les préparatifs militaires redoublèrent d'activité, et l'ardeur de la multitude s'accrut démesurément. La proclamation des puissances alliées fut considérée comme dévoilant les véritables desseins de la cour et des émigrés. Une révolte ouverte contre le trône parut le seul moyen de conserver la liberté, et le peuple de Paris vit qu'il n'avait plus à choisir qu'entre la victoire ou la mort. Il est pénible de penser que le roi dut, si tôt et en grande partie, sa perte à l'effroi causé par le langage des alliés, langage qui s'éloignait tant des sages recommandations qu'il avait faites. Même au milieu de ses appréhensions les plus vives, il ne cessa jamais d'aimer son peuple : « Combien, s'écriait-il souvent, combien tous ces chagrins seraient vite effacés par le plus faible retour de son affection ! » [1].

Les chefs des différents partis s'efforcèrent, chacun de leur côté, de diriger l'effervescence générale vers l'accomplissement de leurs desseins ambitieux. Les Girondins voulaient faire détrôner le roi par un décret de l'assemblée, parce qu'ayant la majorité dans ce corps, l'adoption d'une telle mesure eût été pour eux l'investiture de l'autorité suprême; mais ce moyen ne répondait nullement aux vues des démagogues qui étaient aussi jaloux de l'assemblée que de la couronne, et tendaient à abattre d'un seul coup le trône et la législature. Danton, Robespierre, Marat, Camille Desmoulins, Fabre d'Eglantine et leurs adhérents, étaient les fauteurs de l'insurrection populaire qui avait pour but non-seulement d'anéantir la royauté, mais encore d'introniser la multitude. Il y eut donc des germes de divisions entre les Girondins et les Jacobins, du moment où ils concertèrent ensemble la ruine de la monarchie; les premiers prétendaient établir la classe moyenne et l'assemblée sur les débris du trône; les seconds voulaient élever la multitude par la destruction du trône et de l'assemblée [2].

L'arrivée des troupes fédérées de Marseille, au

[1] Mig., t. 186. Toul., II. 220. Th., II. 230.
[2] Mig., I. 187. Toul., II. 221.

commencement du mois d'août, augmenta la force et la confiance des insurgés. Le 3 de ce mois, il régnait une agitation extrême dans les sections, et celle du quartier Mauconseil se déclara en état d'insurrection ouverte. Le détrônement du roi fut l'objet de discussions furibondes dans tous les clubs populaires, et Pétion, accompagné d'une députation formidable, se présenta à la barre de l'assemblée pour le demander au nom de la municipalité et des sections. Cette pétition fut renvoyée à une comission chargée d'en faire son rapport. Le 8, une discussion orageuse s'éleva au sujet de l'accusation proposée contre Lafayette; mais les constitutionnels la repoussèrent à une majorité de 406 voix contre 224; tant était grande encore leur influence au sein de la législature à la veille même d'une crise qui devait emporter à la fois, et la législature et le trône! Les clubs et la populace furent irrités au dernier point de l'acquittement de leur ancienne idole; tous ceux qui avaient voté avec la majorité, furent insultés au sortir de la salle, et les rues retentissaient de cris poussés contre l'assemblée qui avait acquitté « le traître Lafayette! » [1].

Le 9 août, l'effervescence était extrême; les constitutionnels se plaignirent des outrages auxquels ils avaient été en butte le jour précédent, et insistèrent pour que les bandes marseillaises fussent

[1] Toul., II. 224. Mig., I. 187 Th., II. 237.

envoyées au camp de Soissons. Durant le cours de la discussion que cette demande avait fait naître, il fut annoncé à l'assemblée que l'une des sections avait déclaré que, si le détrônement du roi n'était pas prononcé le jour même, le tocsin serait sonné et la générale battue à minuit, et que l'on marcherait immédiatement contre le palais. Quarante-sept des sections de Paris sur quarante-huit avaient approuvé cette résolution. La législature requit les autorités du département et de la ville de Paris de maintenir la tranquillité publique; la première assura qu'elle en avait le désir, mais non la puissance; Pétion, au nom de la seconde, répondit que, les sections ayant repris leurs pouvoirs, ses fonctions se trouvaient réduites aux simples moyens persuasifs. Ainsi l'assemblée se sépara sans avoir rien fait pour prévenir le danger qui approchait [1].

Enfin, le 9 août à minuit, un coup de canon fut tiré, le tocsin sonna et la générale battit dans tous les quartiers de Paris; aussitôt les insurgés se rendirent en foule à leurs différents points de ralliement. Ceux qui survécurent à la catastrophe sanglante qui allait éclater, ont retracé sous les plus sombres couleurs les horreurs de cette nuit terrible où la plus vieille monarchie d'Europe commença à s'écrouler. Les tintements incessants du tocsin, le roulement des tambours, le bruit des canons et des caissons qui parcouraient les rues, les cris des

[1] Toul., ii. 228. Mig., i. 188. Th., ii. 258. 259.

insurgés, la marche des colonnes résonnèrent longtemps à leurs oreilles, et vinrent souvent troubler leurs esprits aux jours même de fêtes et de réjouissances publiques [1]. Le club des Jacobins, celui des Cordeliers et la section des Quinze-Vingts, dans le faubourg Saint-Antoine, étaient les trois centres de l'insurrection. Les forces les plus formidables étaient rassemblées au club des Cordeliers ; là se trouvaient les troupes marseillaises qu'enflammait l'énergique éloquence de Danton : « Est-ce le moment, disait-il, d'en appeler aux lois et aux législateurs ; les lois n'ont pas prévu de pareils crimes, et les législateurs sont les complices des coupables. Déjà ils ont acquitté Lafayette ; absoudre ce traître, n'est-ce pas nous livrer à lui, aux ennemis de la France, à la vengeance sanguinaire des souverains alliés ? C'est cette nuit même que le perfide Louis a choisie pour mettre la capitale à feu et à sang, et pour l'abandonner ensuite au moment de sa ruine. Aux armes! aux armes! aucune autre chance de salut ne nous reste! » Les insurgés, et surtout les Marseillais, demandaient impatiemment le signal de la marche ; les canons de toutes les sections commencèrent à rouler vers le centre de la cité [2].

Tout d'abord on s'empara de l'Hôtel-de-Ville, et l'on renvoya la municipalité qui fut immédiatement remplacée par de nouveaux magistrats pris parmi

[1] De Stael, ii. 81. Th., ii. 241, 341.
[2] Lacr., 1. 264.

les plus violents démocrates. Cela se fit presque sans la moindre opposition, tant était grande la terreur qui paralysait toutes les autorités à l'approche du péril. Une fois maîtres de cette position centrale, les insurgés s'occupèrent à rassembler leurs forces sur la place de Grève; bientôt il arriva du canon de toutes parts, et l'on vit les longues colonnes de piquiers déboucher des quartiers les plus populeux de la ville. Paris était dans la plus effroyable agitation; cependant, au milieu de l'alarme générale, un grand nombre de gardes nationaux se rendaient aux Tuileries, où une force assez imposante était déjà réunie [1].

Avertie depuis quelques jours du danger dont elle était menacée, la cour avait fait des préparatifs pour résister à une attaque. Sa principale confiance reposait dans la garde suisse dont la fidélité, toujours inébranlable, était exaltée au plus haut point par les infortunes et les libéralités de la famille royale. L'assemblée avait voulu que ce corps fût éloigné de Paris, mais les ministres, sous différents prétextes, avaient différé l'exécution de cet ordre, bien que néanmoins ils n'eussent osé employer que la moitié des Suisses à la défense du palais, l'autre moitié demeurant à Courbevoie. Aussi le nombre de ceux actuellement de service n'était-il que de 800 hommes environ. Les membres les plus dévoués de la garde nationale arrivaient en toute hâte

[1] Lacr., t. 204, 205. Toul., ii. 229. Mig., i. 189.

et remplissaient la cour des Tuileries: les grenadiers du quartier Saint-Thomas étaient accourus à leur poste, même avant que le signal de la révolte n'eût été donné. De plus, sept à huit cents royalistes, la plupart de familles nobles, encombraient l'intérieur du palais, tous résolus à partager les dangers de leur souverain; mais leur présence nuisait plus qu'elle ne servait aux préparatifs de défenses. Formant un groupe bigarré, sans uniforme régulier; armés les uns de pistolets, les autres de sabres ou de fusils, ils n'étaient pas susceptibles de recevoir une organisation utile, tandis que leur vue refroidissait l'ardeur de la garde nationale, en réveillant sa jalousie mal éteinte contre le parti aristocratique. Les lourds dragons, à cheval, et quelques pièces d'artillerie, bien moins nombreuses, malheureusement, que celles qui se trouvaient entre les mains des insurgés, stationnaient dans la cour et les jardins. Des troupes assez considérables environnaient le roi, mais on ne pouvait compter que bien peu sur la plus grande partie d'entre elles; et la gendarmerie à cheval, cette force d'une si grande importance dans les dissensions civiles, donna bientôt l'exemple funeste de la désaffection par sa désertion complète à l'ennemi [1]. Ce corps puissant était composé principalement d'anciens gardes françaises, qui eurent ainsi l'infamie de trahir deux fois, à cette époque de

[1] Lacr., t. 265, 266. Th., II. 245. Mig., I. 183.

convulsions politiques, et leur souverain et leurs serments.

Au premier cri d'alarme, l'assemblée s'était réunie sous la présidence de Vergniaud. Son intention évidente était de soutenir le trône, mais l'insurrection du peuple lui avait enlevé tous les moyens de le faire d'une manière efficace. La première mesure qu'elle crut devoir prendre eut les plus désastreuses conséquences. Pétion, maire de Paris, se trouvait au palais où il rendait compte de l'état de la capitale; on l'appela à la barre de l'assemblée et on lui enjoignit de regagner son poste qui était à l'Hôtel-de-Ville. Il n'y fut pas plutôt arrivé qu'il se laissa faire prisonnier par les insurgés qui avaient renversé la magistrature municipale et que, sans même s'enquérir des changements qui avaient eu lieu, il ordonna à Mandat, commandant de la garde nationale, de se transporter sur la place de Grève. Celui-ci se disposait à obéir à l'autorité civile, lorsqu'il fut immédiatement saisi et accusé d'avoir donné l'ordre à ses troupes de tirer sur le peuple. S'apercevant, aux nouveaux visages qui l'entouraient, que la magistrature avait changé, il devint pâle tout-à-coup; on voulut alors l'emmener sous escorte à l'Abbaye, mais il fut massacré par la populace sur les marches même du palais municipal [1]. La nouvelle municipalité donna aussitôt le commandement de la garde nationale

[1] Mig., I. 190.

à Santerre, c'est-à-dire au chef des révoltés [1].

La mort de Mandat fut pour la cause royale une perte d'autant plus irréparable que lui seul pouvait décider au combat la garde nationale déjà ébranlée par l'apparition d'un si grand nombre de royalistes parmi les défenseurs du roi. A cinq heures du matin, le roi visita les parties intérieures du palais, accompagné de la reine, du dauphin et de Madame Elisabeth. Les troupes qui s'y trouvaient rassemblées étaient animées du meilleur esprit, et les espérances de la famille royale recommencèrent à revivre; mais elle fut cruellement détrompée en descendant l'escalier et en passant la revue des forces réunies sur la place du Carrousel et dans le jardin. Plusieurs bataillons de la garde nationale, ceux notamment du quartier des Filles-Saint-Thomas. et du quartier des Petits-Pères, l'accueillirent avec enthousiasme, mais la plupart étaient silencieux et irrésolus; quelques-uns même, les artilleurs surtout et le bataillon de la Croix-Rouge, poussèrent le cri de « Vive la nation! » Deux régiments d'hommes armés de piques crièrent ouvertement en défilant devant le roi: « Vive la nation! Vive Pétion! A bas le véto! A bas le traître! » Epouvanté de ces sinistres symptômes, le roi revint pâle et abattu au palais. La reine au contraire déploya l'antique valeur de sa race: « Tout ce que vous avez de plus cher, » disait-elle aux grenadiers de la garde natio-

[1] Mign., I. 190. Toul., II. 233. Th. II. 249.

nale, « vos maisons, vos femmes, vos enfants, tout dépend de notre vie. Aujourd'hui notre cause est celle du peuple. » Ces paroles prononcées avec dignité excitèrent au plus haut point le dévouement des troupes; mais elles ne pouvaient que promettre de sacrifier leurs vies pour sa défense et nulle part on ne voyait l'enthousiasme de la victoire. Bien que le roi eût l'air calme, le désespoir était profondément entré dans son cœur. Il ne craignait rien pour sa personne, et il avait refusé de mettre une cotte de mailles que la reine avait faite elle-même pour le garantir des coups d'un assassin. « Non, avait-il dit, dans un jour de bataille le roi doit être vêtu comme le dernier de ses sujets. » Malheureusement on ne put le déterminer à profiter du moment décisif; et cependant il est certain que, s'il avait alors chargé à la tête de ses fidèles serviteurs, il aurait sur-le-champ dispersé l'insurrection et peut-être avant la onzième heure du jour le trône, se fût-il relevé [1].

Tandis que l'irrésolution et le découragement régnaient aux Tuileries, l'énergie des révoltés s'accroissait d'heure en heure. Dès le commencement du jour ils avaient forcé l'arsenal et distribué des armes à la multitude. Quinze mille hommes du faubourg Saint-Antoine, cinq mille du faubourg Saint-Marceau s'étaient mis en marche vers le palais à six heures du matin et leur nombre s'augmentait à

---

[1] Toul., II. 236. Mign., t. 190. Lacr., I. 267 Th., II. 252, 253, 256.

chaque instant le long de la route. Un détachement qui stationnait sur le Pont-Neuf par ordre du Directoire du département, avait été débusqué de cette position et les communications entre les deux rives de la Seine étaient complètement libres. Bientôt après, l'avant-garde de l'insurrection composée des troupes marseillaises et bretonnes déboucha par la rue Saint-Honoré et occupa la place du Carrousel, ayant ses canons pointés sur le palais. A ce moment Rœderer demanda à l'assemblée l'autorisation d'entrer en négociation avec les insurgés, mais ceux-ci ne voulurent point l'écouter. Il s'adressa ensuite aux gardes nationaux et lut les articles de la constitution qui leur enjoignaient, en cas d'attaque, de repousser la force par la force; quelques-uns d'entre eux seulement semblaient disposés à défendre le trône, et les canonniers, pour toute réponse, déchargèrent leurs pièces. Trouvant partout la cause populaire triomphante, il retourna plein d'effroi au palais [1].

Le roi y tenait conseil avec la reine et les ministres. Rœderer lui annonça immédiatement que le danger était extrême; que les insurgés ne voulaient accéder à aucune proposition, qu'il ne fallait pas compter sur la garde nationale et que la perte de la famille royale était inévitable si elle n'allait pas chercher un refuge au sein de l'assemblée. « J'aimerais mieux, dit la reine, être clouée aux

---

[1] Mig., 1. 192. Lacr., 1. 267. Th., 11. 255.

murs de ce palais que d'en sortir ! » et aussitôt s'adressant au roi et lui présentant un pistolet, elle s'écria : « maintenant, sire, voici le moment de vous montrer. » Le roi demeura silencieux ; il avait la résignation d'un martyr, mais non le courage d'un héros. « Etes-vous prête, Madame, dit Rœderer, à prendre sous votre responsabilité personnelle la mort du roi, de vous-même, celle de vos enfants, et de tous ceux qui sont ici pour vous défendre? » Ces paroles décidèrent Louis; il se leva tout-à-coup et s'adressant à ceux qui l'entouraient : « Messieurs, dit-il, il n'y a plus rien à faire ici. » Accompagné de la reine, du dauphin et de la famille royale, il descendit l'escalier et traversa le jardin sous la protection de la garde suisse, et des bataillons des Filles-Saint-Thomas et des Petits-Pères. Ces troupes fidèles eurent la plus grande peine à les conduire à l'assemblée qui siégeait dans la rue voisine, au milieu des menaces et des malédictions de la multitude [1].

« Messieurs, dit le roi en entrant dans l'assemblée, je suis venu ici pour sauver la nation de la perpétration d'un grand crime; je pense que moi et ma famille, nous serons toujours en sûreté au milieu de vous. » « Sire, répliqua le président Vergniaud, vous pouvez compter sur la fermeté de l'Assemblée Nationale, tous ses membres ont juré de périr pour la défense des droits du peuple et des

---

[1] Mig., I. 192. Lacr., t. 267, 268. Th., II. 254, 256.

autorités constituées; nous demeurerons inébranlables à notre poste et nous mourrons plutôt que de l'abandonner. » En effet, les Girondins ayant obtenu de l'insurrection le véritable objet de leurs désirs, l'humiliation du roi, étaient maintenant sincères dans leur volonté de réfréner la populace. Vaine entreprise, qui démontra seulement leur incapacité gouvernementale pendant les jours orageux de la révolution [1].

Cependant la nouvelle municipalité, organisée par Danton et Robespierre, s'occupait de diriger tous les mouvements de l'insurrection ; des forces considérables s'échelonnaient sur la place du Carrousel, le long du Louvre, et de nombreuses pièces d'artillerie étaient pointées sur le palais dont les défenseurs étaient grandement affaiblis par le départ d'un détachement de la garde suisse et des bataillons royalistes qui avaient accompagné le roi. La gendarmerie, placée au front du palais, avait honteusement déserté son poste en criant : « Vive la nation ! » La garde nationale était aussi divisée qu'incapable d'action ; les canonniers s'étaient ouvertement joints à l'ennemi ; les Suisses seuls, avec une fermeté héroïque, restaient inébranlables au milieu de la défection générale. Une première tentative ayant été faite pour pénétrer dans l'intérieur des Tuileries, la lutte s'engagea aussitôt, et les Suisses, tirant par les fenêtres, eurent prompte-

[1] Mig., 195. Lacr., t. 260. Th., II. 267.

ment repoussé les plus avancés des assaillants; ils descendent alors l'escalier, se rangent en bataille dans la cour du Carrousel, et, par un feu nourri et bien soutenu, complètent la défaite des insurgés. Ceux-ci, naguère si audacieux, s'enfuirent en désordre jusqu'au Pont-Neuf, et plusieurs même ne s'arrêtèrent pas qu'ils n'eussent regagné leurs maisons dans les faubourgs. Trois cents hommes à cheval, dans ce moment critique, eussent sauvé la monarchie. Mais les valeureux défenseurs du palais, faibles en nombre et dépourvus de cavalerie, ne purent profiter de leur victoire; insensiblement la populace reprit courage, lorsqu'elle s'aperçut qu'elle n'était point poursuivie, et une nouvelle attaque, dirigée par Westerman, recommença bientôt sous la protection d'une puissante artillerie. Les troupes marseillaises et bretonnes revinrent en grande force à la charge; les Suisses se laissaient moissonner par la mitraille, et leurs rangs indomptés tombaient à la place qu'ils occupaient, invaincus même dans la mort [1]. Ainsi, au moment de sa ruine, ce ne fut ni dans la noblesse titrée, ni dans ses armées nationales, que la royauté française trouva de fidèles défenseurs, mais parmi ces libres montagnards du canton de Lucerne, parmi ces hommes exempts des vices d'un siècle corrompu, et fermes dans la simplicité de leurs mœurs champêtres.

[1] Mig., t. 194. Lacr., t. 271, 273. Toul., ii. 252, 253. Th., ii. 260, 261.

Ce ne fut bientôt plus un combat, mais un affreux carnage ; la multitude furieuse envahit le palais et mit à mort tous ceux qui s'y trouvaient ; les fugitifs, poursuivis jusque dans le jardin des Tuileries, par les faubouriens armés de piques, étaient tués sans pitié sous les arbres, au milieu des bassins, et au pied des statues. Quelques-uns d'entre eux s'étaient hissés sur les monuments de marbre qui embellissent ce lieu magnifique, croyant ainsi écharper à la rage de leurs ennemis ; ceux-ci, en effet, s'abstenaient de faire feu sur eux dans la crainte d'endommager ces chefs-d'œuvre de la statuaire, mais ils les piquaient avec leurs baïonnettes jusqu'à ce qu'ils se laissassent tomber à terre et alors ils les massacraient : singulier mélange d'amour pour les arts, et de cruauté révolutionnaire dont on ne trouverait peut-être pas d'autre exemple dans l'histoire du monde ! Pendant toute la soirée et toute la nuit, le petit nombre de Suisses qui avaient survécu au massacre de la journée, fut recherché par une populace féroce et inexorable, et partout où on les rencontrait, ils étaient immédiatement égorgés. Quelques-uns seulement s'échappèrent, et ceux qui eurent ce bonheur, durent presque tous leur vie, à l'affection de femmes dévouées [1].

Pendant ces terribles scènes, l'assemblée était dans la plus violente agitation. A la pre-

[1] Lacr., I. 272, 273. Toul., II. 252.

mière décharge de mousqueterie, le roi déclara qu'il avait défendu aux troupes de faire feu, et il signa un ordre pour la garde suisse de cesser le combat; malheureusement l'officier qui portait cet ordre fut massacré en route. A mesure que les détonations devenaient plus fortes et plus fréquentes, l'effroi devenait plus grand, et quelques députés se levèrent pour sortir; mais d'autres s'écrièrent : « Non, non, notre poste est ici. » Le peuple, dans les tribunes, menaçait les orateurs par ses cris [1], et bientôt de bruyantes acclamations « Victoire, victoire, les Suisses sont vaincus! » annoncèrent que le sort de la monarchie était décidé.

La journée du 10 août fut la dernière où les moyens de sauver la France étaient encore aux mains du roi, et l'on ne peut guère douter que, cette tâche, il l'aurait accomplie, s'il avait eu un caractère plus ferme. La plus grande partie de la nation était dégoûtée des excès des Jacobins et les désordres du 20 juin avaient excité un sentiment d'horreur général. S'il avait agi avec vigueur dans une occasion aussi décisive, s'il avait repoussé la force par la force et profité des premiers moments de la victoire pour proclamer ennemis les Jacobins et les Girondins, qui cent fois avaient violé la constitution; s'il avait dissous l'assemblée, fermé les clubs et arrêté les chefs de la révolte, ce jour-là l'autorité royale aurait été rétablie. Mais ce prince conscien-

[1] Toul., II. 284. Lacr., I. 272. Mig, I. 198. Th., II. 265.

cieux ne s'imagina jamais que le salut de son royaume était lié au sien propre, et il préféra encourir une perte certaine, plutôt que de s'exposer à verser le sang en essayant de la prévenir [1].

Au milieu du tumulte et du désordre qui suivirent la prise du palais, l'assemblée publia une proclamation par laquelle elle recommandait d'user avec modération de la victoire. Bientôt après une députation de la municipalité se présenta à la barre, demandant la confirmation de ses pouvoirs, et insistant pour le détrônement du roi et la convocation immédiate d'une convention nationale. D'autres députés succédèrent promptement aux premiers et renouvelèrent les mêmes demandes avec le langage impérieux que parlent des vainqueurs. Cédant à la nécessité, l'assemblée, sur la motion de Vergniaud, prononça un décret qui suspendait le roi, renvoyait les ministre et ordonnait la formation immédiate d'une Convention Nationale [2].

Ce n'est point au début de troubles révolutionnaires que sont le plus à craindre les dangers qui menacent le bonheur social; c'est quand le premier accès de la fureur populaire est passé, et lorsque le parti victorieux commence à souffrir des passions auxquelles il doit son triomphe. Le 10 août ne devait venir que trois ans après le 14 juillet. La raison en est évidente : dans la première effervescence de

[1] Dumont, 418.
[2] Mig., 1. 198 Toul., II. 256..Th., I. 263, 264.

la passion, dans la joie que fait naître une résistance couronnée de succès, le peuple est à la fois content de lui et de ses chefs, et les nouveaux gouvernants s'installent dans leurs fonctions au milieu des applaudissements et des espérances de leurs concitoyens. Mais après que se sont apaisés ces transports d'allégresse, surviennent les tristes et inévitables conséquences des convulsions publiques : les espérances déçues, les ambitions désappointées, l'industrie sans débouché, les capitaux sans emploi. Le malaise général qui succède au triomphe de la populace est toujours bien au-dessus de celui qui a provoqué sa résistance. D'après l'aveu même des écrivains républicains les plus capables, il aurait suffi de la moitié des maux qui ont désolé la France, pendant la révolution, pour renverser la monarchie [1]. Cet état de souffrances est forcé; il est le résultat nécessaire du crédit ébranlé, de la propriété envahie, d'une licence sans frein; mais, comme il arrive à la suite d'espérances magnifiques et au milieu de l'exaltation des esprits, il inspire aux classes inférieures un mécontentement et des regrets amers qui ne peuvent manquer de produire de nouvelles commotions. Le peuple n'est jamais si mûr pour une seconde révolution, que peu de temps après en avoir heureusement accompli une première.

C'est la classe moyenne qui organise les premiers

[1] Mig., 1. 127.

actes de résistance contre le gouvernement, parce que son influence est seule capable de soutenir le choc des pouvoirs constitués. Aussi est-elle à la tête du premier mouvement révolutionnaire. Mais les passions émues, les espérances excitées, le désordre qu'a produit la lutte, servent de base à une nouvelle et plus terrible révolte contre les règles qu'elle a établies. Toute espèce d'autorité semble odieuse aux hommes qui ont goûté de la licence d'une révolution; le nouveau gouvernement devient bientôt aussi impopulaire que celui qui a été renversé, et le désir de la multitude est de s'emparer de la position où un heureux effort a placé la classe intermédiaire. Celle-ci doit alors se préparer à un combat plus acharné que celui qu'elle vient de livrer contre le pouvoir arbitraire; à un combat contre des forces bien supérieures, contre des passions plus furieuses, contre des ambitions plus déréglées; à un combat avec des hommes que des craintes soudoyées ont dépourvus d'emploi, dont les changements révolutionnaires ont éveillé les espérances, qu'une nécessité inexorable pousse aux dernières extrémités. Dans une lutte semblable, toutes les chances sont contre la durée des institutions nouvelles, à moins que leurs défenseurs ne puissent immédiatement appeler à leur aide un corps nombreux et discipliné d'hommes également incapables de se laisser intimider par la violence, ou séduire par l'ambition populaire.

Trois grandes puissances se combattirent pendant la révolution française : le peuple, l'aristocratie, les souverains alliés. Chacune d'elles commit des erreurs capitales qui entraînèrent les plus désastreuses conséquences, et c'est à leur action combinée qu'on doit attribuer en grande partie les horreurs sans exemple qui suivirent.

La première faute capitale du peuple fut la confiscation des biens de l'église. Cet acte d'injustice flagrante influa de la manière la plus fâcheuse sur la marche de la révolution, et la disposition de l'esprit public. En aliénant les affections, et en allumant les ressentiments d'un corps puissant et nombreux, il sema la division dans le parti populaire, et ajouta aux malheurs des dissensions civiles l'animosité des haines religieuses. En mettant en opposition la cause de la liberté avec celle de la religion, il désunit ces deux grands mobiles de l'humanité, dont les forces combinées avaient élevé, dans les âges précédents, l'édifice de la liberté civile sur les solides fondements de la vertu privée. En excitant l'animadversion générale contre l'église, il occasionna un schisme fatal entre l'activité publique et les vertus individuelles ; il sapa la base du bonheur domestique en introduisant l'infidélité et le doute dans la vie des particuliers, et livra le pays aux désordres de la licence, en brisant la barrière qu'opposaient les idées religieuses à la violence des passions. Des siècles s'écouleront ; il faudra passer peut-être par une révolution nouvelle, avant que l'on puisse mettre un frein aux passions déchaînées, ou arrêter la dissolution générale des mœurs. Cette mesure était d'ailleurs aussi peu nécessaire que ses résultats furent déplorables. Rien n'obligeait de recourir à une telle spoliation, parce que si les besoins du trésor étaient impérieux, on devait y subvenir par une contribution frappée sur toutes les classes de la société, et non par la ruine complète de l'une d'elles. Il n'y eut non plus aucune modération dans les moyens dont on se servit pour l'accomplissement de la mesure; car, en supposant même qu'elle fût méritée, on aurait pu l'exécuter sans blesser les droits des bénéficiers actuels [1]. Il convenait mal à un peuple qui se soulevait contre un gouvernement oppresseur, de commencer son règne par un acte d'injustice bien plus criant qu'aucun de ceux dont il se plaignait.

Après cette première erreur, la plus grande faute des révolutionnaires fut la confiscation des biens de la noblesse, en exécution des cruels et iniques décrets de l'Assemblée Nationale, qui avait prononcé cette peine contre ceux des émigrés qui ne seraient pas rentrés en France avant un jour déterminé. Rien ne saurait dépasser l'injustice d'une semblable mesure; le seul fait de quitter sa patrie n'était point un crime, soit dans l'ordre moral, soit dans l'ordre politique, et lors même qu'il en eût

[1] Mad. de Staël, Révol. Franç. II. 94.

eu le caractère, confisquer les biens des nobles parce qu'ils refusaient de revenir, et placer leurs têtes sous le couteau de la guillotine, c'était user d'une rigueur bien plus grande qu'aucune de celles dont se plaignait le parti populaire, et qui eussent jamais souillé les plus tristes époques du régime féodal. L'atrocité de ce moyen eut des résultats dont la France ne se relèvera jamais, et qui, il faut le craindre, ont rendu impossible dans ce pays l'établissement de cette sage liberté dont jouit l'Europe moderne. Il est aujourd'hui surabondamment prouvé par l'expérience que la liberté ne peut être maintenue dans les différentes classes de la société, que par les influences combinées et contraires d'une aristocratie qui favorise, et d'un parti populaire qui contient les efforts du pouvoir exécutif; supposer qu'elle puisse exister dans un état tel que devint la France, après la destruction de l'aristocratie, c'est-à-dire, lorsque la plus grande partie de la propriété territoriale eut été divisée entre les paysans, et qu'il n'y eut plus de classe intermédiaire, excepté dans les villes, entre le trône et le cultivateur, c'est ce qui est inadmissible. Dans de telles circonstances, il n'y a d'alternative possible qu'entre l'égalité américaine ou le despotisme asiatique, et il n'est pas difficile de deviner auquel des deux doit aboutir un ancien état si avancé dans la carrière du luxe, et environné de monarchies militaires où s'agitent d'ambitieux desseins.

L'évènement n'a que trop justifié ces prévisions. Avant la révolution, les provinces avaient soutenu contre la couronne une longue et honorable lutte pour le maintien des libertés nationales, dont les premiers défenseurs étaient les personnages les plus illustres de l'aristocratie française. Les parlements, tant de Paris que des provinces, devaient leur principal éclat à la considération, au caractère et à l'importance de leurs membres, et ce fut par leur influence et leur exemple que la nation entière fut excitée à la résistance, qui eut la révolution pour dernier résultat. Mais depuis l'anéantissement de l'aristocratie, rien de semblable n'a eu lieu. La France s'est constamment, et sans opposition, soumise au pouvoir qui gouvernait la capitale, et tous ceux qui s'érigèrent en souverains dans ses conseils, soit par les passions de la populace, soit par les baïonnettes de l'armée, imposèrent leur despotique autorité au reste du royaume. Les os et les nerfs de la liberté furent brisés quand l'aristocratie eut été détruite : Louis XV et son malheureux successeur ne savaient par quels moyens comprimer l'esprit indépendant des parlements provinciaux; Napoléon n'eut pas de plus servile instrument de ses volontés que le Sénat Conservateur. Les passions de la multitude, fortes et souvent irrésistibles aux jours d'effervescence, ne peuvent servir d'appuis permanents à la cause de la liberté, qu'une aristocratie héréditaire, soutenue par elles au besoin, qui puisse suffire à une pareille tâche, parce qu'elle seule a des intérêts durables qui soient exposés à souffrir des efforts de la tyrannie, et parce qu'elle est dirigée par des motifs qui ne sont pas soumis aux brusques changements de l'opinion populaire. Si les puritains anglais avaient ruiné les propriétaires terriens en 1642, cent quarante années de liberté et de gloire n'auraient pas suivi la révolution de 1688. Ce ne fut pas Napoléon qui détruisit les éléments de la liberté en France; il les trouva complétement étouffés : il n'eut besoin que de saisir les rênes si fortement tendues par ses prédécesseurs révolutionnaires. Les membres de l'Assemblée Nationale, furent les meilleurs pionniers qu'ait jamais eus la tyrannie.

La faute de la noblesse fut de quitter le pays au moment de ses plus grands troubles, d'abandonner son souverain dans un péril extrême, et surtout d'invoquer l'assistance hasardeuse des puissances étrangères. L'emploi d'une telle ressource est toujours criminel et dangereux : criminel, parce que c'est une lâche désertion des premiers devoirs sociaux; dangereux, parce que le succès, avec une aide semblable, a d'aussi déplorables conséquences que la défaite. En essayant d'organiser une croisade contre la liberté française, elle se plaça dans une position telle qu'elle avait autant à craindre de la victoire que de la défaite; la première compromettait l'indépendance nationale, la seconde devait

entraîner la perte de sa propre puissance et de ses biens. Jamais la noblesse ne se lavera du déshonneur d'avoir passé dans les rangs des ennemis de la France, et de s'être montrée à la tête des bataillons qui venaient asservir sa patrie. Les Jacobins durent remercier leurs adversaires d'avoir mis entre leurs mains le moyen le plus efficace d'influer sur l'esprit public, celui de représenter les aristocrates comme les ennemis de la France, et la cause de la démocratie comme étant la même que celle de l'indépendance nationale. Quand on se rappelle les importants résultats qu'un petit nombre d'hommes disciplinés obtinrent au Champ-de-Mars, sous la conduite de Lafayette, et sur la place du Carrousel au 10 août, il est pénible de songer à la résistance qu'aurait pu opposer à la violence populaire une faible partie de cette vaste armée d'émigrés, qui les premiers occasionnèrent la révolution par leur insolence, et trahirent ensuite leur souverain par un lâche abandon.

L'erreur des souverains alliés, et celle-là eut les plus funestes conséquences, ce fut d'attaquer la France au moment où l'excitation générale était au comble, et de convertir ainsi la frénésie révolutionnaire en une résistance patriotique, sans que l'entreprise ait été poussée avec assez de vigueur pour écraser l'esprit d'insurrection qu'elle avait fait naître. La France commençait à être divisée par les progrès de la révolution, lorsque l'invasion étrangère lui donna l'unité. Les mesures cruelles décrétées par l'Assemblée Constituante contre les prêtres, avaient allumé une guerre terrible dans la Vendée, lorsque la crainte de cette invasion, réconcilia pour un temps les intérêts les plus divers. C'est à l'approche imprudente et à la retraite dévastatrice de l'armée prussienne qu'il faut attribuer, jusqu'à un certain point, la catastrophe du 10 août ; les amis de l'ordre, dans Paris, furent paralysés par les dangers que courait l'indépendance nationale ; les défenseurs du trône eurent honte d'une cause qui paraissait liguée avec celle des ennemis de la patrie. M. Burke avait prédit que la France serait partagée en un certain nombre de républiques fédérales, prophétie qui se serait réalisée peut-être, si l'invasion étrangère n'était bientôt après intervenue. L'unité de la république, les triomphes du consulat, les conquêtes de l'empire, furent accélérés par les attaques mal soutenues des puissances alliées.

La France, il est vrai, comme tout autre pouvoir révolutionnaire, aurait fini par en venir à un système d'agression vis-à-vis des peuples voisins, pour trouver un emploi à l'énergie que les convulsions publiques avaient développée dans son sein, et un remède aux maux produits par elles ; mais il est extrêmement douteux que de là fussent résultées cette union de sentiments et cette puissance militaire que l'on vit surgir tout-à-coup après qu'eût été repoussée l'invasion des alliés en 1792. Lorsque l'on combat une révolution, il faut faire de deux choses l'une : ou bien la laisser se dévorer elle-même par ses propres divisions, moyen qui, s'il est praticable, est toujours le plus sage; ou bien l'attaquer avec une telle force et une telle vigueur que l'on parvienne promptement à l'étouffer.

C'est une erreur complète de croire que la révolution française était inévitable, ou que, pour passer du despotisme à un état de liberté relative, il fallait nécessairement traverser d'aussi terribles convulsions politiques. Il serait tout aussi raisonnable de supposer qu'une rivière ne peut descendre d'un niveau plus élevé à un niveau plus bas, qu'en se précipitant par une cataracte, au lieu de suivre une pente douce et facile. Des changements aussi considérables que ceux amenés en France par la révolution ont été graduellement introduits dans beaucoup d'autres pays sans avoir entraîné une semblable catastrophe. Les fautes de quelques partis, la faiblesse des autres sont les seules causes des horreurs qui l'ont souillée durant son cours. Ses progrès, de même que ceux du crime chez les individus, n'avaient pas assurément le mal pour but, jusqu'au moment où des injustices irréparables eurent été commises et où mainte occasion d'amendement eut été rejetée. Et s'il est une circonstance à laquelle, plus qu'à tout autre, on puisse justement attribuer les désastres qui l'ont signalée, c'est le manque total de sentiments religieux dans un grand nombre de ses plus habiles et dans la plupart de ses plus influents promoteurs. C'est l'absence de ce frein des inclinations basses et égoïstes de notre nature qui jeta le parti révolutionnaire dans ces cruelles et injustes mesures contre les nobles et le clergé, mesures qui excitèrent la cupidité des classes moyennes en leur promettant les dépouilles de leurs supérieurs, et semèrent les germes d'une division éternelle entre les rangs les plus élevés et les rangs les plus humbles de la société, en faisant reposer les intérêts des seconds sur la ruine des premiers. Les rêves de la philanthropie, les inspirations de l'enthousiasme, les sentiments vertueux eux-mêmes ne furent qu'une faible sauvegarde pour les hommes publics au milieu des scènes calamiteuses qui se succédaient rapidement. Sous ce rapport, la révolution d'Angleterre offre un contraste remarquable avec celle de la France, dans sa marche qui, par comparaison, ne fut pas souillée de sang; dans le soin avec lequel le parti victorieux s'abstint de recourir à aucune de ces confiscations injustes qui devinrent si fatales au royaume voisin; on reconnaît les effets salutaires de cette répression puissante qu'opposent les idées religieuses aux vils et égoïstes penchants de notre nature, lors même qu'elles revêtent les formes les plus extravagantes. M. Hume a dit que le fanatisme était une tache pour la grande révolution et que l'on chercherait en vain parmi les chefs du parti populaire, à cette époque de notre histoire, les sentiments généreux qui animaient les patriotes de l'antiquité; mais, sans disputer ici sur l'absurdité de certains de leurs dogmes et sur les mœurs ridicules d'un grand nombre de ces hommes, on peut certainement affirmer que leur ferveur religieuse était le seul frein capable d'arrêter les débordements de la dépravation humaine, lorsque le joug ordinaire des lois avait été secoué; et que, sans ce fanatisme, ils se seraient deshonorés par les proscriptions de Marius ou les exécutions de Robespierre.

L'élévation des caractères publics ne consiste pas tant dans leur supériorité actuelle sur le reste des hommes que dans leur conformité avec les circonstances où ils se trouvent placés, et dans la fidélité avec laquelle ils représentent l'esprit de leur temps. L'éloquence de Mirabeau n'aurait pas réussi à soulever le peuple au 10 août; l'énergie de Danton l'aurait conduit à l'échafaud au commencement de la révolution; l'ambition de Napoléon aurait échoué contre l'esprit démocratique de 1789. Ces grands hommes s'élevèrent successivement, parce que la nature de leur esprit se trouvait en rapport avec le mouvement de l'opinion publique, tandis que leurs talents leur permettaient d'en prendre la direction. Mirabeau représentait l'Assemblée Constituante, libre dans la pensée, hardie dans l'expression, mais dominée par un reste d'attachement monarchique, et craignant les excès que ses mesures trop précipitées pouvaient produire. Vergniaud fut le modèle du parti dominant sous l'Assemblée Législative : républicain dans l'âme, philosophe en principe, humain dans ses intentions, mais précipité et turbulent dans sa conduite, aveuglé par l'ambition, infatué par les idées spéculatives, ignorant le monde et la manière de le gouverner, manquant à la fois et de la fermeté nécessaire pour commander, et de la méchanceté ou de la vigueur pour s'assurer le succès. Danton était le représentant de la faction des Jacobins; d'une ambition sans bornes, incapable de se laisser arrêter par les principes, ou effrayer par le sang, qui s'éleva avec les dangers publics, parce que ses talents le rendaient propre à diriger, et que son énergie ne reculait jamais devant la crainte d'exciter les excès populaires. Toujours ce sont de tels hommes qui, en dernière analyse, obtiennent le dessus dans les convulsions publiques, semblables aux vautours, qui, invisibles dans les temps ordinaires, sont attirés, par un instinct infaillible, sur les scènes de sang, et recueillent les derniers fruits de la discorde et de la violence des autres.

CHAPITRE VI.
RÉPUBLIQUE FRANÇAISE DEPUIS LA DÉCHÉANCE DU ROI JUSQU'A SA MORT.

ARGUMENT.

Dissolution progressive du pouvoir en France pendant la révolution.—Causes qui la produisent.—Fureurs de la populace après la prise du palais.—Rétablissement du ministère girondin.—Le roi et sa famille transférés au Temple.—Les armées approuvent Paris.—Disgrâce et fuite de Lafayette. — Grande influence de Danton, Marat et Robespierre. — Leur caractère. — Ils demandent un tribunal pour juger les ennemis de la révolution.— Première institution du tribunal révolutionnaire. — Consternation causée par l'approche des Prussiens.—Projet de massacre dans les prisons. — Les barrières fermées pour prévenir la fuite des personnes suspectes.—Plans énergiques de Danton.—Massacre dans les prisons de l'Abbaye et des Carmes. — Discours de Billaud Varennes aux meurtriers.—Mort de la princesse de Lamballe. — Conduite foible de l'assemblée.—Circulaire infernale envoyée par la municipalité de Paris aux autres municipalités de France. — Pillage énorme et impuni. — Fin de l'Assemblée Législative.—Élections pour la Convention.—Prodigieuse influence que les clubs jacobins exercent sur elles. — Réunion de la Convention. — La république est proclamée. — Changement du calendrier. — Lutte des Girondins et des Montagnards. — Caractère de ces deux factions. — Vergniaud, Guadet, Gensonne, Barbaroux. — Dans l'assemblée, les Girondins siègent à droite, les Montagnards à gauche. — Récriminations mutuelles. — État des finances —Nouvelle émission d'assignats. — Proclamation d'une constitution complètement démocratique fondée sur le suffrage universel.—Désordres et malheurs dans toute la France. — Accusation portée contre Marat par les Girondins. — Louvet attaque Robespierre. — Réplique et acquittement de celui-ci. — Les Girondins proposent en vain une garde pour la Convention —Bruits répandus par les Jacobins sur la division de la république. — Préparatifs du procès de Louis. — Violente agitation répandue par les Jacobins.— Découverte de l'armoire de fer aux Tuileries.—Discussion préliminaire sur la question de savoir si Louis peut être jugé par la Convention. — La question est résolue affirmativement. — Conduite du roi et de sa famille depuis leur captivité. — On les sépare. — Le roi amené à la barre de l'assemblée. — Généreux dévouement de Malesherbes et de Tronchet. — Belle péroraison de Desèzes. — Débat sur l'accusation. — Louis est condamné. — Noblesse de sa conduite. — Sa dernière entrevue avec sa famille. — Sa dernière communion. — Son exécution. — Réflexions sur son caractère et sur sa condamnation.

Depuis le commencement de la lutte, chaque parti qui arrivait au pouvoir se montrait plus violent et plus tyrannique que le précédent. La convocation des états, le serment du Jeu de Paume, n'étaient que le combat de la nation contre les classes privilégiées ; le 14 juillet, la prise de la Bastille furent l'insurrection des classes moyennes contre le gouvernement ; le 10 août commença la révolte de la populace contre les classes moyennes et le trône constitutionnel. Les chefs de l'Assemblée Nationale étaient pour la plupart guidés par les principes les plus purs, et ce qu'il y eut de blâmable dans leurs actes put en général s'attribuer à la précipitation d'une philanthropie inexpérimentée; mais les actes de la Convention furent tous empreints de turbulence et de férocité. Le règne des Jacobins fut signalé par l'énergie du crime audacieux, souillé par la cruauté d'esclaves à peine émancipés.

« Des sujets, dit Tacite, ne peuvent qu'avec le plus grand danger toucher au pouvoir qui les gouverne ; car de là naît pour eux généralement, la nécessité de commettre des crimes; pour éviter les conséquences d'un seul acte téméraire, les hommes sont obligés de se livrer aux plus grands excès. » En effet, la carrière du crime est la même pour les nations et pour les individus ; une fois qu'on y est entré il faut des efforts incroyables de volonté pour en sortir. Les derniers actes d'atrocité dont celles-là aussi bien que ceux-ci finissent par se souiller, sont presque toujours nécessairement produits ou par l'exaltation des passions parvenue au plus haut degré, ou par la terreur qu'inspire un châtiment dont on anticipe la possibilité ; ce n'est qu'au début de cette carrière terrible que l'on a le pouvoir de se repentir; il n'y a du reste rien d'extraordinaire dans ce fait : dans tous les siècles la populace a été gouvernée par le sentiment de son intérêt ou par ses passions; son intelligence, si capable de bien juger du passé, échoue presque toujours dans le jugement du présent; la cause en est simple, et a été depuis long-temps indiquée par Hume. En jugeant les actions des autres, nous ne sommes influencés que par notre raison ou par nos sentiments ; en agissant pour nous-mêmes, nous avons un troisième moteur plus puissant que les deux autres : nos passions.

Croire malgré cela que le grand corps du peuple est capable de juger sainement des affaires publiques, c'est tomber dans une grave erreur. Aucun homme, dans quelque rang que vous le preniez, ne pourrait nommer la dixième partie de ses connaissances comme en état de remplir cette tâche. Si nous examinons les opinions de la plupart des hommes sur les questions qui occupent, et souvent divisent la société, nous trouverons qu'elles reposent sur les motifs les moins justes, sur des préjugés conçus dès l'enfance, sur des animosités personnelles, sur des intérêts privés; tout cela n'empêche pourtant pas à la fin la vérité de triompher; mais son jour n'arrive qu'après que les passions se sont refroidies. Dans les temps ordinaires, un équilibre bien établi entre les intérêts contraires et les désirs opposés, soutient l'édifice de la société, et toute la stabilité des institutions libres repose sur ce balancement.

Ces considérations fournissent une objection invincible et éternelle contre les institutions démocratiques. Partout où elles règnent, le pouvoir appartient dans des périodes de tranquillité, à des cabales égoïstes, dans les moments de troubles, aux plus audacieux et aux plus dépravés. L'Amérique est une preuve de la première partie de cette assertion, comme la France durant le règne de la terreur le fut de la seconde.

Ceux, qui pour maintenir la démocratie, malgré ces inconvénients, en appellent à l'égalité primitive et aux droits communs du genre humain, devraient aussi prouver, que les hommes sont égaux sous le rapport des facultés comme sous celui de la naissance; que la société peut subsister lorsque la multitude dirige réellement par elle-même les affaires publiques; que le sujet le plus profond et le plus compliqué offert aux méditations des hommes, celui où l'instruction est le plus nécessaire, où le jugement le plus calme est le plus indispensable, ne se refuse point de lui-même à ceux auxquels la nature n'a donné qu'une faible intelligence, que le travail matériel a mis hors d'état d'acquérir des connaissances, que leur situation a exposés à toutes les séductions de l'intérêt; que la multitude, lorsqu'elle exerce ses droits, n'est pas disposée à suivre des chefs despotiques que son caprice a créés ; enfin, qu'une démocratie n'est pas, suivant l'expression d'Aristote, tout simplement une aristocratie d'orateurs, interrompue de temps en temps par la monarchie d'un seul orateur.

Quand les diverses classes, durant les convulsions d'une révolution, sont amenées à lutter les unes contre les autres, les hommes vertueux et prudents n'ont aucune chance de l'emporter sur les hommes violents et ambitieux, à moins que, comprenant de bonne heure le danger, ils ne s'unissent tous ensemble dans une courageuse résistance. Si dès le début des troubles, ils n'ont pas su conquérir d'ascendant, il leur est très-difficile d'en obtenir plus tard ; c'est une autre conséquence du principe que nous venons d'établir. Dans le choc d'une bataille, la douceur et l'humanité servent peu, l'audace et le courage sont les qualités essentielles et décisives; de même, dans les luttes des factions, la sagesse et la modération n'ont guère d'influence ; les hommes vertueux sont retenus par des scrupules que ne connaissent point les hommes sans principes. Des difficultés insurmontables aux yeux de ceux qui sont accoutumés à peser les conséquences de leurs actions, s'évanouissent devant l'insouciante témérité des hommes qui n'ont rien à perdre. « On vit bien vite dans la révolution, dit Louvet, que les hommes à poignards l'emporteraient sur les hommes à principes, et que les derniers ou premiers venus devaient se préparer à l'exil ou à la mort.

La prise des Tuileries et l'emprisonnement du roi avaient détruit la royauté. L'assemblée avait montré sa faiblesse en restant spectatrice passive du combat: le pouvoir véritable était aux mains de la municipalité de Paris. La municipalité gouvernait Paris; Paris l'assemblée; l'assemblée la France. Pendant le conflit, les chefs des Jacobins avaient évité le théâtre du danger; Marat, disparu dans la confusion, avait laissé tout à faire à Westermann; Santerre retint les masses des faubourgs jusqu'au moment où Westermann le força, le pistolet sur la gorge, de se joindre aux Marseillais. Robespierre resta caché et ne reparut que vingt-quatre heures après à la commune où il se donna tout l'honneur de l'affaire.

Après la défaite des Suisses, le peuple donna un libre cours à ses fureurs en saccageant le palais. Las enfin du massacre et du pillage, il mit en pièces les magnifiques ameublements, et en dispersa les débris; des monstres ivres de sang et de vin pénétrèrent jusque dans les appartements les plus secrets de la reine, et s'y livrèrent à des actes obscènes, et en un instant tous les tiroirs et toutes les armoires furent forcés et les papiers qu'ils contenaient déchirés ou jetés par les fenêtres; aux horreurs du meurtre et du pillage succédèrent bientôt celles de l'incendie. Dejà les flammes approchaient des Tuileries, et les plus grands efforts de l'assemblée eurent peine à sauver ce vénérable édifice. Les parties les plus éloignées de la ville n'étaient pas non plus exemptes de scènes terribles; après que le feu de l'artillerie eut cessé, les détonations de la mousqueterie qui retentissaient sur plusieurs ponts, disaient combien la poursuite des fugitifs était active, et combien d'endroits de la ville en étaient témoins à la fois.

Le 11, de bonne heure, une foule immense s'assembla sur la place encore fumante du sang des Suisses qui avaient péri le jour précédent; il y eut un mélange singulier dans les sentiments : les blessés furent secourus, et en même temps l'on décréta que des honneurs seraient rendus aux vainqueurs du 10 août, et des hymnes de liberté furent entonnés par la multitude. Les emblèmes de la royauté, les statues des rois, furent par ordre de la Commune entièrement détruits; les statues de bronze furent fondues en canons, le nom même de Henri IV ne put sauver son image de la destruction. Ainsi l'avènement de la démocratie en France était signalé par l'anéantissement de tout ce que la monarchie avait de monuments vénérables; ne devant rien à l'antiquité, les nouveaux maîtres de l'état répudiaient tous les honneurs légués par elle.

Le premier soin de l'assemblée après le renversement du trône, fut de pourvoir autant qu'il était possible, à l'administration des affaires publiques.

Les ministres girondins Roland, Clavière, Servan, furent replacés à l'intérieur, à la guerre, aux finances, tandis que Danton qui avait été le principal instigateur de la révolte, était revêtu des importantes fonctions de ministre de la justice; ce hardi démagogue parla, à la tête d'une députation de la municipalité, de manière à faire comprendre où résidait maintenant le pouvoir. « Le peuple de Paris qui nous a envoyés à votre barre, dit-il, nous a chargés de vous déclarer qu'il vous regarde comme entièrement dignes de sa confiance, mais qu'il ne reconnaît d'autre juge des mesures extraordinaires auxquelles l'a poussé la nécessité, que le peuple français, votre souverain et le sien, exprimant sa volonté dans des assemblées primaires. » Incapable de résister, l'assemblée n'eut d'autre parti à prendre que de rendre des décrets sanctionnant tout ce qui avait été fait, et d'inviter les pétitionnaires à faire connaître son approbation au peuple.

Pendant quinze heures que dura la séance de l'assemblée après le massacre des Suisses, le roi et sa famille restèrent enfermés dans l'espace étroit qui leur avait d'abord servi d'asile. Épuisé de fatigue et presque suffoqué par la chaleur, le jeune dauphin finit par s'endormir profondément dans les bras de sa mère; la princesse sa sœur et madame Élisabeth, les yeux baignés de larmes, se pressaient à ses côtés; le roi resta tranquille pendant toute l'horrible confusion de la séance, et écouta attentivement les discours des membres de la chambre, et des arrogants pétitionnaires qui se succédaient à la barre ; enfin, à une heure du matin ils furent transférés dans le cloître des Feuillants. Dès qu'on les eut laissés seuls, Louis se prosterna pour prier : « Tes épreuves, dit-il, tes épreuves, ô mon Dieu, sont terribles ! donne-moi la force de les supporter; nous adorons la main qui nous châtie, car c'est la même qui nous a souvent bénis ; aie pitié de ceux qui sont morts en combattant pour notre défense. » Le matin suivant ils eurent la satisfaction de recevoir les visites de plusieurs royalistes fidèles, qui, au risque de leur propre vie, se hâtaient de partager les dangers de la famille royale. Entre eux était le fidèle Hue qui s'était sauvé en sautant d'une fenêtre et en plongeant dans la Seine au moment le plus fort de la fusillade; il était presque épuisé, lorsqu'il fut recueilli par un batelier. Déjà les augustes captifs sentaient les angoisses de l'indigence; tous leurs vêtements avaient été volés ou détruits; le dauphin ne put changer de linge, que grâce aux soins de l'ambassadrice d'Angleterre, et la reine fut obligée d'emprunter vingt-cinq louis à madame Anguis, une de ses femmes de chambre; don fatal qui devint ensuite le motif de son procès et de son supplice, malgré sa jeunesse, sa beauté, son innocence, puisqu'elle n'avait fait que remplir un devoir. Durant les jours d'épreuve qui suivirent, le roi montra une fermeté, une sérénité que sa première conduite n'eût guère pu faire attendre, et qui prouvèrent que son irrésolution n'avait point été produite par la peur d'un danger personnel.

Pendant trois jours la famille royale demeura aux Feuillants, mais le 13, l'assemblée, sur l'ordre de la Commune, décréta qu'ils seraient transférés au Temple. Malgré l'état d'excitation de la populace, plusieurs versèrent des larmes en voyant passer le triste cortège. La voiture, qui contenait onze personnes, s'arrêta place Vendôme, pour que Louis et les siens contemplassent les débris de la statue de Louis XIV. Bientôt après, les portes du Temple se refermèrent sur eux, et Louis entra dans la période glorieuse et immortelle de sa vie.

La victoire remportée sur le trône au 10 août, fut immédiatement suivie de la soumission des départements au parti vainqueur. On avait observé plus de différence dans les opinions après le 14 juillet. Peut-être ceci fut-il simplement la preuve que la crainte agit plus puissamment que l'amour de la liberté. Il y eut à Rouen un faible mouvement en faveur de la royauté constitutionnelle, mais les émissaires de la toute-puissante commune de Paris réussirent sans peine à l'apaiser, et à faire rentrer par la terreur les habitants dans la soumission.

Mais la nouvelle fut très-différemment reçue au quartier du général Lafayette, qui se trouvait alors à Sedan. Les officiers et les soldats semblèrent partager la consternation de leur chef et son désir de tenter un effort en faveur du trône constitutionnel. La municipalité de Sedan se montra animée des mêmes sentiments, et par l'ordre de Lafayette, elle fit arrêter et jeter en prison les trois commissaires envoyés par l'assemblée, pour lui concilier l'approbation des troupes. Celles-ci renouvelèrent en même temps que les autorités civiles, le serment de fidélité au trône constitutionnel; et tout annonçait une résistance sérieuse de ce côté.

Cependant le nom de l'assemblée conservait encore son effet magique sur les provinces. Le moment n'était pas venu où les soldats, ne tournant plus les yeux que vers leur chef, seraient tout prêts à renverser à sa voix l'autorité législative. La conduite de Lafayette et des troupes immédiatement sous ses ordres ne fut pas généralement approuvée. Une révolte en faveur du trône était regardée avec aversion, parce qu'il semblait toujours qu'elle dût rejeter la nation dans son ancienne servitude. La tyrannie de la populace inspirait moins de crainte, parce qu'on ne l'avait point encore ressentie. Luckner, qui commandait l'armée de la Moselle, essaya bien de seconder la tentative de Lafayette; mais Dumouriez, et les généraux inférieurs, poussés par une ambition personnelle, se déclarèrent pour l'assemblée. Alors Luckner, dont le caractère était faible et irrésolu, se hâta de faire une rétractation publique devant la municipalité de Metz, et Lafayette lui-même, se voyant menacé de toutes parts, et ne sachant quelle résolution adopter qui pût servir la cause royale, s'enfuit accompagné de Burseau de Puzy, de Latour-Maubourg et de Lameth, dans l'intention de passer aux États-Unis, ce théâtre des premiers efforts qu'il avait tentés pour la liberté. Mais il fut arrêté près de la frontière par les Autrichiens, et conduit au donjon d'Olmutz. On lui offrit cependant la liberté, s'il voulait servir contre la France. Mais il aima mieux rester quatre ans dans une réclusion rigoureuse, que de se relâcher en rien des principes qu'il avait adoptés. L'assemblée le déclara traître à la patrie, et mit sa tête à prix. Ainsi celui qui, le premier, s'était déclaré le chef de la révolution, ne dut la vie qu'à son emprisonnement dans une forteresse autrichienne.

Danton, Marat, Robespierre étaient maintenant les chefs du pouvoir à Paris, et par conséquent en France. Le premier avait été le moteur principal de l'insurrection du 10 août. Pendant la nuit qui précéda l'attaque, il avait plusieurs fois visité les quartiers des troupes révolutionnaires et excité leur ardeur. Comme membre de la municipalité, il avait dirigé leurs opérations; peu de jours après, sa nomination au ministère de la Justice l'investit d'une autorité suprême dans la capitale, et lui donna une grande facilité pour accomplir le massacre des prisons. Cependant on aurait tort de se représenter Danton comme un monstre altéré de sang humain; sans principes, comme sans crainte, il croyait qu'en toutes circonstances la fin justifie les moyens; qu'aucune action n'est blâmable, si elle conduit à des résultats heureux, et que rien n'est impossible à ceux qui osent tout ce qu'ils veulent. Une stature gigantesque, un visage menaçant, une voix de tonnerre, le rendirent le digne chef d'assassins plus timides ou moins féroces que lui. Avocat, mourant de faim en 1789, il grandit en audace et en puissance au milieu des troubles publics. Prodigue dans ses dépenses, et accablé de dettes, il n'avait aucune chance, même de liberté personnelle, si ce n'est en unissant sa fortune à la fortune de la révolution; comme Mirabeau, il était l'esclave des passions sensuelles. Inexorable quand il s'agissait de mesures générales, il était humain et même généreux envers les individus. Auteur des massacres de septembre, il sauva tous ceux qui eurent recours à lui, et délivra volontairement ses ennemis personnels. La puissance pour lui-même, le triomphe pour son parti étaient les deux buts qu'il voulait atteindre à tout prix. Et une révolution lui semblait un jeu de hasard, où les deux partis devaient savoir qu'ils engageaient leur vie.

Robespierre était d'un caractère très-différent; dépourvu de l'énergie extérieure, du courage indomptable de son rival, il possédait d'autres qualités qui finirent par l'élever au-dessus de lui. Ses moyens sans éclat, étaient de ceux qui agissent le plus fortement. D'un extérieur peu favorable, avec une voix faible et un accent vulgaire, il dut surtout son élévation à la fermeté inflexible avec laquelle il soutint ses opinions à une époque où la cause populaire avait perdu beaucoup de ses défenseurs. Sous le masque du patriotisme, il cachait un égoïsme profond et une vanité immense. Circonspect dans sa conduite, lent, mais implacable dans ses vengeances, il évita les écueils où vinrent se briser ses adversaires, et s'établit enfin sur leur ruine. Insatiable dans sa soif de sang, il était inaccessible à la passion plus vulgaire des richesses. A l'époque où on le vit jouir du droit de vie et de mort sur tous les Français, il habitait un petit appartement, dont le seul luxe consistait en une profusion de ses portraits, et de glaces qui les répétaient de toutes parts. Tandis que les autres chefs de la populace affectaient un costume sale et repoussant, lui seul ne cessa point de se vêtir d'une manière élégante. Une vie austère, une réputation méritée d'incorruptibilité, un mépris absolu de la souffrance lui assurèrent l'ascendant sur les fanatiques défenseurs de la liberté, quoiqu'il eût peu de sentiments en commun avec eux, et rien de grand ni de généreux dans le caractère. Sa terrible carrière prouve que dans les commotions populaires, le vice emporté et énergique, malgré tout ce qu'il peut accomplir dans un moment de fougue, est nécessairement vaincu par le vice froid et tenace, par la persévérance indomptable et l'ambition égoïste. L'approche de la mort trouva cet homme faible. Quand il n'y eut plus d'espoir de succès, sa fermeté l'abandonna ; et l'assassin de plusieurs milliers d'hommes, subit son sort avec moins de courage que la moins noble de ses victimes.

Marat était le personnage le plus détestable de ce triumvirat. La nature avait imprimé sur son visage l'atrocité de son caractère. Des traits hideux avec l'expression d'un démon, révoltaient tous ceux qui l'approchaient. Pendant près de trois ans, ses écrits n'avaient cessé d'exhorter le peuple au meurtre ; réfugié dans une mystérieuse obscurité, il roulait dans son esprit les moyens d'augmenter les victimes de la révolution. En vain des accusations répétées étaient dirigées contre lui. Fuyant d'une caverne dans une autre, il continuait à agiter l'esprit public d'une manière infernale. Ses principes étaient, qu'il n'y aurait de sûreté pour la révolution, que lorsqu'on aurait détruit tous ses ennemis ; et plus d'une fois on l'entendit demander le sacrifice de deux cent quatre-vingt mille têtes. La mort l'arrêta dans le cours de sa carrière impitoyable ; et il dut peut être, à la main d'une héroïne, de ne point tomber à son tour victime de ces fureurs populaires qu'il avait allumées.

L'influence de ces chefs se faisait surtout sentir dans les résolutions adoptées par la Commune. Robespierre était ordinairement chargé de présenter ses pétitions à l'assemblée. « Le sang, venait-il s'écrier à la barre, n'a pas encore coulé; le peuple reste sans vengeance, aucun sacrifice n'a été offert aux mânes de ceux qui sont morts le 10 août. Et quels ont été les résultats de cette immortelle journée. Un tyran a été déclaré suspendu de son pouvoir. Pourquoi n'est-il pas détrôné et puni ? Vous parler de mettre en prison les conspirateurs du 10 août, c'est une manière trop lente de satisfaire à la vengeance nationale. La punition de quelques-uns n'est rien, quand les autres échappent. Il faut que tous soient punis, et que des juges soient créés spécialement pour cela. La tranquillité du peuple, dit-il dans une autre occasion, dépend de la punition des coupables. Qu'avez-vous fait pour l'assurer ? Votre décret est évidemment insuffisant; il n'est ni assez long, ni assez explicite, car il ne parle que des crimes du 10 août, et les attentats contre la révolution remontent bien plus haut. D'après de tels termes, le traître Lafayette pourrait échapper au châtiment qui lui est dû. Le peuple d'ailleurs ne souffrira point que ce nouveau tribunal conserve les formes ordinaires; l'appel d'une juridiction à une autre, cause des délais intolérables. Il est absolument nécessaire que le tribunal soit composé de députés choisis dans les sections et qu'il ait le pouvoir de prononcer, sans appel, la peine capitale contre les coupables.

L'assemblée essayait en vain de résister à ces demandes sanguinaires; comme elle s'obstinait à temporiser, la Commune lui envoya les messages les plus menaçants, annonçant qu'elle ferait sonner le tocsin la nuit suivante, si la vengeance publique était plus long-temps retardée. « Le peuple, disait-elle, est las de ces délais; craignez qu'il ne prenne l'épée dans ses propres mains; si dans deux heures le jury n'est pas nommé et prêt à rendre ses jugements, les plus terribles calamités vont désoler Paris. L'assemblée intimidée institua le tribunal demandé, et qui fut le premier modèle de celui qui se rendit plus tard si célèbre sous le nom de tribunal révolutionnaire. Mais quoiqu'il condamnât immédiatement plusieurs personnes, sa manière de procéder parut trop lente à la Convention, qui déjà s'était décidée aux desseins les plus atroces.

L'approche des Prussiens occasionnait dans la capitale une violente agitation favorable aux projets des démagogues. Longwy, investi le 20 août, avait capitulé le 21. Le 30 l'ennemi était sous les murs de Verdun et on commençait le bombardement. La terreur, qui pousse si facilement à la cruauté, s'empara de la populace parisienne. Le conseil des ministres, chargé du pouvoir exécutif, se réunit au comité de sûreté générale pour délibérer sur les mesures à prendre dans un cas si urgent. Quelques-uns proposèrent d'attendre l'ennemi sous les murs de Paris, d'autres de se retirer à Saumur. « Ne voyez-vous pas, dit Danton, quand ce fut à son tour de parler, que Paris gouverne la France, et qu'abandonner cette ville, c'est abandonner votre pays et vous-même à l'étranger. A tous risques il faut maintenir notre position ici ; quant au projet de combattre sous les murs, il n'est guère plus admissible que celui de se retirer. Le 10 août a divisé la France en deux partis et celui qui domine aujourd'hui n'est pas affermi au point de nous donner de grandes chances de succès. Mon avis est que, pour déconcerter leurs mesures et arrêter l'ennemi, on répande la terreur parmi les royalistes. » Le comité qui comprenait bien le sens de ces mots sinistres, exprima sa consternation. « Oui, reprit Danton, je le répète, nous devons les frapper de terreur. » Le comité repoussa le projet. Mais Danton le présenta immédiatement à la Commune qui se hâta de l'adopter. Il voulait faire comprendre à l'ennemi l'énergie des républicains, et engager la multitude dans des actes si sanguinaires que désormais la retraite lui fût impossible, et qu'elle n'eût plus de chance de salut, que dans la victoire. L'assemblée, saisie d'une peur panique, était incapable d'arrêter la Commune dans ses résolutions. Les Girondins qui l'avaient si souvent dirigée, quand le but était d'attaquer la cour, se trouvaient faibles et sans soutien depuis qu'il s'agissait de contenir le peuple. Leurs bancs étaient désertés. La puissance de la victoire, la masse qui se porte du côté où s'est déclaré le succès, ne leur appartenaient plus; parlant incessamment de contenir la municipalité, ils n'accomplissaient rien. Déjà leurs chefs étaient menacés de proscription. Roland, ministre de l'intérieur, Vergniaud, Guadet, Brissot, s'attendaient à toute heure à entendre retentir contre eux-mêmes une accusation.

Le 29 août, les barrières furent fermées, et restèrent ainsi pendant quarante-huit heures, de manière à rendre la fuite impossible. Le 31 août et le 1er septembre des visites domiciliaires furent faites par ordre de la Commune qui y employa une force nombreuse et redoutable. Le résultat fut l'emprisonnement d'un grand nombre de personnes de tous rangs, mais choisis cependant de préférence parmi la noblesse et le clergé non assermenté. Pour cacher les desseins réels de la Commune, les citoyens capables de porter les armes, furent en même temps assemblés au Champ-de-Mars, formés en régiments, et envoyés à la frontière. Le tocsin sonna, on battit la générale, on tira le canon. Tallien se présenta à la barre de l'assemblée pour rendre compte des mesures de la commune. Vergniaud et Henri Lanoue avaient déjà dénoncé les mesures sanguinaires prises par ce terrible corps, mais il était trop tard; les pétitionnaires avaient le ton arrogant que donne la certitude du triomphe. « Nous avons fait des visites domiciliaires, dit-il, qui nous l'a ordonné? nous-mêmes. Nous avons arrêté les prêtres réfractaires; dans peu de jours le sol de la liberté sera purgé de leur présence. Si vous nous frappez, vous attaquez avec nous le peuple qui a remporté la victoire au 14 juillet, qui a consolidé son pouvoir au 10 août, et qui saura conserver ce qu'il a gagné. » En même temps une foule furieuse entourait l'assemblée, après chaque parole on entendait retentir les cris de: Vive la Commune, vive nos bons commissaires. La foule fit irruption et défila d'un air menaçant devant la tribune; interdite devant tant de terreur, l'assemblée se sépara sans avoir rien résolu, et la victoire de la Commune fut complète.

Dès lors elle poursuivit encore plus violemment son œuvre sanguinaire. Danton dirigeait les opérations et dressait les listes de proscription au ministère de la justice; bientôt il vint à la barre de l'assemblée annoncer les mesures prises pour assurer le salut public. « Une partie du peuple, dit-il, est déjà partie pour la frontière, une autre est occupée à travailler aux retranchements; la troisième, avec des piques, défendra l'intérieur de la ville; mais cela ne suffit pas: il faut que vous envoyiez des commissaires et des courriers par toute la France pour l'engager à imiter l'exemple de la capitale. Il faut rendre un décret par lequel tout citoyen soit obligé sous peine de mort à servir en personne contre l'ennemi commun. » En ce moment le tocsin et le canon recommencèrent à se faire entendre, et il ajouta : « Le canon que vous entendez n'est pas le canon d'alarme, c'est le signal qui ordonne aux Français de marcher contre leurs ennemis, de les vaincre, de les écraser. Que faut-il pour cela ? de l'audace, de l'audace, de l'audace ! » Ces mots prononcés d'une voix de tonnerre firent la plus vive impression. Un décret de la Commune fut aussitôt proclamé, annonçant le danger imminent où se trouvait la patrie, et ordonnant à tous les citoyens de se rendre en armes à leurs divers postes, aussitôt que le canon d'alarme serait entendu.

Ces préparatifs redoublèrent l'effroi qui régnait dans Paris. Un vague sentiment d'horreur commençait à se répandre ; chacun prévoyait quelque affreuse catastrophe, quoique personne n'eût pu dire où ni comment elle éclaterait. Toutes les autorités publiques, l'Assemblée, la Commune, les Sections, les Jacobins déclarèrent leurs séances permanentes ; toute la ville était consternée, mais dans les prisons surtout, la terreur ne connaissait plus de bornes. Au Temple, la famille royale qui avait tant de raisons de redouter les mouvements de la multitude, demandait avec angoisse ce qui donnait lieu au bruit extraordinaire entendu dans les rues. Dans les autres prisons, les regards inquiets des geôliers, le soin inaccoutumé avec lequel ils retiraient les couteaux en usage pour les repas, ne disaient que trop que quelque scène sanglante allait se passer.

A deux heures du matin, le 2 septembre, le signal fut donné; la générale battit de nouveau, le tocsin retentit, et les citoyens de tous les rangs joignirent leurs bannières respectives. Les vainqueurs et les vaincus du 10 août parurent réunis dans les mêmes rangs, tant le sentiment du danger public, et l'agitation du moment, avaient étouffé le souvenir des discordes récentes. Une puissante force auxiliaire fut ajoutée à l'armée, et marcha immédiatement vers les frontières, tandis que l'implacable Commune organisait rapidement l'œuvre de destruction dans la capitale, privée ainsi de ses meilleurs citoyens.

Les prisons de Paris renfermaient plusieurs milliers de personnes arrêtées dans les visites domiciliaires des jours précédents. Une bande de deux cents assassins, appelés et payés par les magistrats, s'assembla autour des portes de l'Hôtel-de-Ville; les liqueurs fortes qui leur furent prodiguées accrurent encore leur férocité naturelle. On décida à force d'argent ceux qui paraissaient moins résolus que leurs camarades, et la sauvage troupe marcha par les rues, chantant des refrains révolutionnaires. Robespierre, Billaud-Varennes, Collot-d'Herbois, haranguèrent tour à tour la populace : « Peuple magnanime ! s'écria le dernier, tu marches à la gloire ; que nous sommes malheureux de ne pouvoir suivre tes pas ! Combien va s'accroître l'audace de nos ennemis quand ils ne contempleront plus les vainqueurs du 10 août. Ne nous rendons pas du moins responsables du meurtre de nos femmes et de nos enfans, que les conspirateurs préparent dans les prisons, où ils attendent leur délivrance de l'ennemi. » Excitée par ces paroles, la populace devait être prête à toutes les atrocités, et répondit par des cris de mort contre les prisonniers.

La prison de l'Abbaye fut la première attaquée. Les malheureux entassés dans ce sombre séjour avaient été depuis peu alarmés par les propos obscurs de leurs geôliers. Enfin à trois heures du matin, le 2 septembre, les vociférations de la multitude annoncèrent que leur dernière heure était arrivée.

Vingt-quatre prêtres, arrêtés pour avoir refusé de prêter serment, étaient gardés à l'Hôtel-de-Ville ; on les transféra dans six voitures à la prison de l'Abbaye, au milieu des exécrations d'une foule furieuse ; et ils n'y furent pas plutôt arrivés, qu'ils y trouvèrent une autre foule plus horrible encore, conduite par Maillard, armée de piques et de sabres, qui, se jetant sur les voitures, les en arracha, les traîna dans une cour intérieure, et se mit à les égorger.

Les cris de ces victimes commencèrent à faire

soupçonner aux prisonniers le sort qui les attendait; saisis séparément, et amenés devant un tribunal inexorable, ils passaient rapidement aux mains furieuses du peuple. Reding fut un des premiers qui parut. La douleur de ses blessures, arrachait des cris même à ce Suisse intrépide, tandis qu'on le traînait, et un des assassins impatienté, lui plongea son épée dans la gorge avant qu'il eût atteint le tribunal. Les formes de la justice étaient prostituées au massacre le plus inhumain; arrachés de leurs cachots, les prisonniers étaient conduits devant une table, où le président Maillard siégeait à la lumière des torches, un sabre posé devant lui, les vêtements souillés de sang. Ses compagnons, l'épée nue à la main, et ensanglantés comme lui, entouraient son siége. Quelques secondes suffisaient pour décider du sort de chaque individu. Poussé ensuite hors de la prétendue salle du jugement, il était livré à la populace qui se pressait aux portes, armée de sabres, et qui dans sa soif de sang, ne cessait de demander de nouvelles victimes. Il n'y avait pas besoin d'autre exécuteur qu'elle. Elle dépêchait les condamnés de ses propres mains, et goûtait de temps en temps un plaisir sauvage à les voir courir jusqu'à une distance assez considérable avant d'expirer. Les prisonniers renfermés encore dans les chambres supérieures de l'édifice, enduraient le supplice de contempler les souffrances prolongées de leurs compagnons. Une soif affreuse

CHAPITRE VI.

ajoutait à leurs tortures, et leurs geôliers inhumains refusaient même une goutte d'eau à leurs prières. Quelques-uns eurent la présence d'esprit d'observer, dans quelle attitude les victimes paraissaient recevoir la mort avec moins de douleur, et résolurent, quand leur heure serait venue, d'abaisser les mains, plutôt que de prolonger leurs souffrances en parant les coups.

Cependant la populace, qui se trouvait dans la cour de l'Abbaye, se plaignait de ce que ceux seulement qui étaient à l'entrée pouvaient frapper les prisonniers. Il fut convenu, en conséquence, que ceux-ci se contenteraient de frapper avec le plat de leur sabre, et que les misérables victimes seraient obligées de fournir une carrière à travers une longue avenue de meurtriers, dont chacun aurait la satisfaction de les frapper avant qu'elles n'expirassent. Les femmes de ce quartier, adressèrent une demande formelle à la Commune, pour que des barrières fussent placées de manière à les mettre à même de contempler le massacre, et on obtempéra à leur demande; des bancs gardés par des sentinelles, furent arrangés *pour les messieurs* et *pour les dames*. Chaque nouveau prisonnier qui sortait était salué par les hurlements d'une joie furieuse, et dès qu'il avait succombé, des rondes de cannibales se formaient autour de son cadavre.

Billaud-Varennes arriva bientôt, revêtu des insignes municipaux. Monté sur un tas de morts, il harangua le peuple au milieu de cette scène infernale : « Citoyens, dit-il, en exterminant quelques misérables, vous avez sauvé votre pays; la Commune ne sait comment acquitter la dette de reconnaissance qu'elle vient de contracter envers vous; je suis autorisé à vous promettre à chacun 24 francs, qui vous seront immédiatement payés. (Bruyants applaudissements.) Respectables citoyens, continuez votre noble ouvrage, et assurez-vous ainsi de nouveaux titres à la reconnaissance de votre pays; mais qu'aucune action indigne de vous ne souille vos mains ; abstenez-vous du pillage, montrez-vous nobles, grands, généreux, dignes de la tâche que vous avez entreprise; que tout dans vos actes honore la souveraineté du peuple, qui a remis sa vengeance en vos mains. » Les assassins ne tardèrent pas à réclamer la récompense promise; tout souillés de sang, de lambeaux de chair, et de cervelle humaine, ils assiégèrent les portes du comité de la Commune, très-embarrassée de trouver des fonds pour les satisfaire. « Pensez-vous que je n'aie droit qu'à 24 francs? disait un jeune garçon boulanger armé d'un glaive pesant; j'en ai tué quarante de ma main. » A minuit ils revinrent plus nombreux, menaçant d'égorger tous les membres du comité, s'ils n'étaient payés à l'instant. Un des membres avança enfin la moitié de la somme acquise, et Roland, ministre de la justice, paya le reste. Les noms des assassins et la somme qu'ils reçurent, peuvent encore se voir inscrits en caractères de sang, sur les registres de la section du Jardin-des-Plantes, de la municipalité, et de la section de l'Unité. Outre ces sommes, est inscrite sur le registre de la municipalité la somme de 1463 francs donnée le 4 septembre aux assassins [1].

La dignité de la vertu, les charmes de la beauté trouvèrent également les assassins insensibles. Entre autres, ils saisirent le bon et respectable abbé Sicard, l'ingénieux instituteur des sourds-muets, l'ami éprouvé des classes pauvres, et ils l'eussent immédiatement massacré, si un courageux horloger du nom de Mennot, ne se fût élancé pour arrêter la lance qui allait être plongée dans son sein. Au plus fort du massacre, mademoiselle de Sombreuil, âgée de dix-huit ans, s'attacha au cou de son père, en disant qu'ils ne le frapperaient qu'à travers son propre corps. Surpris de son courage, ils s'arrêtèrent; puis, l'un d'eux lui présentant un verre plein de sang : « Bois, dit-il, le sang des aristocrates. » Elle but, et son père fut sauvé. Mademoiselle Cazotte, plus jeune encore, chercha son vieux père dans la prison pendant le tumulte, et quand les gardes vinrent pour le traîner devant le tribunal, elle s'élança si fortement à lui qu'il fut impossible de les séparer, et que les meurtriers attendris les laissèrent enfin; mais peu de jours après il périt

[1] Thiers, III. 74.

avec le courage d'un martyr, et l'héroïque jeune fille n'apprit son sort qu'après être sortie de prison.

De semblables tragédies se passaient en même temps dans toutes les autres prisons de Paris, et dans les maisons religieuses qui regorgeaient aussi de prisonniers. Dans la maison des Carmes, plus de deux cents prêtres étaient assemblés; au milieu d'eux se trouvait l'archevêque d'Arles, et d'autres prélats vénérables comme lui par leur vieillesse et leurs vertus. Pressés autour de l'autel ils entendaient les cris des assassins qui vociféraient aux portes; quelques-uns, cédant à l'effroi, s'étaient échappés et étaient hors de péril, lorsque la honte les suivit, à l'idée d'abandonner leurs frères dans une telle extrémité, et les ramena auprès d'eux. La sublimité d'une telle scène ne fit qu'exciter les assassins à l'œuvre de destruction, de peur que s'ils ne la hâtaient, le cœur des spectateurs n'eût le temps de s'attendrir. L'archevêque d'Arles, prononça les prières des agonisants sur les victimes, jusqu'à ce que lui-même fût frappé, et expirât comme elles en implorant le pardon pour ses meurtriers. On offrit la vie à plusieurs, à conditions qu'ils prêteraient le serment exigé par la constitution; tous refusèrent et moururent dans la foi de leurs pères. Parmi eux se trouvaient plusieurs de ces curés qui s'étaient distingués par leur charité dans la famine de 89. Ils reçurent la mort des mains de ceux même qu'ils avaient sauvés de ses horreurs.

Mais nul n'éprouva un sort plus affreux que la princesse de Lamballe. Tendrement attachée à la reine, elle avait d'abord à sa propre prière partagé sa captivité. Mais bientôt par ordre de la municipalité, on les avait séparées, et la princesse avait été conduite à la Petite-Force. Les assassins lui offrirent la vie, si elle voulait jurer haine éternelle au roi et à la reine; elle refusa, et fut immédiatement frappée. Un de ses domestiques qu'elle avait comblé de bienfaits, porta le premier coup. Son corps fut mis en pièces, et on en promena par la ville les morceaux plantés sur des piques. La tête fut d'abord portée au palais du duc d'Orléans, qui se leva de table pour venir sourire à ce hideux spectacle; on la porta ensuite sous les fenêtres du Temple. Ignorant ce qui se passait et attiré par le bruit, le roi, sur l'invitation d'un des commissaires de la Commune, s'approcha de la fenêtre, et reconnut à sa belle chevelure, la tête de Madame de Lamballe. Un autre commissaire plus humain voulut l'empêcher de la regarder. Lorsqu'on demanda depuis au roi s'il se rappelait le nom de ces deux hommes : je ne me souviens, dit-il, que du nom de celui qui a fait preuve d'humanité.

Il n'est pas sans intérêt de suivre jusqu'au bout la carrière des misérables qui commettent de tels crimes. Dans un endroit retiré, dit la duchesse d'Abrantès, sur la côte de la mer, vivait un homme d'un âge mûr, dans une cabane solitaire, où n'habitait pas un être avec lui. La police avait reçu les ordres les plus stricts du premier consul pour veiller sur lui. Il mourut d'une suffocation produite par un accident qui lui arriva en mangeant, et dans son agonie, qui fut affreuse, il prononça les plus horribles blasphèmes. Cet homme avait été l'acteur principal dans le meurtre de Madame de Lamballe.

Une circonstance singulière, et digne d'être rappelée comme caractéristique de l'état presque inconcevable du cœur humain pendant de telles convulsions, c'est que plusieurs de ces assassins se montrèrent dans certaines occasions, susceptibles d'humanité. M. Journiac, amené comme les autres victimes devant le terrible tribunal, sentit deux individus qui lui poussaient le pied, pour lui marquer le moment où il devait répondre ou se taire, et la présence d'esprit jointe à une si singulière chance, le fit acquitter. A peine son acquittement fut-il prononcé, que les mêmes individus le conduisirent sain et sauf hors de la route de piques et de sabres formée à la porte de la prison. Il leur offrit de l'argent; mais ils refusèrent toute récompense, et, après l'avoir embrassé, retournèrent à leur œuvre sanglante. Un autre prisonnier sauvé de la même manière, fut reconduit avec la même sollicitude. Les meurtriers encore fumants du sang

CHAPITRE VI.

qu'ils avaient versé, insistèrent pour être spectateurs de la scène de joie qui allait se passer entre lui et sa famille ; ils pleurèrent en la contemplant, et n'en allèrent pas moins avec empressement continuer le massacre. Il semblerait que dans cet état convulsif, toutes les émotions fortes se succèdent rapidement dans le cœur humain, et que le cœur excité par un intérêt bien autrement violent que celui de la tragédie, devienne en même temps susceptible des actes d'une cruauté sauvage et des actes d'une tendre pitié.

Plus de cinq mille personnes périrent dans les différentes prisons de Paris pendant ces massacres qui continuèrent sans interruption du 2 au 6 septembre. Quand les prisons de Paris furent vides, les assassins, insatiables dans leur soif de sang, coururent assiéger Bicêtre, où se trouvaient quelques milliers de prisonniers renfermés pour des méfaits ordinaires, qui n'avaient rien de commun avec la politique. Ceux-ci se défendirent avec une telle énergie, qu'il devint nécessaire d'employer le canon contre eux ; ils furent réduits par la multitude obstinée à répandre de nouveaux torrents de sang, et immédiatement mis à mort. Les massacres enfin ne cessèrent que lorsqu'il n'y eut plus de victimes. Leurs restes furent jetés dans de vastes tranchées que la Commune avait fait préparer d'avance. On les porta ensuite aux catacombes, où leurs ossements entassés témoignent encore aujourd'hui un crime que la France souhaiterait d'ensevelir dans l'oubli.

Pendant la croisade contre les Albigeois, quatre cents personnes, tant hommes que femmes, furent, à la grande joie des croisés, publiquement brûlés à Carcassonne. Quand la démocratie athénienne éteignit la révolte dans l'île de Lesbos, elle rendit un décret par lequel tous les vaincus avec leurs enfants devaient être mis à mort. Quand les soldats irlandais de l'armée de Montrose furent faits prisonniers après la bataille de Philiphaugh, ils furent précipités avec leurs femmes et leurs enfants du haut du pont de Linlithgow en Ecosse, et les troupes patriotes se tenaient sur les bords de la rivière, les hallebardes levées pour massacrer ceux de ces infortunés que l'eau rejetait encore vivants sur le rivage. La cruauté n'est pas le crime particulier d'une seule nation; elle ne se trouve pas en France à un plus haut degré que dans tout autre pays, dont la situation serait analogue. Dans tous les temps, et dans tous les pays, les passions de la multitude parvenues à un tel degré d'excitation et aussi violemment déchaînées, produiront les mêmes effets.

Pendant ces scènes terribles, l'assemblée, quel que fût son désir d'y mettre un terme, ne put rien faire; les ministres étaient également impuissants; au moment le plus affreux des massacres, les législateurs s'occupaient à discuter un décret sur les monnaies. Quand le massacre des prêtres à la prison des Carmes eut assez retenti pour qu'ils ne pussent plus l'ignorer, ils envoyèrent une députation dont tout l'effet fut de sauver une des victimes. Le lendemain, les commissaires de la Commune vinrent à la barre de l'assemblée, assurer les députés que tout Paris jouissait de la tranquillité la plus complète, tandis que les massacres continuaient encore et ne devaient cesser que quatre jours plus tard. La garde nationale divisée dans ses opinions, hésitait à agir; et Santerre, son nouveau commandant, refusa de la rassembler. Roland seul eut le courage d'élever la voix au sein de l'assemblée, pour plaider la cause de l'humanité. Quelques jours après, Vergniaud, joignant son éloquence à la sienne, tira les députés de leur stupeur; il eut assez d'énergie et assez d'influence pour faire passer un décret, par lequel les membres de la Commune étaient rendus responsables sur leurs têtes de la sûreté des prisonniers. Mais ce décret venu trop tard semblait plutôt de la part de l'assemblée, une dérision qu'un acte de courage et de dévouement.

Le petit nombre de ceux qui accomplirent l'œuvre sanglante des journées de septembre, sous les yeux même des législateurs, est un des faits les plus frappants et les plus instructifs de l'histoire des révolutions. Marat avait dit depuis long-temps qu'avec deux cents assassins à un louis par jour, il gouvernerait la France et ferait tomber trois cent mille têtes; et les évènements de septembre ne prouvèrent que trop qu'il ne se trompait pas dans son affreuse opinion. Le nombre de ceux qui concoururent aux massacres ne dépassa pas trois cents hommes. Un nombre de spectateurs à peu près deux fois aussi considérable les encouragea; et ce fut cette poignée de brigands qui gouverna Paris et la France avec un despotisme que trois cent mille guerriers essayèrent en vain plus tard d'imiter. L'immense majorité des citoyens honnêtes, divisée dans ses opinions, irrésolue dans sa conduite, dispersée dans des quartiers différents, ne put même tenter d'arrêter une bande d'assassins occupée aux massacres les plus atroces, dont l'Europe moderne offre l'exemple; et cependant cette majorité était enrôlée sous des drapeaux et avait des armes, puisqu'elle composait la forte masse de la garde nationale; de cette garde destinée spécialement à empêcher les insurrections et à défendre dans toute occasion la majesté des lois. Mais il y avait, comme nous l'avons déjà dit, une si grande diversité d'opinions dans son sein, que rien ne fut accompli par elle, ni le 10 août quand le roi fut détrôné, ni le 2 septembre quand les prisons furent forcées; ceci ne prouve que trop la faiblesse d'un tel corps composé de citoyens chez lesquels s'agitent toutes les passions de la vie civile. Pendant les temps calmes il peut se déployer dans un nombre imposant; il peut suffire même à réprimer des troubles ordinaires. Mais les évènements qui bouleversent la société semblent le paralyser, et généralement il échoue dans ses efforts au moment décisif où l'on aurait le plus besoin de lui.

La Commune écrivit une circulaire infernale aux autres villes, pour les engager à imiter Paris, mais il n'y en eut pas une qui répondit à cet appel. Les prisonniers d'Orléans avaient été envoyés à Paris ; les émissaires de la Commune les rencontrèrent à Versailles, où ils furent tous égorgés, à l'exception de trois laissés pour morts parmi un tas de cadavres et que l'humanité de quelques femmes sauva pendant la nuit. Le vertueux Larochefoucauld fut arrêté dans sa voiture, et mis à mort sur le lieu même, dans les bras de sa femme et de sa mère.

Le pillage qui accompagna les massacres fut immense, et procura des trésors à la Commune. Non-seulement les vases sacrés des églises, et tous les meubles des emigrés, mais encore tous les effets des victimes égorgées dans les prisons, furent mis sous le séquestre, et déposés dans de vastes magasins appartenant au comité de surveillance.

Ni l'assemblée, ni plus tard la Convention ne purent obtenir de la Commune, un état du montant de ces valeurs, ni une explication sur la manière dont elles avaient été employées. Le ministre de l'intérieur ne put sur le moment même, empêcher les abus les plus scandaleux, comme de faire vendre publiquement les ameublements des grands hôtels, sur lesquels le sceau national était apposé depuis l'émigration des propriétaires. Tous les agents inférieurs du pouvoir étaient dévoués à la Commune, et la garde nationale, recomposée sous le nom de sections armées, était réellement dans un état de désorganisation complète. Une nuit, l'endroit où l'on serrait aux Tuileries les joyaux de la couronne fut pillé, et ces magnifiques ornements disparurent pour jamais. Les sceaux apposés avec serrures furent enlevés, mais sans aucune marque de violence; ce qui montra clairement que le vol avait été commis par la volonté des magistrats et non par un effet de la fureur populaire. Un des plus beaux joyaux fut reconnu dans les mains de Sergent, l'un des membres du comité, signataire de la circulaire qui invitait les départements à imiter les malheurs de Paris. Tels furent les premiers effets de l'élection populaire, d'une magistrature civile dans la capitale de la France.

L'Assemblée Législative termina ses séances au milieu de ces horreurs. Son histoire est pleine d'intérêt pour ceux qui aiment à étudier les opérations de l'esprit humain pendant un grand bouleversement politique. Elle s'ouvrit au sein d'un calme trompeur. L'ambition des partis, la fureur des passions semblaient apaisées, et le monarque, salué par les acclamations de la multitude, goûta pendant quelques jours les douceurs d'une royauté populaire. L'Assemblée Constituante avait déclaré la révolution terminée; le roi avait accepté la constitution. On croyait les jours de l'anarchie passés; mais ceux qui les premiers tirent une nation de sa tranquillité peuvent difficilement la contenir ensuite. La législature se termina dans des jours d'anarchie et de carnage : un roi emprisonné, une noblesse absente, un peuple soulevé, tel était l'état de la France quand elle lui fit ses adieux; la hache qui venait de frapper les royalistes se balançait maintenant sur la tête des patriotes eux-mêmes. Telle est la marche inévitable des révolutions, quand les passions de la multitude viennent se heurter contre l'impuissante bienveillance de la philanthropie, et que les amis de l'ordre ne savent montrer ni vigueur ni unanimité, quand d'un côté on se contente d'en appeler à la raison et à la justice, que de l'autre on fait agir le levier des passions égoïstes. Avec moins de déclamations éloquentes sur des droits abstraits et plus d'attention aux dangers réels et présents, avec moins de spéculation et plus d'action, l'assemblée eût peut-être arrêté la marche de la révolution. Une charge de cinq cents chevaux dans le Carrousel au 10 août, eût peut-être suffi pour empêcher la chute du trône et le règne de Robespierre [1].

La Convention nationale commença sous de sombres auspices. Le 10 août avait investi la classe démocratique de tout l'ascendant que donne la

[1] Lacr., *Pr Hist.* t. 108. et *Hist. de France*. IX 149, 250.

victoire. Les sections de Paris, sous l'influence de Marat et de Robespierre, élurent les députés les plus révolutionnaires; celles de beaucoup d'autres villes suivirent leur exemple [1].

Les Jacobins et les clubs qui leur étaient affiliés exercèrent dans cette circonstance une influence toute puissante. La société mère avait, dans cette vue, fait imprimer et mis en circulation dans tous les départements des listes de tous les votes de l'Assemblée Législative. Tous les députés qui avaient voté contre les désirs du parti populaire et particulièrement tous ceux qui avaient acquitté Lafayette, étaient désignés comme devant être rejetés. A Paris, Danton et Robespierre furent les premiers nommés. Camille-Desmoulins, Fabre-d'Eglantine, le peintre célèbre David, Collot-d'Herbois, Billaud-Varennes, Legendre, Panis et Sergent, presque tous impliqués dans les massacres de septembre, furent choisis ensuite; à ceux-ci l'on ajouta le duc d'Orléans qui avait renoncé à tous ses titres et ne se faisait plus appeler que Philippe Égalité [2].

Le premier acte de la Convention fut d'abolir la royauté et de proclamer la république. Le calendrier fut changé de nouveau (20 sept. 1792). On ne compta plus de la quatrième année de la liberté, mais de la première de la république. Ces grandes mesures n'eurent pas été plutôt adoptées, que la fu-

---

[1] Lacr., 1. 299.
[2] Th., III. 131, 135.

reur des partis éclata avec plus de violence que jamais. Les factions rivales combattaient à qui se mettrait à la tête de l'insurrection populaire. Ces factions étaient les Girondins et les Jacobins. La lutte ne tarda pas à s'envenimer. Chaque parti professait des principes incompatibles avec ceux de l'autre. Et l'un des deux, dans le combat qui s'engageait, devait nécessairement laisser la vie [1].

Les Girondins étaient les philosophes de la révolution; leurs idées empruntées aux maximes des héros de la Grèce ou de Rome, ou à la philanthropie plus large des temps modernes, étaient souvent grandes et généreuses. Leur langage éloquent était à la fois indulgent et séduisant pour le peuple. La révolution devait à leurs principes ainsi développés sa rapide popularité et sa célébrité immense. Mais ils se trompaient dans le jugement qu'ils portaient sur les hommes pris en masse. Ils croyaient que la multitude pouvait être gouvernée par les motifs sur lesquels se réglaient les austères patriotes qui étaient la gloire de leur parti. Un sentiment abstrait de la justice, un désir passionné d'établir l'égalité, une répugnance prononcée pour les gouvernements violents, les caractérisaient. Cependant ce furent leurs innovations imprudentes qui produisirent la plus violente tyrannie des temps modernes, et eux-mêmes finirent par prêter les mains à des mesures d'une iniquité flagrante. La guerre

---

[1] Mig., t. 212. Lacr., Pr. Hist. II. 3. Th., III. 180.

terrible qui ravagea l'Europe pendant vingt ans fut provoquée par leurs déclamations; la mort du roi, le renversement du trône, le règne de la terreur furent amenés par eux. Une conduite qui a pu produire de tels résultats, n'est point suffisamment excusée par la sincérité de leurs vœux pour le bonheur de la France. Le proverbe vulgaire qui dit, que l'enfer est pavé de bonnes intentions, est d'une vérité malheureusement démontrée. Trop souvent dans leur carrière politique ils se montrèrent imprudents et inconsidérés, et l'éclat de leur éloquence qui déguisait ces défauts ne servait, au fond, qu'à les rendre plus dangereux et plus funestes. Ils possédaient la puissance qui éveille les tempêtes sans posséder celle qui les calme. Ils eurent la fermeté dans les souffrances, l'héroïsme dans la mort; mais ils n'eurent point l'énergie et l'expérience pratique nécessaires pour prévenir et empêcher les désastres. Les démocrates furent leurs alliés tant qu'ils favorisèrent le progrès de la révolution, et devinrent leurs plus terribles ennemis du jour où ils voulurent l'arrêter. Ils furent constamment dupes de l'idée que l'intelligence des faits politiques peut appartenir aux basses classes; que la raison et la justice peuvent être écoutées d'une multitude dont on a déchaîné les passions. Erreur ordinaire aux esprits élevés et qui les rend souvent impropres à l'administration des affaires. Leurs maximes devaient les pousser à soutenir le trône constitutionnel, mais la fureur démocratique qu'eux-mêmes avaient excitée les entraîna, et, pour éviter des désastres plus grands encore, ils furent obligés de sanctionner des crimes également contraires à leurs vœux et à leurs principes. Les chefs de ce parti étaient Vergniaud, Brissot, Roland, hommes à la parole puissante, à la philanthropie ardente, à la fermeté romaine, et qui surent mieux mourir qu'ils n'avaient su vivre [1].

Leur vice radical était l'irréligion, et la manière dont ces hommes à intentions droites se laissèrent entraîner dans l'iniquité, montre combien la morale humaine est faible lorsqu'elle a renoncé à la sanction divine ; avec tout leur amour de la justice, ils déclarèrent Louis coupable ; avec toute leur humanité, ils votèrent sa mort. Les paysans de la Vendée qui s'attachaient simplement à la règle du devoir, prescrite par leur religion, ne furent jamais conduits ainsi à des actes pour lesquels il n'existe point d'excuse ; toutes les fois que les hommes d'état abandonnent les bases immuables du devoir et de la justice pour établir leur conduite sur le sable mouvant des nécessités politiques, qui étaient aujourd'hui et ne seront plus demain, ils se trouvent engagés dans une série d'erreurs qui aboutissent à des crimes. La sagesse et la vertu humaines seules sont incapables de diriger l'âme, et de la soutenir dans les épreuves redoutables d'une

[1] Mign., I. 213, 214. Buzot, 84.

révolution. Il ne faut pas moins que le sentiment religieux et la croyance à une vie future pour mettre l'homme en état de résister aux tentations et aux terreurs dont elle l'entoure.

Les Girondins n'avaient point, comme leurs adversaires mieux organisés, un point central de réunion; seulement leurs chefs se rencontraient d'ordinaire dans le salon de madame Roland, où, avec quelque élégance de manières que la révolution laissait encore subsister en France, on pouvait aussi admirer les talents les plus nobles qu'elle eût développés. Cette femme, que le témoignage unanime de ses contemporains nous peint comme si remarquable, exerça une grande influence sur la fortune de sa patrie. Son génie ardent, ses sentiments exaltés, l'éloquence de ses discours, lui acquirent un ascendant non contesté sur les plus grands hommes d'état de cette époque; elle vécut pour déplorer les crimes commis au nom de la liberté, et mourut victime de sa fidélité conjugale, montrant à ses derniers moments une intrépidité rare dans les annales de l'héroïsme féminin, et qui eût pu sauver son parti, s'il en eût été animé au même degré qu'elle [1].

Vergniaud était l'orateur le plus éloquent de la Gironde, mais il ne possédait pas la vigueur nécessaire à un chef de parti dans un temps de troubles; humain, doux, bienveillant, peu susceptible de

[1] Lacr., II. 14, 15. Roland I. 18, 19.

CHAPITRE VI.

passions violentes, il se décidait difficilement à agir, et plus difficilement encore à croire à la méchanceté de ses adversaires, et même d'un grand nombre de ceux de son parti. Mais quand les grandes occasions se présentaient, éveillaient les secrètes énergies de son esprit, il répandait ses généreuses pensées dans les flots d'une admirable éloquence. Elle n'était point comme celle de Mirabeau, brusque et emphatique, mais constamment nette, sonore, abondante, s'élevant parfois aux plus beaux mouvements dont soit susceptible la parole humaine [1].

Guadet était plus énergique que Vergniaud; il saisissait plus vite les changements qui bouleversaient alors sans cesse l'horizon politique, et il conserva mieux sa présence d'esprit pendant les orageuses discussions de l'assemblée. Gensonné, inférieur quant au talent oratoire, avait une fermeté de caractère qui lui méritèrent d'être regardé comme un des principaux chefs du parti. Barbaroux, né dans le midi, avait cet ardent tempérament qui s'allume au soleil de son climat; résolu, hardi, plein de sagacité, il devina le premier les sanglants desseins des Jacobins, mais il ne put parvenir à faire adopter au reste des Girondins les mesures désespérées qui eussent pu seules rétablir l'égalité dans la lutte.

Les Jacobins, cette faction terrible qui a souillé

[1] Th., III. 137, 138.

l'histoire de France de crimes inouïs, avaient un bien autre caractère; leur origine remonte aux querelles politiques de 89. Un certain nombre de députés des provinces prirent alors l'habitude de se réunir dans le couvent des Jacobins, jadis le lieu des assemblées de la ligue. La popularité de ce club attira bientôt les plus audacieux et les plus capables du parti démocratique. La nef de l'église fut transformée en une salle pour leurs conférences. Le président prit pour siège le sommet d'un monument gothique de marbre noir attenant au mur. La tribune d'où les orateurs s'adressaient à l'assemblée, consistait en deux poutres placées en travers l'une de l'autre, de manière à simuler un échafaud à demi construit; derrière, restaient encore suspendus aux murailles d'anciens instruments de tortures que les habitués du club avaient laissés dans ce lieu, sans songer que ce serait en effet un digne ornement aux scènes qui s'y passeraient un jour. La nuit, des troupes de chauve-souris volaient sous ces voûtes larges et sombres, et mêlaient leurs cris aux cris tumultueux de l'assemblée; tel était le bruit de ces voix toujours prêtes à la querelle et à l'injure, que le bruit des armes à feu pouvait seul les dominer, et qu'à l'aide de ce moyen seul, on obtenait de temps en temps un instant de silence. Un grand nombre de sociétés affiliées à ce club sur tous les points du pays, décidèrent de bonne heure sa prépondérance. L'éloquence de Mirabeau tonna sous ses voûtes, et toutes les principales insurrections furent préparées par ses chefs.

Les révoltes du 14 juillet, du 20 juin, du 10 août, furent ouvertement proposées et discutées parmi les Jacobins long-temps avant d'avoir lieu. On y faisait, pour ainsi dire, les répétitions des drames sanglants qui devaient ensuite se jouer sur la place publique. Les massacres de septembre sont le seul crime de la révolution qui ne paraisse point avoir été préparé par eux ; l'opprobre en reste à Danton et à la Commune. Comme il arrive d'ordinaire dans les assemblées démocratiques, l'ascendant resta toujours, parmi les Jacobins, aux hommes les plus violents et les plus sanguinaires, la foule applaudissait surtout ceux qui affirmaient le plus hautement la souveraineté du peuple. Quinze cents membres environ assistaient tous les jours aux séances. Quelques lampes éclairaient seules le vaste espace de la salle. Les membres étaient pour la plupart mal vêtus. Quant aux spectateurs qui encombraient les galeries, ils étaient tous de la plus vile populace. Les séances s'ouvraient par des chants révolutionnaires, ensuite la préparation des listes sanglantes de proscription et de massacre était l'œuvre principale accomplie dans cet antre de ténèbres, et un tonnerre d'applaudissements suivait chaque addition d'une nouvelle victime, chaque récit d'un sacrifice sanglant achevé par la société de Paris ou par les sociétés affiliées. Jamais un homme de bien ne fut admis au sein des Jacobins. Ils avaient comme une secrète horreur de quiconque ne s'attacherait pas à leur fortune, par le lien infernal du crime. Un voleur, un assassin était sûr d'être agréé. La question bien connue qu'on adressait aux initiés : « Qu'avez-vous fait pour être pendu, si l'ancien régime était rétabli ? » suffit pour peindre le caractère du club; outre les instruments de torture dont nous avons parlé plus haut, les murs étaient ornés de symboles anarchiques, de drapeaux, de bustes des chefs révolutionnaires les plus fameux dans les anciens temps. Long-temps avant la mort de Louis XVI les portraits de Jacques Clément et de Ravaillac ornés de guirlandes, étaient offerts aux yeux des assistants. Au-dessous était inscrite la date du meurtre que chacun d'eux avait commis, avec ces mots : « Il fut heureux, il tua un roi ». Inférieurs à leurs adversaires sous le rapport du savoir, du goût, de l'éloquence, ils leur étaient infiniment supérieurs dans l'art d'obtenir de la popularité. Ils réussissaient auprès de la foule, parce qu'en étant immédiatement sortis, ils savaient les moyens de l'émouvoir; la raison, la justice, l'humanité n'étaient jamais consultées; la flatterie, l'agitation, la terreur, constituaient leur infaillible méthode de séduction. L'extrême démocratie était la forme de gouvernement qu'ils soutenaient, parce qu'ils la savaient la plus agréable à la classe indigente, leur puissant auxiliaire. Mais rien n'était plus loin de leurs intentions réelles que de partager avec d'autres le pouvoir qu'ils cherchaient si ardemment pour eux-mêmes. On les vit à la fois se montrer les plus grands niveleurs en théorie, et les despotes les plus absolus dans la pratique ; n'ayant rien à perdre, ils étaient de la dernière témérité dans leurs tentatives d'agrandissement. Etant parvenus à étouffer complètement la voix de leur conscience, les scrupules ne les arrêtait pas plus que le sentiment de leur intérêt propre. Les meneurs du parti étaient Danton, Marat, Robespierre, Billaud-Varennes, Saint-Just, Collot-d'Herbois, noms destinés à acquérir une exécrable célébrité dans les annales de la France; hommes dont les crimes ne cesseront d'être maudits tant que le sentiment du juste et de l'injuste subsistera dans le cœur humain, et qui ont plus nui à la cause de la liberté que tous les tyrans qui les avaient précédés [1].

A l'ouverture de la Convention, les Girondins occupèrent la droite, et les Jacobins les sièges les plus élevés de la gauche. De là vint le nouveau nom de parti de la Montagne sous lequel on les désigna. Les Girondins eurent d'abord la majorité, parce que la plupart des départements avaient élu des hommes à principes comparativement modérés. Mais leurs rivaux possédaient le double avantage de compter dans leurs rangs les députés de Paris,

[1] Toul., v. 159. Lacr., n. 10. Mign., t. 214. Buzot, 72, 84. *Hist. de la Conv.* I. 110, 112. Chataub., *Mém.* 76.

maîtres de la foule toujours prête à assiéger à leur premier appel les portes de l'assemblée, et d'être soutenus par la Commune, devenue un des pouvoirs dominants dans l'état, et le grand centre du parti démocratique; un corps neutre composé des membres dont les principes n'étaient point encore bien connus, était appelé la plaine du Marais, et siégeait entre les Girondins et les Montagnards. Il vota avec les premiers jusqu'à ce que la terreur le forçât à se ranger du côté opposé.

Nous avons dit que dans toute ville un peu considérable, se trouvait une société affiliée au club des Jacobins, qui lui nourrissait des disciples, propageait ses principes, et envoyait continuellement des renforts de séides aux meneurs de la capitale. La Commune avait aussi noué des relations avec toutes les communes de France, qui, élues par le suffrage universel, ou à peu près, se trouvaient composées des hommes les plus violents de chaque localité. Ainsi les démagogues, Jacobins, Montagnards, membres de la Commune, avaient réellement dans leurs mains toutes les forces actives de l'état. Il ne restait aux Girondins que le ministère qui, sans cesse contrarié par la municipalité, n'avait aucune autorité dans Paris. L'armée levée au moment de la plus grande excitation révolutionnaire, ne pouvait inspirer de confiance, s'il s'agissait de l'opposer au parti Jacobin, et quand il en eût été autrement, son éloignement de la capitale, son occupation active sur les frontières, l'auraient encore rendue complètement inutile pour réprimer les insurrections parisiennes.

Les deux partis rivaux commencèrent par se livrer à de vives récriminations. Les Jacobins reprochèrent aux Girondins de vouloir dissoudre la république et établir vingt-trois états démocratiques, unis seulement entre eux comme les provinces américaines par le lien fédéral; et quoique ce dessein n'eût jamais été sérieusement admis par eux, si ce n'est quand l'approche du duc de Brunswick menaçait la liberté de Paris, il est vrai que les imprudentes conversations de Brissot, et de quelques autres chefs du parti, et l'extravagante admiration qu'ils professaient pour la constitution américaine, suffisaient pour colorer l'accusation, de toutes, la plus propre à les dépopulariser, dans Paris, dont l'existence était incompatible avec le système fédéral. Les Girondins répondaient par des imputations mieux fondées, mais moins faites pour enflammer la populace; ils reprochaient aux Montagnards d'avoir créé dans la commune de Paris, un pouvoir supérieur à celui des représentants de la France, de tyranniser les délibérations de la Convention par des pétitions menaçantes, ou par le déploiement d'une force brutale, de préparer secrètement pour leurs chefs favoris Danton, Marat, Robespierre, un triumvirat qui détruirait toute liberté. La première partie de l'accusation était dès lors, d'une vérité évidente; la seconde ne fut que trop bien démontrée par la suite du temps.

Un des premiers soins de la Convention, fut d'examiner l'état des finances; d'après le rapport de Cambon, alors à la tête de cette partie de l'administration, il parut que les assemblées précédentes avaient autorisé la fabrication de deux mille sept cents millions d'assignats, somme prodigieuse dont l'absorption, pendant trois années d'une paix presque ininterrompue, prouvait clairement que les sources ordinaires du revenu étaient à peu près taries. Vingt-quatre millions seulement en restaient encore; une nouvelle émission devenait donc indispensable, et fut immédiatement résolue, toujours avec la garantie des biens nationaux dont la masse augmentait chaque jour par les confiscations continuelles des biens des émigrés, et qui embrassaient désormais plus des deux tiers de la propriété territoriale.

Une constitution plus démocratique encore que celle qu'avaient donnée la Constituante et la Législative, fut en même temps proclamée. Toutes les conditions nécessaires pour l'élection aux divers offices furent abolies sur la motion du duc d'Orléans. On ne fut plus obligé de choisir les juges parmi les gens de robe, ni les magistrats parmi les propriétaires, toutes personnes de tout rang furent déclarées éligibles à tous offices de quelque genre qu'ils fussent, et le droit de voter dans les assemblées fut en même temps accordé à tout homme au-delà de vingt et un ans. Ainsi cette constitution réalisa l'égalité absolue dans son sens le plus littéral.

Roland fit à l'assemblée un tableau effrayant des massacres que les émissaires des Jacobins avaient provoqués par toute la France. « Les crimes commis à Paris, disait-il, n'ont été que trop fidèlement imités dans les départements ; ce n'est pas l'anarchie qu'il faut accuser de ces calamités, mais des tyrans d'une nouvelle espèce que la France, à peine affranchie, voit s'élever dans son sein. C'est de Paris que partent chaque jour les exhortations au meurtre. Comment pourrions-nous préserver le peuple d'une affreuse misère, lorsque tant de citoyens sont obligés de se cacher pour mettre leur vie hors de danger. Quand des invitations au pillage et au meurtre, quand des listes de proscriptions apparaissent journellement sur les murs de la capitale ; comment parviendrions-nous à donner une constitution à la France, si la Convention qui en est chargée ne peut délibérer que sous le poignard des assassins ? » Après un violent débat, un décret fut rendu contre les instigateurs au meurtre, ordonnant l'établissement d'une garde départementale. Mais les évènements qui suivirent l'empêchèrent d'être mis à exécution.

Les Girondins Osselin et Barbaroux, devinant le caractère de Robespierre, dirigèrent leurs attaques contre lui, et l'accusèrent publiquement d'aspirer à la dictature. Mais les chefs du parti, ne se sentant point convaincus de la nécessité d'attaquer vigoureusement un tel homme, les arrêtèrent dès le début. Marat devint ensuite l'objet des accusations. La Convention se sentit émue d'un mouvement d'horreur quand il parut devant elle. Les massacres qu'il avait si violemment recommandés dans son journal, *l'Ami du Peuple,* étaient présents aux souvenirs des députés. Vergniaud lut un numéro de ce journal, où Marat calculait froidement que soixante-dix mille têtes devaient tomber pour que la liberté fût établie. Les galeries applaudirent hautement la citation. Un autre Girondin lut ensuite un numéro publié seulement quelques jours auparavant, dans lequel l'accusé disait : « Une seule pensée m'occupe ; c'est que mes efforts pour sauver le peuple n'aboutiront à rien sans une nouvelle insurrection ; quand je réfléchis au caractère de la plupart des membres de la Convention, je désespère du salut public. Si dans les huit premières séances de cette assemblée, les fondements d'une constitution ne sont pas jetés, n'attendez rien de ses travaux, cinquante années d'anarchie vous attendent, dont vous ne sortirez que par les mains d'un dictateur, véritable patriote et homme d'état. Oh ! peuple que l'on trompe et que l'on égare, si tu savais seulement comment tu dois agir ! » A ces mots, des cris furieux interrompirent l'orateur.

quelques-uns l'applaudissaient, d'autres s'écriaient :
« A l'Abbaye! à la guillotine [1]. »

Marat monta à la tribune pour répliquer; c'était la première fois qu'on l'y voyait, et l'horreur qu'inspira son aspect, fut telle, que quelque temps s'écoula avant qu'il pût parvenir à se faire écouter. Il reconnut que l'écrit cité était de lui, et refusa de le désavouer. « Me demander de me rétracter, ajouta-t-il, serait me demander de fermer les yeux à ce que je vois, les oreilles à ce que j'entends; il n'existe pas de pouvoir sur la terre qui puisse me contraindre à un pareil renversement d'idées; je puis répondre de la pureté de mon cœur; mais je ne puis changer mes principes, tirés de la nature même des choses. » Les Jacobins l'applaudirent par acclamations tumultueuses. Plusieurs membres irrésolus, qui détestaient bien les proscriptions, mais qui en redoutaient les audacieux auteurs, quittèrent l'assemblée. L'accusé s'apercevant qu'il commençait à avoir l'avantage, tira un pistolet de sa poche. « Rougissez, s'écria-t-il, rougissez de l'imprudence avec laquelle vous accusez les patriotes. Si la proposition pour l'accusation passe, je me ferai sauter la cervelle au pied de la tribune. Telle sera la récompense de mes travaux, de ma misère, de mes souffrances pour la cause du peuple. » La Convention cacha son effroi sous l'apparence du mépris, et, d'après la motion de Talleyrand, vota que la

[1] Mig., I. 218, 219. Lacr., II. 6, B.Th., III. 185.

république était une et indivisible, et renvoya l'accusé impuni en état de recueillir les fruits de la victoire réelle qu'il venait de remporter.

Une accusation plus redoutable fut bientôt après présentée à la Convention par Henriot, l'un des chefs les plus distingués et les plus intrépides de la Gironde. Roland, en sa qualité de ministre de l'intérieur, avait fait sur l'état de la capitale un rapport lumineux dans lequel il exposait hardiment les sanglantes mesures prises par la Commune. « Quand les doctrines de la révolte et du carnage, disait-il, sont ouvertement avouées et applaudies, non-seulement dans les clubs, mais au sein de la Convention, qui pourrait s'empêcher de penser que quelques partisans cachés de l'*ancien régime*, quelques prétendus amis du peuple, voilant leur perfidie sous l'apparence du patriotisme, ont conçu le projet de renverser la Constitution, et d'assouvir leur soif de l'or et du sang au milieu de la ruine publique? » Il lut ensuite une lettre du président de la seconde section du tribunal criminel: celui-ci annonçait que sa vie et celle de ses collègues étaient menacées, et que, selon le langage du temps, une *nouvelle saignée* était déclarée nécessaire pour le bien de l'état. A ces mots, tous les yeux se tournèrent du côté de Robespierre, qui, s'élançant aussitôt à la tribune, s'écria : « Personne n'oserait m'accuser en face! Je l'oserai, moi, dit Louvet d'une voix ferme. Moi, Robespierre, je vous accuse. »

Le tyran fut troublé par le regard perçant de son adversaire, dont il avait déjà vu briller le talent et le courage dans la salle des Jacobins. Louvet alors, dans un discours plein d'éloquence et d'énergie, traça le caractère et rappela les actes de Robespierre. Il le montra au club des Jacobins, à la Commune, dans l'assemblée des élections, calomniant éternellement ses adversaires et flattant la foule; n'hésitant point à tirer avantage des passions d'une multitude aveugle, à les pousser, selon ses caprices, aux derniers excès; insultant, au nom de cette multitude, la majesté des législateurs ; forçant le pouvoir souverain à rendre les décrets qu'il lui plaisait, sous peine de voir éclater une rébellion; ordonnant, sans être vu, les meurtres et les vols de septembre; envoyant des émissaires par toute la France pour prêcher de semblables crimes, et pousser les provinces à suivre l'exemple de Paris; occupé sans cesse, d'ailleurs, à se donner des louanges en même temps qu'il vantait la grandeur et le pouvoir du peuple d'où il était sorti. « La gloire de la révolte du 10 août, ajouta-t-il, est commune à tous; mais la gloire des massacres de septembre n'appartient qu'à vous. Gardez-la éternellement, vous et vos associés. Le peuple de Paris sait combattre, mais non massacrer. On l'a vu en masse devant le palais des Tuileries, dans la glorieuse journée du 10 août; mais quelques centaines d'assassins ont seuls pris part aux massacres des prisons. L'éloquence de Roland fut vainement entendue; le bras tutélaire de Pétion fut enchaîné, Danton refusa d'agir; les présidents des sections attendaient des ordres de leur commandant, ordres qui n'arrivèrent jamais. Les officiers de la Commune, avec l'écharpe, signe de leurs fonctions, présidèrent aux exécutions, et ces ordres que vous aviez donnés furent trop bien suivis. »

L'assemblée fut fortement émue par l'éloquence de Louvet, mais il ne trouva qu'un appui douteux parmi les Girondins. En vain invoqua-t-il le témoignage de Pétion, de Vergniaud et des autres chefs pour soutenir ses assertions; ils n'eurent pas le courage de dire hautement toute la vérité. S'ils eussent affirmé le quart de ce qu'ils savaient, l'accusation était à l'instant votée et la tyrannie étouffée encore au berceau. Telle qu'elle était, cette accusation effraya assez Robespierre pour qu'il demandât huit jours afin de préparer sa défense. Dans cet intervalle, tous les ressorts de la terreur furent mis en jeu; les Jacobins firent retentir de violentes accusations contre l'intrépide Louvet. Quand Robespierre, au bout des huit jours, se présenta à la tribune, l'impression produite par le discours de ce dernier était refroidie, et l'accusé put prendre dès l'abord un air de triomphe. Les députés en vinrent à regarder l'affaire comme une querelle privée entre Robespierre et Louvet, et ne crurent pas devoir s'épouvanter d'un homme qui, disait Barrère, était simplement l'homme du jour, un petit faiseur d'émeutes.

Dans la péroraison de son discours, d'ailleurs énergique et pressant, Robespierre disait à propos des massacres de septembre : « Sans doute le massacre des prisons était illégal, mais qu'était donc la révolte du 10 août ou du 14 juillet? Si nous devons reculer jusqu'à la légalité, comment défendrons-nous la révolution? comment échapperons-nous à l'accusation de haute trahison? Prenez garde, par de telles doctrines, de jeter un doute sur l'origine de votre pouvoir. Sans mesures illégales, on n'ébranla jamais le despotisme, car où est le souverain qui établira des formes légales pour sa propre ruine? On dit que des innocents ont péri; le nombre des victimes a été grandement exagéré; mais en supposant la mort d'un seul innocent, sans doute, c'est beaucoup trop; c'était peut-être un bon citoyen, peut-être un de nos meilleurs amis ; pleurez sur lui, pleurez même pour les citoyens coupables qui sont tombés sous l'épée de la justice populaire; mais que votre chagrin, comme toutes les choses humaines, ait un terme ; mais en même temps réservez quelques larmes pour des malheurs plus touchants. Pleurez cent mille citoyens sacrifiés par la tyrannie; pleurez nos citoyens égorgés au berceau, dans les bras de leurs mères. N'avez-vous point de frère, de femme, d'enfants à venger? La famille des législateurs français, ce sont les habitants de la France, c'est toute la race humaine, excepté les tyrans et leurs satellites; pleurez donc sur l'humanité avilie par un joug odieux; mais consolez-vous par la réflexion, qu'en calmant d'indignes discordes, vous assurerez le bonheur de votre patrie et vous préparerez celui du monde. » Divisée dans ses opinions, l'assemblée s'empressa d'approuver la proposition de Robespierre, et, pour mettre un terme aux altercations personnelles, passa à l'ordre du jour. Barbaroux et Lanjuinais tentèrent vainement de soutenir l'accusation; comme de coutume, l'hésitation se manifesta dans la Gironde et les autres chefs ne se décidèrent point à se joindre à eux.

« Si réellement, dit Barrère, il existait dans la république un homme doué du génie de César ou de l'audace de Cromwell; s'il s'y trouvait un homme du talent de Sylla et possédant les mêmes dangereux moyens d'élévation; si nous avions parmi nous un législateur d'une vaste capacité, d'une ambition sans bornes, d'une profonde dissimulation; un général revenant chargé de lauriers, pour vous dicter des lois, ou insulter au choix du peuple, je serais le premier à proposer contre lui un décret d'accusation. Mais cessons de perdre notre temps et nos efforts contre des hommes qui n'auront point de place dans l'histoire; ne dressons pas des piédestaux à des pygmées; les couronnes civiques de Robespierre sont mêlées de

CHAPITRE VI.

cyprès. » Ils se flattaient en passant à l'ordre du jour de détruire son influence aussi complètement que par l'exil ou la mort, et ils se joignirent, dans cette persuasion, aux Jacobins, pour empêcher la réplique de Louvet. Erreur funeste que la France pleura plus tard en larmes de sang.

Désormais, il était évident que les Girondins ne seraient point de force à lutter contre leurs terribles adversaires. Les hommes d'action qu'ils possédaient dans leurs rangs, Louvet, Barbaroux, Lanjuinais, s'efforçaient en vain de les stimuler en insistant sur la nécessité des mesures vigoureuses. Leur constante réplique était qu'ils ne voulaient pas être les premiers à verser le sang. Toute leur vigueur s'évaporait en déclamations, toute leur sagesse en discussions abstraites; modérés dans leurs conseils, humains dans leurs intentions, ils eussent pu accroître la prospérité d'une république établie et jouissant de la paix, mais ils étaient tout-à-fait incapables de présider au moment de sa formation et de la sauver dans une période de troubles. Ils étaient trop généreux pour croire à la méchanceté de leurs adversaires, trop scrupuleux pour adopter les mesures nécessaires pour les accabler. Lorsqu'on les avertit qu'il était urgent de frapper un coup décisif, ils répondirent avec le plus déplorable sang-froid, qu'il valait mieux ne pas irriter des hommes d'un tempérament violent. Les seules armes qu'ils purent se décider à employer furent celles de la raison et de l'éloquence, tandis que chaque jour, leurs adversaires aiguisaient leurs poignards. « Il était aisé, dit Louvet, de prévoir l'issue d'une semblable lutte. »

Les moyens auxquels ils eurent recours pour soutenir la Constitution, ne réussirent pas mieux que les accusations contre les individus. Buzot proposa de créer, pour défendre la Convention, une garde spéciale composée de jeunes gens choisis dans tous les départements. Barbaroux présenta à la fois quatre décrets bien conçus, et qui, s'ils eussent été exécutés, eussent effectivement arrêté les usurpations de la Commune; par le premier, la capitale devait cesser d'être le siège de la législature, dès qu'elle cesserait de la protéger contre l'insulte et la révolte; par le second, les fédérés et la cavalerie nationale devaient être chargés, avec les sections armées, de la haute protection de la législature; par le troisième, la Convention était investie du droit de se constituer en cour de justice pour juger tous ceux qui conspireraient contre son autorité; par le quatrième, elle aurait suspendu la Commune de Paris. Toutes ces mesures eussent créé un puissant contre-poids à l'influence de la populace parisienne, et porté un coup décisif aux Jacobins; Robespierre combattit la proposition de toutes ses forces. « Paris est tranquille maintenant, dit-il. Le sang des victimes de septembre fume encore, répliqua Vergniaud; l'autorité de la Convention est maintenant, dites-vous, universellement respectée; vous-même, vous la remettez chaque jour en question dans vos assemblées séditieuses, dans vos feuilles sanguinaires. Un tel décret serait un libelle contre le peuple de Paris. Il gémit comme nous-mêmes sous les assassins qui le menacent. Vous voulez établir une tyrannie; nous voulons qu'elle ne s'établisse pas; vous prétendez créer une bande prétorienne; vous gouvernez à l'aide d'une horde de brigands; vous marchez sur les traces de Sylla; vous avez l'ambition de Cromwell. » Ces récriminations violentes n'eurent d'autre effet que de distraire l'assemblée de l'importance des décrets proposés, de l'épouvanter à propos de la discussion présente, et de lui faire ainsi rejeter le seul moyen de salut qu'elle eût pour l'avenir. Ainsi les Jacobins furent irrités sans être accablés, et la populace vit qu'on se méfiait d'elle sans recevoir un frein qui l'empêchât de se venger de cet affront.

Les Jacobins surent se servir habilement de ces démonstrations impuissantes pour donner plus de vraisemblance au bruit qui accusait les Girondins d'avoir formé le projet de transporter le siège du gouvernement dans les provinces méridionales. Ce bruit s'accrédita facilement auprès de la populace, et augmenta ses aversions pour les Girondins et pour le ministère tiré de leur sein; ceux-ci pénétrés de la fausseté de l'accusation, la traitèrent avec mépris. Preuve frappante de leur ignorance; quant aux bases frivoles sur lesquelles se fondent la faveur et la défaveur populaires. Les démocrates saisissaient toutes les occasions de demander un décret qui déclarât la république une et indivisible, insinuant ainsi leur persuasion qu'une union fédérale était le projet secret de leurs adversaires; projet le plus impopulaire de tous dans la ville centrale de Paris, et dont le soupçon ne devait pas tarder à engendrer les plus terribles conséquences pour le parti modéré.

Toutes ces luttes préliminaires, où les deux partis essayaient leurs forces, étaient comme le prélude de la grande question sur laquelle allait se fixer les yeux de l'Europe et du monde entier. Nous parlons du procès de Louis XVI.

Les Jacobins avaient plusieurs motifs pour souhaiter qu'il eût lieu. En mettant la vie du roi en danger, ils espéraient contraindre les Girondins à épouser ouvertement sa cause, et les perdre ainsi sans retour dans l'esprit du peuple. En engageant le parti populaire dans une condamnation, ils détruisaient de la manière la plus certaine, toute chance de retour au gouvernement monarchique. Ils pensaient encore probablement, qu'un roi détrôné est un mauvais voisin pour une démocratie naissante ; et que la vengeance des morts est moins redoutable que celle des vivants. Aussi prirent-ils les mesures les plus rigoureuses pour préparer la nation à ce grand événement, et la familiariser avec la tragédie par laquelle il devait se terminer. Dans leur club central de Paris, la question fut fréquemment proposée, et les harangues les plus violentes furent prononcées sur la nécessité de frapper un coup décisif contre le parti royaliste. Les sociétés populaires établies dans les départements furent invitées à présenter des adresses à la Convention, où elles demandaient ouvertement la condamnation du roi; les sections de Paris imitèrent leur exemple. Des pétitions étaient journellement entendues à la barre de l'assemblée, dans lesquelles on demandait vengeance pour les meurtriers du 10 août, et l'on insistait sur la mort du tyran. Le président répondait en promettant satisfaction à ceux qui le priaient dans le langage barbare de l'époque : « *de faire rouler la tête du tyran!* » et avant de juger le monarque, la Convention l'avait déjà condamné dans plus d'une proclamation.

Une découverte fut faite aux Tuileries, qui accrut excessivement le mécontentement populaire contre ce malheureux prince. Dans une armoire de fer, soigneusement cachée dans le mur, on trouva une grande quantité de papiers appartenant au roi, et placés là, comme nous l'avons déjà dit, par son ordre. On y découvrit les preuves des mesures prises par Calonne, du traité secret fait avec Mirabeau, des propositions de Bouillé et de plusieurs autres transactions mystérieuses. Roland eut le malheur, en donnant de la publicité à cette découverte, de hâter la mort du monarque qu'il souhaitait sauver. Dans leur ensemble, ces papiers pouvaient jeter des doutes sur la fidélité de plusieurs membres du parti populaire; mais ils ne chargeaient Louis d'aucun dessein coupable; il en résultait seulement que le monarque pressé par ses ennemis, et abandonné de presque tous ceux qui eussent dû le défendre, s'était efforcé de redonner quelque consistance à son parti, et avait reçu et encouragé des projets de délivrance transmis par ses adhérents, mais on ne put découvrir aucune indication qu'il eût voulu renverser la Constitution qu'il avait juré de maintenir, et faire plus que de se dégager de cette tyrannie, à laquelle lui-même, dans ce prétendu règne de la liberté, était soumis par la faction démocratique. Pouvait-on le blâmer là-dessus? et le souverain serait-il le seul auquel serait dénié dans un pays libre, le privilège de faire, en faveur de ses justes droits, des efforts permis au plus humble de ses sujets.

Cependant les charges furent nombreuses contre lui. Entre autres griefs, on l'accusait d'avoir écrit à l'évêque de Clermont, le 16 avril 1791, que s'il recouvrait son pouvoir, il rétablirait le clergé et la constitution sur l'ancien pied; d'avoir nourri le dessein de trahir ses serments et de faire rétrograder la révolution; d'avoir entretenu une correspondance avec les émigrés, dont le but avoué était le rétablissement de l'ancien ordre de choses. Il n'y avait pas un de ces actes véritablement fondés en fait, qui ne pût se justifier parfaitement par les circonstances où Louis s'était trouvé placé; quant au reste des accusations, ce n'étaient que de basses calomnies également démenties par ses vertus et par son irrésolution. S'il eût été réellement coupable de la conduite qu'on lui prêtait, jamais il ne se serait vu réduit à la nécessité de se justifier devant une assemblée populaire.

L'assemblée agita d'abord la question préliminaire de savoir si Louis pouvait être jugé par elle. Un comité chargé d'examiner la question, répondit affirmativement; Mailhé, chargé de faire le rapport, soutint que l'inviolabilité accordée à Louis par la constitution, concernait le *roi* et non l'*individu*; que la nation avait corrigé l'inviolabilité du roi par la responsabilité des ministres, et que, par conséquent, dans tous les cas où il n'avait point agi par ceux-ci, mais par lui-même, il s'était trouvé en dehors de sa prérogative ; que sa déchéance n'était pas une punition, mais un changement de gouvernement; qu'il était maintenant soumis à la loi contre les traîtres et les conspirateurs ; enfin que le droit de le juger appartenait à la Convention, et non point à une cour inférieure, parce qu'il était impossible que ce tribunal suprême qui embrassait tous les intérêts sur lesquels est basé le maintien de la justice, pût la violer.

Après la lecture du rapport, une discussion orageuse s'éleva dans l'assemblée. Les partisans de Louis, quoique obligés de se montrer convaincus de sa culpabilité, soutinrent que l'inviolabilité devait être prise dans un sens absolu; que la constitution avait non-seulement prévu de sa part les secrètes hostilités, mais la guerre ouverte, et dans l'un et dans l'autre cas, n'avait pas prononcé de peine plus terrible que la déchéance; que la nation l'avait placé sur le trône à ces conditions; que la Convention avait reçu de la nation le mandat de changer le gouvernement, mais non celui de juger le souverain; que si les règles de la justice défendaient de le poursuivre, les usages de la guerre qui ne permettent la vengeance contre les vaincus que sur le champ de bataille, le défendaient bien plus encore; que la république n'avait aucun intérêt à le condamner; qu'il lui importait seulement d'assurer le repos général par sa détention ou son exil.

Il se trouva même des députés qui soutinrent une opinion plus généreuse et plus humaine. « Quelle était, dit Clausel, la véritable situation où était la constitution de 1791. La représentation nationale et lui étaient dans les rapports d'adversaire à adversaire. N'était-il pas naturel qu'il cherchât autant que possible à recouvrer son autorité perdue? Ne le forçâtes-vous pas vous-mêmes d'entrer dans cette lutte avec le corps législatif? Il y a succombé, et maintenant il gît seul et enchaîné au pieds de trente-cinq

millions d'hommes, et ceux-ci auraient la lâcheté
de massacrer le vaincu? Louis n'a-t-il pas, plus que
tout autre, réprimé en lui cet amour du pouvoir si
profondément imprimé dans le cœur humain ? N'a-
t-il pas, en 1789, volontairement abandonné une
grande partie de son autorité ? N'a-t-il pas aboli la
servitude dans ses domaines, admis les philosophes
dans ses conseils, et jusqu'aux empiriques qui lui
étaient proposés par la voix générale ? La France
ne lui doit-elle pas la convocation des états-généraux, et le premier établissement de ses droits politiques. » Les Girondins soutinrent cette opinion,
mais le parti de la plaine parut disposé à adhérer
au rapport.

Quant aux Jacobins, ils avouèrent hardiment une
opinion plus courageuse, si l'on peut donner ce
nom à l'implacabilité envers un ennemi vaincu.
« Citoyens, dit Saint-Just, j'entreprendrai de prouver que les opinions soutenues des deux côtés sont
également erronées. Le comité chargé du rapport,
et vous-mêmes nos adversaires, vous cherchez des
formes pour autoriser le procès du dernier roi; j'affirme au contraire que le roi doit plutôt être regardé comme un ennemi que nous avons à combattre, que comme un criminel que nous avons à
juger. Les formes à observer ne sont pas celles d'une
procédure ordinaire. L'hésitation, les délais, dans
ce cas sont des actes de la plus grande imprudence.
Après le retard dans la création des lois, aucune

faute n'est plus grande que celle de temporiser avec un monarque détrôné; l'acte seul d'avoir régné est un crime, une usurpation que rien ne peut absoudre, qu'un peuple est coupable d'avoir souffert, et qui investit tout homme d'un droit personnel de vengeance; personne ne peut régner innocemment. Nous devons traiter une telle usurpation comme les rois eux-mêmes ont traité toutes les tentatives faites contre leur trône. La mémoire de Cromwell n'a-t-elle pas été attaquée parce qu'il renversa Charles II du trône. Cependant par le fait, l'un n'était pas plus usurpateur que l'autre; car, quand un peuple est assez vil pour se laisser gouverner par un tyran, le pouvoir appartient de droit au premier qui peut s'en emparer, et ne réside pas plus légitimement dans telle main que dans telle autre. Le temps viendra où le monde sera étonné que dans le dix-huitième siècle on ait été autant en arrière de l'époque de César. Ce tyran fut tué au milieu d'un sénat nombreux, sans autres formalités que vingt-trois coups de poignard, sans que les conjurés y fussent autorisés autrement que par la liberté de Rome; et maintenant vous hésitez à entreprendre le procès d'un homme assassin du peuple, pris dans l'accomplissement même de son crime. Les hommes qui sont chargés de juger Louis ont une république à établir; jamais ceux qui reculent devant l'idée d'infliger une juste punition à un roi, ne réussiront dans cette tâche; si le peuple romain, après avoir pendant six cents ans abhorré les despotes ; si l'Angleterre, après la mort de Cromwell, vit la race des souverains revivre dans son sein, que ne devons-nous pas craindre, nous qui voyons trembler la hache aux mains de ceux qui viennent de s'en saisir, et le peuple dès les premiers jours de sa liberté, prêt à se courber devant le souvenir de ses antiques chaînes!» Robespierre soutint vigoureusement ces arguments. «Considérez, dit-il, quelle audace les ennemis de la liberté ont déjà acquise. En août, ces hommes se cachaient; aujourd'hui ils se montrent avec hardiesse, et osent demander l'impunité pour un tyran parjure. Nous avons entendu rappeler ses vertus, ses bienfaits, tandis que nous avons eu la plus grande peine à sauver les meilleurs citoyens d'une accusation précipitée; la cause du despote est seule tellement sacrée, qu'on ne saurait la discuter trop au long, et avec trop de patience. Si nous en devions croire ses apologistes, son procès durerait plusieurs mois; il serait prolongé jusqu'au printemps prochain, moment où les despotes tenteront une attaque générale pour le sauver. Quelle carrière est ainsi ouverte aux conspirateurs! Quelle latitude laissée aux intrigues de l'aristocratie! L'assemblée, ajouta-t-il, a été, à son insu, entraînée hors de la véritable question. Il n'y a réellement point de procès criminel; Louis n'est pas un accusé, vous n'êtes point des juges; vous êtes et ne pouvez être que des hommes d'état. Vous n'avez pas un arrêt à rendre pour ou contre un individu, mais une mesure de salut public à adopter, un acte essentiel à l'existence nationale à accomplir. Un roi détrôné dans une république peut également servir à troubler la tranquillité publique, et à mettre la liberté en danger, ou à confirmer l'une et l'autre. La peine de mort est en général un mal par cette simple raison, que, d'après les lois immuables de la nature, elle ne peut être justifiée que par une nécessité absolue, de la part de l'individu, ou du corps social qui l'inflige; et dans les cas ordinaires on peut toujours éviter de l'appliquer, parce que le gouvernement a de nombreux moyens d'empêcher le criminel de nuire à ses concitoyens; mais un roi détrôné au milieu d'une république mal affermie, un roi dont le nom seul suffit pour rallumer les flammes de la guerre civile, ne peut jamais devenir un objet indifférent à la sûreté publique. Et cette cruelle exception des règles ordinaires, est l'effet de la nature même de ces crimes. Je prononce à regret cette vérité fatale: pour que la France soit tranquille, il faut que Louis périsse. Louis a régné; il est détrôné; toute la question est décidée par ces simples considérations. Louis ne peut être jugé, il l'est déjà; il est déjà condamné, ou la fondation de la république ne saurait se justifier [1]! Je demande que la Convention déclare le roi traître envers la France, criminel en-

---

[1] Mign., I. 232, 233. Th., III. 300, 303, 321, 322.

vers l'humanité, et le condamne sur-le-champ en vertu du droit d'insurrection. »

Par ces propositions extrêmes qu'ils ne se flattaient pas de voir triompher sur-le-champ, les Jacobins assuraient cependant la condamnation de Louis; dès que de telles doctrines commençaient à se répandre, le parti modéré perdait toutes ses chances de succès auprès de la multitude, à moins d'adopter des mesures d'une sévérité relative. Plaider pour l'exemption absolue de punition, c'eût été paraître abandonner tous les principes révolutionnaires. Chacun sentit qu'il ne pouvait agir ainsi sans compromettre sa propre sûreté, et s'exposer au même sort qui menaçait le souverain détrôné [1].

Poussée par ces motifs, la majorité de l'assemblée, composée des Girondins et du centre, décida que le roi serait jugé par la Convention [2].

Depuis son emprisonnement au Temple, le malheureux monarque s'était vu par degrés ravir toutes les consolations; d'abord, il était permis à tous les membres de la famille royale de se réunir ensemble; et là, dégagés des soins du gouvernement, ils goûtaient du moins la douceur des affections de famille. Servis par leurs fidèles domestiques, Cléry et ensuite Hue, le roi s'occupait à enseigner au dauphin les éléments de l'instruction, la reine à remplir avec les princesses les plus hum-

[1] Mign., I. 235.
[2] Mign., I. 235. Lacr., II. 30, 34.

bles devoirs ; ou, comme Marie-Stuart dans le château de Lochleven, à faire de grands ouvrages de tapisserie. Toute la famille déjeunait à neuf heures dans l'appartement de la reine; à une heure, si le temps était beau, ils se promenaient pendant une heure dans le jardin, surveillés de près par les officiers de la municipalité, dont ils avaient souvent à endurer les plus cruels outrages. Le dauphin montrait la plus grande douceur de caractère, et les plus heureuses dispositions pour l'étude. Elevé à l'école de l'adversité, il promettait de faire briller sur le trône les vertus et l'énergie que l'on puise dans les humbles positions; la jeune princesse sa sœur, dans les intervalles de récréation, jouait avec lui et adoucissait par mille attentions la captivité de ses parents, tandis que la princesse Elisabeth supportait les horreurs de la prison avec ce même calme céleste qu'elle opposait jadis aux séductions d'une cour corrompue [1].

Les longues soirées de l'hiver étaient consacrées à des lectures faites à haute voix; Racine et Corneille, et des ouvrages historiques formaient l'étude de la famille royale. Le roi relisait sans cesse l'histoire d'Angleterre de Hume, et cherchait en contemplant la destinée de Charles 1er, à préparer son esprit à la catastrophe qu'il ne prévoyait que trop. Sa fermeté semblait s'accroître à l'approche du danger. L'irrésolution, la timidité qu'on pouvait lui

[1] Lacr., x. 133, 138. Clery, 40, 45. Th., III. 228, 280, 282

reprocher jadis, avaient disparu depuis que le sort de ses sujets n'était plus lié au sien. La reine puisait maintenant un nouveau courage dans son exemple. Après dîner, lui et les siens dormaient paisiblement pendant quelque temps. Spectacle touchant, si l'on pense qu'ils étaient tous sur les limites de l'éternité; le soir, le dauphin récitait ses prières à sa mère; il priait pour la vie de ses parents et pour celle de la princesse de Lamballe dont il ignorait la mort, et pour sa gouvernante, la marquise de Tourzel. Quand les commissaires de la Commune étaient proches, il avait de lui-même la prudence de prononcer ces noms à voix basse. Les membres de la Commune qui visitaient attentivement la famille royale, tantôt montraient la barbarie la plus insolente, tantôt une retenue délicate. Louis leur parlait en toute occasion et de la façon la plus familière, choisissant de préférence pour sujet d'entretien leurs diverses occupations, et souvent les étonnant par l'exactitude et l'étendue de ses connaissances. « Ne craignez-vous pas, disait-il à un maçon nommé Mizareau, pour la solidité de ces piliers? » « Ils sont plus solides que le trône des rois, » répondit brutalement celui-ci [1].

Cependant les précautions de la Commune devinrent par degrés plus vexatoires. Ses officiers ne perdirent plus de vue un seul instant la famille royale. La nuit, un garde couchait à l'entrée de

[1] Clery, 82, 85, 88, 89. Th., III. 282, 285. Lacr., X. 158, 149. Th., III. 281.

chaque chambre; Santerre venait chaque jour faire sa visite, et un conseil d'autorités civiques se tenait constamment dans les appartements inférieurs de la prison. On leur ôta d'abord toutes les choses nécessaires pour écrire; puis les couteaux, les ciseaux; les aiguilles des princesses leurs furent retirées après les plus rigoureuses recherches. Cruelle privation qui ne les empêchait pas seulement de tromper l'ennui des longues heures par les travaux de l'aiguille, mais encore leur rendait impossible de raccommoder leurs vêtements [1].

Rigoureusement privés de toute communication extérieure, c'était avec la plus grande difficulté qu'ils pouvaient parvenir à savoir quelque chose des évènements qui se passaient alors. Mais l'adresse du fidèle Cléry, lui fit découvrir un moyen de satisfaire, jusqu'à un certain point, leurs désirs. Un crieur public avec qui il était parvenu à se mettre en rapport, se plaçait sous les fenêtres du roi et sous prétexte de vendre des journaux, en racontait les principaux articles d'une voix aussi haute qu'il lui était possible. Cléry, à une heure désignée se plaçait à la fenêtre et écoutait attentivement les détails qu'il redisait ensuite à l'oreille du roi, tandis que celui-ci se couchait [2].

Mais bientôt les magistrats de la Commune envièrent aux captifs l'adoucissement que leur réunion

[1] Th., III. 284. Cléry, 82 et suiv.
[2] Cléry, 79. Th., III. 285, 386.

apportait à leur infortune. Il fut résolu que le roi et le dauphin seraient séparés de la reine et des princesses ; cet arrêt aussi barbare qu'inutile leur déchira le cœur, et leur douleur fut si poignante qu'elle émut jusqu'aux commissaires de la Commune, qui sortirent de la chambre, afin de se soustraire à ce spectacle ; bientôt après, leurs chagrins reçurent quelque allègement, par la permission qu'ils obtinrent de dîner ensemble. Leur joie en se retrouvant était si excessive qu'elle arrachait des larmes même à leurs inflexibles geôliers [1].

Quand les commissaires, au jour fixé pour que Louis parût à la barre de la Convention, entrèrent chez lui, il était occupé à donner une leçon au dauphin. Ils lui annoncèrent qu'ils avaient l'ordre d'envoyer le jeune prince à sa mère. Louis embrassa tendrement son fils, et parut cruellement affligé de cette séparation. Au même moment le maire de Paris, Cambon, entra et lut le décret par lequel il était ordonné à Louis Capet de comparaître à la barre de l'assemblée. « Capet n'est pas mon nom, répondit-il, mais celui d'un de mes ancêtres. J'aurais souhaité que vous eussiez laissé mon fils près de moi pendant ces deux dernières heures [2] ; mais cette privation est d'accord avec le reste du traitement que j'ai subi depuis mon emprisonnement. Je suis prêt à vous suivre, non que je recon-

---

[1] Lacr., x. 140, 142 Cléry, 69.
[2] Cléry, 117, 120 Th., III. 320 Lacr., x 174.

naisse l'autorité de la Convention, mais parce qu'elle a le pouvoir de m'y contraindre. »

- Quand madame Élisabeth apprit les mesures adoptées vis-à-vis du roi, elle ne douta plus de la catastrophe qui devait suivre. « La reine et moi, dit-elle, nous sommes préparées à tout ce qui peut arriver de pire; nous n'essayons pas de fermer les yeux au sort qui se prépare pour le roi; il mourra victime de son amour pour le peuple, au bonheur duquel il n'a cessé de travailler depuis son avènement au trône. Combien le pays est cruellement trompé! la piété du roi, sa confiance dans la Providence, peuvent seules le soutenir dans cette horrible extrémité. Cléry, vous allez rester seul auprès de mon frère, redoublez d'attention pour lui, nous n'avons plus que vous sur qui nous puissions compter [1].

La foule était immense dans les rues au moment où passa la voiture qui conduisait le roi à la Convention; la plupart poussaient des exclamations révolutionnaires. Cependant quelques visages exprimaient le plus profond chagrin. Quant à la contenance du roi, elle ne différait nullement de ce qu'elle était lorsqu'au temps de sa prospérité, il passait d'un palais à un autre. Six cents hommes d'infanterie et un corps considérable de cavalerie avec trois pièces de canon chargées précédaient et suivaient la voiture [2].

[1] Cléry, 120.
[2] Lacr., x. 175. Th., iii. 325.

L'assemblée, avertie de l'approche du roi, recommanda la plus grande tranquillité à son entrée. « Que le monarque coupable, dit Barrère, trouve ici le calme et l'immobilité de la tombe. Souvenez-vous du terrible silence qui l'accueillit à son retour de Varennes : silence prophétique du jugement des rois par les peuples. » Louis parut; le président Barrère dit aussitôt d'une voix troublée : « Louis, la nation française vous accuse; vous allez entendre les accusations portées contre vous; Louis, asseyez-vous. » Le roi s'assit d'un air intrépide. Aucun signe d'émotion ne paraissait sur son visage; la dignité, la douceur qui y étaient peintes attendrirent les Girondins au point de leur faire verser des larmes; et le fanatisme même de Saint-Just, de Robespierre, de Marat, céda pour un moment au sentiment de l'humanité [1].

Les charges alléguées contre lui consistaient en une énumération de tous les crimes de la révolution qui tous lui étaient imputés; ses réponses, de l'aveu même des ses ennemis, furent brèves et fermes. Il fit preuve d'une remarquable présence d'esprit, et sur plusieurs points triompha de ses adversaires ou les toucha par la simplicité de ses réponses. L'affaire de Nanci, le voyage de Varennes, le déploiement de la force militaire contre les révoltés du Champ-de-Mars étaient justifiés par des décrets de l'assemblée. La catastrophe du

[1] Lacr., x. 178, 179. Mign., i. 238. Th., iii. 331.

10 Mars s'excusait par le droit de défense personnelle que lui avaient conféré les lois; lorsqu'on en vint à l'accuser d'avoir fait couler le sang du peuple au 10 août, il s'écria : « Non, ce n'est pas moi qui l'ai versé. » Il eut soin, dans ses réponses, de n'accuser aucun membre de la Constituante ni de la Législative. Plusieurs qui siégeaient alors comme ses juges, tremblaient qu'il ne les trahît [1].

Les Jacobins virent avec effroi la profonde impression faite sur la Convention par le simple exposé de la vérité, par la contenance ferme et calme du souverain; les plus violents du parti proposèrent qu'il fût pendu cette nuit même; un rire infernal éclata sur les bancs de la Montagne à cette proposition. Mais la majorité, composée de Girondins et de la Plaine, décida qu'il serait jugé en forme et qu'on lui accorderait des défenseurs [2].

A son retour au Temple, Louis fut informé de la cruelle résolution de la Commune, qui ne lui permettait plus de voir sa famille: » Mon fils du moins, mon fils, s'écria-t-il de l'accent le plus déchirant; ne dois-je plus revoir mon fils? quelle inutile cruauté de me priver de cet enfant. » A huit heures et demie, moment où le dauphin allait ordinairement se coucher, il pria instamment qu'on le lui laissât voir un instant, afin qu'il pût lui

---

[1] Lacr., x, 177. Th., iii. 535
[2] Lacr., x, 178. Mign., 1. 238, 238.

donner sa bénédiction ; mais cette faveur même lui fut refusée par l'impitoyable Commune. Il fut pendant quelque temps plongé dans la plus profonde douleur, mais bientôt il reprit son empire sur lui-même. Après avoir lu pendant deux heures dans un livre de piété, il recouvra sa sérénité pour ne plus la perdre [1].

La Convention, moins cruelle que la Commune, décréta le jour suivant, sur la pétition du roi, qu'il pourrait jouir de la société de ses enfants, pourvu qu'ils ne retournassent pas près de la reine pendant le procès. « Vous n'avez pas besoin de vous donner la peine de voter ce décret, dirent les Jacobins, car la Commune ne l'exécutera que si elle l'approuve. » Le roi, pensant que ses enfants étaient encore plus nécessaires à la reine qu'à lui, refusa de les lui ôter, et se soumit à cette douloureuse séparation avec une résignation que rien ne devait plus troubler [2].

Le jour suivant les députés de la Convention lui annoncèrent qu'on lui permettait de choisir des conseils ; il désigna MM. Tronchet et Target. Le premier accepta et accomplit fidèlement son devoir ; le second eut la lâcheté de refuser. Plus tard un des premiers actes de Napoléon, qui savait apprécier la grandeur d'âme, même lorsque ce n'était point envers lui qu'elle se manifestait, fut d'appeler

[1] Lacr., x. 180. Cléry, 114. Th., III. 354.
[2] Ibid. III. 356.

Tronchet au devoir important de la formation du code [1]. Ce vénérable vieillard fut ensuite nommé président de la cour de cassation. Le vertueux Malesherbes, qui, dans sa carrière publique s'était distingué par tant de sages et d'utiles actions, se présenta alors, et offrit volontairement ses services à son souverain. Dans une lettre adressée au président de la Convention, « Il disait : J'ai été deux fois honoré d'une place dans les conseils de mon maître, quand l'ambition de tous était de s'y voir admis. Je dois rechercher de nouveau cette place ; quand elle impose des devoirs que plusieurs considèrent comme dangereux. » Cette offre généreuse tira des larmes des yeux de plusieurs députés; les Jacobins gardèrent le silence; eux-mêmes sentirent pour un moment l'ascendant de l'héroïsme [2].

Louis fut profondément affecté de cette preuve de dévouement de la part de son ancien ministre. Lorsque celui-ci entra au Temple, il le serra dans ses bras, et s'écria les larmes aux yeux : « Est-ce vous, mon ami! vous voyez où m'a réduit l'excès de mon affection pour le peuple et l'abnégation qui me porta à congédier les troupes destinées à protéger le trône contre les entreprises des factions. Vous ne craignez pas de risquer votre vie pour sauver la mienne; mais c'est en vain ; ils me traîneront à l'échafaud, je le sais; mais n'importe, occupons-nous de ma défense

---

[1] Bourr., v. 122, et iv. 68.
[2] Mign., 237. Lacr., x. 185, 188. Th., iii. 355.

comme si j'étais sûr de réussir ¹ ; vous me ferez triompher en effet', puisque grâce à vous mon nom passera sans tache à la postérité.

Malesherbes et Tronchet demandèrent l'assistance de M. Desèze, célèbre légiste, qui d'abord avait embrasé les opinions populaires, mais qui, depuis que les jours sombres de la révolution avaient commencé, s'était retiré du théâtre des affaires; il accepta et remplit cette tâche difficile avec un grand zèle et son habileté accoutumée. « J'ai souvent souhaité, dit un jour le roi à Malesherbes, d'avoir les moyens de récompenser vos collègues ; j'ai pensé à leur faire un legs; mais serait-il respecté par la Convention? ne mettrait-il pas leur vie en danger. « Sire, répondit Malesherbes, le legs est déjà fait ; en les choisissant pour ses défenseurs, votre majesté a immortalisé leurs noms. » Ses conseils étaient dans un étonnement continuel de sa sérénité : « Croyez-moi, leur disait-il, la religion a plus de consolations que la philosophie ².

Quand Desèze lut au roi son éloquente péroraison, la veille du jour où il devait la prononcer devant l'assemblée, celui-ci le pria de la retrancher: « J'ai à vous demander, lui dit-il, un sacrifice qui vous sera pénible: c'est de retrancher de votre discours cette trop éloquente péroraison. Il me suffit de

---

¹ Hue, 42. Lacr., x. 186, 193. Mign., i. 236. Th., iii. 336.
² Lacr., x. 195. Hue, 72, Th., iii. 348.

paraître devant de tels juges et de prouver ma complète innocence; je ne m'abaisserai pas jusqu'à tenter de les émouvoir. » Le même jour, il composa son immortel testament, le plus parfait commentaire des maximes du christianisme qui soit sorti de la main d'un roi. « Je recommande à mon fils, dit-il, si jamais il a le malheur de devenir roi, de se souvenir que toute son existence doit être vouée au bien de son peuple, d'ensevelir dans l'oubli toute haine et tout ressentiment, surtout pour mes infortunes ; de se souvenir qu'il ne peut assurer le bonheur de son peuple qu'en se conformant aux lois; mais de songer aussi qu'un roi ne peut accomplir ses meilleures intentions, s'il ne possède l'autorité convenable; autrement étant sans cesse contrarié dans ses actes, il devient plus nuisible qu'utile. Je pardonne à tous ceux qui m'ont insulté dans mes malheurs, et je prie mon fils de se rappeler seulement leurs souffrances ; je déclare devant Dieu, à la veille de paraître devant son tribunal, que je suis entièrement innocent des crimes dont on m'accuse [1]. »

Le 26 décembre, le roi fut conduit à la Convention dans la voiture du maire avec la même force militaire que la première fois; sa tranquillité ne se démentit point. Il parla de Sénèque, de Tite-Live, des hospices publics, il plaisanta d'une manière délicate l'un des membres de la Commune qui était

[1] Cléry, 148. Lacr., x. 197. Th., III. 548.

assis dans la voiture son chapeau sur la tête. Tandis qu'ils attendaient dans l'antichambre de la salle, Malesherbes en causant avec le roi, se servit des mots : sire, votre majesté. Treilhard, Jacobin fougueux, s'écria : « Qui vous a rendu assez hardi pour prononcer des mots proscrits par la Convention ? » « Le mépris de la vie, » répondit l'intrépide vieillard [1].

Lorsqu'ils furent admis dans l'assemblée, Louis s'assit entre ses conseils, et regarda avec une expression de douceur les bancs où siégeaient ses nombreux ennemis; on le vit sourire de temps en temps en causant avec M. de Malesherbes. Dans le discours prononcé par M. Desèze, celui-ci soutint par de puissants arguments l'inviolabilité du souverain, et prouva que s'il était condamné, par le même principe le parti le plus faible dans la Convention n'aurait aucune garantie contre le parti le plus fort; assertion prophétique dont la vérité fut bientôt prouvée aux Girondins par leurs terribles rivaux. Il examina la vie entière du roi, et prouva qu'en toute circonstance il avait été guidé par l'amour le plus sincère pour le peuple. Arrivé au 10 août, il s'écria : « Le monarque devait-il se soumettre à une multitude armée? la loi lui ordonnait-elle de céder à la force? le pouvoir qu'il tenait de la constitution n'était-il pas un dépôt de la conservation duquel il était responsable à la nation? vous-mêmes, si vous

[1] Lacr., x. 199. Th., III. 340.

étiez entourés d'une foule furieuse qui menaçât, sans égard pour votre caractère sacré, de vous arracher de ce sanctuaire, que pourriez-vous faire autre chose? Les magistrats eux-mêmes l'autorisèrent dans tout ce qu'il a fait, en signant l'ordre de repousser la force par la force ; malgré leur sanction, le roi répugna à faire usage de son autorité, et se retira dans le sein de l'Assemblée Législative pour empêcher l'effusion du sang. Le combat qui suivit fut soutenu pour lui, mais non par ses ordres ; il ne s'interposa que pour y mettre un terme ; vérité prouvée par ce fait, que ce fut en conséquence d'un ordre signé de lui, que les Suisses cessèrent de défendre le château et se rendirent. Il y a donc une injustice criante à lui reprocher le sang versé le 10 août; sous ce rapport, en effet, sa conduite est au-dessus du reproche. » Il termina par ces mots :
« Louis monta sur le trône à vingt ans, et à cet âge, il donna l'exemple des bonnes mœurs : il n'eut ni faiblesses, ni vices; il se montra économe, juste, sévère; il fut constamment l'ami de son pays; le peuple désirait la suppression d'une taxe oppressive, il la supprima; le peuple désirait l'abolition de la servitude, il l'abolit dans ses domaines ; le peuple implorait une réforme dans les lois criminelles, il accomplit cette réforme; le peuple demandait que des milliers de Français, que la rigueur de nos usages avaient privés de leurs doits politiques, fussent réintégrés dans leurs droits, il les y rétablit; le

peuple voulait la liberté, il la lui donna; il prévint même ses vœux; et c'est ce même peuple qui demande maintenant son supplice. 'Citoyens, je n'achève pas ; je m'arrête devant le tribunal de l'histoire ; souvenez-vous qu'il jugera votre décision, et que sa voix sera la voix des siècles [1]. »

Quand la défense fut terminée, le roi prit la parole en ces termes : « Vous avez entendu ma défense, je ne la rappellerai pas. En m'adressant à vous, probablement pour la dernière fois, je déclare que ma conscience ne me reproche rien, et que mes défenseurs n'ont dit que la vérité; je ne crains point le jugement que le public portera sur ma conduite. Mais mon cœur saigne à l'accusation dirigée contre moi, d'avoir été l'auteur des malheurs de mon peuple, et surtout d'avoir fait couler son sang au 10 août. Les preuves multipliées qu'à toutes les périodes de mon règne j'ai données de mon amour pour le peuple, la manière dont je me suis conduit avec lui, auraient dû, je l'espérais, me sauver d'une imputation si cruelle. » Ces paroles prononcées, il se retira avec ses défenseurs. Il embrassa M. Desèze, et s'écria dans un transport de reconnaissance : « C'est là de la véritable éloquence; désormais je suis tranquille, ma mémoire sera honorée ; les Français me regretteront [2]. »

La plus violente discussion s'éleva immédiatement

[1] Mign., I. 237. Lacr., x. 208. Th., III. 549, 552.
[2] Lacr., x. 210. Th., III. 555.

dans l'assemblée. Lanjuinais eut la hardiesse de demander la révocation du décret par lequel le roi avait été amené à la barre de la Convention. « Si vous voulez absolument être ses juges, renoncez à être ses accusateurs. Mon sang bouillonne à la pensée de voir, sur le siège des juges, des hommes qui ont conspiré contre le trône au 10 août, et qui ont prononcé la sentence dans des termes si féroces, même avant d'avoir entendu la défense. » Une terrible agitation suivit ces mots : « Il accuse, s'écrièrent les Jacobins, le 10 août au milieu de la Convention qui doit son existence à cette révolte; il veut sauver le tyran; demain il nous livrera à sa vengeance. A l'Abbaye, le député parjure! que les amis du tyran périssent avec lui. » Les Girondins sentirent la force de cette réponse; ils n'osèrent pas remettre en question l'utilité d'un évènement qui avait établi la république, et qu'ils ne pouvaient attaquer sans perdre le peu d'influence qui leur restait et se vouer eux-mêmes à l'échafaud. L'orage fut apaisé par la proposition de discuter l'appel au peuple. Elle passa, et la discussion sur cette question dura vingt jours [1].

Saint-Just fut celui qui déclama le plus puissamment contre le souverain. « La postérité, dit-il, bénira votre ouvrage; tous les cœurs généreux vous applaudiront. Quel peuple a jamais fait de tels sacrifices pour la liberté? Quel peuple fut si souvent

---

[1] Lacr., x. 213. Th., III. 336.

trahi et se montra si lent à la vengeance? est-ce devant le prince qu'il nous faudra justifier nos actes, et ce prince est-il inviolable? Le système du roi était d'affecter la douceur et la bonté; toujours il cherchait à s'identifier avec le pays, et à fixer sur lui-même toute l'affection auquel celui-ci a droit. Il sapait les lois par la duplicité de sa conduite, par l'intérêt qu'inspire la vertu malheureuse ; Louis était vraiment un tyran et un perfide tyran. Il convoqua les états-généraux, mais ce fut dans le but d'humilier la noblesse et de régner despotiquement en divisant. Le 14 juillet, le 5 octobre, il avait secrètement préparé des moyens de résistance; mais quand l'énergie nationale les eut rendus inutiles, il se fit une vertu de la nécessité, et témoigna une joie hypocrite de la victoire du peuple; depuis ce moment, ne pouvant plus employer la force, il n'a jamais cessé de chercher à corrompre les amis du peuple. Il a employé avant le 10 août la dissimulation la plus perfide, et maintenant pour désarmer votre colère, il affecte une feinte bonté. La France aima long-temps le roi qui préparait son esclavage; il a depuis causé la mort de ceux qui lui étaient le plus dévoués. Le peuple ne se révoltera pas plus contre un roi juste que la mer ne se soulèvera, si elle n'est agitée par les vents. » Robespierre s'écria : « Il y a des formes sacrées inconnues au barreau; il y a des principes indestructibles supérieurs aux maximes communes que l'habitude consacre, et que le préjugé confirme; la véritable condamnation d'un souverain, c'est l'insurrection spontanée du peuple poussé au désespoir par l'oppression, c'est le plus sûr et le plus équitable de tous les jugements. Louis a été condamné longtemps avant de paraître à votre barre; la dernière et la plus grande preuve que des hommes libres puissent donner de leur amour pour la patrie, c'est de lui sacrifier les mouvements de leur sensibilité. L'humanité qui tremble en présence des accusés, la clémence qui compose avec un tyran, forment la pire espèce d'oppression [1]. »

Vergniaud répliqua par un discours d'une éloquence passionnée. Un profond silence s'établit au moment où il se leva. Les députés écoutèrent, avec une attention pleine d'anxiété, le premier orateur de la France plaidant la cause de son premier sujet. « Nous sommes accusés, dit-il, de provoquer à la guerre civile; cette accusation est fausse; mais que prétendent-ils, ceux qui prêchent continuellement l'assassinat de tous les partisans de la tyrannie, et qui appliquent ce nom à tous ceux qui contrarient leurs ambitieux projets. Ceux qui invoquent les poignards contre les représentants du peuple, ceux qui ne sont jamais satisfaits que lorsque la minorité de la législature gouverne la majorité, et rend ses arguments irrésistibles à l'aide des insurrections, ceux-là sont les véritables promoteurs de la guerre

[1] Lacr., x 215, 218. Th., III 358

civile qui font retentir de telles maximes sur les places publiques, et pervertissent le peuple en flétrissant la justice du nom de pusillanimité, l'humanité du nom de trahison. Qui n'a pas entendu dans les rues les exclamations de la foule, attribuant toutes les calamités à l'influence du souverain? Si le pain est cher, la cause en est au Temple; si l'argent est rare, si les armées sont mal payées, la cause en est au Temple; si chaque jour il nous faut contempler la misère dans les rues, la cause en est au Temple. Qui m'assurera que ces mêmes hommes si empressés à exciter des murmures, n'en exciteront pas ensuite qu'ils dirigeront contre la Convention? que ceux qui assurent que la tyrannie de la législation a succédé à celle du trône, et qu'un nouveau décret est nécessaire pour l'extirper; que la république a besoin d'un défenseur, et qu'un dictateur peut seul la sauver; qui m'assurera que ces mêmes hommes, après la mort de Louis, ne s'écrieront pas avec plus de violence qu'auparavant, que si le pain est cher, la cause en est dans la Convention; que si l'argent est rare, que si nos armées sont mal approvisionnées, la cause en est dans la Convention; que si la machine du gouvernement est embarrassée, la cause en est dans la Convention; que si les calamités de la guerre ont été accrues par l'accession de l'Angleterre à la coalition de nos ennemis, la cause en est dans la Convention qui provoqua leur ressentiment par la condamnation de Louis? qui m'assurera que parmi les assassins de septembre, il ne se trouvera pas celui que vous appelez maintenant un *défenseur*, mais qui réellement sera un dictateur encore fumant du sang de ses victimes? et, s'il en est ainsi, à quelles calamités inouies Paris sera-t-il condamné ! qui voudra habiter une ville où règneront la désolation et la mort? et quand les citoyens industrieux seront réduits à la mendicité, qui pourvoiera à leurs besoins, qui secourra leurs enfants affamés? Je prévois la réplique exécrable qui attend leurs plaintes : Allez aux carrières, et arrachez à la terre quelques restes sanglants des victimes que nous avons égorgées. Vous avez demandé du sang pour les jours de votre pouvoir, voilà du sang et des cadavres; nous n'avons point d'autre nourriture à vous offrir. Vous frémissez à cette pensée! Unissez donc vos efforts aux miens pour détourner une si déplorable catastrophe [1]. »

A la conclusion du débat, l'assemblée déclara Louis coupable à l'unanimité. L'appel au peuple fut rejeté à une majorité de 423 sur 281 [2].

Ce vote unanime de la Convention sur la culpabilité de Louis XVI est un des faits les plus instructifs de la révolution. Que parmi sept cents membres, de grandes

[1] Lacr., x. 231. Th., III. 369, 573. Mign., I. 228.
[2] Huit membres étaient absents pour cause de maladie, trente-sept le déclarèrent coupable, mais votèrent seulement pour des mesures de sûreté, 683 le déclarèrent absolument coupable. Lacr., x. 232. Toul., III. 107. Th. III. 577.

différences d'opinion aient existé sur ce sujet, c'est un fait qui ne peut être mis en doute, et qui a été suffisamment prouvé par la division qui s'opéra ensuite, et la faible majorité par laquelle la mort fut définitivement votée. Cependant, les amis de Louis furent forcés de commencer leurs efforts pour le sauver, en reconnaissant son crime. Les bases réelles de sa justification, celles sur lesquelles l'opinion de la postérité se fonde, furent abandonnées d'un commun consentement. La Convention prononça unanimement sur ce point d'une manière qui devait être unanimement contredite par les historiens et la postérité [1].

Ce résultat n'eût guère pu avoir lieu dans une cour de justice composée d'un petit nombre d'individus, dont la situation eût été inamovible, la responsabilité fixée, les devoirs restreints à la considération de l'évidence dans les preuves; ce fut la combinaison des considérations politiques qui causa la perte de Louis; la crainte de retomber sous l'ancien joug monarchique; l'effroi causé par la hache révolutionnaire déjà suspendue sur le pays. Tel est l'effet presque immanquable de la confusion des fonctions législatives, avec les fonctions judiciaires; de la résolution de confier la vie d'un homme à une assemblée populaire, chez laquelle le nombre des votants diminue le sentiment de la responsabilité, sans accroître la puissance de la ré-

[1] Toul., III. 226. 233. Mign., I. 237. Lacr., X. 220, 240.

flexion ; chez laquelle la contagion de la multitude ajoute à la violence de la passion, sans diminuer l'influence de la peur.

Mais ce n'est pas tout ; ce vote extraordinaire est une preuve signalée de l'effet des institutions démocratiques, et de l'entière impossibilité des libres discussions, et de l'exercice de la justice publique, dans un pays où ces institutions dominent. Il est assez connu qu'en Amérique, la presse, lorsqu'elle réunit ses forces, est toute-puissante, et peut réduire l'homme le plus innocent à l'exil; que les jugements des tribunaux sont souvent d'une injustice notoire dans les questions politiques à cause de l'absence de tout contre-poids au pouvoir. La même vérité se manifesta de la manière la plus cruelle, dans le procès de Louis XVI. Il est évident, par leurs discours, que ses défenseurs dans la Convention étaient des hommes du plus grand talent. Leur mort prouva bientôt qu'ils étaient susceptibles du plus noble courage. Cependant ces hommes intrépides furent obligés, dans la vue de son propre bien, de commencer la lutte en le déclarant coupable ; agir autrement, c'eût été l'abandonner sans défense aux mains de ses ennemis, car c'eût été détruire le peu d'influence qui leur restait sur le peuple; ils se seraient perdus sans le sauver. Tant il est vrai que l'extrême démocratie est aussi fatale à la liberté que le despotisme; que la vérité est aussi rarement en-

* Hall's America, III. Chap. sur l'organisation judiciaire.

tendue dans les assemblées de la multitude que dans les conseils des princes; et que, sans un juste équilibre entre les classes rivales de la société, la balance est également scandaleuse, que ce soit du côté du peuple, ou du côté de l'aristocratie [1].

Il restait à décider quelle punition on infligerait à l'accusé. La discussion dura quarante heures. Pendant ce temps, Paris fut en proie à la plus terrible agitation. Le club des Jacobins retentissait de cris pour la mort. Les avenues de la Convention étaient assiégées par une multitude furieuse, menaçant également les partisans de Louis et les neutres; plus la discussion approchait de son terme, plus croissait le tumulte. Enfin, le président Vergniaud annonça le résultat en ces termes. « Citoyens, j'annonce le résultat des votes: quand la justice a parlé, l'humanité doit reprendre sa place; il y a 721 votes; la mort est votée à une majorité de 26 [2]. Au nom de la Convention, je déclare que la punition de Louis est la mort. »

Sans la défection des Girondins, la vie du roi était sauvée. Quarante-six d'entre eux, y compris Vergniaud, votèrent conditionnellement ou sans condition pour la mort; ils auraient voulu sauver le roi, mais la furieuse démocratie du temps leur faisait penser qu'il n'y avait pour cela d'autre mode praticable que l'appel au peuple. Presque tous pé-

[1] Mign., 1. 237.
[2] Mign., 1. 238, 279. Th., III. 380, 383. Lacr., x. 233, 210.

rirent successivement sur l'échafaud qu'ils avaient dressé pour leur souverain [1].

Parmi ceux qui votèrent pour la mort, plusieurs, comme le duc d'Orléans, furent poussés par des motifs bas ou égoïstes [2]. En adoptant cette lâche conduite, ils errèrent autant sous le rapport de la politique que sous celui de la moralité. Leur conduite est ainsi flétrie par le plus grand maître de sagesse politique que l'Europe moderne ait produit. « Les Girondins et les Jacobins, dit Napoléon, s'unirent pour voter la mort de Louis XVI, et cependant la majorité des premiers avait voté pour l'appel au peuple, qui était demandé dans l'intention de le sauver. Ceci forme la partie inexplicable de leur conduite; s'ils voulaient la vie, ils avaient le pouvoir de le faire; il ne fallait qu'ajourner la sentence, ou le condamner à l'exil ou à la déportation; mais le condamner à mort, et en même temps tâcher de faire dépendre son sort d'un vote populaire, c'était le comble de l'imprudence et de l'absurdité; c'était, après avoir détruit la monarchie, risquer de déchirer la France par une guerre civile; ce fut cette fausse combinaison qui les perdit. Vergniaud, leur principal sou-

---

[1] Lacr., x. 241.

[2] Le duc d'Orléans, lorsqu'on l'appela pour donner son vote, marcha d'un pas chancelant et plus pâle que la mort · là il lut ces mots. « Exclusivement gouverné par mon devoir, et convaincu que tous ceux qui ont resisté à la souveraineté du peuple méritent la mort, je vote pour la mort. » Tout importante que fût l'accession du premier prince du sang, a une faction sanguinaire, sa conduite dans cette circonstance etait trop evidemment égoïste et atroce, pour ne pas exciter un sentiment général d'indignation. L'agitation devint extrême dans l'assemblée; il semblait que par ce seul vote le sort du monarque fût irrévocablement decide.

tien, fut celui-là même qui prononça, comme président, la mort de Louis XVI, et il le fit au moment où la force du parti était encore telle dans l'assemblée qu'il fallut plusieurs efforts et plus d'une insurrection populaire pour le renverser. Pourvu qu'ils eussent eu une conduite ferme et droite, ils auraient détruit la Montagne, dirigé la Convention, gouverné la France. Ce furent les raisonnements raffinés des métaphysiciens qui causèrent leur perte [1]. » Mais il y en eut d'autres d'un caractère très-différent; d'autres, qui ne manquaient ni de grandeur ni de générosité, se décidèrent cependant pour l'opinion la plus sévère, convaincus qu'ils étaient de la nécessité de détruire un ennemi dangereux, et d'affermir la république encore chancelante. Parmi ces derniers, on peut citer Carnot qui donna son vote en ces termes : « La mort, et jamais mot n'a autant pesé sur mon cœur [2]. »

Le sort de Louis offre d'ailleurs une preuve signalée, que ce qui est injuste n'est jamais utile, et que la tendance nécessaire des actes iniques, est de nuire à la cause pour laquelle ils sont entrepris. L'effet peut d'abord paraître répondre aux espérances de ceux qui les commettent, mais, en dernier résultat, il les déjoue infailliblement. Pendant quelques années, la mort du roi, en obligeant un si grand nombre de Français à soutenir la république,

---

[1] Napol. dans Las Cases, II. 184, 185, 190, 191.
[2] Mém. de Carnot, 97. Lacr., x. 268.

fut favorable à la démocratie; mais enfin ce fut au rétablissement de la monarchie qu'elle conduisit. Avec quelle énergie les historiens royalistes peignent-ils aujourd'hui les scènes du Temple! que ne donneraient pas les écrivains républicains pour pouvoir les effacer des annales de la France! Il ne faut jamais perdre de vue que les actions des hommes publics deviendront un sujet de méditation pour les temps à venir, quand les sentiments de crainte et de haine seront également éteints, et que les esprits ne jugeront plus que d'après les lois éternelles de la justice et de la morale. Il n'y a que ce qui est juste qui puisse donc en dernier résultat être utile, puisque ce qui est juste peut seul obtenir l'approbation éternelle du genre humain.

Quand les défenseurs de l'infortuné monarque furent appelés pour entendre la sentence, les larmes les suffoquèrent. Malesherbes essaya en vain de parler, M. Desèze lut une protestation dans laquelle le roi affirmait solennellement son innocence; et Tronchet insista avec les plus puissantes instances sur la révocation d'un décret adopté pour une majorité si faible : « Les lois, lui répondit-on, sont adoptées à une simple majorité. » « Oui, répliquat-il, mais une loi peut être révoquée; et qui rappellera la vie humaine une fois détruite? » Comme une dernière ressource, les Girondins proposèrent un délai pour un temps limité; mais sur ce point encore leurs fatales divisions donnèrent la victoire à leurs ennemis, et la sentence de mort fut définitivement prononcée [1].

Cet acte décisif produisit dans Paris une sensation inexprimable. Tous les membres du côté droit, les royalistes, avoués ou secrets, furent dans la consternation. Les Jacobins pouvaient à peine croire qu'une victoire aussi grande pour eux, que la condamnation d'un roi, eût été remportée au milieu d'un peuple, que peu d'années auparavant il commandait en monarque absolu; ils redoublèrent d'activité, mirent sur pied toutes leurs forces, entretinrent dans le peuple une agitation incessante, recommandèrent fortement à leurs adhérents de montrer pendant les deux jours qui suivraient toute la vigilance nécessaire pour assurer un si grand triomphe. Cette audace eut l'effet ordinaire que l'audace produit sur les grandes masses d'hommes; elle réduisit le plus grand nombre au silence et excita en même temps une profonde indignation chez quelques esprits énergiques [2].

Louis était complètement préparé à son sort. Pendant que l'on votait, il demanda à M. Malesherbes : « N'avez-vous pas vu près du Temple la dame blanche? » « Que voulez-vous dire? reprit celui-ci. » « Ne savez-vous pas, dit le roi en souriant, que lorsqu'un prince de notre maison va mourir, on voit une femme vêtue de blanc, errer autour du palais?

---

[1] Mign., t 239. Lacr., 243. Th., iii. 388.
[2] Th., iii, 589, 590.

Mes amis, ajouta-t-il en s'adressant à ses défenseurs, je vais partir avant vous pour le séjour des justes; un jour nous y serons réunis, mais auparavant dans ce monde même on bénira votre vertu. » Sa seule appréhension était pour sa famille : « Je frémis, dit-il, à l'idée de la position où je laisse mes enfants; ce n'est que dans la prière que je puis trouver la force suffisante pour préparer mon esprit à ma dernière entrevue avec eux. » Telle fut à ce moment terrible la seule expression qui lui échappa, où l'on put trouver quelque trace d'abattement [1].

Quand M. de Malesherbes vint au Temple lui annoncer le résultat des votes, il le trouva seul, le front dans ses mains, absorbé dans une profonde rêverie. Sans demander à son défenseur des nouvelles de son sort, sans même le regarder, il dit: « Depuis deux heures j'ai cherché dans ma mémoire si pendant tout mon règne, j'ai donné volontairement une cause de plainte à mes sujets, et au moment de comparaître devant le trône de Dieu, je puis déclarer avec la sincérité la plus parfaite, que je ne mérite aucun reproche de leur part, et que je n'ai jamais formé de vœux que pour leur bonheur. » Malesherbes essaya de lui faire espérer que sa sentence serait révoquée [2]; il secoua la tête et demanda seulement à son ami de ne pas le quitter

---

[1] Lacr., x. 244, 246. Cléry, 158.
[2] Mign., 1. 240. Lacr., x. 245, 247. Cléry, 159.

à ses derniers moments; mais la cruauté de la Commune le priva de cette consolation. Malesherbes se présenta plusieurs fois à la porte du Temple, mais sans pouvoir obtenir d'être admis.

Le roi pria alors Cléry de lui apporter le volume de Hume qui contenait le récit de la mort de Charles 1er; il le lut attentivement durant le peu de jours qui s'écoulèrent jusqu'à son exécution ; pendant les cinq mois précédents, il avait lu deux cent cinquante volumes [1].

Enfin le 20 janvier, Santerre vint à la tête d'une députation de la Commune lui lire sa sentence de mort; le monarque l'entendit avec une inébranlable fermeté, demanda trois jours pour se préparer à paraître devant Dieu, la permission de voir sa famille une dernière fois, et la consolation d'un confesseur. Les deux dernières demandes seules furent accordées par la Convention, et l'exécution fut fixée au lendemain dix heures du matin. Le roi, après cette réponse, garda la même tranquillité qu'auparavant, et dîna comme de coutume. Les officiers qui le gardaient avaient ôté les couteaux : « Me supposent-ils assez lâche pour me tuer, dit-il; je suis innocent et je puis mourir sans crainte [2]. »

La dernière entrevue avec sa famille fut une scène de la plus horrible désolation. « A huit heures et demie, dit Cléry, la porte de son appartement

---

[1] Cléry, 159. Th., III. 285.
[2] Lacr., x. 246, 248. Mign., I. 240 Th., III. 529.

s'ouvrit, et la reine parut tenant par la main sa fille et Madame Elisabeth; d'un même mouvement elles se précipitèrent dans ses bras; un profond silence régna pendant quelques minutes, interrompu seulement par les sanglots de cette famille infortunée. Le roi s'assit ensuite, la reine à sa gauche, Madame à sa droite, Madame Elisabeth en face de lui, le dauphin entre ses genoux; cette terrible scène dura près de deux heures : les pleurs et les lamentations de la famille royale, interrompant souvent les paroles du roi, indiquaient assez qu'il leur apprenait lui-même sa condamnation; enfin à dix heures un quart, Louis se leva; lui et la reine donnèrent leur bénédiction au dauphin, tandis que la jeune princesse tenait encore son père embrassé par le milieu du corps; comme il s'approchait de la porte, ils poussèrent des cris perçants: « Je vous assure, dit-il, que je vous reverrai demain matin à huit heures. » « Pourquoi pas à sept, s'écrièrent-ils tous à la fois. » « Eh bien ! à sept, répondit le roi; adieu, adieu. » Il prononça ces mots avec un accent si douloureux que leurs lamentations redoublèrent, et la jeune princesse tomba évanouie à ses pieds; enfin, résolu de mettre un terme à une scène si cruelle, le roi les embrassa tous avec la plus vive tendresse et s'arracha de leurs bras [1].

Il passa le reste de la soirée avec son confesseur,

[1] Cléry, 173. Th., 304.

CHAPITRE VI.

l'abbé Edgeworth, qui, avec la piété la plus héroïque, accomplit le périlleux devoir d'assister son souverain à ses derniers moments ; à minuit il alla se coucher et dormit paisiblement jusqu'à cinq heures. Alors il donna ses dernières instructions à Cléry et lui remit une bague, un cachet et une mèche de cheveux : « Donnez cette bague à la reine, dit-il, et dites-lui avec quel regret je la quitte; donnez-lui aussi le médaillon qui contient des cheveux de mes enfants; donnez ce cachet au dauphin, et dites-leur à tous combien je souffre de mourir sans recevoir leurs derniers embrassements, mais je veux leur épargner la douleur d'une si cruelle séparation. » Il demanda des ciseaux pour se couper les cheveux afin d'éviter l'humiliant attouchement des exécuteurs, mais les officiers refusèrent sa requête; il reçut ensuite la communion des mains de son confesseur à un petit autel préparé par Cléry dans sa chambre, et il entendit les prières pour les mourants au moment où le roulement des tambours et le mouvement qui se faisait dans les rues annonçaient les préparatifs de son exécution [1].

A neuf heures, Santerre se présenta au Temple, « Vous venez me chercher, dit le roi, accordez-moi une minute; il alla dans son cabinet et en ressortit immédiatement son testament à la main. « Je vous prie, dit-il, de donner ce paquet à la reine

[1] Cléry, 181, 182. Th., III. 595, 597

ma femme. » « Cela ne me regarde pas, répondit le digne représentant de la Commune; je ne suis ici que pour vous conduire à l'échafaud. » Le roi demanda alors à un autre membre de la Commune de se charger de ce dépôt, et dit à Santerre, « partons. » La Commune publia le testament le jour suivant comme une preuve du fanatisme et des crimes du roi. Et c'est ainsi, qu'avec un dessein tout contraire, elle éleva le plus beau monument à sa mémoire [1].

En traversant la cour du Temple Louis jeta un dernier regard sur la tour qui renfermait tout ce qui lui était cher dans le monde; puis, rappelant tout son courage, il s'assit d'un air calme dans la voiture à côté de son confesseur; deux gendarmes prirent place en face d'eux. Pendant le trajet qui dura deux heures, il ne cessa de réciter les psaumes que lui désignait son confesseur ; les gendarmes eux-mêmes étaient étonnés de sa tranquillité. Les rues étaient remplies d'une foule immense qui contemplait le triste cortège dans un morne silence; un corps considérable de troupes entourait la voiture, une double file de soldats et de gardes nationaux, et une redoutable rangée de canons rendaient impossible toute tentative pour sauver le monarque. Quand le cortège fut arrivé à l'endroit marqué pour l'exécution, entre le jardin des Tuileries et les Champs-Elysées, il descendit de voiture et se deshabilla sans l'aide des exécu-

[1] Lacr., x. 284. Mign., i. 140. Th., iii. 598. Clery, 185, 184. Edg., 218.

teurs ; au moment où ils commencèrent à lui lier les mains, l'indignation se peignit sur son visage. M. Edgeworth, par une heureuse inspiration : « Soumettez-vous à ce dernier outrage comme à une dernière ressemblance avec le Sauveur qui dans un moment vous récompensera de vos souffrances. » A ces mots il se résigna et s'avança jusqu'au pied de l'échaud ; là, il reçut la sublime bénédiction de son confesseur, « Fils de Saint Louis, montez au ciel ! » Dès qu'il eut monté les degrés, s'avançant d'un pas ferme au bord de l'échafaud, d'un regard il imposa silence à vingt tambours placés là pour l'empêcher de se faire entendre, et dit à haute voix : « Français, je meurs innocent de tous les crimes dont on m'accuse ; je pardonne aux auteurs de ma mort, et je prie Dieu que mon sang ne retombe pas sur la France ; et vous, peuple malheureux... » Un roulement de tambours ordonné par Santerre, l'empêcha d'en dire davantage ; les exécuteurs s'emparèrent de lui et le couteau de la guillotine termina son existence. Un des assistants releva la tête et l'agita en l'air ; le sang dégouttait sur le confesseur encore à genoux devant le corps inanimé de son souverain [1].

Le corps de Louis fut, aussitôt après l'exécution, transporté dans l'emplacement de la Madeleine à l'extrémité du boulevard Italien, où il fut placé dans une tombe de six pieds carrés, le dos tourné contre le

[1] Edgeworth, 222, 226, 227. Th., 339, 340. Lacr., x. 235. Mign., 1. 241.

mur de la rue d'Anjou. On le couvrit immédiatement d'une grande quantité de chaux vive, qui occasionna une décomposition si rapide que lorsqu'on rechercha ses restes en 1815, dans le dessein de les transporter à Saint-Denis, ce ne fut qu'avec beaucoup de peine qu'on en retrouva quelques traces. Sur le lieu même où il fut enterré, Napoléon, après la bataille d'Iéna, commença le temple de la Gloire, annoncé comme un monument en l'honneur de la Grande Armée, mais secrètement destiné par Napoléon à devenir un monument consacré aux victimes de la révolution. Dans ce dessein, comme dans beaucoup d'autres, il fut interrompu par les calamités qui occasionnèrent sa chute, et le superbe édifice fut terminé par les Bourbons; c'est aujourd'hui l'église de la Madeleine, l'une des plus belles constructions que l'on puisse admirer à Paris. Il souffrit la mort au milieu de cette place Louis xv, où périrent ensuite la reine, madame Élisabeth, et tant d'autres nobles victimes de la révolution, où Danton et Robespierre furent ensuite exécutés, et où campèrent les alliés quand leurs armées victorieuses entrèrent dans Paris, le 31 mars 1814. Le plus grand des crimes de la révolution, la plus grande expiation de la révolution, s'accomplirent au même endroit. L'histoire de l'Europe moderne n'en pourrait nommer une aussi remplie de grands et terribles souvenirs : il est maintenant orné de l'obélisque de granit rose, apporté de la Haute-

Egypte en 1833, par l'ordre du gouvernement français. Le monument sous lequel défilèrent les armées de Cambyse, qui a survécu aux conquêtes de César et d'Alexandre, est ainsi destiné à marquer aux dernières générations le lieu du martyre de Louis et du triomphe de son vengeur [1].

On ne saurait mieux dépeindre le caractère de Louis XVI, qu'en empruntant les termes du meilleur des écrivains républicains de la France [2]. « Les ancêtres de Louis lui léguèrent la révolution ; il avait plus qu'aucun autre de ses prédécesseurs les qualités faites pour la prévenir, ou pour la terminer ; car il était également capable d'effectuer les réformes avant qu'elles n'éclatassent, et de remplir les devoirs d'un roi constitutionnel, une fois qu'elle avait renouvelé les lois. Peut-être était-il le seul monarque qui ne fût soumis à aucune passion, pas même celle du pouvoir, et qui réunît les deux qualités les plus essentielles dans un bon roi, la crainte de Dieu et l'amour du peuple ; il périt victime des passions qu'il n'avait point contribué à exciter ; de celles de ses partisans auxquelles il était étranger ; de celles de la multitude qu'il n'avait rien fait pour éveiller. Peu de rois ont laissé une mémoire aussi vénérée. L'histoire inscrira sur sa tombe, qu'avec un peu plus de force de volonté il eût fait un souverain unique. »

[1] Napol. dans Las Cases, I. 370, 371. Hist. de la Convent. II. 13, 14.
[2] Mign., I. 241.

Les nobles et touchantes vertus de ce monarque, devenues si brillantes dans la dernière partie de sa vie, ses souffrances inouies, sa fin tragique, ne doivent pourtant pas faire oublier combien l'indécision et la faiblesse de sa conduite furent fatales au pays, et qu'enfin son aversion touchante mais déplorable pour les mesures énergiques, produisit les calamités, les malheurs, les bouleversements de la révolution. L'homme qui a le mieux jugé la France et la révolution a laissé une opinion arrêtée sur ce sujet. « Si Louis XVI, dit Napoléon, avait résisté de toute sa puissance, s'il eût eu le courage, la résolution, l'activité de Charles 1er, il aurait triomphé. L'émigration de la noblesse avait, il est vrai, privé le trône de son principal appui; mais l'irrésolution bien connue du roi, fut une des causes de cette défection, parce que toute la classe des propriétaires désespéra en voyant un pareil chef à la tête des affaires; et la lutte prolongée de Lyon et de la Vendée, prouvèrent depuis, que même malgré leur retraite, il restait au parti royaliste des éléments de résistance dans la nation [1]. »

Le règne de l'injustice n'est pas éternel; pour y mettre un terme il n'est pas besoin d'une intervention spéciale de la Providence. Un ange vengeur ne descend pas pour arrêter son terrible cours, il se détruit par sa propre violence; l'ange des vengeances descend dans le cœur même des hommes.

[1] Napol. dans Las Cases, II. 215.

En vain la malice de ses ennemis fit subir à Louis toutes sortes d'indignités ; en vain les exécuteurs lui lièrent les mains, et les tambours révolutionnaire étouffèrent sa voix ; en vain le tranchant de la guillotine abattit sa tête, et des mains impies jetèrent ses restes dans une terre profane ; sa vertu a triomphé de la méchanceté de ses oppresseurs. A dater de sa mort a commencé une réaction en faveur de l'ordre et de la religion. Ses souffrances ont plus servi la cause de la monarchie que toutes les fautes de ses prédécesseurs n'y avaient nui.

C'est par les dernières émotions que les grandes impressions se font sur le genre humain. Sous ce point de vue il fut éminemment favorable aux intérêts de la société, que la grande crise de la monarchie arrivât du temps de Louis XVI. Elle ne tomba pas dans les jours de sa splendeur ou de sa corruption ; elle ne périt pas dans la personne orgueilleuse de Louis XIV, ou dans la personne dépravée de Louis XV, mais dans celle d'un monarque sans reproche qui plus qu'aucun de ses sujets aimait le peuple, dont la vie s'était littéralement passée à faire le bien, que ses défauts autant que ses qualités auraient dû préserver des violences populaires. S'il eût eu plus de résolution, il eût été moins malheureux ; s'il eût vigoureusement soutenu la cause de la royauté, il n'aurait pas souffert des fureurs de la populace ; s'il eût plus prodigué le sang des autres, il eût probablement sauvé le sien ; mais, de telles qualités despotiques ou guerrières n'eussent pas suffi à arrêter la révolution ; elles l'auraient reculée jusqu'à un autre règne, mais alors sous la direction d'un prince également irrésolu, elle eût pu commencer sous des auspices plus sombres, puisque la cessation de la tyrannie n'aurait pas détruit les causes réelles de murmure, et que les vertus du monarque n'auraient pas rendu impardonnable la fureur du peuple. La catastrophe arriva à un moment où le parti qui devait succomber méritait d'éveiller toutes les sympathies généreuses de notre nature; où un souverain régnait, qui avait plus fait pour la liberté que tous les autres princes de sa race, dont la modération avait été récompensée par l'usurpation, la douceur par la licence; dont l'aversion pour la violence n'avait rencontré chez ses adversaires que la soif du sang humain. Un roi d'un caractère plus énergique aurait pu faire davantage pour reculer la révolution, aucun n'eût pu mieux se conduire pour en empêcher le retour.

Et le martyre de Louis ne fut pas perdu non plus pour les intérêts immédiats de sa cause. Sa résignation dans l'adversité, sa douceur dans les souffrances, son héroïsme dans la mort ne seront jamais oubliés. Les terreurs du gouvernement républicain, les gloires du gouvernement impérial sont passées. La fin innocente de la monarchie a laissé dans le cœur des hommes une impression qui ne s'effacera pas. Dans la sombre nuit du monde moral, une flamme brilla de la tour du Temple, d'abord faible, et semblant lutter pour l'existence, mais qui aujourd'hui répand une clarté tranquille, et jette une lumière sainte sur la chute de la monarchie française. Les jours de la superstition ne sont plus. Des multitudes de pèlerins ne viendront pas se presser autour de sa tombe. La pierre n'en sera pas usée par les genoux de ses adorateurs. Mais les jours de l'admiration pour la vertu malheureuse et ravie à la terre subsisteront toujours. Les cœurs pieux et vertueux de tous les âges à venir honoreront son souvenir dans l'histoire. Son sort sera plaint, sa mémoire révérée, ses meurtriers détestés aussi long-temps que la justice régnera sur la terre.

CHAPITRE VII.

ÉTAT DE L'EUROPE AVANT LE COMMENCEMENT DE LA GUERRE.

ARGUMENT.

État de l'Europe au commencement de la révolution française. — Vive excitation causée universellement par son triomphe. — Forces navales et militaires de la Grande-Bretagne. — Partis qui existent dans son sein. — M. Pitt et M. Fox. — M. Burke. — Grande division d'opinions sur la révolution entre ces chefs et entre les whigs et les torys. — État de l'Autriche. — Ressources militaires des états impériaux. — Pays-Bas autrichiens. — Destruction des forteresses par l'empereur Joseph — État militaire de la Prusse et de la Russie — Armée russe. — Les Cosaques. — La Pologne. — La Suède. — Les états ottomans. — L'Italie et le Piémont. — L'Espagne et le Portugal. — La Hollande. — La Suisse. — La France. — État de la société en Europe à cette époque. — Différence entre les états méridionaux et septentrionaux sous le rapport du courage militaire. — État intérieur de la France quand les hostilités commencèrent. — Négociations entre les puissances européennes avant le commencement de la lutte. — Fin de la guerre de la Russie contre la Turquie. — Extinction graduelle de toutes les autres jalousies et hostilités. — Langage menaçant employé par la France vis-à-vis des autres états. — Traité de Mantoue. — Déclaration de Pilnitz. — Les alliés n'agissent point d'après elle. — Le parti révolutionnaire en France déterminé à la guerre. — Déclamations des Girondins en faveur de la guerre. — Récriminations mutuelles qui conduisent aux hostilités. — Stricte neutralité de la Grande-Bretagne. — Elle cesse après la révolution du 10 août. — Système français de propagande. — Déclaration de guerre des républicains contre quiconque n'adopterait pas leurs principes de gouvernement. — Alarmes excitées dans la Grande-Bretagne par cette conduite. — Préparatifs militaires de cette puissance. — Elle déclare la guerre à la France. — Réflexions générales sur ces évènements.

« Une révolution en France, dit Napoléon, est toujours tôt ou tard suivie d'une révolution en Europe. » Placée au centre de la civilisation moderne, cette vaste contrée a, dans tous les siècles, communiqué ses propres impulsions, et les changements qu'elles entraînaient, aux états voisins. Sa situation lui donne trop de prépondérance pour que ses conquêtes n'inquiètent pas les autres royaumes; son influence morale est trop étendue pour qu'ils échappent à la communication des principes qui triomphent chez elle.

On ne devait pas penser qu'un évènement aussi grand que la révolution française, fait pour exciter les passions d'une partie du genre humain, et toutes les craintes de l'autre, resterait long-temps l'objet d'une passive observation pour les états voisins; il s'adressait aux espérances et aux préventions du grand corps du peuple dans tous les pays, et, excitant son indignation latente et mal comprimée contre les classes supérieures, ajoutait au sentiment des injures réelles, le plus puissant stimulant de l'anarchie révolutionnaire. Une fermentation redoutable commença donc immédiatement à se répandre dans la plupart des états européens. Des espérances chimériques circulèrent; les classes ouvrières enorgueillies par l'élévation rapide de leurs frères de France, crurent que le moment approchait où les distinctions de la société allaient cesser, et les misères du pauvre disparaître au sein de la domination universelle du peuple.

Une seule révolution triomphante, le renversement d'un seul gouvernement établi, suffit à répandre de tels principes; des océans de sang couleront avant qu'ils ne s'éteignent. L'ambition démocratique une fois déchaînée, les hommes se soumettront à une tyrannie bien autrement terrible que celle qu'aurait osé imposer l'autorité monarchique. Dans l'espoir de s'élever sur la ruine de leurs supérieurs, ils sont capables d'abandonner tout le bonheur réel de leur situation. Toutes les calamités du règne de Napoléon, la conscription française, la retraite de Moscou, n'ont pas suffi à éteindre ce désir; plus d'une génération a péri dans la lutte, mais l'ardente volonté est toujours la même, et, comme le phénix, elle renaît de ses cendres.

La manifestation de cet esprit redoutable, destiné à bouleverser le globe, excita les plus vives alarmes dans toutes les monarchies européennes. De là naquirent les guerres sanglantes entre ces monarchies et la France, destinées à l'arrêter, et qui d'abord produisirent l'effet tout contraire de le répandre, en greffant la gloire militaire sur l'ambition démocratique. Ces guerres commencèrent une lutte d'une espèce nouvelle; les rivalités des rois cessèrent et firent place au combat d'un principe social contre un autre; la lutte fut plutôt le résultat du conflit des opinions, que de l'opposition des intérêts, et les jalousies entre les souverains furent effacées par la véhémente animosité de leurs sujets contre eux. Désormais les passions soulevées amenèrent des contrées entières sur le champ de bataille, et dans le choc qui s'ensuivit, ce qui était le plus cher à toutes les classes de la société, se trouva enveloppé [1].

L'Autriche, la Russie, l'Angleterre, étaient alors les puissances dominantes ; elles durent par conséquent jouer le principal rôle dans le conflit désespéré qui suivit. Quoique répugnant à la guerre, toutes étaient en état de faire pour elle les plus grands efforts ; plusieurs années de repos les avaient mises en mesure d'entrer avec de vastes ressources sur un théâtre, où des sacrifices inouïs allaient être exigés.

Durant neuf années de paix, la Grande-Bretagne avait réparé en grande partie, les pertes de la guerre américaine ; si elle avait perdu un empire dans le monde occidental, elle en avait gagné un autre dans le monde oriental ; les richesses de l'Inde commençaient à se répandre dans son sein, et une petite île, à l'extrémité occidentale de l'Europe, exerçait sa domination sur des contrées plus étendues que celles que Rome soumit jadis à son empire. Un revenu montant à 7,000,000 de livres sterling, provenait déjà des possessions indiennes; à la vérité, le total presque entier de cette somme se trouvait absorbé par les frais de l'établissement colonial ; mais le gouvernement croyait voir s'approcher le terme après lequel l'empire de l'Indoustan, deviendrait pour l'état entier de la Grande-Bretagne, la même mine inépuisable d'or où avaient

[1] Mign., I. 129. Lacr., Pr. Hist. I. 109.

déjà puisé individuellement tant d'Anglais, espérance qui ne paraît pas maintenant devoir jamais se réaliser, mais dont alors on pouvait se flatter avec vraisemblance [1]. La dette publique montant à 4,220,000,000 fr., et occasionnant une charge annuelle de 231,325,000 fr., était à la vérité un fardeau pesant mis sur l'industrie du peuple; les impôts, quoique légers en comparaison de ceux qui existaient dernièrement, étaient encore accablants. Néanmoins les ressources de l'état s'étaient accrues à un degré extraordinaire; le commerce, l'agriculture, les manufactures avaient pris un rapide développement; les affaires avec les états libres de l'Amérique du nord avaient produit plus que n'en retirait l'Angleterre, lorsque ces états lui étaient encore unis par le lien colonial. Les efforts continuels de la grande généralité des individus pour améliorer leur situation, avaient produit un effet surprenant sur l'accumulation du capital et l'état du crédit public. Le trois pour cent, de 57 où il était tombé à la fin de la guerre, s'était relevé jusqu'à 99, et les richesses surabondantes de la capitale, s'écoulaient dans les commerces les plus divers avec les états les plus éloignés, comme à travers des canaux innombrables. Le revenu public montait à 16,000,000 de livres sterl.; l'armée était composée de 32,000 soldats dans les îles Britanniques, d'un nombre égal dans les Indes orientales et occidentales, et de trente-

---

[1] Ann. Reg., xxxiii 153

six régiments de milice; ces forces furent augmentées dans une progression rapide et considérable pendant la guerre que nous allons voir s'ouvrir; et avant 1796, l'armée régulière se montait à 206,000 hommes, dont 42,000 de milice; plus de la moitié de ces forces était, il est vrai, absorbée par le service des colonies. L'expérience a prouvé que l'Angleterre ne peut guère réunir plus de 40,000 hommes, sur un point quelconque du continent européen; sa véritable force consiste dans l'énergie de l'esprit public, dans son patriotisme, dans une inépuisable richesse, enfin dans une flotte de 140 vaisseaux de ligne, qui lui assure l'empire incontesté des mers [1].

Cependant, à l'époque dont nous parlons, l'Angleterre avait peu de cette énergie morale si essentielle pour triompher à la guerre. La gloire nationale avait été cruellement ternie pendant la lutte désastreuse contre l'Amérique. Deux grandes armées avaient mis bas les armes devant l'ennemi, et même l'ancienne suprématie sur les mers avait paru compromise, lorsque les flottes combinées de la France et de l'Espagne s'étaient promenées triomphantes dans le canal britannique; la glorieuse défense de Gibraltar avait seule soutenu l'ancienne réputation des armes anglaises; maintenant ni l'armée ni la flotte ne se trouvaient dans un état qui pût rendre les

[1] Jom., I. 250. Ann. Reg., XXX. 124. *Rapport du Comité des finances*, 10 mai 1791. *State papers*. Jamess, I. *Table*, I. App. Pebrer's, *Tables*, 247.

succès probables. Des abus de l'espèce la plus révoltante existaient dans toutes les branches de l'administration de la guerre : des jeunes gens obtenaient des commissions à prix d'argent ou à l'aide d'une influence parlementaire, sans avoir d'ailleurs la moindre idée de leur profession ; rarement l'avancement était la récompense du mérite; ni académies, ni écoles n'existaient pour enseigner du moins à l'officier sans expérience, les plus simples rudiments de l'art de la guerre. Ce ne fut que par de lents degrés, et en passant par l'école de l'adversité que l'armée anglaise se perfectionna et que ses chefs devinrent capables de bien diriger ce courage indomptable [1], qui, à toutes les époques, a formé un des traits les plus frappants du peuple anglais.

Comme toutes les autres monarchies de l'Europe, l'Angleterre avait sommeillé contente, prospère, mais à peu près sans gloire pendant le dix-huitième siècle; l'éclat dont elle avait rayonné au début de ce siècle dans les jours de Marlborough et d'Eugène, s'était promptement éteint. Qui eût voulu juger par là de l'ère politique qu'il ouvrait, se serait bien trompé. Les passions furieuses, l'énergie, l'enthousiasme des guerres civiles ne se retrouvaient plus que dans l'histoire ou sur le théâtre; les victoires de Frédéric et le ministère de Chatam jetèrent seuls un éclat passager sur la monotomie

[1] Jom., t. 254, 258.

générale de l'époque; mais même ce qu'il y eut là de gloire était le résultat de l'ambition des rois ou de la rivalité des cabinets, et n'avait l'intérêt profond, ni des querelles théologiques qui précédèrent, ni des discordes politiques qui suivirent cette époque. La lutte religieuse avait cessé, celle de l'égalité n'avait pas encore commencé; entre elles eut lieu un long repos de cent années, illustré par peu de gloire, souillé par encore moins de crimes, durant lequel expira insensiblement l'ardeur que la grande convulsion religieuse avait allumée dans les âmes, et commença à mûrir le germe d'une collision plus grande encore.

C'était une opinion généralement reçue parmi les philosophes et les hommes d'état du temps, que la société avait pris enfin une forme assurée et permanente, que toutes les grandes causes de discordes étaient éteintes et que l'histoire n'aurait plus désormais à consigner dans ses pages les collisions terribles et les évènements qui avaient rempli les premières périodes de l'existence de l'humanité. Adam Smith observa que, tandis que la population de l'Amérique doublait tous les vingt-cinq ans, celle de l'Europe, dans la lenteur de son accroissement, aurait besoin de cinq cents ans pour parvenir au même résultat; tandis que Gibbon se lamentait de ce que le temps des évènements dignes d'intérêt était passé, et de ce que les choses qui émeuvent d'admiration ou de crainte, les grandes actions, les terribles catastrophes allaient manquer aux historiens. Telles étaient les prévisions des plus hautes intelligences du siècle, à la veille d'une époque qui devait être marquée par la cruauté de Robespierre, la constance de Pitt, les triomphes de Nelson ; où la race européenne, fauchée par l'impitoyable épée de Napoléon, devait se raviver et reprendre une vigueur d'accroissement presque égale à celle des peuples au-delà de l'Atlantique [1].

Les opinions, comme cela devait être en face d'un si grand évènement, étaient fort divisées touchant la révolution française. Ceux qui étaient pleins de jeunesse, d'ardeur, d'idées philosophiques, espéraient avec une entière confiance dans son succès. L'aurore d'une ère nouvelle semblait se lever sur le monde. A l'apparition de la liberté en France, il semblait qu'en tous lieux les fers de l'esclavage et les entraves de la superstition dussent disparaître. Ce n'étaient pas seulement les caractères factieux, inquiets, ambitieux, qui nourrissaient de telles espérances; elles étaient partagées par plusieurs des hommes les plus sages et les plus vertueux, et l'on pouvait dire réellement de l'Angleterre ce qu'un historien éloquent a dit de l'Europe en général, que les amis de la révolution française étaient alors les esprits les plus éclairés et les

[1] La population de la Prusse se trouve maintenant doublée en 20 ans ; celle de l'Angleterre en 42 ; celle de l'Autriche en 69 ; celle de la France en 105 ; celle de la Russie en 66. (Dupin, *Forces com. de France*, I. 36.)

plus généreux du pays, mais c'est qu'alors sa tendance n'était pas, ne pouvait pas être généralement devinée [1].

Cependant, déjà ces mêmes changements tant applaudis par les uns, étaient pour d'autres un sujet d'indignation et de courroux. La grande majorité du corps aristocratique, tous les membres du clergé, tous ceux qui tenaient des offices de la couronne, en général la grande masse des rangs opulents de la société les contemplait avec une crainte mêlée de répulsion. Ceux dont la vie n'était encore qu'en avenir, se réjouissaient des changements qu'allait subir la société; ceux pour lesquelles la vie n'était plus que le passé, tremblaient à l'approche de ces mêmes changements; ceux qui n'avaient rien à perdre n'étaient guère émus par les conséquences probables des innovations; ceux qui possédaient de grandes richesses et de grandes propriétés craignaient justement des spoliations, dont ils seraient les premières victimes. Telles étaient les divisions générales qui partageaient la société; elles se trouvaient d'ailleurs naturellement modifiées par le caractère ou l'habitude de la pensée chez les divers individus, et les partisans de l'innovation comptaient plus d'un appui parmi les membres des plus anciennes et des plus illustres familles.

A la tête du premier parti se trouvait en Angle-

[1] A cette époque, les démocrates prononcés n'étaient pas nombreux en Angleterre. M. Burke, qui ne cherchait pas à déguiser les dangers de l'époque les évaluait à 80,000. (Burke, VIII. 140, 141.)

terre M. Fox, l'éloquent et célèbre champion de la liberté dans toutes les parties du monde. Descendu d'une famille noble, il était animé de l'amour de la liberté, depuis long-temps héréditaire dans sa race. Son éloquence impétueuse le maintint long-temps au rang de chef de l'opposition anglaise; ses talents pour la discussion étaient du premier ordre, et l'énergie passionnée qu'il mettait dans l'expression de ses opinions, ne fut jamais surpassée par aucun orateur dans le parlement de la Grande-Bretagne. Trop indolent pour avoir acquis une vaste érudition, souvent plus redevable, comme Mirabeau, aux recherches des autres qu'aux siennes propres, pour les faits rattachés à la discussion, personne ne pouvait faire un plus heureux usage des notions qu'on lui procurait ou que lui-même recueillait dans le cours des débats. Personne encore ne pouvait traiter avec plus d'originalité, un sujet en apparence épuisé par les efforts des autres. Prodigue, dissipé, peu régulier dans ses mœurs privées, il ne pouvait prétendre à l'influence si puissante en Angleterre, de la pureté du caractère personnel; mais la chaleur et la générosité d'âme qu'il conservait au milieu de toutes ses faiblesses lui assuraient l'ardent dévouement de nombreux amis, entre lesquels l'on pouvait compter plusieurs des esprits les plus capables, et des noms les plus anciens; tandis que son éloquence, entraînante et passionnée, s'emparait aisément de l'admiration de cette classe qui souhaitait un gouvernement plus populaire, ou la licence générale d'une révolution; mais son intelligence n'était pas égale à sa parole; son jugement était inférieur à sa puissance de discussion. Sincère dans son attachement pour la liberté, il plaida pendant les plus belles années de sa vie en faveur d'un système politique qui réduisait au plus dégradant esclavage le pays où il était né. Il s'obstina, par une passion aveugle pour la cause qu'il défendait, à admirer ces bouleversements insensés et sanglants, qui, plus que la coalition des rois contre laquelle il tonnait, ruinaient cette cause dans le premier des états européens.

M. Pitt dirigeait le second parti, alors en pleine possession du gouvernement, et soutenu dans les deux chambres du parlement par une majorité prononcée; l'histoire moderne n'a guère de plus grand caractère dont elle puisse se glorifier. L'esprit patriotique et vraiment anglais de son père, lord Chatam, revivait en lui avec l'attachement aux principes libéraux sur lesquels cet homme illustre avait fondé son administration, et qui lui avaient acquis une popularité si générale et si bien méritée. Lorsque le jeune Pitt parut dans le parlement, la haute capacité qu'il manifesta lui assura tout de suite une place distinguée. Bientôt après s'offrirent des circonstances où il put déployer toutes les facultés de son esprit, et faire briller en même temps l'indomptable fermeté de son caractère. M. Fox et lord North avaient formé une coalition, après que la principale cause de discorde avait cessé entre eux avec la guerre d'Amérique; forts d'une majorité en apparence invincible dans la chambre des communes, ils avaient osé proposer un bill qui eût ôté le gouvernement des Indes-Orientales, à la compagnie auquel jusqu'alors il avait appartenu, pour en revêtir certains commissaires choisis, non par la couronne, mais par la chambre des communes. Un tel bill, s'il eût passé, bouleversait évidemment la constitution par l'établissement d'un *imperium in imperio*, d'un pouvoir nouveau, et plus influent à côté du pouvoir exécutif. Ce malheur fut prévenu par la résolution et la sagacité du roi. Comprenant toute l'étendue du danger, bien convaincu que, suivant les expressions énergiques de lord Thurlow « ce bill, s'il passait, enlèverait la couronne de la tête du roi pour la placer sur celle de M. Fox [1] », il résolut d'interposer son autorité, et, s'il le fallait, de se retirer dans le Hanovre plutôt que de devenir en Angleterre l'instrument passif d'une oligarchie parlementaire. Par ses efforts, le bill, après avoir passé dans la chambre des communes à une grande majorité, fut rejeté à une majorité assez faible par la chambre des lords; et ce rejet amena la retraite immédiate du ministère de coalition. Le roi envoya chercher M. Pitt, et, le 12 janvier 1784, il parut dans la

[1] *Parl. hist.*, XXXIV. 125.

chambre avec le titre de chancelier de l'échiquier.

Jamais ministère n'eut à souffrir une lutte plus rude. L'opposition, conduite par l'impétueuse énergie de Fox, aidée de la longue expérience, de l'influence et de l'admirable sang-froid de lord North, possédait une majorité considérable dans la chambre des communes, et elle traita d'abord avec le dernier dédain cette tentative d'un jeune homme de vingt-six ans pour la réduire et la déposséder de l'autorité ; mais on ne tarda pas à voir, (8 déc. 1783) que ses talents étaient égaux à la tâche qu'il avait entreprise, quelque difficile et désespérée qu'elle parût. Immuable dans ses résolutions, et toujours calme dans le danger ; doué d'un courage moral que rien ne pouvait abattre, fertile en ressources, puissant d'ailleurs et éloquent dans les débats, il possédait une réunion des qualités nécessaires pour les luttes politiques qui ne fut jamais surpassée. Son caractère privé, d'une irréprochable pureté, ne prêtait à ses adversaires aucun côté faible par lequel ils pussent l'assaillir, aucune passion égoïste, aucun désir d'une satisfaction particulière ne pouvait distraire son âme absorbée dans les objets d'un intérêt public; incorruptible, tout en maniant les richesses de l'Angleterre et des Indes ; intrépide, quoiqu'il eût à combattre une opposition en apparence irrésistible ; toujours maître de lui, quoique mis à des épreuves capables d'ébranler la plus ferme patience ; circonspect là où il fallait se montrer tel, énergique et éloquent quand le moment de l'action était arrivé, il soutint avec succès les attaques de la plus formidable majorité parlementaire qui eût existé depuis la révolution, et sortit enfin du combat complètement victorieux. Une administration si bien éprouvée dès son berceau, devait tenir ferme contre tous les dangers qui pourraient la menacer dans sa maturité. L'intelligence de Pitt comprit rapidement le danger des principes de la révolution française, et jugea en même temps qu'il n'était point à propos d'essayer d'arrêter ses progrès par des moyens extérieurs. Heureusement donc pour la cause de la liberté, ce grand événement trouva le gouvernement anglais entre les mains d'un homme également favorable à la cause de la liberté et ennemi des excès par lesquels ses propres partisans lui nuisirent si souvent; observateur attentif des progrès de la révolution, il s'abstint prudemment de tous les actes qui eussent pu entraîner l'Angleterre dans des hostilités avec sa voisine insensée; et, quoique vivement pressé au début de prendre part à la querelle, il garda une stricte neutralité quand les armées allemandes étaient déjà au cœur de la France, et que le moment semblait arrivé de terminer par une simple démonstration hostile une rivalité de quatre siècles.

M. Burke était le chef d'un troisième parti composé des anciens whigs, qui soutenaient les principes de la liberté anglaise, mais s'opposaient à ceux de la révolution de France. Cet homme célèbre avait long-temps combattu dans les rangs de l'opposition avec M. Fox, et la plus vive amitié avait cimenté leur alliance politique; mais lorsque la révolution commença, ils la virent chacun d'un point de vue différent [1]. M. Fox applaudit aux principes sur lesquels elle s'appuyait, et déclara dans la chambre des communes, que la nouvelle constitution française était l'édifice de liberté le plus admirable et le plus glorieux qui eût été érigé sur la base de l'intégrité humaine dans aucun âge et dans aucun pays; d'un autre côté, M. Burke, doué d'une grande sagacité et d'une grande prévision politiques, s'éleva de toute sa force, contre ces principes désorganisateurs et niveleurs; et l'ouvrage qu'il publia sur la révolution française, produisit un effet immense sur l'opinion publique. Il abonde en passages éloquents; la plus profonde sagesse, le talent le plus pénétrant y brillent; cependant, quelque grande que fût tout d'abord son influence, quelque vaste réputation qu'il acquît à sa première apparition, il devait être admiré davantage plus tard, quand le progrès des évènements eut démontré la justesse des raisonnements et des prévisions de l'auteur. Leur division sur cette question vitale aliéna pour jamais Burke et Fox l'un de l'autre, et leur arracha des larmes au milieu de la chambre des communes. Exemple des ef-

[1] Ann. Regist., xxxiii. 114.

fets que devait produire cet évènement terrible sur les affections de la vie privée, du trouble qu'il devait jeter entre des hommes liés par l'amitié de toute une vie [1].

Le gouvernement autrichien était le rival le plus formidable que la république française eût à redouter sur le continent. On connaît l'infatigable persévérance, l'invariable ambition que l'Autriche a montrées à toutes les époques. Ce grand empire contenant alors près de ving-cinq millions d'habitants, possédant un revenu de 90,000,000 florins, comptait les plus riches et les plus fertiles contrées de l'Europe parmi ses provinces. Les manufactures de Flandre, les produits agricoles de la Lombardie, n'ajoutaient pas moins à ses ressources pécuniaires que la valeur des Hongrois et l'enthousiasme des Tyroliens à sa force militaire; la possession des Pays-Bas assurait à cette puissance une position avancée en contact immédiat avec la frontière française, tandis que les montagnes du Tyrol formaient comme un vaste boulevard gardé par un peuple brave et dévoué, et placé à un angle saillant entre l'Allemagne et l'Italie, ces théâtres futurs des combats. Ses armées nombreuses et bien disciplinées avaient acquis une renommée immortelle dans les guerres de Marie-Thérèse, et s'étaient encore montrées avec honneur sous Daun et Laudohn dans les savantes campagnes contre le grand Frédéric. Le gouverne-

[1] Ann. Reg. xxxiii. 256.

ment, monarchique de nom, mais réellement oligarchique, et résidant entre les mains des principaux nobles, possédait toute la fermeté qui distingue ce genre de domination [1].

Marie-Thérèse avait été long-temps l'âme de la monarchie autrichienne. C'était son esprit héroïque, son administration pleine de sagesse, son caractère populaire qui en avait protégé et sauvé la fortune dans la terrible crise du milieu du dix-huitième siècle, et qui a assuré les fondements de sa grandeur et de sa prospérité présentes. A l'avènement de son fils, Joseph ii, en 1780, de nouvelles maximes furent adoptées; l'ancien esprit de la monarchie sembla sur le point d'expirer. L'intelligence du nouvel empereur était cultivée; ses vues étaient bienveillantes, ses habitudes simples; mais à ces aimables qualités s'en trouvaient jointes d'autres d'une nature plus dangereuse. Ardent réformateur, philosophe et philanthrope, il était impatient de tout changer dans l'administration religieuse, civile et militaire de ses vastes états, et, dans l'exaltation de sa philanthropie, il voulut faire accepter des innovations dont ses sujets n'avaient ni le désir, ni le besoin; à cette disposition ardemment novatrice, il joignait le désir de l'agrandissement territorial, et de la gloire militaire. Frappé des dépenses considérables dans lesquelles l'entraînait la possession des Pays-Bas, et trouvant cet état si éloigné

[1] Hard., 1. 55.

des pays héréditaires, si exposé aux attaques de la France, plus onéreux qu'utile à conserver, il s'était flatté de le faire accepter à l'électeur de Bavière, avec le titre de roi, en échange de la Bavière qu'il eût alors incorporée à son empire; pour ce dessein, il comptait sur l'appui de Catherine qu'il favorisait de son côté dans ses vues ambitieuses, contre les Turcs; mais Frédéric II, informé de ce dangereux projet, avait sonné l'alarme. Sous son influence, s'était conclu à Berlin un traité entre la Prusse, la Saxe et le Hanovre, qui fut le dernier acte politique de ce grand homme, et qui fit avorter pour le moment l'ambitieux projet de l'Autriche (17 mars 1786). Mais le cabinet impérial n'y renonça pas pour cela, et ses efforts pour le réaliser pendant la guerre de la révolution, furent, comme on le verra dans la suite, une source d'innombrables désastres pour l'Europe et pour l'Autriche elle-même [1].

Les forces impériales montaient au commencement de la guerre à 240,000 hommes d'infanterie, à 35,000 chevaux, et à 10,000 hommes d'artillerie. L'étendue des états autrichiens et l'esprit qui y régnait, promettaient d'ailleurs des ressources inépuisables pour le maintien de la lutte. Sincères et honnêtes, attachés aux antiques institutions, sentant puissamment l'influence de la religion, les habitants, sauf ceux de quelques provinces italiennes, étaient unanimes dans leur haine

[1] Hard., t. 32. 56.

pour les principes républicains adoptés en France. L'ascendant conservé par la noblesse, devait donner de la suite et de la consistance aux efforts de ces peuples, contre le torrent de l'innovation. La cavalerie était dans le plus bel ordre possible, et elle rendit d'éclatants services pendant le cours de la guerre; mais l'infanterie, organisée de manière à bien combattre dans une bonne position, était incapable de ces mouvements rapides que le nouveau système d'opérations militaires allait exiger; aussi, reçut-elle plus d'un affront, et vit-on plus d'un corps obligé de mettre bas les armes. Les provinces de Croatie, de Transylvanie, et du Bannat, limitrophes de la Turquie, étaient organisées militairement; tous les habitants étaient élevés dans l'usage des armes, et formaient ainsi comme une vaste pépinière de guerriers, offrant au gouvernement des renforts continuels de troupes irrégulières. La Hongrie et les Pays-Bas, formaient *l'élite* de l'infanterie, et contribuaient principalement à former la garde impériale; la cavalerie, admirablement montée, était habile à toutes les manœuvres de la guerre; l'artillerie présentait un aspect respectable; mais les officiers d'infanterie manquaient d'instruction militaire, et les soldats, d'ailleurs bien disciplinés, n'avaient ni le feu, ni l'impétuosité des troupes françaises [1].

Les possessions de l'Autriche en Flandre avaient

[1] Hard., t. 33, 34. Jom., t. 255, 256.

été récemment le théâtre d'une révolte si différente de celle de France, qu'on a peine à concevoir que deux mouvements si dissemblables aient pu se manifester dans des pays si proches l'un de l'autre, et à une même époque. L'empereur Joseph II, après s'être aliéné ces provinces par son projet de les échanger contre la Bavière, excita leurs alarmes par une multitude de réformes fondées sur des principes philosophiques, mais nullement appropriées au caractère des habitants, et aux lumières qu'ils possédaient. La proposition d'accorder à une colonie de Genevois et de Suisses établis près d'Ostende, le libre exercice de leur religion, acheva de les révolter; les universités protestèrent contre une telle innovation; l'empereur répliqua en abolissant les juridictions seigneuriales, en autorisant la vente d'une portion considérable de biens monastiques, en établissant des écoles indépendantes du clergé; enfin, en introduisant des intendants qui annulaient presque l'autorité des états. Ces changements, par lesquels s'accroissait sans cesse l'esprit de désaffection dans les provinces, aboutirent enfin à la mesure la plus extraordinaire et la plus fatale, dont l'histoire moderne puisse rappeler le souvenir [1].

Les villes frontières des Pays-Bas, arrachées à la France après tant de sang répandu, ou fortifiées à

[1] Hard., I. 89, 90. Lacr., VIII. 187, 189. Walter Scott, *Life of Napoleon*, I. 12, 13.

si grand frais par l'Autriche elle-même, furent démolies, et toute la contrée resta ouverte et sans protection, comme pour inviter les voisins entreprenants à une invasion. Il semblait que le mariage de Marie-Antoinette avec le roi de France, eût aux yeux de l'empereur rendu perpétuelle l'union entre les deux états, et qu'il ne vît de danger à craindre que de la part de ses sujets mécontents. « L'Europe, dit Jomini, vit avec étonnement ces forteresses fameuses, qui avaient joué un si grand rôle dans les anciennes guerres, démolies par le pouvoir même qui les avait élevées ou conquises; et les Flamands, orgueilleux des souvenirs qu'elles rappelaient, soupirèrent en voyant la charrue passer sur les vestiges de tant de luttes glorieuses. L'évènement ne tarda pas à prouver combien une telle mesure était funeste : les Pays-Bas, privés de leurs forteresses, seule défense qu'ils possédassent, puisque la nature ne leur a point donné de montagnes, et trop éloignés du centre du gouvernement pour en être activement défendus, succombèrent à la première attaque. Ainsi ce fut par la perte de ces anciennes possessions que le cabinet autrichien apprit l'étendue de la faute qu'il avait commise, en adoptant une si imprudente mesure [1]. »

L'aversion et l'ingratitude des Flamands pesèrent si cruellement sur le cœur susceptible de Joseph II, qu'elles abrégèrent sa vie. Il mourut le 16 février

[1] Jom., t. 159.

1790, et fut remplacé par son frère Léopold, dont l'administration paternelle en Toscane faisait depuis long-temps l'admiration de tous les philosophes de l'Europe, mais dont le caractère parfaitement adapté à la direction de ce tranquille duché, ne l'était point au gouvernement des nombreuses et diverses provinces qui composent la monarchie autrichienne. Il trouva cette monarchie ébranlée sur tous les points par les réformes et les innovations de son prédécesseur; les provinces belges en pleine insurrection; la Bohême et la basse Autriche dans un état de sombre mécontentement; la Hongrie disposée à la plus menaçante insubordination. Pour surcroît de difficultés, les germes d'une révolution se développaient rapidement en Pologne, et le faible gouvernement, et la constitution monarchique de ce malheureux état, faisaient pressentir la nécessité d'une intervention étrangère; et il était aisé de prévoir que la spoliation de ces plaines riches et sans défense, mettrait la discorde entre les ambitieuses monarchies militaires dont elle était entourée [1].

Le mécontentement des Flamands s'était changé, comme nous venons de le dire, en véritable révolte. Dans l'automne de 1789, au moment même où les Français se soulevaient contre les classes privilégiées, et contre l'autorité du clergé, les habitants des Pays-Bas prirent les armes pour les sou-

[1] Hard., I. 79, 80.

tenir. La France prétendait imposer à son roi des mesures libérales; la Flandre, résister à celles qu'introduisait son souverain. Bruxelles, Gand, Mons tombèrent promptement au pouvoir des insurgés. Joseph vivait encore au moment de ces triomphes, et ils accélérèrent sa fin. Mais d'ailleurs ils durèrent peu. Léopold, à peine monté sur le trône, prit les mesures les plus rigoureuses pour rétablir son autorité. Les partisans de l'aristocratie dans les provinces soulevées, en vinrent aux mains avec ceux de la démocratie. Les Français, indignés de voir les premiers repousser leurs principes, à leur tour refusèrent leur appui. La campagne du maréchal Bender, à la tête des impériaux, ne fut qu'une marche triomphale, et l'Autriche recouvra les provinces belges aussi rapidement qu'elle les avait perdues [1].

La maison de Habsbourg était encore en possession de la dignité impériale; mais les titres pompeux, et la suprématie nominale des césars, ne cachaient guère la faiblesse de leur autorité. L'édifice vaste, mais irrégulier, de l'empire, était gouverné par la diète assemblée à Ratisbonne, et consistant en trois collèges : celui des électeurs, celui des princes, celui des villes libres. Le premier qui avait été fixé par le traité de Westphalie, au nombre de huit membres auxquels fut depuis ajouté l'électeur de Hanovre, possédait seul le droit d'élire les empereurs. Le second, composé de trente-trois ecclé-

[1] Hard., t. 188, 190. Lacr., VIII. 164. Scott, 1 18, 20.

siastiques, et de soixante et un princes laïques, possédait peu d'influence, et offrait seulement un appât à la rapacité des électeurs. Le troisième, composé de quarante-sept villes, n'était constitué que pour la forme, et n'avait réellement point de voix délibérative dans les affaires publiques. Chaque cercle était obligé de fournir un certain contingent de troupes pour la défense de l'empire. Mais ces troupes formées d'éléments hétérogènes, n'étaient pour lui qu'une faible protection, et sa force réelle consistait dans les armées de l'Autriche et de la Prusse [1].

La force militaire de la Prusse, poussée par le génie et les succès du grand Frédéric au plus haut point où elle pouvait atteindre, avait fait de ce petit état une puissance du premier ordre. L'armée, forte de cent soixante mille hommes, dont trente-cinq mille de cavalerie était parfaitement disciplinée et équipée. Mais, quelque considérables que fussent de telles forces, elles ne formaient que la moindre partie des ressources du pays. Par une admirable organisation, toute la jeunesse de l'état était forcée à servir pendant un certain nombre d'années, ce qui non-seulement répandait partout le goût des habitudes militaires, mais entretenait dans le sein de l'état une réserve inépuisable de vétérans, que dans tout cas urgent on pouvait appeler à sa défense. L'aversion que le service militaire inspire

[1] Hard., t. II, 9.

dans les autres états où sa durée est illimitée, ici n'existait point, parce que ce service ne dépassait pas quatre années, et pouvait presque être regardé comme une agréable manière de passer l'époque la plus active et la plus aventureuse de la vie. La Prusse avait recueilli les fruits de cet excellent système, lorsqu'elle résista, pendant la guerre de sept ans, aux trois premières puissances de l'Europe, et elle lui doit aussi ces innombrables et courageux défenseurs qui se pressèrent sous ses étendards durant la dernière période de la guerre de la révolution [1].

A la mort du grand Frédéric, l'armée prussienne passait pour la meilleure qu'il y eût en Europe. Orgueilleux d'une lutte sans exemple dans les temps modernes, et du génie de leur chef, les Prussiens possédaient l'énergie morale si nécessaire dans les combats. Une multitude de savants exercices les avaient initiés au rapide mouvement des grandes masses, et sous la direction de Seidlitz, la cavalerie était devenue la plus parfaite de l'Europe. Dans les grandes écoles de Berlin et de plusieurs autres villes, les jeunes officiers apprenaient l'art de la guerre; et là, comme dans toutes les monarchies septentrionales de l'Europe, la jeunesse bien née choisissait de préférence la profession des armes. Cependant les plus hautes places étaient réservées aux nobles; mais par degrés, cette distinction s'effaça, et dans

[1] Jom., t. 251, 232 Hard., t 57.

la terrible lutte de 1813, la Prusse dut s'applaudir du changement [1].

Les états qui composaient ce royaume n'étaient ni si homogènes, ni si bien groupés ensemble que ceux qui composaient la monarchie autrichienne ; la nature n'avait pas tracé de grands remparts comme ceux du Rhin, des Alpes et des Pyrénées, pour en marquer les limites. Un très-petit nombre de villes fortifiées les défendait seul contre l'attaque des vastes monarchies militaires dont ils étaient environnés ; leur surface était de quatorze mille lieues carrées, et la population, qui avait pourtant presque doublé pendant le règne du grand Frédéric, ne montait encore qu'à près de huit millions d'âmes, composés de races variées, parlant un langage différent et professant des religions diverses. Du côté de la Russie et de la Pologne autrichienne, une frontière de deux cents lieues était totalement dépourvue de places fortes ; la Silésie seule possédait trois lignes de forteresses. Cette province si bien défendue était aussi la plus fertile [2].

Le gouvernement était un despotisme militaire. Aucuns privilèges accordés à des individus ou à des classes ne restreignaient l'autorité du souverain. La liberté de la presse était inconnue. Cependant ce régime était tempéré par une politique intérieure sage et bienfaisante. Ce système adopté

[1] Jom., t. 228, 231.
[2] Hard, 1. 57. 59.

par Frédéric avait comme passé en lois, en maximes établies, qui dirigeaient encore l'administration sous ses successeurs. Dans aucun pays de l'Europe, pas même en Angleterre ou en Suisse, le droit privé n'était plus profondément respecté, la justice plus strictement observée et dans les tribunaux et dans les diverses administrations. Tout pour le peuple, rien par lui, tel était le principe de ce gouvernement. La tolérance, poussée jusqu'à l'excès, avait dégénéré, surtout dans les hautes classes, en indifférence et en incrédulité. Les mœurs étaient corrompues dans la capitale où l'on imitait l'exemple séduisant de Paris ; tandis que les classes moyennes, unies par des sociétés secrètes de franc-maçonnerie, se livraient déjà à ces sentiments exaltés qui devaient plus tard exercer une si grande influence sur les destinées de l'Europe [1].

La puissance de la Russie, éprouvée d'abord par Frédéric à la bataille de Cumersdorff, commençait à remplir le Nord d'effroi. Cet immense empire, qui comprend dans ses limites près de la moitié de l'Europe et de l'Asie, que défendent des régions glacées et inaccessibles, que l'étendue de sa surface et la sévérité de son climat préservent de l'invasion, qu'habite une race patiente et indomptable, toujours prête à échanger l'existence rude et monotone du Nord contre la riche existence du Midi, devenait chaque jour plus menaçant pour le repos et la li-

[1] Hard., 1. 40, 44.

berté de l'Europe. L'impératrice Catherine, douée d'une ambition et d'un génie masculins, soutenait contre la Turquie une guerre sanglante où le zèle impétueux d'une croisade religieuse était dirigé par une science guerrière vaste et prudente. La campagne s'était ouverte par la prise d'Oczakoff, qui avait cédé promptement à l'audace et à la fortune du prince Potemkin. Cependant, le courage des Turcs, qui, pendant long-temps, avait paru sommeiller, s'était enfin ranimé et exalté au plus haut degré ; indisciplinés sur le champ de bataille et incapables d'y tenir fermes, derrière les murailles, ils étaient presque invincibles, et les places les plus insignifiantes, garnies de tels défenseurs, devenaient imprenables, à moins qu'on n'y prodiguât l'argent et le sang. Mais un nouvel et terrible ennemi naquit aux Ottomans dans Suvarow, un de ces hommes extraordinaires qui, par la force de leur caractère individuel, suffisent à changer la destinée des nations. Ce général, déterminé et intrépide, qui inspirait une sorte d'enthousiasme religieux à ses soldats, vint joindre avec huit mille hommes les Autrichiens, soutenant, au nombre de cinquante mille, une lutte douteuse sur les bords de la rivière Rymniski, et anima d'une telle ardeur l'armée combinée, qu'elle remporta sur un corps supérieur d'ennemis une victoire complète. Il fut ensuite employé au siège d'Ismael, et, par le fanatisme dont il remplissait les soldats, contribua principalement à emporter d'as-

CHAPITRE VII.

saut cette célèbre forteresse défendue par vingt-quatre mille hommes des troupes les plus braves qu'il y eût dans les états ottomans. La diplomatie anglaise se hâta, avant qu'il ne fût trop tard, de s'employer à détourner les calamités dont l'empire turc était menacé. D'autres causes de guerre s'élevèrent du sein de la révolution occidentale, et la gloire de planter la croix sur le dôme de Sainte-Sophie fut remise à un âge futur [1].

L'infanterie russe était depuis long-temps célèbre pour son inébranlable fermeté; à Pultawa, à Curmersdorff, à Choezim, à Ismael, elle avait fondé sa gloire. La cavalerie, quoique très-inférieure sous le rapport de la discipline et de l'équipement à ce qu'elle est aujourd'hui, s'était déjà habituée au service dans la guerre contre les Turcs, et montait une race de chevaux robustes et admirables. L'artillerie, maintenant si brillante, n'était alors remarquable que par sa pesanteur et la lenteur embarrassante des moyens de transport et par sa valeur obstinée. Les armées se composaient d'après un certain mode de recrutement qui consistait à tirer de chaque centaine d'hommes, un certain nombre de conscrits; mode qui, avec une population déjà considérable, et s'accroissant rapidement, assurait des ressources inépuisables. En 1792, l'armée se montait à deux cent mille hommes,

---

[1] Lacr., viii. 185, 187. Ann. Reg. xxxiii. 201, Tooke's *Russia*, i. 128. Ségur, ii. 275.

mais il n'y en avait que la moitié de disponible, l'autre devant rester cantonnée sur le Pruth, le Caucase et les frontières de la Finlande. A la vérité, dans ce nombre n'était comprise ni la jeunesse des colonies militaires, qui depuis rendit de grands services, ni les fameux cosaques du Don, ces troupes irrégulières tirées des tribus pastorales errantes dans les provinces méridionales de l'empire, et qui ne coûtent rien à l'état. Le gouvernement se borne à publier un ordre pour qu'un certain nombre de ces hommes entrent en campagne, et aussitôt apparaît une foule de jeunes guerriers équipés à leurs frais, montés sur des chevaux petits, mais infatigables, et prêts à endurer toutes les privations et les dangers de la guerre par le sentiment du devoir envers leur souverain, le désir du pillage et l'amour de la vie aventureuse; doués de cette perspicacité et de cette rapidité de conception qui distinguent les hommes menant la vie pastorale et errante, soumis en même temps à un certain degré de discipline militaire, ils forment les meilleures troupes légères qui existent, et sont plus formidables à une armée en retraite que *l'élite* des gardes russes ou françaises [1].

Endurci aux privations dès son enfance, le soldat russe est plus que tout autre, en Europe, fait pour supporter les fatigues de la guerre; pour lui, il n'est point d'obligation plus sacrée que l'obéis-

[1] Jom., I. 254, 250.

sance à ses chefs ; soumis aux ordonnances de la
discipline comme à une loi religieuse, ni fatigue,
ni privations ne lui font oublier ses devoirs. Pendant toutes les marches, pendant des campagnes
entières, vous pourrez voir le canonnier près de
sa pièce d'artillerie, au poste que son commandant
lui a assigné ; et, à moins qu'on ne l'autorise à
s'en éloigner, rien ne pourra le décider à le faire.
Les artilleurs portent le même uniforme au bivouac, par un froid de quinze degrés du thermomètre de Réaumur, qu'en un jour de parade
par le plus beau temps. Cet admirable esprit de
précision rend pour ces troupes les défaites très-rares, et les soldats dans leurs guerres contre les
Turcs sont tellement accoutumés à ne chercher
leur sûreté qu'en resserrant leur rangs, et à attendre la mort, s'ils lachent pied, qu'il ne leur
arrive presque jamais d'être entamés ; s'ils n'ont
pas pour se rallier après une défaite, cette facilité qu'une rare intelligence individuelle a donnée aux soldats français, ils ont plus de force pour
la prévenir [1].

Toutes les énergies de ces hommes sont tournées vers la guerre ; le commerce, le barreau, le
reste des professions civiles sont peu estimées.
Tous les jeunes gens de quelque considération embrassent la profession des armes. La fleur de la
population sort ainsi chaque année des vastes écoles

[1] Jom., t. 236.

militaires répandues sur divers points de l'empire pour entrer dans cette brillante carrière. Le droit de préséance se règle uniquement sur le rang militaire, et les héritiers des plus grandes familles doivent passer comme les autres par les grades inférieurs. Ils endurent la privation, et font face au danger avec non moins de courage que les soldats plébéiens, et on les retrouva à côté de ceux-ci dans les fossés d'Ismael et dans les neiges de la Finlande. L'avancement est égal pour tous ; le gouvernement, entièrement fondé sur la valeur guerrière, se trouve obligé de protéger en ce genre le véritable mérite, et la plupart des officiers maintenant à la tête de l'armée, se sont élevés des rangs les plus bas de la société [1].

La Russie se trouvait ainsi destinée à jouer dans la lutte qui s'approchait, un rôle que l'Europe, tout en redoutant déjà son pouvoir, était loin de prévoir. Sa population, qui en Europe seulement se montait à près de trente-cinq millions d'hommes [2], promettait pour la guerre d'inépuisables ressources. Les ravages des combats ou de la peste, étaient promptement réparés dans un pays où le nombre des hommes double tous les quarante ans. Les soldats, endurcis depuis l'enfance aux extrêmes de la chaleur et du froid, animés d'un dévouement aveugle pour le czar, unissaient la valeur ferme

[1] Jom., i. 257
[2] Tooke's, Russia, ii 158.

des Anglais à l'impétuosité des Français ; redoutée de tous ses voisins, et, grâce à sa situation et à son étendue, n'ayant rien à redouter de leurs attaques, elle pouvait consacrer toutes ses forces disponibles à une guerre étrangère, tandis que le manque d'argent devait peu se faire sentir dans un conflit où toutes les richesses de l'Angleterre abonderaient de son côté. Avant la fin des hostilités, la France vit le czar passer en revue cent cinquante mille soldats dans les plaines de la Bourgogne, nombre plus grand que celui à la tête duquel combattait Attila à la journée de Châlons.

La Pologne, où devaient s'accomplir tant de faits glorieux, gémissait à cette époque, sous le poids de l'oppression étrangère. Cette terre héroïque, longtemps le boulevard de la chrétienté contre les Turcs, autrefois dominatrice de la Russie par la conquête, dernièrement libératrice de l'Allemagne sous Jean Sobiesky, avait été, en 1772, victime d'une indigne conspiration ; sa surface unie, le manque de villes fortifiées, la faiblesse inhérente à une monarchie élective, et à une démocratie turbulente, avaient rendu inutile toute la valeur déployée par le peuple, pour résister à une si révoltante entreprise ; et la plus grande partie de ses provinces était devenue la proie de ses ambitieux voisins. En 1792, ceux-ci trouvèrent un nouveau prétexte pour renouveler leurs spoliations. Stanislas-Auguste, le dernier roi qui ne l'était réellement que de nom, avait pourtant accordé à ses sujets une constitution mieux adaptée qu'on eût pu l'espérer à leur situation particulière : par elle, la couronne était déclarée élective, mais dans une dynastie héréditaire ; la princesse de Saxe avait été proclamée héritière du trône après la mort du roi. Les lois devaient être proposées par la couronne, et sanctionnées par la chambre des nobles et par la chambre populaire ; les nobles abandonnèrent leur privilège d'accaparer tous les emplois publics ; et, pour élever graduellement le peuple, le roi s'obligea à anoblir, durant chaque session de la diète, trente personnes de la classe bourgeoise. La religion catholique fut déclarée religion de l'état. La constitution fut proclamée au bruit des acclamations universelles du peuple ; et l'on crut pendant un moment qu'une nouvelle vie venait d'être communiquée à la vieille monarchie. Mais ces transports furent de peu de durée. Stanislas-Auguste, assez éclairé pour faire une bonne constitution, n'avait pas la vigueur nécessaire pour la soutenir. La jalousie de Catherine s'éveilla à l'aspect de la Pologne, cherchant à recouvrer quelque vie politique, et ses craintes furent excitées en même temps par l'adoption des principes révolutionnaires dans un pays limitrophe de ses états. Un nouveau traité de partage fut signé entre les trois puissances, l'Autriche, la Prusse et la Russie, et le vainqueur d'Ismael fut rappelé de la guerre contre les Turcs, pour porter le dernier coup aux anciens défenseurs de la foi chrétienne [1].

Toute détruite qu'était ainsi l'existence politique de la Pologne, la valeur naturelle des Polonais les destinait à jouer encore un rôle important dans les guerres qui allaient éclater. Napoléon a signalé ce peuple comme celui où se forment le plus rapidement les soldats; on peut ajouter que son ardent patriotisme en a toujours fait la victime du pouvoir quelconque qui l'a flatté de l'espoir de recouvrer son indépendance. La valeur des légions polonaises brilla sur les champs de bataille d'Italie et d'Espagne; elles suivirent les étendards de la France à Smolensk et à Moscou, et lui gardèrent une fidélité inébranlable pendant tous les désastres de la retraite de Russie. Quoique cruellement abandonnés par Napoléon au commencement de cette campagne, ils restèrent attachés à sa fortune pendant toutes les vicissitudes qu'il éprouva ensuite; et, au milieu de la défection générale, ils conservèrent leur foi intacte sur le champ de bataille de Leipsick.

La Suède était trop éloignée du théâtre où allait s'ouvrir le conflit, pour peser d'un bien grand poids dans la balance politique; tranquille dans sa situation reculée et presque inaccessible, possédant une population robuste, vertueuse, éclairée, jusque dans les classes les plus modestes, elle n'avait à s'effrayer que de l'insatiable ambition de la Russie.

[1] Ann. Reg. xxxiii. 205. Lacr., viii. 168, 172. Burke, vi. 170.

Cependant elle venait de terminer une guerre glorieuse contre cette puissante voisine. Ses troupes, jointes à celles des Turcs, avaient pris par surprise les troupes de la czarine ; Gustave, sortant par l'effort d'une valeur désespérée, de la position la plus périlleuse, avait détruit la flotte russe, et remporté une victoire signalée assez près de Pétersbourg, pour que le bruit de la canonnade fût entendu dans le palais de l'impératrice. Mais telle est la puissance de la Russie, que ses ennemis s'estiment toujours heureux d'acheter la paix, même au moment de leurs plus grands succès. Catherine, se hâtant de se débarrasser de la guerre de Suède, offrit des conditions avantageuses à son héroïque rival, dont elle sut d'ailleurs flatter les sentiments chevaleresques, en lui représentant que désormais les efforts de tous les souverains devaient tendre à arrêter les progrès de la révolution, et ajoutant qu'il serait le plus digne de diriger une telle coalition [1].

Placée à l'autre extrémité de l'empire russe, la Turquie, était encore moins capable de peser de quelque poids dans la balance de l'Europe. Formidable à l'époque de son progrès, la puissance ottomane avait rapidement et irréparablement décliné; aussi, après être parvenue à son zénith, ses meilleures garanties de sûreté désormais, étaient d'abord la nature de son territoire inaccessible dans certaines parties incultes, et désert dans d'autres,

[1] Lacr., VIII. 167.

grâce à un gouvernement oppressif; puis, la jalousie mutuelle des états européens qui poussait toujours quelques-uns d'entre eux à s'interposer, dès qu'un danger imminent la menaçait; sa cavalerie, brave, habile, et supérieurement montée, était la plus redoutable du monde [1]. Mais le peuple turc était incapable de la soumission et de la constance nécessaires, pour former un corps d'infanterie bien discipliné; quelquefois cependant le fanatisme rendait ces hommes capables d'efforts extraordinaires, et alors il n'était pas rare de les voir apparaître au nombre de cent cinquante mille sur les bords du Danube; mais cette multitude se dispersait au premier revers, et ses chefs se trouvaient tout-à-coup réduits au commandement de quelques régiments de cavalerie. Cependant, quoique ces causes rendissent les Ottomans incapables d'envahir une contrée étrangère, ils étaient encore très-redoutables à quiconque eût tenté de les attaquer chez eux. Leurs plaines désertes et privées d'eau, n'offrent point de ressources à l'ennemi, tandis que le manque de routes propres au transport des bagages, rend presque impossible de faire venir des renforts, ou de faire marcher l'artillerie nécessaire pour le siège des forteresses; derrière les murs des places les moins considérables, les janissaires combattaient avec une valeur furieuse, souvent couronnée de succès; la population tout entière prenant

---

[1] Napol., t. 375.

les armes pour défendre ses foyers et sa religion, se joignait à eux, et ainsi il arrivait que des villes de fort peu d'importance faisaient une résistance plus obstinée que les places les mieux fortifiées de l'Europe occidentale.

Cependant l'incessante et cruelle oppression du gouvernement ottoman avait mis dans le peuple un principe d'affaiblisement peu remarqué d'abord, mais dont les effets se sont de nos jours manifestés d'une manière frappante; c'est la diminution constante, et dans ces derniers temps rapide de la population, arrivée enfin au point de rendre cette nation, malgré toute sa valeur, incapable de ces entreprises soudaines et violentes, qui jadis répandaient une si vive terreur dans les états voisins [1]. En même temps, l'orgueil absurde et brutal qui a empêché le gouvernement d'acquérir aucune connaissance exacte de la situation des royaumes européens, l'a toujours mis hors d'état de se prévaloir des luttes souvent engagées entre ces royaumes, et plus d'une fois ainsi il a laissé échapper l'occasion de recouvrer le terrain perdu contre la Russie.

Par des causes différentes, l'importance politique de l'Italie était tombée aussi bas que celle de l'empire ottoman. Habitant le plus beau pays de l'Europe, doté par la nature des plus riches plaines et des plus fertiles montagnes, défendu contre l'invasion

[1] Walsh's, *Constantinople*, 1. 104. Buckingham's, *Mesopotamia*, 1, 212.

par la vaste mer et les Alpes glacées, vénérable par les souvenirs d'une ancienne grandeur, et pour avoir été le berceau de la liberté moderne; le peuple italien ne pesait pas plus qu'un grain de poussière dans la balance des nations. La perte du courage militaire et des vertus privées, semble avoir été la cause de cette affligeante dégradation; conduits par des chefs étrangers, les habitants de la partie septentrionale, comme les Portugais et les Indous, sous la direction des Anglais, ont fait preuve de valeur; ils se sont particulièrement distingués sous leurs étendards; mais, commandés par des chefs tirés de leur sein et guidés par leurs propres drapeaux, ils n'ont jamais pu soutenir le choc des forces transalpines. La Toscane, grâce au gouvernement sage et paternel de Léopold, florissait dans la paix et le bonheur; mais le Piémont et le Milanais, plus rapprochés de la France, avaient déjà reçu le germe des idées républicaines, et on y contemplait avec une satisfaction peu dissimulée, le triomphe de ceux qui soutenaient ces idées de l'autre côté des Alpes. En vain cependant, un sentiment d'indignation circulait-il dans les états italiens; en vain les théâtres retentissaient-ils d'applaudissements quand se faisait entendre ce vers d'Alfieri :

Servi siam sì! ma servi ognor frementi.

Capables d'un mouvement d'enthousiasme, ces hommes ne l'étaient point des efforts fermes et soutenus sans lesquels on ne saurait établir ni la liberté civile, ni l'indépendance nationale; voilà ce qui, dans tous les temps, avait fait de l'Italie la proie facile des conquérants septentrionaux. A l'époque où nous sommes arrivés, on vit successivement les aigles françaises et les aigles autrichiennes y dominer, mais il n'y eut point de couleurs nationales déployées, ni d'effort unanime tenté pour se délivrer de la domination étrangère; et dans le peu d'occasions où les Napolitains et les Vénitiens essayèrent de lever l'étendard de l'indépendance, ils furent vaincus par la seule apparition des forces ennemies. Il est triste de penser que les descendants des Romains, des Samnites et des Gaulois cisalpins aient autant, et en apparence si irréparablement dégénéré de la vertu de leurs ancêtres; il semble qu'une loi de la nature défende au courage militaire de co-exister long-temps avec une civilisation avancée; dans les belles contrées du globe, on dirait que ceux qui les habitent, doivent payer tant de dons accumulés sur eux, par une faiblesse dans la volonté qui les rend incapables de défendre longtemps leur indépendance [1].

Le royaume de Piémont, situé au nord sur la frontière, participait assez du caractère des états voisins. Les soldats tirés principalement des montagnes de la Savoie, de la Ligurie et des Alpes maritimes, étaient braves, dociles, entreprenants, et sous Victor-Amédée, au commencement du dix-

---

[1] Bott., 1. 21. Lacr., VIII. 147.

huitième siècle, ils s'étaient élevés à une haute réputation. L'armée régulière se montait à trente mille hommes d'infanterie, et trois mille cinq cents de cavalerie ; en outre, le gouvernement pouvait appeler à son aide, quinze mille hommes de milice qui valaient les meilleures troupes de l'Europe, pour la défense de leurs défilés ; on les employait aussi pendant la guerre, dans les garnisons des forteresses ; et leur bravoure, jointe à la force naturelle du pays, à sa situation importante qui en fait comme la clef des plus importants passages des Alpes, donnaient à ce petit royaume une influence militaire bien supérieure à ce que son peu d'étendue aurait pu faire attendre [1].

Cachée dans un coin de l'Europe, enfermée dans d'obscurs marais, écrasée par la supériorité navale de l'Angleterre, la république de Hollande avait perdu presque toute cette puissance politique qui jadis l'avait fait peser d'un si grand poids dans les destinées européennes ; son armée se composait encore de quarante-quatre mille hommes, et ses villes fortifiées et ses inondations lui assuraient toujours les mêmes moyens de défense, dont elle avait jadis su si glorieusement se servir ; mais le caractère des habitants ne répondait plus à la force de leur situation ; une longue paix avait affaibli chez eux l'esprit militaire, et ils se fiaient surtout au misérable appui des troupes auxiliaires qui ne mirent

[1] Jom., t. 244.

jamais dans les luttes subséquentes la république à même de faire paraître plus de trente mille hommes sur les champs de bataille. Le monde à cette époque était loin de prévoir la glorieuse résistance, qu'avec des moyens si affaiblis, les Hollandais sauraient successivement opposer aux attaques par mer et par terre des deux plus grandes puissances de l'Europe [1].

Des passions plus fortes animaient le peuple de la péninsule espagnole, descendu d'ancêtres plus énergiques et plus ardents, et endurci à un climat plus redoutable; on pouvait déjà prévoir qu'il jouerait un rôle remarquable dans les combats qui allaient s'engager. Cette race singulière et mêlée unit à la ténacité de résolution qui distingua les anciens Goths, l'impétueux esprit d'aventure et de conquête qui fut le trait caractéristique des Maures. Des siècles d'un repos presque ininterrompu, n'ont ni éteint l'un, ni affaibli l'autre, et le conquérant de l'Europe se méprit étrangement sur elle, lorsqu'il crut pouvoir la juger sur les règnes insignifiants des princes de la maison de Bourbon. Les nobles, abâtardis par la funeste coutume de s'allier uniquement entre eux, étaient à la vérité devenus incapables de grandes choses; et quant à la famille régnante, elle n'avait rien qui pût présager dans la guerre imminente, des succès et de la gloire; mais les paysans, hardis, impétueux, passionnés pour

[1] Jom., t. 246.

leur indépendance, offraient l'élément d'une héroïque et indomptable armée, et les prêtres, doués d'une puissance absolue sur les classes inférieures, étaient animés d'une haine inextinguible contre les principes de la révolution française. Le déclin de la force nationale, faussement attribué par des écrivains superficiels au monopole colonial et à la possession des mines de l'Amérique, provenait réellement de l'accumulation des biens dans les mains des communautés et des familles nobles, et de l'influence excessive du clergé catholique, qui depuis des siècles avait transformé ce beau royaume en un amas de couvents entourés d'une robuste population de paysans; mais quoique le peuple espagnol eût été ainsi mis hors d'état de tenter aucune entreprise au dehors, son aptitude pour la défense intérieure de la patrie n'en avait pas été diminuée, et ce peuple, qui dans tous les temps a fait cause commune avec son roi et ses nobles, courut aux armes avec un inexprimable enthousiasme, quand la captivité de son souverain eut éveillé sa loyauté, et que son fanatisme eut été ranimé par les efforts de ses pasteurs. Par une juste rétribution, les premiers revers menaçants éprouvés par les armés françaises, furent produits par la résistance religieuse que leurs premiers actes d'injustice flagrants avaient soulevée; et le désastre de Baylen n'aurait pas eu lieu, et les os de cinq cent mille Français n'auraient pas blanchi les plaines espagnoles, sans la confiscation des biens du clergé par l'Assemblée Constituante[1].

La force nominale de l'Espagne au commencement de la révolution, était de cent quarante mille hommes ; mais la force effective était bien loin de ce chiffre ; et dans les premières campagnes, le gouvernement ne put jamais mettre sur pied plus de quatre-vingt mille combattants, quoique l'armée eût été renforcée de trente-six bataillons au début des hostilités. Mais l'invasion de 1808 fit surgir une multitude immense d'insurgés sur tous les points du pays ; ces levées indisciplinées, quoique bonnes quelquefois, comme les tours pour la défense des villes, manquaient de toutes les qualités essentielles aux soldats réguliers ; elles n'avaient ni la fermeté, ni la confiance mutuelle, ni l'art de se conduire nécessaire pour triompher sur un champ de bataille ; aussi étaient-elles presque infailliblement mises en déroute dans toutes les rencontres ; et, sans la ténacité naturelle au caractère espagnol, et l'ignorance et l'habitude des rodomontades qui cachaient les désastres à tous ceux qui n'en avaient pas immédiatement souffert, enfin, sans la présence d'une armée anglaise considérable, la guerre eût été terminée bien vite et sans beaucoup de peine par l'empereur des Français[2].

Les soldats espagnols n'ont point fait remarquer sur le champ de bataille dans les guerres de la ré-

[1] Foy, II. 143, 144, 151, 160, 170. Jovell. 191, Napier, I. 4, 5.
[2] Napier, I. 237, et suiv. Jom, I. 240.

volution, cette fermeté qui distingua jadis leur infanterie à Pavie, à Rocroi et dans les Pays-Bas; ils ont plutôt montré ces habitudes tumultueuses et cette tendance à abandonner leurs drapeaux dès le premier revers, qui caractérisent les troupes des contrées situées sous les tropiques, et qui furent un des traits de leurs ancêtres, dans les guerres contre les Romains. Il semblerait que la longue résidence dans un climat chaud ait enfin amolli ce courage indomptable, que les Goths avaient apporté de leurs contrées glacées. La gloire militaire était peu recherchée ; à peine se trouvait-il en 1792 quatre grands d'Espagne dans les armées de terre et de mer ; mais pendant toute la durée de la guerre, les paysans firent preuve d'un admirable esprit de persévérance et de patience ; quoique défaits dans des occasions sans nombre, presque toujours, comme au temps de Sertorius, on les vit se rallier, dès que des circonstances plus favorables se présentaient, et, tout abandonnés qu'ils étaient par le corps presque entier de la noblesse, soutenir une lutte prolongée avec le conquérant de l'Europe [1].

Les paysans suisses, nés dans des montagnes glacées, condamnés à cultiver une terre stérile, conservaient ce même caractère qui les avait rendus si célèbres dans les guerres européennes. Leur vie était aussi simple, leur courage aussi indompté,

[1] Jom., t. 242, 243.

leur patriotisme aussi ardent qu'il l'avait été chez ceux de leurs ancêtres tombés à Morat ou à Morgarten. Capables de faire chez eux une défense formidable, leurs forces numériques qui n'allaient pas au-delà de trente-huit mille hommes de troupes régulières [1], rendaient leur action de bien peu d'importance dans les grandes contestations qui s'engageaient au pied de leurs montagnes. Cependant ils n'avaient point manqué d'occasions où ils pussent déployer l'ancienne vertu de leur race; leurs conflits dans Berne et dans Underwalden à l'époque de l'invasion française, acquirent une célébrité égale à celle des guerres de l'indépendance; et, au milieu de la honteuse défection du 10 août, les Suisses restés seuls fidèles à la fortune de Louis xvi, méritèrent par leur mort qu'on leur appliquât la touchante inscription des Thermopyles :

PASSANT, VA DIRE A LACÉDÉMONE QUE NOUS SOMMES MORTS ICI POUR OBÉIR A SES LOIS.

Quant aux forces militaires de la France destinées à lutter contre cette immense réunion de forces ennemies, elles étaient loin d'être considérables au commencement de la guerre; l'infanterie consistait en cent soixante mille hommes, la cavalerie en trente-trois mille; mais une grande partie de l'armée avait quitté ses drapeaux pendant les troubles qui précédèrent le commencement des hostilités; pendant la période orageuse de la révolution,

[1] *Statistique de la Suisse*, 102.

la discipline avait sensiblement décliné, et l'habitude prise par les soldats de prononcer d'après leur sentiment individuel sur les questions politiques, avait amené un degré de licence incompatible avec la sévérité des lois militaires [1]. Mais ce désavantage fut plus que compensé par le nombre d'hommes capables que le tiers-état fournit à l'armée, et qui, par leur vigueur et leur audace, suppléèrent d'abord à la discipline et à l'expérience militaires, et bientôt après acquirent l'une et rétablirent l'autre.

La cavalerie se composait de cinquante-neuf régiments braves, enthousiastes, impétueux. La fermeté et une bonne organisation lui manquèrent d'abord, mais les talents qui surgirent tout-à-coup des basses classes à l'appel de la nécessité, les lui donnèrent bien vite. Le corps de l'artillerie et du génie où, même sous l'ancien régime, d'autres que les fils de famille pouvaient entrer, se montra dès l'abord supérieur en intelligence et en capacité à tout autre en Europe, et contribua plus qu'aucune autre arme aux premiers succès des forces républicaines. Le corps des officiers supérieurs étaient pour la plupart d'une incapacité déplorable, mais les éléments du plus bel état-major existaient en France, et bientôt ce corps offrit le spectacle du plus rare concours de talents; mais la principale force de l'armée consistait en

[1] Jom., I. 224 *Mémoires de Carnot.* 136 St-Cyr, *Introd.* I 58.

deux cents bataillons de volontaires, levés par un décret de l'Assemblée Constituante; incomplets, il est vrai, pour la plupart, imparfaitement instruits dans les exercices militaires, mais animés de cette exaltation sans bornes dans laquelle se développe la plus grande activité morale et physique; sous ce rapport, ils étaient bien supérieurs aux anciens régiments chez lesquels les troubles précurseurs de la révolution avaient introduit les divisions et l'insubordination, et qui de plus étaient affaiblis par les habitudes de paresse et de vice, qu'un long séjour au milieu des villes leur avait fait contracter.

Ce serait une erreur cependant d'imaginer, qu'à cette époque la puissance militaire de la France fût insignifiante, et que son indépendance ne fût assurée dans l'invasion de 1792, que par les levées révolutionnaires. Napoléon a mis son autorité décisive du côté de l'opinion contraire. « Ce ne furent, dit-il, ni les volontaires, ni les recrues qui sauvèrent la république; ce furent les cent quatre-vingt mille hommes de vieilles troupes que lui avait laissées la monarchie, et les vétérans mis à la retraite, qu'elle rappela et qu'elle envoya aux frontières. Une partie des recrues déserta, une autre mourut; le petit nombre qui resta devint enfin, par l'action, un corps de bons soldats. Vous ne verrez guère de général aller combattre avec une armée de recrues. »

CHAPITRE VII.

Telle était la situation des principales puissances de l'Europe au commencement de la révolution française. Un esprit d'indulgence et d'humanité, produit par l'accroissement des lumières et par une longue prospérité, s'était répandu dans le monde politique; même les empires régis par le despotisme étaient gouvernés avec une douceur inconnue dans les siècles précédents, et toutes les prisons d'état, si elles eussent été forcées en même temps que la Bastille, n'auraient sans doute pas offert un plus grand nombre de prisonniers. Surtout depuis la fin de la guerre générale en 1763, le désir des améliorations de toute espèce animait les gouvernants et appelait les louanges des annalistes contemporains. L'agriculture avait obtenu l'attention à laquelle elle a droit; les rois donnaient l'exemple des soins à prodiguer au sol; de toutes parts la meilleure partie de la noblesse joignait son aide à la leur. Léopold en Toscane et en Flandre, Louis en France, mettaient une ardeur sans bornes à ces entreprises; même dans les régions du nord, le même mouvement se manifestait. Les efforts de Frédéric avaient en un seul règne doublé les ressources de ses domaines; en Pologne, en Russie, l'exemple d'un affranchissement graduel des serfs avait été donné par le souverain avec le plus heureux succès. Les préférences excessives accordées à la naissance cédaient devant des rapports plus étendus entre les classes, et dans plusieurs états européens les offices les plus importants étaient confiés à des hommes d'extraction plébéienne. Necker, Vergennes, Sartines, qu'on vit successivement appelés aux postes les plus élevés de l'administration, sortaient tous trois de la classe bourgeoise. L'inquisition avait été volontairement abolie à Parme, à Plaisance, à Milan et à Modène, et la tolérance s'était propagée dans toute l'Europe à un degré inconnu dans les anciens temps. Tous les vestiges de cet esprit farouche, qui souillait de barbarie la romanesque courtoisie des anciennes mœurs, s'effaçaient peu à peu; et l'ardeur de ce zèle religieux, qui pendant deux siècles avait si souvent allumé la torche des discordes civiles, s'était presque complètement éteinte. Chaque génération nouvelle était d'un caractère plus doux et plus civilisé que la précédente ; il y avait une sorte d'atmosphère de libéralité, qui commençait à se répandre sur toute la masse du genre humain ; les diverses classes de la société s'harmoniaient entre elles d'une manière inconnue jusqu'alors; et quelles que fussent les différences des constitutions particulières, un sang plus doux semblait circuler à travers tout. les membres du corps politique. Les hommes des plus basses classes, sous les gouvernements les plus despotiques, ne se tenaient plus la face courbée vers la terre, mais on leur apprenait à la tenir droite, avec un sentiment conforme à la dignité de leur nature, et le front de l'autorité, au lieu d'une sévérité toujours mécontente, ne présentait plus qu'un air engageant de complaisance et d'affabilité [1].

Mais, tandis que tel était le caractère général de l'Europe, il y avait entre la tendance nationale des états du nord et de ceux du sud une distinction essentielle, qui produisit bientôt les effets les plus importants sur leurs destinées respectives; l'esprit du sud était essentiellement pacifique, celui du nord ambitieux; le repos de l'un approchait de l'inertie, celui de l'autre de la turbulence. L'amélioration du sud était lente et presque imperceptible, dérivant principalement de la bonté des souverains; les perfectionnements du nord étaient rapides et violents, et prenaient leurs sources dans l'importance croissante du peuple. Le plaisir était l'affaire capitale au sud, la gloire militaire au nord. La différence pouvait se distinguer même pendant le cours des changements pacifiques; mais quand la guerre éclata, elle eut des effets de la plus haute importance, et amena bientôt la soumission des états du sud par ceux du nord [2].

Le plus grand bonheur est souvent près de l'infortune; souvent du sein des calamités publiques on voit naître les principales améliorations de la race humaine. Pour l'œil de la philosophie, il n'é-

---

[1] Lacr., viii. 140. Bott., t. 13, 19. Ann Reg., xxxiii. 207, 211; xxxiv. 12, 13; xxxviii. 3, 4; xxxviii. 169.
[2] Lacr., viii. 141.

tait pas difficile de discerner que la passion toujours croissante de l'innovation, que suscite plus ou moins toute réforme, était grosse de dangers politiques, et que la disposition à introduire des améliorations, qui émanait des intentions les plus pures dans les hautes classes, devait, selon toute probabilité, allumer l'esprit de la démocratie dans les basses. Aussi le péril fut-il prévu et signalé par les historiens contemporains [1], mais ils ne prévirent pas, et l'imagination de l'homme n'aurait pu concevoir d'avance, ni les terribles effets de cet esprit sur la génération actuelle, ni les heureux effets que la tempête était destinée à produire sur la condition future du genre humain.

L'état de la France, à l'époque où les premières hostilités éclatèrent, ne saurait être mieux décrit qu'en empruntant les paroles de l'éloquent et philanthropique abbé Raynal, dans une lettre à l'Assemblée Nationale : « Placé au bord de la tombe, sur le point de quitter une immense famille, dont je n'ai jamais cessé de souhaiter le bonheur, que vois-je autour de moi dans cette capitale? des troubles religieux, la dissension civile, la consternation des uns, l'audace des autres, un gouvernement esclave de la tyrannie populaire, le sanctuaire des lois violé par des hommes sans foi ni loi, des soldats sans discipline, des chefs sans autorité, des ministres sans ressources; un roi, le premier et le meilleur ami de

[1] Ann. Reg., xxviii. 29, 30.

son peuple, privé de tout pouvoir, outragé, menacé, prisonnier dans son propre palais, et la souveraineté transférée à des clubs populaires, où des hommes ignorants et brutaux se chargent de discuter toutes les questions politiques ; tel est le véritable état de la France ; il n'y a guère que moi qui aie le courage de le délarer ; mais je le fais, parce que je sens que c'est mon devoir, parce que j'approche de ma quatre-vingtième année, parce que personne ne peut m'accuser d'être un partisan de l'ancien régime; parce que, pendant que je gémis sur la désolation de l'église française, personne ne peut dire que je sois un prêtre fanatique; parce que, si je regarde comme l'unique moyen de salut le rétablissement de l'autorité légitime, personne ne peut supposer que je sois insensible aux bienfaits d'une véritable liberté [1]. » Lorsque les premiers soutiens de la révolution tenaient un tel langage, il ne faut pas s'étonner que les puissances européennes vissent avec effroi les progrès de principes gros de conséquences aussi funestes, suivant l'opinion de leurs propres partisans.

Le langage du gouvernement français envers le peuple des autres états, était de nature à exciter les plus sérieuses appréhensions des amis de l'ordre dans tous les pays civilisés. Non-seulement les orateurs des clubs, mais les membres même de l'assemblée proclamaient ouvertement la doctrine

[1] Lacr., VIII. 555, 556.

de la fraternisation avec le parti révolutionnaire, sur tous les points du globe. L'annexation des états d'Avignon, et du comtat Vénaissin, fut de bonne heure signalée par Burke comme l'indice d'un esprit ambitieux, que bientôt les limites de l'Europe ne pourraient contenir.

L'adjonction de ce petit état à la république française fut d'autant plus remarquable, que ce fut la première agression décisive de ses chefs contre les nations voisines (17 septembre 1791), et qu'elle fut commise contre un souverain indépendant, avec lequel il n'existait pas même un prétexte de querelle, et qu'on ne pouvait accuser d'être entré dans aucune alliance hostile contre ce pouvoir. Elle fut suivie la même année par l'occupation de Porentruy, qui faisait partie des domaines de l'évêque de Bâle [1].

La révolution française surprit les puissances européennes dans leur état ordinaire de jalousie secrète ou d'hostilité ouverte l'une avec l'autre. Catherine II était occupée de ses ambitieux projets dans le sud-est de l'Europe, et son ascendant sur les cours de Vienne et de Berlin était si grand, qu'elle n'avait pas d'hostilités sérieuses à craindre de leur part. La France avait signé peu de temps auparavant avec la Grande-Bretagne un traité de commerce que l'on pouvait regarder comme l'indice de l'ascendant de sa puissante rivale, et qui diminua considérablement son influence sur le con-

---

[1] *Parl. Hist.* XXXIV. 1310. *Ann. Reg.*, XXXIII. 199, 200; XXXIV. 59.

tinent de l'Europe ; tandis que Frédéric-le-Grand avait récemment conclu la convention de Berlin, pour protéger la Bavière et les petits états contre l'ambition de la maison d'Autriche. Mais la mort de ce grand monarque, qui eut lieu au mois d'août 1786, fut une perte irréparable pour la diplomatie de l'Europe au moment même où l'on aurait eu le plus besoin de son secours.

Son successeur, Frédéric-Guillaume, quoique distingué par sa valeur personnelle, et non dépourvu de pénétration et de bon sens, était d'un caractère trop indolent et trop voluptueux pour pouvoir suivre le fil des actives négociations qu'avait conduites son prédécesseur. Sous le nouveau monarque, Hertzberg devint l'âme du cabinet prussien, et il ne songea qu'à trouver un contre-poids à l'énorme prépondérance des deux cours impériales, qu'avait récemment rendue plus formidable encore l'intime union qui régnait entre Catherine et Joseph II, union cimentée par leurs projets ambitieux sur la Turquie, et que l'on avait récemment proclamés à la face de l'Europe pendant un voyage que les deux potentats avaient fait ensemble sur le Volga, en Crimée et sur le bord de la mer Noire. Un traité avec la France ne promettait pas de résultat satisfaisant dans l'état de troubles où ce pays se trouvait alors. Dans ces circonstances, un traité entre la Grande-Bretagne, la Prusse et la Hollande parut le seul moyen de rétablir l'équilibre en Europe ; et, sous l'influence de M. Pitt, une convention fut conclue à Loo entre ces trois puissances, convention qui rétablit la prépondérance de l'Angleterre sur le continent, et conserva long-temps l'équilibre européen [1]. Ainsi au moment même où l'ambition révolutionnaire de la France allait menacer à l'occident les libertés de l'Europe des plus effrayants dangers, les vues des hommes d'état étaient dirigées sur un autre point, et tous ne songeaient qu'à empêcher l'agrandissement des monarchies militaires qui semblaient sur le point d'engloutir les dynasties de l'Orient [2].

Passionnément avide de renommée militaire, Joseph II adressa, dans les premiers mois de 1788, à Frédéric-Guillaume, une lettre confidentielle, dans laquelle il lui avouait ouvertement ses desseins sur la Turquie, et les justifiait par la pratique des Turcs eux-mêmes et de toutes les puissances européennes dans des circonstances semblables [3]. Quoi-

[1] 13 juin 1788. Martens, *Trait.*, v. 172.
[2] Hard., 52, 63.
[3] L'épée est tirée, dit-il, et elle ne rentrera dans le fourreau que quand j'aurai reconquis tout ce que les Osmanlis ont enlevé à ma maison. Mon entreprise contre la Turquie n'a pas d'autre objet que de reprendre les biens que le temps et le malheur ont détachés de ma couronne. Les Turcs prennent pour maxime invariable de saisir la première occasion favorable de recouvrer les possessions qu'ils ont perdues. La maison de Brandebourg s'est élevée à la brillante position qu'elle occupe en adoptant les mêmes principes. Votre oncle a enlevé la Silésie à ma mère au moment où, entourée d'ennemis, elle n'avait plus d'autre soutien que sa grandeur d'âme et l'amour de son peuple. Pendant un siècle de pertes, l'Autriche n'avait fait aucune acquisition qui pût entrer en comparaison, car lors du dernier partage de la Pologne, la plus grande portion avait écho à la Prusse. J'espère que ces raisons paraîtront suffisantes pour empêcher Votre Majesté d'intervenir, et que vous n'entraverez point mes efforts pour germaniser quelques cent mille Turcs.» Hard., 1. 65, 66.

que flatté de cette marque de confiance, le cabinet prussien ne s'aveugla point sur le danger dont l'Europe était menacée par le démembrement prochain de la Turquie, suivant de si près le second partage de la Pologne. Cependant le progrès des armes moscovites et autrichiennes devenait chaque jour plus alarmant; le trône de Constantinople semblait ébranlé dans sa base. Oczakow avait succombé, et avec elle les plus braves défenseurs de la puissance ottomane; le prince de Saxe-Cobourg et Suvarow, défirent successivement les vastes corps d'Osmanlis à Fochzani et à Martinesti, tandis que Belgrade, le boulevard de la Transylvanie, cédait aux mesures savantes du maréchal Laudohn; les Russes, sur les bords de la mer Noire, avaient complètement battu Hassan pacha à Tobak, et s'étaient rendus maîtres de Bender, après un long siège, pendant que les impériaux, non moins heureux, réduisaient Bucharest, et se répandaient sur toute la rive septentrionale du Danube. Orsova était tombée, et les armées impériales unies, fortes de deux cent cinquante mille hommes, s'étendant sur une ligne de quatre cents milles de longueur, menaçaient déjà, au printemps de 1790, Gergevo et Widdin, et faisaient craindre le renversement total de l'empire ottoman [1].

Sérieusement alarmé des dangers dont la chute de l'empire turc menaçait évidemment l'Europe,

[1] Ann. Reg., xxx. 1. 18. Hard., 1. 1. 68, 84.

M. Pitt se montra infatigable dans ses efforts pour arrêter, avant qu'il fût trop tard, la marche des cours impériales. Il parvint à resserrer les liens qui unissaient la Prusse et la Grande-Bretagne; et Frédéric-Guillaume, qui comprenait parfaitement combien l'agrandissement de l'Autriche pouvait être dangereux pour ses états, s'avança, à la tête de cent mille hommes, vers les frontières de la Bohême. Incapable d'entreprendre une guerre en même temps sur l'Elbe et sur le Danube, et inquiétée tout-à-fait par l'aspect menaçant de la France et l'insurrection des Flandres, l'Autriche s'arrêta dans sa carrière de conquêtes. Des conférences furent ouvertes à Reichembach, à mi-chemin des quartiers-généraux des armées prussiennes et impériales, et, après quelques délais, on signa des préliminaires (17 juillet 1790), qui terminaient les différends entre les cabinets de Vienne et de Berlin, et préparaient la voie à un accommodement entre le premier et la Porte. L'armée prussienne se retira immédiatement : trente mille Autrichiens, sous les ordres du maréchal Bender, se dirigèrent vers les Pays-Bas, et les réduisirent promptement à la soumission; et une trêve de neuf mois fut bientôt après conclue entre les Turcs et les impériaux, trêve qui fut suivie des conférences de Sistow [1], où l'on signa enfin un traité définitif le 4 août 1791; tandis que l'impératrice Catherine,

[1] Hard., I. 83. 86. Ann. Reg., XXXIII. 17, 19.

qui n'était pas encore formellement comprise dans la paix, intima aux cours de Saint-James et de Berlin son intention positive de suspendre les hostilités, et, pour gage de sa sincérité, conclut à Véréla une paix avec le roi de Suède, qui avait pris les armes, à l'instigation de l'Angleterre et de la Prusse, et luttait avec une indomptable valeur contre son gigantesque voisin [1].

Cette rapide pacification de toute l'Europe, cet apaisement de tant de passions et de tant de jalousies, ne fut pas un effet du hasard. Elle eut pour cause la consternation générale qu'excitaient les rapides progrès de la révolution française, et la prévision que tous les cabinets commençaient à avoir des dangers imminents dont la contagion de ses principes menaçait tous les trônes. Mais au milieu de l'alarme universelle, on eut généralement, sur les moyens d'éviter le danger, des principes plus sages qu'on n'aurait dû s'y attendre. M. Pitt en Angleterre, le prince de Kaunitz à Vienne, et Hertzberg à Berlin, convinrent tous trois, qu'il serait imprudent et dangereux de combattre les progrès de l'innovation en France, si l'on pouvait trouver dans ce pays un parti assez fort pour l'empêcher d'aller jusqu'aux excès, et qu'en même temps il fallait adopter les mesures les plus strictes pour en arrêter la propagation dans les autres états. Telles furent les maximes d'après lesquelles l'An-

[1] Hard., 1. 86. 87.

gleterre, l'Autriche et la Prusse se dirigèrent durant les deux premières années de la révolution; tandis que Catherine, plus violente et plus impérieuse de caractère, ou plus sagace dans ses prévisions, ne cessa jamais de prêcher la nécessité d'une confédération générale pour arrêter la marche d'une si formidable convulsion. Mais, enfin, il survint des évènements qui triomphèrent des conseils modérés de Vienne et de Berlin, et précipitèrent les monarchies dans le terrible conflit qui les attendait [1].

Du moment que Louis XVI, avait été ramené prisonnier à Paris le 5 octobre 1789, il avait recommandé au roi d'Espagne de n'avoir aucun égard pour tout acte public portant son nom, s'il n'était pas confirmé par une lettre autographe; et, dans le cours de l'été suivant, il autorisa le baron de Breteuil, son premier ministre, à sonder les puissances germaniques sur les moyens de le tirer de l'état d'esclavage auquel il était réduit. En novembre 1790, reconnaissant qu'il allait être forcé d'adopter des mesures d'hostilité contre l'église, il résolut d'être plus explicite; et au mois de décembre de la même année, il adressa à tous les souverains de l'Europe une circulaire, par laquelle il les invitait à former un congrès appuyé d'une force armée, pour examiner les moyens de comprimer les factions de Paris, et de rétablir une monarchie

[1] Hard., t. 3, 90.

constitutionnelle en France [1]. Cette circulaire, excita partout les plus vifs sentiments de sympathie et de commisération ; mais la politique des cabinets continua néanmoins d'être divisée; celui de Vienne maintint encore la nécessité de reconnaître le régime révolutionnaire, tandis que ceux de Saint-Pétersbourg et de Stockholm proclamaient ouvertement la nécessité d'une croisade immédiate contre les puissances révolutionnaires [2].

Dès la fin de 1790, cependant, les mesures violentes de l'Assemblée Nationale l'avaient mise en conflit avec les états de l'empire. Les lois contre les émigrés et les prêtres, que ce corps vota avec tant de précipitation, violaient les droits des seigneurs allemands, vassaux de la couronne de France en Alsace et en Lorraine, droits qui avaient été garantis par le traité de Westphalie; et l'empereur, comme chef de l'empire, adressa une remontrance au roi de France sur ce sujet. (14 décembre 1790.) Dominé par son ministère révolutionnaire, Louis XVI répondit, que l'affaire était étrangère à l'empire, attendu qu'elle n'affectait les princes et prélats

---

[1] Les dispositions de Votre Majesté, dit-il dans sa circulaire, ont excité ma plus vive reconnaissance, et je les invoque en ce moment, où, malgré mon acceptation de la nouvelle constitution, les factions avouent ouvertement leur intention de renverser la monarchie. Je me suis adressé à l'empereur, à l'impératrice de Russie, aux rois d'Espagne et de Suède, et je leur ai suggéré le plan d'un congrès des principales puissances, appuyé par une force armée, comme le meilleur moyen d'arrêter les factions ici, d'établir un ordre de choses plus désirables dans ce royaume, et d'empêcher la maladie qui le travaille de s'étendre aux états voisins. Je n'ai pas besoin d'ajouter que cette communication exige le secret le plus absolu. Hard., t. 94, 95.

[2] Hard., t. 94, 95.

que comme vassaux de la France, et que l'on avait offert des indemnités. Cette réponse ne parut pas satisfaisante; une vive altercation s'ensuivit; Léopold soutint avec chaleur les droits des princes allemands, et cette dispute, jointe aux dangers évidents et toujours croissants de sa sœur Marie-Antoinette, porta peu à peu l'empereur à des mesures plus rigoureuses, et resserra les liens de l'union avec Frédéric-Guillaume, dont l'esprit chevaleresque et le courage héroïque inclinaient fortement vers la délivrance de cette malheureuse princesse. Le roi d'Angleterre prit aussi un vif intérêt aux infortunes de la famille royale de France, et promit, comme électeur de Hanovre, de concourir à toutes les mesures que l'on croirait nécessaires pour la tirer d'embarras, et il envoya lord Elgin à Léopold, qui voyageait alors en Italie, pour concerter ensemble les moyens d'arriver au but. Un envoyé de la Prusse atteignit en même temps l'empereur, et peu de temps après ils furent encore rejoints par le comte d'Artois, qui était à Venise, et qui apporta dans les délibérations la vivacité, la résolution et l'énergie inconsidérée qui en faisaient l'adversaire le plus décidé de la révolution, et qui devinrent à la fin si fatales à sa famille [1].

Cependant le roi et la reine de France, trouvant leur situation insupportable, et comprenant bien

[1] Hard., т. 106, 107.

qu'on n'en voulait pas seulement à leur liberté, mais encore à leur vie, résolurent de faire tous leurs efforts pour briser leurs fers. Dans cette vue, ils dépêchèrent des envoyés secrets à Bruxelles et à Cologne, pour s'entendre avec l'empereur et le roi de Prusse, et le comte Alphonse de Durfort reçut mission d'informer le comte d'Artois, que le roi n'avait plus aucune influence sur ses ministres; que dans le fait il était prisonnier de M. de Lafayette, qui conduisait secrètement la France à une république; qu'il avait le plus vif désir de s'échapper par la route de Metz ou de Valenciennes, et qu'il mettait une entière confiance dans le zèle et l'activité de ses augustes parents. Muni de ces instructions le comte Durfort quitta Paris à la fin d'avril 1791, et rejoignit bientôt, à Venise, le comte d'Artois qui combinait avec les envoyés de la Prusse et de l'Angleterre, les moyens les plus capables de vaincre les scrupules de l'empereur [1].

Lorsque ces différents personnages se rencontrèrent avec l'empereur à Mantoue, le 20 mai 1791, les plans les plus divers furent soumis à son examen. Celui du comte d'Artois, qui avait été rédigé par M. de Calonne, ancien ministre de Louis XVI, était le plus belliqueux, et proposait de prendre, en juillet suivant, des mesures hostiles. Alarmés par les principes menaçants que l'Assemblée Nationale proclamait ouvertement, et par les

[1] Hard., t. 105, 111. Bertrand de Molleville, *Mém.* iii. 147, 170.

symptômes toujours croissants de désaffection parmi leurs sujets, l'empereur d'Allemagne, les rois de Sardaigne et d'Espagne, conclurent à Mantoue, en mai 1791, une convention portant : 1 Que l'empereur réunirait trente-cinq mille hommes sur les frontières des Flandres, pendant que quinze mille soldats de la confédération germanique se présenteraient en Alsace ; quinze mille Suisses sur la frontière de la Franche-Comté ; quinze mille Piémontais sur celle du Dauphiné, et que le roi d'Espagne réunirait vingt mille hommes sur les Pyrénées. 2° Que ces forces seraient partagées en cinq armées, qui attaqueraient à la fois toutes les frontières de France, et se joindraient aux mécontents des provinces et aux troupes qui avaient conservé leur fidélité au trône. 3° Qu'au mois de juillet suivant, les princes de la maison de Bourbon publieraient une protestation, et les puissances alliées un manifeste. 4° Que les rassemblements de troupes avaient pour objet de forcer le peuple français, par la crainte des puissances alliées, à chercher son salut dans sa soumission au roi. Les souverains comptaient sur la neutralité de l'Angleterre ; mais d'après les assurances données par lord Elgin, on croyait que le monarque anglais accèderait à la coalition comme électeur de Hanovre [1].

Pendant ce temps, la famille royale de France,

[1] Hard., 1. Jom , 1. 262. Pièces just. n° 1. Mign., 1. 131.

suivant les conseils du baron de Breteuil, et poussée par les dangers pressants de sa situation, avait enfin résolu de s'échapper de Paris. Tandis que Louis XVI et M. de Bouillé combinaient les moyens d'une évasion vers Montmédy ou Metz, les principales cours de l'Europe furent averties de ce projet; Léopold donna au gouvernement des Pays-Bas l'ordre de mettre à la disposition du roi, quand il atteindrait les frontières, non-seulement les troupes impériales, mais les sommes qui se trouveraient dans le trésor public; tandis que le roi de Suède, stimulé par son esprit chevaleresque et les prières de Catherine de Russie, s'avançait vers les frontières de France, sous prétexte de prendre les eaux, mais dans le fait pour recevoir les augustes fugitifs. Toutefois l'empereur, le comte d'Artois et M. de Calonne combattaient fortement ce projet comme extrêmement hasardeux pour la famille royale, et propre à retarder plutôt qu'à faire avancer l'arrangement des affaires de France. Ils étaient persuadés que le seul moyen d'arriver à ce but, si désirable pour ce pays et pour toute l'Europe, était de soutenir le parti royaliste et constitutionnel, en déployant assez de forces pour le mettre à même de secouer le joug de la faction révolutionnaire, et d'établir une constitution durable du consentement du roi, des nobles et du peuple. Pénétré de ces idées [1], l'empereur adressa de Padoue

[1] Il invite les souverains à déclarer tous ensemble, qu'ils regardent la

aux puissances alliées une circulaire, dans laquelle il annonçait les principes, suivant lesquels il fallait, à son avis, diriger les efforts communs; en même temps le comte de Lamarck, agent secret de Louis XVI, se rendit à Londres pour tâcher d'engager M. Pitt dans la même cause; mais rien ne put décider le gouvernement anglais à s'écarter de la stricte neutralité, qu'il avait résolu d'adopter, après un mûr examen de l'affaire [1]. A Vienne, cependant, les efforts du parti anti-révolutionnaire furent plus heureux; et le 25 juillet, le prince de Kaunitz et Bischofswerder signèrent pour l'Autriche et la Prusse une convention, dans laquelle il était stipulé que les deux cours uniraient leurs efforts pour amener toutes les puissances européennes à concourir à quelque mesure générale relativement à la France, et qu'elles concluraient un traité d'alliance, aussitôt que la paix serait établie entre l'impératrice Catherine et la Porte Ottomane, et que la première, ainsi que la Grande-Bretagne, les états-généraux, et l'électeur de Saxe, seraient invités à y adhérer. Cette convention, qui avait pour but de

cause de Sa Majesté très-chrétienne comme la leur; qu'ils réclament la mise en liberté de ce prince et de sa famille, et la permission d'aller partout où ils voudront, sous la sauvegarde du respect et de l'inviolabilité pour leur personne; qu'ils s'entendront pour venger de la manière la plus éclatante, toute tentative contre la liberté, l'honneur, ou la vie du roi, de la reine, ou de la famille royale; qu'ils ne reconnaîtront comme légitimes que les lois qui auront été sanctionnées par le roi dans un état de complète liberté, et qu'ils useront de toute leur puissance pour mettre un terme à une usurpation, qui avait pris le caractère d'une révolte ouverte, et qu'il importe à tous les gouvernements établis de réprimer. Hard., t. 116.

[1] Hard, t. 114, 119

mettre un frein à l'ambition de la Russie d'un côté, et de la France de l'autre, mérite de fixer l'attention comme la première base de la grande alliance, qui produisit plus tard de si merveilleux effets en Europe [1].

Les dangers pressants de la famille royale après l'échec de la fuite de Varennes, et son emprisonnement dans les Tuileries par les révolutionnaires, firent bientôt sentir la nécessité de mesures plus promptes et plus vigoureuses; il fut donc convenu, qu'une entrevue personnelle aurait lieu entre l'empereur d'Autriche et le roi de Prusse, pour prendre des mesures de concert sur cet important sujet. Cela amena la fameuse conférence de Pilnitz, qui eut lieu en août 1791, entre l'empereur et le roi de Prusse; là fut rédigée la déclaration non moins célèbre de Pilnitz, qui était conçue dans les termes suivants: « Leurs Majestés, l'empereur et le roi de Prusse, après avoir examiné les représentations de Monsieur, frère du roi, et de son Altesse le comte d'Artois, déclarent conjointement qu'ils considèrent la situation du roi de France comme une affaire d'un intérêt commun pour tous les souverains de l'Europe. Ils espèrent que la réalité de cet intérêt sera dûment appréciée par les autres puissances, dont ils invoqueront le secours, et qu'en conséquence elles ne refuseront pas d'employer leurs forces de concert avec leurs

[1] Hard., t. 119, 121.

Majestés, pour mettre le roi de France en état de fonder un gouvernement monarchique, conforme à la fois aux droits des souverains et au bien-être de la nation française. Dans ce cas, l'empereur et le roi sont résolus à agir promptement avec les forces nécessaires pour atteindre leur but commun; en attendant ils donneront aux troupes ordre de se préparer immédiatement pour un service actif[1]. » Les Français prétendirent qu'outre cet article, les souverains alliés en avaient encore arrêté plusieurs autres; mais ils n'ont produit aucune preuve à l'appui de cette allégation[2].

Quoique ces déclarations parussent suffisamment hostiles à la démocratie qui gouvernait la France, les puissances alliées prouvèrent bientôt qu'elles n'avaient pas alors d'intention sérieuse de commencer la guerre. Au contraire, leurs mesures montrèrent, après la déclaration de Pilnitz, qu'elles étaient mues par des sentiments tout pacifiques; et en octobre 1791, M. de Montmorin, ministre des affaires étrangères, annonça officiellement à l'as-

---

[1] Jom., 1. 205. *Pièces just.* n° 1. Autant que nous avons pu savoir, dit M. Pitt, la déclaration signée à Pilnitz avait rapport à l'emprisonnement de Louis XVI, et son but était d'amener sa délivrance, si l'on avait pu s'entendre suffisamment pour cela. Elle laissait au roi rendu à la liberté le soin de décider de l'état intérieur de la France, avec le libre consentement des états du royaume, et elle ne contenait pas un mot relatif au démembrement du pays. « Quoique ce ne fût pas là un plan pour le démembrement de la France, réplique M. Fox, c'était néanmoins une agression évidente contre elle. A la vérité il n'y eut point de traité de Pilnitz, mais il y eut une déclaration qui équivalait à un acte d'hostilité positive. »

[2] Ann Reg., 1792, 86. *Parl. Hist.* XXXIV. 1515.

semblée que le roi n'avait pas de raison de craindre des hostilités d'aucune puissance étrangère [1]. Leur véritable objet était d'engager les Français, par la crainte d'un danger immédiat, à délivrer Louis XVI de la situation périlleuse dans laquelle il se trouvait placé. Leurs forces n'étaient nullement en état d'entreprendre une lutte [2]. C'est là un fait admis par les hommes les plus habiles du parti républicain [3].

Et les actions de ces puissances ne démentirent pas leurs déclarations. Les états d'Allemagne ne firent aucun préparatif de guerre; aucune armée ne se réunit sur les frontières de France, à tel point que quand la lutte commença l'année suivante, elles furent prises tout-à-fait au dépourvu. La France avait cent trente mille hommes sur le Rhin, pendant que les Autrichiens n'avaient que dix mille hommes dans les Pays-Bas [4].

Dans le fait, le premier et le véritable objet de la convention de Pilnitz, la délivrance du roi et de la famille royale, ne fut pas plutôt réalisé par leur sortie

---

[1] Nous sommes accusés, dit M. de Montmorin dans un rapport qu'il fit à l'assemblée le 31 octobre 1791, de vouloir propager nos opinions, et de chercher à soulever les peuples des autres états contre leurs gouvernements. Je sais que ces accusations sont fausses en ce qui regarde le ministère français; mais il est trop vrai que des individus et même des sociétés ont songé à établir dans ce but des correspondances dans les pays voisins; et il n'est pas moins vrai, que tous les princes, et presque tous les gouvernements de l'Europe, sont journellement insultés dans nos journaux incendiaires. Le roi, en acceptant la constitution, a écarté le danger dont vous étiez menacés; rien n'indique en ce moment des dispositions hostiles de leur part.

[2] Bot., t. 73. Jom., t. 191. Lacr., IX. 24. Ann. Reg., XXXIV 86.

[3] La déclaration de Pilnitz, dit M Thiers, resta sans effet.

[4] Th., II. 19.

de prison, que les souverains coalisés mirent de côté toute idée d'opérations hostiles, pour lesquelles d'ailleurs ils étaient mal préparés, et que l'état urgent des affaires de Pologne rendait de toutes façons peu prudentes. Lorsque Frédéric-Guillaume en reçut la nouvelle, il s'écria : « Enfin, voilà la paix de l'Europe assurée! » L'empereur manifesta tout le plaisir que lui causait l'acceptation de la constitution, dans une lettre qu'il adressa à Louis XVI, et, peu de temps après, dans une circulaire à tous les souverains de l'Europe, dans laquelle il leur annonçait que l'acceptation de la constitution avait dissipé tout motif de démonstrations hostiles, et qu'en conséquence elles étaient suspendues [1]. Le cabinet de Berlin adopta tout-à-fait les mêmes sentiments; et à Vienne comme à Paris, on pensa généralement que les immenses concessions faites au parti démocratique avaient enfin apaisé les troubles de la France, et qu'il ne

[1] Sa Majesté annonce à toutes les cours, auxquelles elle a transmis sa première circulaire, datée de Padoue, 6 juillet, que la situation du roi de France, qui a donné lieu à ladite circulaire, ayant changé, il croit devoir exposer devant elles la manière dont il envisage ce sujet. Sa Majesté est d'avis, qu'il faut désormais regarder le roi de France comme libre, et qu'en conséquence son acceptation de la constitution, et tous les actes subséquents sont valides. Elle espère que l'effet de cette acceptation sera de rétablir l'ordre en France, et de donner de l'ascendant aux personnes de principes modérés, conformément au vœu de Sa Majesté très-chrétienne; mais comme ces apparences peuvent se trouver trompeuses, et que les violences envers le roi peuvent se renouveler, il est aussi d'avis, qu'il faut suspendre, mais non pas abandonner entièrement, les mesures concertées entre les souverains, et ordonner aux divers ambassadeurs résidant à Paris, de déclarer, que la coalition subsiste encore, et que, s'il le faut, ses membres sont toujours prêts à soutenir les droits du roi et de la monarchie. Lettres du 25 octobre 1791. Hard., t. 159.

fallait plus maintenant que de la prudence et de l'adresse pour mettre le monarque français à même de régner, sinon avec l'éclat d'autrefois, du moins sans péril et d'une manière paisible [1].

Ces dispositions des deux puissances, que leur situation rapprochée conduisait nécessairement à prendre l'initiative, en cas de guerre, rendaient moins importantes, relativement, celles des cours inférieures ou plus éloignées. Dans le nord, Catherine et Gustave s'occupaient d'armements, et refusaient d'admettre en leur présence l'ambassadeur qui venait annoncer l'acceptation de la constitution par le roi, sous prétexte que celui-ci ne pouvait être considéré comme ayant agi librement. Les cabinets d'Espagne et de Sardaigne avaient reçu avec froideur la même communication. Persuadés que la vie du roi était sérieusement menacée, et qu'il n'avait accepté la constitution que sous l'empire de la crainte, les souverains du nord et du midi arrêtèrent entre eux : qu'une armée de trente-six mille Russes et Suédois serait transportée à travers la Baltique sur un point de la côte de Normandie; que là, elle serait débarquée, et marcherait directement contre Paris, tandis que des démonstrations hostiles, faites par l'Espagne et le Piémont du côté des Pyrénées et des Alpes, appuieraient ses opérations. Ces projets, qui évidemment n'avaient aucune chance de réussite, s'ils n'étaient soutenus par les

[1] Hard., I. 157, 159.

forces de l'Autriche et de la Prusse réunies sur les bords du Rhin, furent complètement dissipés par la malheureuse issue de la fuite de Varennes, et le cours ultérieur des évènements [1].

Cependant le comte d'Artois et la noblesse, ne prenant conseil que de leur valeur, et comptant sur l'appui déclaré des cours de Stockholm et de Saint-Pétersbourg, continuaient d'agir avec l'imprudence et la témérité qui furent les traits caractéristiques de leur parti à toutes les époques de la révolution. Des rassemblements considérables d'émigrés se formaient à Bruxelles, à Coblentz et à Ettenheim ; ils publiaient avec ostentation une lettre écrite par Catherine au maréchal de Broglie, et dans laquelle l'impératrice manifestait le vif intérêt qu'elle portait à leur cause ; des chevaux, des armes, étaient achetés par eux, et des corps de nobles aventuriers commençaient à s'organiser sur la rive droite du Rhin. Transportés d'ardeur à la vue d'apparences si favorables, les princes exilés adressèrent à Louis XVI une remontrance publique dans laquelle ils le pressaient instamment de refuser son acceptation à la constitution qu'on allait lui soumettre ; ils lui représentaient que ses concessions antérieures n'avaient servi qu'à assurer l'impunité de toutes sortes de violences, et le despotisme des hommes les plus pervers du royaume; ils protestaient contre tout consentement apparent qu'il serait obligé de

[1] Hard., I. 159, 163.

donner à la constitution, et renouvelaient en leur nom et au nom des puissances alliées la promesse de le délivrer promptement de ses fers [1].

Le seul point qui demeurât en litige entre l'empereur et le roi de France, était l'indemnité réclamée par les princes et les prélats allemands qu'avaient dépossédés les décrets de l'Assemblée Nationale; Léopold montra à cet égard une fermeté digne du chef de l'empire. Dans le commencement du mois de décembre, il adressa à ces derniers une lettre dans laquelle il annonçait, en termes formels, sa résolution et celle de la diète : « de leur fournir tous les secours que prescriraient la dignité de la couronne impériale et le maintien des constitutions publiques de l'empire, s'ils n'obtenaient pas une restitution complète, ou l'indemnité fixée par les traités existants. » Malgré ces paroles menaçantes, les cabinets de Vienne et de Berlin étaient si fermement convaincus que les différends avec la France se termineraient à l'amiable, et que Louis, ayant recouvré son autorité, rendrait prompte justice aux parties lésées, que non-seulement ils ne firent aucuns préparatifs hostiles, mais qu'ils retirèrent même des provinces flamandes une portion assez considérable de leurs troupes [2].

Aussi bien, quoiqu'ils sentissent la nécessité de prendre quelques mesures pour prévenir la ruine

[1] Hard, t. 152, 153, 165.
[2] Hard., t. 169, 171.

commune et imminente de tous les gouvernements établis, les souverains alliés avaient une crainte vague et indéfinie de cette magique et invisible puissance avec laquelle la France pouvait les attaquer et les percer au cœur, à travers le sein même de leurs armées. Le langage tenu par l'Assemblée Nationale et ses véhéments orateurs, langage qui annonçait la guerre aux palais, et la paix aux chaumières; la fraternité promise par elle aux mécontents de tous les pays qui étaient prêts à secouer le joug de l'oppression; les germes de révolte que ses émissaires avaient semés à profusion dans les états limitrophes, tout cela répandait une vive inquiétude parmi les amis de l'ordre dans le monde entier, et les gouvernements étrangers craignaient qu'en laissant leurs soldats dans le voisinage des provinces infectées, ceux-ci ne fussent atteints de la contagion générale, et ne dirigeassent leurs premiers coups, contre le pouvoir qui les commandait. L'Angleterre, malgré les énergiques remontrances de M. Burke, reposait encore dans une trompeuse sécurité. Catherine de Russie, ne songeant qu'à agrandir son territoire, était presque entièrement absorbée par les troubles de la Pologne, si favorables à l'accomplissement de ses ambitieux desseins. La Prusse, toute désireuse qu'elle fût d'épouser la cause de la royauté, n'était pas en état d'engager la lutte avec la France révolutionnaire; et l'Autriche, sous le pacifique Léopold, avait complètement abandonné ses projets belliqueux depuis que le trône de Louis avait été rétabli de nom, et que ce monarque avait vu se relâcher les liens de la captivité dans laquelle on l'avait retenu après sa fuite à Varennes. Ainsi, la protestation et le manifeste rédigés lors du traité de Mantoue, demeurèrent sans effet, et les préparatifs militaires qui devaient en être la suite, n'eurent jamais lieu ; de toutes les puissances mentionnées en ce pacte, l'évêque de Spire, l'électeur de Trèves et l'évêque de Strasbourg, prirent seuls les armes, et leurs faibles contingents, exposés aux plus prochains dangers, se dispersèrent dès les premières sommations du gouvernement français [1].

Mais il n'entrait pas dans la politique du parti qui régnait à Paris, de conserver la paix. Il sentait et il disait lui-même « que la révolution ne pouvait pas rester immobile, qu'elle devait marcher et embrasser d'autres pays, ou qu'elle périrait en France. » En effet, l'esprit révolutionnaire s'allie si bien au génie aventureux de la guerre, que rarement l'un existe sans l'autre; dans tous les deux, même activité inquiète, même mépris du danger, même besoin d'agitation : l'ardeur, une fois excitée par le succès d'une révolte victorieuse, ne saurait se calmer que dans le cours des exploits militaires. Des citoyens qui ont renversé les institutions en vigueur, qui se sont enivrés du bruit des applaudis-

[1] Lacr., IX. 24, 25, 26. Th., II. 76, 77, 78. Dum., 410. Bot., t. 75, 76. Ann. Reg., XXXIV. 86. 87. Hard., I. 172, 180.

sements populaires, qui ont goûté les douceurs d'un pouvoir sans limite, durant la courte période qui précède le moment où ils retombent sous le joug des despotes créés par eux-mêmes, ne peuvent revenir aussitôt aux paisibles habitudes de la vie domestique. Les travaux continuels d'une destinée obscure, les humbles jouissances d'une laborieuse industrie, semblent insupportables à des hommes qui ont partagé les triomphes d'une insurrection populaire, tandis que leurs cœurs ne sont plus sensibles qu'aux entraînements de la licence et aux séduisantes émotions du glorieux métier des armes; l'incertitude de la propriété et la ruine du crédit, suites inévitables des grandes commotions politiques, enlèvent la multitude à ses occupations ordinaires, et imposent le besoin de quelque aliment à la tumultueuse activité du peuple; aussi a-t-on observé que les états démocratiques ont toujours été d'une humeur singulièrement belliqueuse et agressive [1]; il en doit être de même à toutes les époques où une entreprise révolutionnaire, en éveillant les passions de la foule, conduit nécessairement à la guerre.

C'est là ce que voulait le parti girondin qui gouvernait alors la France. Nous avons cité plus haut le remarquable discours d'Isnard, au sein de l'Assemblée Nationale, le 29 novembre 1791; bientôt après de nombreuses philippiques, dans un langage

---

[1] Mitford's, *History of Greece*. Sismondi, *Rép. Ital.*

plus violent encore, furent prononcées par Brissot et Vergniaud, contre les puissances européennes; philippiques qui, de l'avis des Français eux-mêmes, « étaient autant de déclarations de guerre et de provocations imprudentes, calculées à dessein, pour mettre la France en hostilité avec toute l'Europe. »
« Les connaissances de Brissot, les vues qu'il déploya dans son discours même, sont tellement en contradiction avec les sophismes politiques dont il s'est entaché, dit Jomini, qu'on serait tenté de croire qu'il fut l'instrument du cabinet anglais : ce soupçon tournerait en certitude, si ses erreurs et son faux enthousiasme n'avaient été partagés à cette époque, par les hommes d'état les plus distingués du royaume. Un orateur enthousiaste jusqu'à la folie, était seul capable d'attirer sur son pays, privé d'alliance et déchiré au dedans, la haine de tous les souverains étrangers. On ne saurait exprimer qu'imparfaitement la violence des chefs de l'assemblée à cette époque : il faut léguer leurs harangues à la postérité, comme des exemples effrayants de ce que peuvent l'esprit de parti et l'enthousiasme mal dirigés [1]. »

« Vous êtes sur le point, disait Brissot le 29 décembre 1791, de juger la cause des rois étrangers; montrez-vous dignes de cette auguste fonction, mettez-vous au-dessus d'eux, ou vous seriez au-dessous de la liberté. La révolution françai[se]

[1] Jom., t. 198. *Pièces just.* t. 7, 8 et 9

versé toute la diplomatie ; quoique les peuples ne soient pas libres encore, les rois sont forcés de compter leurs vœux pour quelque chose. Les sentiments des Anglais ne sont plus douteux sur notre révolution, parce qu'ils y voient un point d'appui pour la stabilité de leur propre liberté. Il est probable que le gouvernement anglais n'osera jamais, quand il en aurait les moyens, attaquer la constitution française; et cette probabilité se change en certitude, quand on considère les agitations du parlement, l'énormité de la dette publique, la triste situation des affaires de l'Inde; la nation anglaise n'hésiterait pas entre un roi et la liberté, entre la paix dont elle a besoin, et une guerre qui la jetterait dans une ruine absolue. Nous n'avons pas plus à craindre de l'Autriche : ses soldats, que leurs princes veulent faire les ennemis du peuple, se souviennent que c'est parmi le peuple que sont leurs amis, leurs parents, et ne veulent plus se séparer de la cause du peuple. Le successeur de Frédéric, s'il a quelque prudence, craindra de ruiner pour toujours, en combattant contre nous, une armée qu'il ne rétablirait jamais. En vain l'ambition de la Russie voudrait intervenir dans notre révolution ; une nouvelle révolution en Pologne arrêtera ses armes, et rendra Varsovie le centre de la liberté dans l'est de l'Europe. On cherche en vain sur la carte de l'Europe, quelle est la puissance que pourrait encore redouter la France;

s'il se trouve des princes étrangers qui veulent faire la guerre, il faut les prévenir, car l'ennemi qu'on prévient est à moitié vaincu; ou bien ils ne voudront pas la guerre, et ils ne font que semblant; alors il faut les démasquer, en constatant aux yeux de l'Europe leur impuissance. Cet acte authentique d'un grand peuple, est le sceau qui doit conserver la révolution. Ainsi, la guerre est nécessaire; la France doit l'entreprendre pour son honneur; elle serait en effet à jamais déshonorée, si quelques milliers de rebelles pouvaient la porter à des capitulations sur les lois. La guerre est actuellement un bienfait national, et la seule calamité qu'il y ait à redouter, c'est de n'avoir pas la guerre; c'est de ne pouvoir pas faire cesser les maux qui résultent de l'audace des émigrés ; tant que vous ne prendrez pas des mesures vigoureuses, on vous amusera avec des mensonges diplomatiques. Ce n'est plus avec les gouvernements que nous avons à traiter, mais avec les nations [1] ! »

« Le masque est enfin tombé, disait le même orateur, le 17 janvier 1792; votre ennemi véritable est connu; l'ordre donné au général Bender vous apprend son nom : c'est l'empereur; les électeurs n'étaient que ses prête-noms; les émigrants n'étaient qu'un instrument dans sa main. Vous devez maintenant mépriser les émigrants; les électeurs ne sont pas plus dignes de votre colère ; la peur les fait se

[1] Jom., 1. Pièces just. n° 7, 299.

prosterner à vos pieds.... Vous devez prévenir les hostilités de l'empereur ; il faut réaliser ce que vous avez cent fois promis : la constitution ou la mort! La mort! elle n'est point à craindre, examinez votre position et celle de l'empereur.... Votre constitution est un anathême éternel aux trônes absolus. Tous les rois doivent donc haïr votre constitution ; elle fait leur procès, elle prononce leur sentence, elle semble leur dire à chacun : Demain, tu ne seras plus, ou tu ne seras roi que par le peuple...: Je ne dirai donc pas à l'empereur avec votre comité : Voulez-vous vous engager à ne pas attaquer la France ni son indépendance? mais je lui dirai : Vous avez formé une ligue contre la France, et je dois vous combattre ; et cette attaque immédiate est juste, nécessaire, commandée par les circonstnces et par vos serments [1]. » « Les Français, après la conquête de la liberté, disait Fauchet, le 17 janvier 1792, sont les alliés naturels de tous les peuples libres. Les traités faits avec les despotes, sont nuls de droit, et ne peuvent être conservés de fait, sans une conséquence destructive de notre révolution.... Nous n'avons besoin, ni d'ambassadeurs, ni de consuls, ce sont des espions superbes. Quand les autres peuples voudront de notre alliance, ils n'auront pour l'obtenir, qu'à conquérir la liberté ; en attendant, s'ils sont paisibles, nous commercerons avec eux, comme avec de bons sauvages.... Point de

---

[1] Jom., I. 319 *Pièces just.* n° 7.

guerre agressive, mais la guerre aux princes qui favorisent les conspirateurs sur nos frontières ; la guerre à Léopold qui machine la destruction de notre liberté. Nous n'avons rien à demander à tous ces despotes, que de nous laisser en repos.... Nos négociateurs sont nos canons, nos baïonnettes patriotiques et des milliers d'hommes libres. »

Brissot voulait, quoi qu'il pût arriver, déclarer la guerre à l'empereur ; il était littéralement tourmenté jour et nuit par l'idée d'un cabinet secret qui gouvernait la cour d'Autriche et contrariait incessamment les desseins des révolutionnaires. Tout, à cet égard, dépendait de lui et des Girondins, car les puissances européennes n'étaient en aucune façon préparées à engager la lutte, et beaucoup trop occupées de leurs différents projets pour désirer d'entrer en conflit avec un état révolutionnaire dans le premier élan de son patriotisme. Si les Girondins avaient pu se réconcilier avec le roi, ils auraient désarmé l'Europe, couvert les émigrés de ridicule et maintenu la paix. Mais Brissot et Dumouriez étaient résolus à la rompre à tout prix. Le premier alla même jusqu'à faire la proposition de déguiser un certain nombre de soldats français en hussards autrichiens et de les mener à une attaque nocturne contre quelques villages de France ; sur la réception de cette nouvelle une motion devait être immédiatement présentée à l'Assemblée Nationale et la guerre, on l'espérait, serait décrétée d'enthousiasme. Son impatience d'en venir à l'exécution de ce stratagême était inexprimable ; tandis que de Graves, Clavière et Roland hésitaient en songeant à l'immense responsabilité qu'entraînait une telle entreprise, lui et Dumouriez déclaraient uniformément que la guerre était le seul moyen d'affermir la liberté, de dévoiler les ennemis de la constitution et de démasquer la perfidie de la cour. Tous leurs moments de loisir étaient consacrés à l'étude de la carte de la Hollande, et à méditer des plans d'agrandissement au préjudice de ce pays, objet favori des convoitises de la France [1].

Comme on connaît le langage des hommes qui étaient à la tête du gouvernement et de l'Assemblée Nationale, il serait peu intéressant de rapporter le détail des négociations et des récriminations mutuelles qui précédèrent les hostilités commencées par la France. Les révolutionnaires français se plaignaient, et avec assez de justice en apparence, que des corps nombreux d'émigrés s'organisassent militairement à Coblentz et sur d'autres points de la frontière ; que l'électeur de Trèves et les autres puissances d'un ordre inférieur eussent éludé toutes les demandes qui leur avaient été faites de disperser ces rassemblements ; et que des troupes autrichiennes se dirigeassent, à marches forcées, vers le Brisgau et le Rhin, sans qu'il eût été donné aucune

[1] Dum., 410, 411

explication satisfaisante de semblables mouvements [1].

De leur côté, les impériaux se plaignaient avec non moins de raison que les sociétés françaises s'efforçassent, par leurs affiliés, de semer des germes de sédition dans les états voisins; que le Piémont, la Suisse et la Belgique fussent agités par ces criminelles tentatives; que les orateurs et journaux parisiens provoquassent chaque jour tous les peuples à se révolter contre leurs souverains, en promettant, pour ce cas, une fraternelle assistance; qu'Avignon et le comtat Vénaissin eussent été annexés à la France, sans apparence de droit; que les catholiques et nobles d'Alsace eussent été dépouillés de leurs possessions, honneurs et privilèges en violation du traité de Westphalie. L'ultimatum de l'Autriche était que la monarchie serait rétablie sur les bases qu'avait fixées l'ordonnance du 23 juin 1789; que les propriétés de l'Église en Alsace lui seraient restituées; que les fiefs de cette province, avec tous les droits seigneuriaux y attachés, seraient remis aux princes allemands; Avignon et le comtat Vénaissin rendus au pape. Ces propositions furent rejetées, et Dumouriez qui avait maintenant le portefeuille des affaires étrangères, décida le roi de France à commencer les hostilités, dans l'espoir d'envahir la Flandre avant que l'Autriche ne pût envoyer à son secours des

[1] Mig., I. 167. Jom., I. 201.

forces suffisantes [1]. Le 20 avril 1792, Louis se vit dans la triste nécessité de déclarer la guerre à son propre beau-frère, le roi de Hongrie et de Bohême.

Les intentions véritables des alliés dans cette conjoncture, et les vues désintéressées dans lesquelles ils prirent part à la guerre, ressortent clairement d'une note communiquée par les cabinets de Vienne et de Berlin au gouvernement danois. On voit par ce document que, renonçant à toute idée d'intervenir dans les affaires intérieures de la France, ils n'ont d'autres but, même après le commencement des hostilités, que de former une ligue contre la propagande révolutionnaire de la république française, et d'obtenir les indemnités dues aux princes allemands [2]. Cette note est d'au-

---

[1] Jom., t. 203. *Pièces just.* n° 13. Mig., t. 187.

[2] « L'alliance a deux objets en vue. Le premier, c'est de rétablir les princes dépossédés dans leurs droits et de prévenir les dangers de la propagation des principes révolutionnaires ; le second, c'est le maintien des principes fondamentaux de la monarchie française. Le premier s'explique suffisamment par son seul énoncé, le second n'est pas aussi susceptible d'être nettement défini.

» Les alliés n'ont certainement pas le droit d'exiger d'une puissance forte et indépendante comme la France, que toutes choses y soient reconstituées sur l'ancien pied, ou qu'elle adopte telles ou telles modifications dans son gouvernement. De là il résulte qu'ils reconnaîtront comme légitimes tous les changements apportés au gouvernement monarchique de ce pays, pourvu que le roi, jouissant d'une liberté illimitée, en ait fixé les bases d'accord avec les représentants légaux de la nation. Les forces qu'ils emploieront à l'accomplissement de leur entreprise devront être proportionnées à son importance et à la résistance sur laquelle on peut raisonnablement compter. Pour les mesures à prendre à cet égard, la ville de Vienne est proposée comme le centre le plus convenable des opérations ; mais lorsque les armées seront rassemblées, un congrès devra être établi dans un lieu plus voisin de la France et suivi d'une déclaration formelle des vues que les alliés se proposent dans leur intervention. » Hard., t. 301, 393.

Le roi de Prusse manifestait les mêmes intentions dans une conversation secrète et confidentielle qu'il eut avec le prince Hardenberg le 12 juillet 1792 ;

tant plus remarquable qu'elle contient précisément les mêmes principes qui, proclamés dans les plaines de la Champagne par les souverains alliés, amenèrent, vingt-deux ans plus tard, la triomphante issue de la guerre.

Dans la prévision de la lutte générale dont le moment approchait, une alliance offensive et défensive avait été conclue, le 7 février 1792, entre la Suède et l'Autriche. Mais aucune des deux parties contractantes ne survécut long-temps à l'adoption de ce traité. Le 1er mars, Léopold mourut laissant à son fils, François II, la succession de ses vastes domaines ; et quinze jours après, Gustave, roi de Suède, fut assassiné dans un bal masqué. Il semblait que la Providence préparât une nouvelle génération d'acteurs pour le grand drame qui allait se jouer.

Léopold, comme nous venons de le dire, mourut, le 1er mars, par suite d'une maladie gangréneuse de l'estomac. Il eut pour successeur son fils François à peine âgé de vingt-quatre ans, dont le règne fut le plus fertile en évènements, long-temps le plus désastreux, et, en dernier lieu, le plus glorieux qui ait illustré les annales de l'Autriche. Le nouvel

il déclarait : « que la France ne serait démembrée d'aucune de ses parties ; que les alliés n'avaient pas le dessein d'intervenir dans son gouvernement intérieur ; mais qu'il fallait, comme préliminaire indispensable de l'apaisement des troubles publics, que roi fût mis en liberté et recouvrât son autorité pleine et entière ; que les ministres de la religion fussent rendus à leurs autels, les propriétaires dépossédés réintégrés dans la jouissance de leurs biens, et que la France payât les frais de la guerre. » Hard., I. 400.

empereur avait été élevé à Florence, à la cour même où son père déploya la généreuse philosophie de son caractère, et il avait épousé quatre ans auparavant, la princesse Elisabeth de Wurtemberg qui expira dans les douleurs de l'enfantement le 28 février 1790. Dès la même année, il avait pris pour seconde femme, la princesse Thérèze de Naples. Les premières et sages mesures de son administration le rendirent justement populaire; il conserva Kaunitz comme premier ministre, et il lui donna pour collègues le maréchal Lascy, longtemps l'ami de Léopold, et le comte François Colleredo, son ancien précepteur. Il supprima plusieurs articles de journaux qui le comblaient d'éloges, en disant : « Ce n'est que par ma conduite future que je dois être jugé digne de louange ou de blâme. » Lors de son avènement au trône, Léopold avait fait brûler ces avis secrets et anonymes dont un jeune prince est ordinairement assailli; François alla plus loin encore : il défendit expressément d'en recevoir aucun. Quand on lui présenta la liste des pensionnaires de l'empire, il raya de sa propre main le nom de sa mère, en ajoutant qu'il ne serait pas convenable qu'elle vécût des libéralités de l'état. Telles sont les brillantes couleurs qui embellirent les commencements d'un règne long et glorieux [1].

La Grande-Bretagne observait toujours une stricte

[1] Hard., t. 255, 267.

neutralité. Durant tout le cours de l'année 1792, année si grosse d'évènements terribles, comme nous allons le voir, et qui mirent la France à deux doigts de sa perte, l'Angleterre ne fit rien pour tirer avantage de sa faiblesse et pour exercer sur ce malheureux pays des vengeances inspirées par les haines nationales. Elle ne lui rendit pas à l'heure de sa détresse, les maux qu'elle en avait reçus pendant la guerre américaine. C'est un fait tellement notoire que les Français eux-mêmes l'ont toujours reconnu. « Il n'y a qu'une nation, » disait M. Kersaint à l'Assemblée Nationale, le 18 septembre 1792, « dont la neutralité dans les affaires de la France soit nettement prononcée, c'est la nation anglaise [1]. »

Mais la marche de la révolution amena des changements nécessaires dans la politique de la Grande-Bretagne. Le 10 août intervint; le trône fut renversé et la famille royale jetée en prison; les massacres de septembre inondèrent Paris de sang, et les victoires de Dumouriez repoussèrent jusqu'au Rhin les flots de l'invasion étrangère. Tous ces grands évènements firent naître parmi les révolutionnaires des espérances tellement extravagantes, que le maintien de la paix, de la part de l'Angleterre, était devenu impossible. La frénésie de leurs déclamations démagogiques, la violence des mesures adoptées par eux étaient absolument incom-

[1] Ann. Reg., xxxiv. 181.

patibles avec le repos et la tranquillité des autres états. Un club de douze cents Jacobins s'était formé à Chambéry ; et une centaine de ses membres les plus actifs avaient été envoyés comme missionnaires, dans les différentes parties de la Savoie, « portant le flambeau de la raison et de la liberté, pour éclairer les Savoyards sur leur régénération et l'imprescriptibilité de leurs droits [1]. »

La guerre avait été déclarée au roi de Sardaigne, le 15 septembre 1792. Le 20 octobre suivant, la Convention française reçut du club de Chambéry une adresse dans laquelle ses membres étaient appelés « les législateurs du monde » et dont elle ordonna la traduction immédiate en Anglais, en espagnol et en allemand. Bientôt après, les révoltés savoyards établirent chez eux une Convention semblable à celle de la France, et vinrent eux-mêmes offrir de s'incorporer à la grande république. La députation de la Savoie parut, le 21 novembre, à la barre de l'Assemblée Nationale où elle fut accueillie par les plus vifs applaudissements ; le président adressa aux députés un discours par lequel il prédisait la chute prochaine de tous les trônes et la régénération du genre humain ; il donnait en même temps l'assurance « que la France régénérée ferait cause commune avec tous les peuples qui étaient résolus à secouer le joug et à n'obéir qu'à eux-mêmes. » La Convention française

[1] Ann. Reg., xxxiv. 158.

ne délibéra pas long-temps sur l'acceptation de l'offre qui lui était faite par la Savoie. Le comité chargé de présenter son rapport sur ce sujet, déclara : « que toutes les considérations physiques, morales et politiques exigeaient l'incorporation de cette contrée; que vouloir la rattacher au Piémont, était une vaine entreprise, parce que les Alpes la repoussaient éternellement dans le domaine de la France; que l'ordre de la nature serait violé si elle était condamnée à vivre sous des lois différentes », et l'assemblée proclama, d'un commun accord, que la Savoie était réunie à la république française sous le nom de département du Mont-Blanc. La prise de possession de la Savoie, fut immédiatement suivie de l'envahissement de Nice et de son territoire, ainsi que de la principauté de Monaco, et l'on forma du tout le département des Alpes-Maritimes. « Ne craignons pas » s'écriait le rapporteur qui exprimait à cet égard l'opinion unanime de la Convention, moins une voix, « ne craignons pas que cette nouvelle incorporation devienne une source de discorde; elle n'ajoutera rien à la haine des tyrans contre la révolution française, elle n'ajoutera qu'aux moyens de défense avec lesquels nous briserons leur ligue. Le sort en est jeté : *nous nous sommes précipités dans la carrière; tous les gouvernements sont nos ennemis*, tous les peuples sont nos amis; nous serons anéantis ou ils seront libres; et la hache de la liberté, après avoir abattu les trônes, frappera la tête de quiconque serait tenter d'en ramasser les débris[1]! »

Ce fut ensuite contre l'Italie que se dirigèrent les attaques de la France. « Le Piémont, » disait Brissot dans son rapport sur Gênes, « le Piémont doit être libre; vous ne devez pas remettre votre épée dans le fourreau que tous les sujets de votre ennemi ne soient libres et que vous ne soyez entourés d'une ceinture de républiques. » Pour favoriser l'accomplissement de cette œuvre, une flotte française alla jeter l'ancre dans la baie de Gênes et il s'établit dans la ville un club de Jacobins aux réunions duquel assistaient les officiers de l'escadre, et où se votaient de louangeuses adresses à la Convention française, tandis que le général Kellerman, en prenant le commandement de l'armée des Alpes, annonçait à ses soldats « qu'il avait reçu l'ordre de s'emparer de Rome et que cet ordre serait exécuté. D'un autre côté, l'ambassadeur français à Rome poussait incessamment le peuple à la révolte; l'irritation produite par ses discours fut telle, que le 14 janvier 1793, au moment où il cherchait à ameuter la foule et où il venait de décharger sur elle un pistolet, celle-ci le saisit et le massacra dans la rue. Cet horrible assassinat excita naturellement l'indignation la plus violente au sein de la Convention, et un décret fut rendu qui autorisait le pouvoir exécutif à en tirer une prompte ven-

[1] Ann. Reg., xxxiv. 139. Bot., t. 88.

CHAPITRE VII.

geance [1]. La Suisse non plus n'échappa point à la tempête révolutionnaire, et Genève ne put s'y soustraire long-temps. Une armée française, sous les ordres du général Montesquiou, s'approcha de ses murs; mais ce général hésitait à prendre un parti qui serait considéré comme une déclaration de guerre vis-à-vis de la confédération helvétique. Brissot, néanmoins, déclara dans un rapport savamment élaboré : « La révolution doit entrer à Genève, ou la nôtre rétrograder; » et il insista pour que les troupes suisses fussent éloignées de la ville, c'est-à-dire pour qu'elle fût remise désarmée entre les mains de la faction révolutionnaire. Les Suisses se soumirent à une aussi humiliante condition, et le 27 décembre, après le renversement du gouvernement par les insurgés, cette cité célèbre tomba au pouvoir de l'armée française. On n'oublia pas davantage les petits princes allemands; l'électeur palatin qui était resté complètement neutre, vit ses possessions du Bas-Rhin mises sous le séquestre, et une portion considérable des territoires de Hesse-Darmstadt, de Weid-Runchel et de Nassau-Sarbruck, fut annexée aux départements voisins de la France [2].

Enfin, le 19 novembre 1792, l'assemblée adopta à l'unanimité un décret qui mettait la république française en état de guerre ouverte avec tous les

[1] Bott., I. 237.
[2] Ann. Reg., xxxiv. 133. Bott., I. 96, 97, 257.

gouvernements établis. Il était conçu en ces termes :
« La Convention nationale déclare, au nom de la
nation française, qu'elle promet *protection et assistance à tous les peuples qui voudront recouvrer leur liberté;* et elle charge le pouvoir exécutif d'envoyer
à ses généraux les ordres nécessaires pour qu'ils
aient à secourir ces peuples et à défendre les citoyens qui ont souffert ou pourront souffrir pour
la cause de la liberté [1]. » Brissot lui-même qualifia
plus tard ce décret de « mesure absurde, impolitique
et propre seulement à exciter les justes inquiétudes
des cabinets étrangers [2]. » Il fut en outre suivi,
le 15 décembre, d'une résolution sans exemple
dans l'histoire, et tellement extraordinaire qu'aucune analyse ne peut donner une idée exacte de
son esprit [3].

[1] Ann. Reg., XXXIV. 133.
[2] *Brissot à ses commettants*, 80. Édition de Londres.
[3] La Convention nationale, fidèle au principe de la souveraineté des peuples, qui ne lui permet pas de reconnaître aucune institution qui y porte atteinte, décrète ce qui suit : Art. 1er. Dans les pays qui sont ou qui seront occupés par les armées de la République française, les généraux proclameront sur-le-champ, au nom de la nation française, l'abolition des impôts ou contributions existants : la dîme, les droits féodaux fixes ou casuels, la servitude réelle ou personnelle, les droits de chasse exclusifs, la noblesse, et généralement tous les privilèges. — Art. 2. Ils proclameront la souveraineté du peuple et la suppression de toutes les autorités existantes ; ils convoqueront de suite le peuple en assemblées primaires ou communales pour créer et organiser une administration provisoire ; ils feront publier, afficher et exécuter dans la langue ou idiome du pays, dans chaque commune, la proclamation annexée au présent décret. — Art. 3. Tous les agents et officiers de l'ancien gouvernement ainsi que les individus ci-devant réputés nobles ou membres de quelques corporations ci-devant privilégiées, seront, mais pour la première élection seulement, inadmissibles aux places d'administration ou de pouvoir judiciaire provisoire. — Art. 4. Les généraux mettront de suite sous la sauvegarde et protection de la République française tous les biens meubles et immeubles appartenant au fisc, au prince, à ses fauteurs et adhérents et satellites vo-

Ce décret fut immédiatement transmis aux généraux de la frontière avec des commentaires et des notes explicatives dans un style plus violent encore, s'il est possible, que son texte. Pour les aider dans leurs travaux, on envoya à toutes les armées des commissaires spéciaux qui devaient surveiller le développement des principes révolutionnaires dans les pays conquis. Il leur était enjoint « de ne pas permettre qu'il y subsistât le moindre vestige des anciennes autorités ; » et non-seulement d'encourager les écrits destinés à l'instruction du peuple, les sociétés patriotiques et tous les établissements qui avaient pour but de propager la liberté, mais encore de se mettre eux-mêmes en communication directe avec le peuple, et de rectifier ainsi par de fréquents éclaircissements, tous les faux rapports au moyen desquels des personnes malintentionnées tenteraient de les égarer [1]. Le décret du

---

lontaires, aux établissements publics, aux corps et communautés laïcs et religieux, etc. — Art. 9. L'administration provisoire nommée par le peuple et les fonctions des commissaires nationaux cesseront aussitôt que les habitants, après avoir déclaré la souveraineté du peuple, la liberté et l'indépendance, auront organisé une forme de gouvernement libre et populaire. — Art. 10. Dans le cas où l'intérêt commun exigerait le séjour prolongé des troupes de la République sur le territoire étranger, la République prendra les arrangements nécessaires pour fournir à leur subsistance. — Art. 11. La nation française déclare qu'elle traitera en ennemis les peuples qui, refusant ou abdiquant la liberté et l'égalité, voudront conserver leurs princes et les castes privilégiées, ou entrer en accommodement avec eux. La nation s'engage à ne pas déposer les armes que la souveraineté et la liberté des peuples sur le territoire desquels sera entrée une armée française, n'aient été établies, et à ne consentir aucun arrangement ou traité avec les princes et personnes privilégiées ainsi dépossédés, auxquels la République fait la guerre. *Annual Register*, XXXIV. 133.

[1] Les écrivains les plus distingués de la France conviennent de la fu-

19 novembre était accompagné d'un exposé adressé aux différents généraux des armées françaises, et contenant le plan détaillé de leurs opérations, plan qui avait été tracé avec la même symétrie que s'il se fût agi des affaires ordinaires de toute autre branche de l'administration. Chaque chef de corps était en outre pourvu d'un blanc-seing avec cette formule épistolaire, la même pour toutes les nations du globe : « Le peuple de France au peuple de ...., salut. Nous sommes venus pour chasser vos tyrans. » Et lorsque M. Baraillan [1] proposa à la Convention nationale de déclarer en termes exprès, que le décret du 19 novembre ne s'appliquait qu'aux nations avec lesquelles on était en guerre, sa motion fut rejetée par une forte majorité.

Des actes d'une nature aussi étrange et aussi alarmante excitèrent un sentiment général d'inquiétude dans la Grande-Bretagne troublée déjà par le langage séditieux des sociétés jacobines, dont le nombre s'était considérablement accru dans ce

reur guerrière qui, à cette époque, s'était emparée du gouvernement de leur pays. « Tout homme doué de la moindre prévoyance, » dit le maréchal Saint-Cyr, « présentait clairement, à la fin de 1792, les dangers qui menaçaient la République, et était accablé d'étonnement en voyant, je ne dirai pas l'imprudence, mais la folie de la Convention qui, au lieu de chercher à diminuer le nombre de ses ennemis, semblait résolue à l'augmenter par des insultes successives, non-seulement contre les rois, mais encore contre tout gouvernement existant. Une confiance aveugle et sans bornes égarait les esprits de ses membres qui ne songeaient qu'à détrôner les rois par leurs décrets, laissant les armées, sur lesquelles reposaient le salut de la République, dans une désorganisation complète. » Saint-Cyr, *Mémoires* 1. 19. 20.

[1] Lacr., xxxiv. 165, 166.

pays. L'armée et la flotte avaient été réduites dès le commencement de 1792, d'après les ordres du roi, et le cabinet anglais avait toujours résisté aux pressantes sollicitations qui lui avaient été faites de se joindre à la ligue formée contre la France. Même après que le trône de Louis XVI eut été renversé le 10 août, il avait prescrit à son ambassadeur de renouveler ses assurances de neutralité, avant de quitter une capitale où il n'y avait plus désormais de gouvernement stable; et le ministre Lebrun déclara que le gouvernement français avait la confiance que « le cabinet anglais, dans ce moment décisif, ne se départirait pas de la justice, de la modération et de l'impartialité dont il avait donné tant de preuves jusque-là. » Mais lorsque la Convention nationale s'occupa ouvertement de révolutionner tous les autres royaumes, sa conduite inspira de justes défiances, défiances qui se changèrent en haine par l'intention qu'elle manifesta de comprendre l'Angleterre au nombre des états dont elle promettait de secourir les sujets révoltés [1].

Le correspondant de Londres et quatre autres sociétés présentèrent, le 7 novembre, à l'assemblée, une adresse remplie des sentiments les plus révolutionnaires, et qui fut accueillie avec les témoignages du plus vif enthousiasme. On était tellement convaincu en France de l'imminence d'une grande

[1] Ann. Reg., xxxiv. 165, 168, et State Papers, 527.

convulsion politique en Angleterre, que le président Grégoire s'exprimait ainsi, le 21 novembre 1792 [1] : « Ces respectables insulaires furent nos maîtres dans l'art social ; devenus aujourd'hui nos disciples, et marchant sur nos traces, bientôt les fiers Anglais imprimeront une nouvelle secousse qui retentira juqu'au fond de l'Asie. »

Sur ces entrefaites, la France commit un acte d'agression contre la Hollande, alors l'alliée de la Grande-Bretagne, ce qui amena nécessairement une collision avec cette dernière puissance. Il avait été stipulé par le traité de Munster que l'Escaut demeurerait fermé pour toujours ; mais le cours de leurs victoires ayant conduit les armées françaises à Anvers, un décret de la Convention, du 16 novembre, enjoignit au général en chef de faire ouvrir l'Escaut, et un autre décret du même jour ordonnait à ses troupes de poursuivre les fugitifs autrichiens jusque sur le territoire hollandais. Ces instructions furent immédiatement exécutées, et une escadre française navigua sur l'Escaut en dépit du gouvernement de la Hollande, et alla coopérer au siège de la citadelle d'Anvers. Les Français n'essayèrent pas de justifier une semblable infraction aux traités par aucun motif tiré du droit des gens ; ils prétendirent seulement « que des traités arrachés par la cupidité et consentis par le despotisme ne pouvaient enchaîner les Belges devenus libres. » Ce qui rendait cette agression complètement inexcusable, c'est qu'en 1784, huit ans à peine avant l'époque dont nous parlons, la France était intervenue pour empêcher l'ouverture de l'Escaut tentée par l'Autriche, alors maîtresse des Pays-Bas, et qu'elle avait réussi dans son opposition, en prétextant qu'un tel acte serait une violation des droits garantis aux Provinces-Unies par le pacte de 1731 [1].

Dans ces inquiétantes circonstances, on commença à lever des troupes en Angleterre; la Tour fut mise en état de défense et le parlement convoqué pour le 13 décembre. Les dangereux principes d'intervention nouvellement proclamés et mis en pratique par les gouvernants français furent sévèrement blâmés dans le discours de la couronne. « J'ai soigneusement observé, » disait le roi, « la plus stricte neutralité dans la guerre actuelle du continent, et je me suis constamment abstenu de toute intervention dans les affaires intérieures de la France; mais il est impossible de voir sans de graves mécontentements, l'intention sans cesse plus apparente et plus marquée de ce pays d'exciter des troubles dans les autres états, de mépriser les droits des peuples neutres et de poursuivre ses vues d'agrandissement et de conquêtes, de voir en outre les mesures adoptées par lui vis-à-vis de la Hollande mon alliée, qui était restée neutre comme moi, mesures de tout point contraires au droit des

[1] *Mémoires de Lebrun à la Convention.* Ann. Reg., XXXIII. 168; et XXXIV. 173. Ségur, II. 78, 79.

gens et aux stipulations des traités existants. »
Une aigre correspondance s'ensuivit entre le cabinet de la Grande-Bretagne et l'ambassadeur français, laquelle n'ayant eu aucuns résultats satisfaisants, l'Angleterre continua ses armements et des préparatifs semblables se firent dans les ports de la France. « L'Angleterre ne souffrira jamais, » disait lord Grenville dans une note adressée à M. Chauvelin, l'envoyé français, « que votre patrie s'arroge le pouvoir d'annuler à plaisir et en vertu d'un soi-disant droit naturel dont elle se prétend seule juge, le système politique de l'Europe, établi par des traités solennels et garanti par le consentement unanime de toutes les puissances. Aussi elle ne verra jamais d'un œil indifférent que la France se fasse, directement ou indirectement, la souveraine des Pays-Bas, et l'arbitre suprême des droits et des libertés de l'Europe. Si la France est réellement désireuse de conserver la paix et l'amitié de l'Angleterre, qu'elle renonce à ses projets d'attaque et à ses vues d'agrandissement et qu'elle se renferme dans les limites de son territoire, sans insulter les autres gouvernements, sans troubler leur repos ou violer leurs droits [1]. »

A cela M. Lebrun répondait : « Le dessein de la Convention n'a jamais été de s'engager à faire de la cause de quelques individus étrangers la cause de la nation française tout entière ; mais lorsqu'un

[1] Ann. Reg., xxxiv. 168, 178 ; et State Papers, n° 1.

peuple réduit en esclavage par un despote, aura eu le courage de briser ses fers; lorsque ce peuple rendu à la liberté, se sera constitué de manière à pouvoir exprimer clairement la volonté générale; lorsque cette volonté générale réclamera la fraternelle assistance de la nation française, c'est alors que le décret du 19 novembre recevra son application náturelle, et voilà ce que personne ne peut trouver étrange [1]. »

Les dispositions de la Grande-Bretagne vis-à-vis de la France, à cette époque, et la ligne de conduite qu'elle s'était tracée d'accord avec ses alliés, avant que la guerre n'eût prématurément éclaté par suite de l'exécution du roi, ne sauraient être mieux éclaircies que par la citation d'une dépêche officielle de lord Grenville à l'ambassadeur anglais à Saint-Pétersbourg, au sujet de la confédération proposée contre la république française. Il résulte de ce précieux document, que l'Angleterre avait posé comme une base de l'alliance, que la France resterait entièrement libre d'organiser son gouvernement et tout ce qui avait rapport à ses affaires intérieures suivant son bon plaisir; et que les efforts des alliés devraient se borner à prévenir son intervention dans les affaires des autres états, l'extension de ses conquêtes ou l'envahissement de la propagande révolutionnaire [2].

[1] *Mémoires de Lebrun.* Ann. Reg., xxxiv. 174
[2] Dans ce document politique d'un si haut intérêt, lord Grenville dit entre

Telles étaient les intentions du cabinet anglais ; mais des idées bien différentes dirigeaient les hommes entre les mains desquels reposait le sort de la France. Le gouvernement de ce pays voulait à tout prix répandre les principes de la révolution en Angleterre, comme le prouve énergiquement une circulaire adressée par Monge, ministre de la marine, à tous les habitants des villes maritimes de la France, sous la date du 31 décembre 1792, c'est-à-dire plus d'un mois avant la déclaration de la

autres choses : « Les deux points principaux sur lesquels doit naturellement rouler une semblable explication sont d'une part la ligne de conduite à tenir avant le commencement des hostilités, dans le dessein de les détourner, s'il est possible ; de l'autre, la nature et le montant des forces que les puissances alliées devront engager dans la lutte, en supposant que de telles extrémités soient absolument inévitables. A l'égard du premier, il semble, sauf discussion ultérieure avec les autres états, que la marche la plus sage à suivre serait une explication nette et précise avec les puissances actuellement en guerre avec la France, afin de donner à celle qui n'y ont point encore pris part, le temps de faire à ce royaume des propositions de paix. Les conditions d'un traité de ce genre devaient être pour la France, de retirer ses armées en-deçà des limites de son territoire, d'abandonner ses conquêtes, d'annuler tous les actes injurieux commis par elle contre la souveraineté et au préjudice des droits des autres nations, et enfin de fournir un gage certain de son intention de ne plus fomenter de troubles dans les autres pays, ou d'exciter leurs sujets à la révolte. En retour de ces stipulations, les différentes puissances de l'Europe, parties contractantes au traité, s'engageraient à renoncer à toute mesure hostile contre la France ou à toute intervention dans ses affaires intérieures, et à entretenir des rapports d'amitié avec les pouvoirs existants dans ce pays, avec lesquels une semblable convention peut être arrêtée. Si les termes de cette proposition n'étaient pas acceptés par la France, ou si, étant acceptés, ils n'étaient pas exécutés par elle d'une manière satisfaisante, les différentes puissances s'engageraient l'une envers l'autre à prendre des mesures afficaces pour arriver à l'accomplissement de leurs desseins ; et il faudra considérer si, dans ce cas, il ne serait pas raisonnable de déterminer d'avance les indemnités qui devraient les couvrir des risques et dépenses de la guerre. » Telles étaient les bases sur lesquelles l'Angleterre voulait établir la pacification générale de l'Europe ; on verra par la suite que tels ont toujours été les seuls principes maintenus par elle durant tout le cours de la lutte, et qu'en particulier elle ne proposa jamais la restauration des Bourbons comme une condition de la paix. (Voir *Parl. Hist.* 1313, 1314.)

CHAPITRE VII.

guerre. « Le roi, disait-il, et le parlement d'Angleterre veulent nous attaquer, mais les républicains anglais le souffriront-ils ? Déjà ces libres insulaires manifestent la répugnance qu'ils auraient à porter les armes contre leurs frères français. Nous volerons à leur secours, nous ferons une descente dans leur île où nous jetterons cinquante mille bonnets de la liberté; nous planterons parmi eux l'arbre sacré, et nous présenterons les armes aux républicains nos frères. La tyrannie de leur gouvernement sera bientôt détruite. » Lorsque tel était le langage des ministres français vis-à-vis d'un peuple avec lequel on se trouvait encore en paix, il n'existait plus évidemment aucun moyen d'accommodement possible, surtout si l'on considère que de semblables sentiments étaient partagés par un nombreux parti de ce côté de la Manche [1].

Après quelque temps employé en correspondances, le moment de la crise arriva et le signal en fut donné par l'exécution de Louis XVI qui eut lieu le 21 janvier 1793. Comme il n'y avait plus désormais dans Paris l'ombre d'un gouvernement avec lequel on pût continuer d'entretenir des relations diplomatiques, M. Chauvelin reçut l'ordre de quitter, sous huit jours, le territoire anglais ; on lui notifia cependant que le cabinet de St-James serait toujours prêt à entendre les propositions conciliatrices qui lui seraient faites. Mais le 3 février, la Con-

[1] Ann. Reg., XXXIV 179.

vention française, au rapport de Brissot, déclara unanimement la guerre à la Grande-Bretagne [1].

Tel est le récit détaillé des causes de cette guerre générale qui bientôt embrasa toutes les parties du globe; qui se continua, sauf de courtes interruptions, durant plus de vingt années; pendant laquelle toutes les capitales de l'Europe furent occupées par des armées étrangères, et que termina enfin l'invasion de la métropole française par des hordes de Cosaques et de Tartares. On chercherait en vain dans les annales du monde l'exemple d'une lutte se développant sur une aussi gigantesque échelle et poursuivie avec un semblable acharnement, d'une lutte également remarquable et par les efforts incroyables des gouvernements qui la soutenaient et par l'enthousiasme universel de leurs sujets. Presque toutes les époques de l'histoire européenne sont pâles et décolorées auprès des guerres de la révolution française, et les conquêtes de Marlborough ou de Turenne s'effacent à côté des campagnes de Napoléon.

Si l'on passe froidement en revue les évènements qui amenèrent cette rupture, on peut dire que le blâme de l'avoir provoquée ne retombe sur aucune des puissances de l'Europe. Le gouvernement français, en supposant même qu'il l'eût voulu, n'aurait pas pu mettre un frein à l'ardeur révolutionnaire de ses sujets ou empêcher leurs relations avec les

[1] Ann. Reg., xxxiv. 199.

mécontents des autres pays, relations qui excitèrent au sein de ces derniers d'aussi vives inquiétudes. La Prusse et l'Autriche se plaignaient à bon droit des infractions faites au traité de Westphalie par la dépossession violente des nobles et du clergé de l'Alsace, et elles avaient de justes raisons de redouter les plus graves dangers pour elles-mêmes des doctrines propagées dans leurs états par les émissaires de la France. De son côté l'Angleterre, quoique la dernière à abandonner son système de neutralité, se vit néanmoins contrainte à s'engager dans la lutte, lorsqu'après le 10 août les Jacobins proclamèrent hautement leurs alarmants principes d'intervention étrangère, et lorsque la Hollande se trouva placée dans un danger imminent par la marche victorieuse des armées françaises, qui déjà s'étaient avancées jusqu'aux rives de l'Escaut.

Les principes de non intervention parfaitement justes pour les cas généraux, sont nécessairement soumis à quelques exceptions. On n'a jamais répondu d'une manière satisfaisante à l'observation de M. Burke : « Si la maison de mon voisin devient la proie des flammes et que l'incendie menace de s'étendre à la mienne, il m'est bien permis d'intervenir pour éloigner un désastre qui serait également funeste à tous les deux. » Si les nations étrangères sont fondées à interposer leur médiation, lorsque la tyrannie d'un gouvernement est poussée à l'excès, elles doivent l'être de même, lorsqu'un peuple se porte à des actes de violence contre son souverain. La France, qui soutint de tous ses efforts et avec tant de justice le traité du 6 juillet 1828 dont le but était de délivrer la Grèce de l'oppression des Turcs, la France qui prit une part si active à la guerre des colonies américaines contre la Grande-Bretagne, et qui, en 1832, envahit les Pays-Bas et vint assiéger Anvers sous le prétexte apparent de conserver la paix de l'Europe, la France n'avait pas le droit de se plaindre du traité de Pilnitz, qui avait pour objet de sauver son roi de l'échafaud et la nation française elle-même d'une tyrannie cent fois pire que ne le fut jamais celle de Constantinople.

Les motifs qui déterminèrent le cabinet anglais à la guerre sont longuement developpés dans une importante déclaration adressée par lui aux commandants de ses forces de terre et de mer, le 29 octobre 1793, peu de temps après l'exécution de la reine. Voici quelle en était la teneur : « A un ancien gouvernement a succédé un système destructif de tout ordre public, système qui ne s'est maintenu que par les proscriptions, l'exil et des confiscations sans nombre; par des emprisonnements arbitraires; par des massacres dont le souvenir fait horreur, et en dernier lieu par l'exécrable meurtre d'un souverain juste et bon et de l'illustre princesse qui a partagé avec un courage inébranlable toutes les infortunes de son royal époux, ses longues souffrances, sa cruelle captivité, sa mort ignominieuse.

Les puissances alliées ont eu à se défendre contre les actes d'agression les plus iniques, contre l'infraction manifeste de tous les traités, contre des déclarations de guerre sans motifs ; en un mot, contre tout ce que la corruption, l'intrigue et la violence pouvaient tenter dans le dessein publiquement avoué de bouleverser toutes les institutions sociales, et d'étendre à toutes les nations de l'Europe cette fatale anarchie qui a produit les malheurs de la France.

» Cet état de choses ne peut subsister en France sans envelopper dans un danger commun toutes les puissances voisines, sans leur donner le droit, sans leur prescrire le devoir d'arrêter les progrès d'un mal qui entraîne à sa suite la violation successive de toutes lois, de toute propriété, et qui attaque les fondements sur lesquels repose l'édifice de la société civile. Le roi n'imposera que des conditions conformes à la modération et à l'équité, non pas celles que pourraient justifier les dépenses, les risques et les sacrifices de la guerre, mais celles que sa majesté jugera indispensables pour le maintien des principes sociaux, et, plus encore, pour sa propre sécurité et la tranquillité future de l'Europe. Le plus vif désir de sa Majesté est de terminer promptement une guerre qu'elle a tout fait pour éviter, et dont les innombrables calamités, comme le reconnaît aujourd'hui la France, ne doivent être imputées qu'à l'ambition, à la perfidie et à la violence de ces hommes dont les crimes ont causé la ruine de leur patrie et déshonoré toutes les nations civilisées.

» Le roi, pour ce qui le concerne, promet la suspension des hostilités, son amitié, et, autant que le permettront les évènements dont la volonté de l'homme ne peut maîtriser le cours, sécurité et protection à tous ceux qui, en se déclarant pour une forme de gouvernement monarchique, secoueront le joug d'une sanguinaire anarchie, de cette anarchie qui a brisé tous les liens les plus sacrés de la société, dissous toutes les relations de la vie civile, violé tous les droits, confondu tous les devoirs; qui se sert du nom de la liberté pour exercer la plus cruelle tyrannie, pour anéantir toutes les propriétés et envahir toutes les possessions; qui fonde son pouvoir sur le prétendu consentement du peuple, et met à feu et à sang de vastes provinces pour avoir redemandé leurs lois, leur religion, leur souverain légitime. » Voilà la véritable éloquence! Tel est le sincère exposé des motifs de la guerre, dans un langage digne de la grande cause de la liberté, à la défense de laquelle se consacra dès lors la nation anglaise et qu'elle n'abandonna pas jusqu'au jour où ses armées triomphantes entrèrent dans Paris [1].

[1] Ann. Reg., 1793. State Papers, 199. Parl. Hist., xxx. 1897.

CHAPITRE VIII.

CAMPAGNE DE 1792.

ARGUMENT.

Situation des armées françaises au commencement de la guerre. — Situation des alliés. — Invasion de l'armée française dans les Pays-Bas. — Sa défaite. — Consternation de Paris. — Les armées alliées se réunissent sur le Rhin. — Invasion de la France par le duc de Brunswick. — Ordre de sa marche. — Reddition de Longwy et de Verdun. — Mouvements de Dumouriez. — Description de la forêt d'Argonne. — Il s'empare des défilés avant l'arrivée des Prussiens. — Temporisation des alliés. — Clairfait force l'un des défilés. — Dumouriez se replie sur Sainte-Menehould. — Déroute d'une partie de l'armée française pendant la retraite. — La France prend position à Sainte-Menehould. — Elle y réunit ses armées. — Consternation dans Paris et à l'arrière-garde des troupes. — Canonnade de Valmy. — La France conserve sa position. — Détresse des alliés ; ils se décident à la retraite. — Différents motifs de cette résolution. — Terreur de Paris. — Conférences ouvertes au sujet de la retraite des alliés. — Ils commencent à rétrograder et regagnent le Rhin. — Opérations militaires en Flandre. — Bombardement de Lille. — Levée du Siège. — Mouvement sur le Haut-Rhin. — Prise de Mayence par Custine. — Plan de l'invasion de la Flandre commencée par Dumouriez. — Bataille de Jemmapes. — Lenteur de Dumouriez. — Conquête de la Flandre. — Les succès de Dumouriez inspirent de la jalousie à Paris. — Les républicains s'avancent jusque sur les bords de l'Escaut et de la Meuse. — Prise d'Anvers, Liège et Namur. — Dumouriez fait prendre à son armée ses quartiers d'hiver. — Violent décret de la Convention et grands changements révolutionnaires en Belgique. — Cruelle oppression des Français en Flandre. — La guerre est commencée contre le Piémont. — Conquête de la Savoie et de Nice. — La Suisse menacée d'une invasion, qui est différée. — Mesures prises pour révolutionner Nice et la Savoie. — Leur incorporation à la France. — Clôture de la campagne sur le Haut-Rhin. — Echecs des républicains ; ils repassent le Rhin. — Immenses résultats de cette campagne. — Précipitation des alliés. — Suites fâcheuses de leur manque de vigueur au commencement des opérations. — Situation Périlleuse de la France à cette époque. — Réflexions générales sur la campagne.

« La paix, dit Ségur, est le rêve du sage ; la guerre est l'histoire de l'homme. La jeunesse ne prête qu'une oreille distraite aux conseils de ceux qui veulent la conduire dans les voies de la raison et du bonheur; et elle se précipite avec une fougueuse impétuosité dans les bras des fantômes qui l'attirent à sa perte par l'éclat de la gloire [1]. » La raison, la sagesse, l'expérience, s'efforcent en vain de réprimer ce penchant par des motifs supérieurs aux enseignements de la philosophie; celle-ci, en pareil cas, ne peut se faire écouter de la plupart des hommes, et l'on voit des générations entières, entraînées par une impulsion irrésistible, se précipiter vers leur ruine et chercher, en combattant leurs semblables, à donner une issue aux indomptables passions de leur nature. « Imposer le respect ou la crainte et, si l'on ne peut persuader par la raison, résister avec courage, tel est, dit M. Fergusson, le plus noble exercice, tels sont les plus grands triomphes d'un esprit fortement trempé ; et celui qui n'a jamais lutté avec ses semblables, est étranger à la moitié des sentiments qui agitent l'humanité [2]. »

Mais ce serait une grave erreur de croire, que cette soif de sang universelle, inextinguible, ne produit que des maux, et que de l'œuvre d'une destruction mutuelle il ne saurait provenir aucun bien pour les générations futures. C'est dans de semblables tempêtes que les germes d'amélioration se

[1] *Mémoires de Ségur*, II. 89.
[2] Fergusson, 30 *Civil Society*.

répandent à travers le monde; que les races se mêlent, et que la rudesse des caractères du nord s'adoucit aux molles influences de la civilisation méridionale. C'est au milieu des extrémités et des périls de la guerre que les antiques préjugés sont abandonnés, les idées nouvelles propagées; que les ressources naissent de la nécessité et les progrès de l'imitation; que, par le mélange des races diverses, les vices et les aspérités de chacune se corrigent et se policent, grâce aux bienfaits de relations plus étendues. Rome vainquit le monde par ses armes, elle l'humanisa par ses exemples; les conquérants du nord régénèrent une civilisation ancienne et corrompue par l'énergie de leur valeur barbare; les croisades rapportèrent en Europe les connaissances et les arts de l'Orient. Des effets aussi importants, des avantages aussi durables sont résultés, pour l'espèce humaine, des guerres de la révolution française, et, au milieu de leurs annales sanglantes, on voit poindre déjà l'aurore des principes destinés à changer la forme de la société et à renouveler la face du monde moral.

La France ayant résolu la guerre, s'occupa de l'organisation de trois armées considérables. Dans le nord, le maréchal Rochambeau commandait quarante mille hommes d'infanterie et huit mille hommes de cavalerie cantonnés de Dunkerque à Philippeville. Lafayette gardait le centre avec quarante-cinq mille hommes d'infanterie et sept mille hommes de cavalerie échelonnés depuis Philippeville jusqu'à Lautre, tandis que le maréchal Luckner, à la tête de trente-cinq mille fantassins et de huit mille cavaliers, surveillait le cours du Rhin de Bâle à Lauterbourg. Au midi, le général Montesquiou, avec cinquante mille hommes, était chargé de défendre la ligne des Pyrénées et le cours du Rhône. Mais ces armées n'étaient formidables que sur le papier. L'agitation et la licence, filles de la révolution, avaient relâché les liens de la discipline, et l'habitude de discuter et de juger des questions politiques avait détruit la confiance des soldats dans leurs chefs. On pouvait en outre prévoir, qu'aussitôt que la guerre serait devenue défensive, la moitié de ces forces serait appelée à former la garnison de la triple ligne de forteresses qui protégeaient le cours du Rhin contre les tentatives d'agression étrangère [1].

Cependant l'enthousiasme national leva bientôt de nombreuses recrues. Chaque village, chaque hameau envoyait sa petite bande d'hommes armés pour grossir les troupes de la frontière; les routes étaient couvertes de bataillons de la garde nationale qui accouraient en toute hâte vers le théâtre de l'action. Mais l'ardeur publique ne pouvait suppléer au manque d'organisation militaire, ni le courage au manque de discipline. Tous les efforts des armées françaises furent d'abord malheureux, et, si les

[1] Jom., II. 5. Toul, II. 119. Th., II 45, 46.

alliés avaient été mieux préparés au combat, ou s'ils avaient su profiter des avantages qu'ils obtenaient, la guerre aurait pu être terminée dans la première campagne [1].

Les alliés n'avaient pas d'armées suffisantes sur pied à opposer à celles de la France; preuve certaine que le plan d'opérations arrêté lors du traité de Pilnitz, avait été abandonné par les parties contractantes. L'Autriche et la Prusse entrèrent seules en campagne; l'Angleterre conservait toujours une stricte neutralité, et les troupes russes licenciées sur le Danube, après le traité de Jassy, se dirigeaient lentement vers la Pologne, objet de l'ambition moscovite. L'Espagne et le Piémont demeuraient en paix. Cinquante mille Prussiens étaient les seules forces dont on pût disposer pour une entreprise aussi hasardeuse que l'invasion de la France; et l'empereur, affaibli par ses démêlés sanglants avec les Turcs, n'avait rassemblé que difficilement soixante-cinq mille hommes sur la ligne du Rhin, depuis le lac de Constance jusqu'à la frontière hollandaise. Le corps des émigrés, réuni dans les environ de Trèves et de Coblentz et dans le margraviat de Bade, se montait à peine à sept mille hommes peu propres, en raison de leur rang et de leurs habitudes, au service de simples soldats, dans une campagne fatigante, et il ne devait arriver

[1] Toul, II 121 Jom., II. 4.

sur le Rhin que vers la fin du mois de juillet [1].

Encouragée par la faiblesse des troupes autrichiennes préposées à la garde des Pays-Bas, la France tenta d'envahir la Flandre. Elle divisa son armée en quatre colonnes qui devaient se réunir à Bruxelles, et qui se mirent en marche le 28 avril 1792 ; mais elles n'éprouvèrent dans toutes les directions, que de honteuses défaites. Le général Dillon parti de Lille avec quatre mille hommes, fut rencontré par un détachement de la garnison de Tournay, et avant même que les Autrichiens eussent fait une seule décharge et que leur cavalerie fût arrivée sur le champ de bataille, les Français se mirent en fuite, massacrèrent leur commandant, et rentrèrent à Lille dans un tel désordre, que cette importante forteresse courut le risque d'être prise. Le corps qui était sorti de Valenciennes, sous les ordres de Biron, ne fut pas plus heureux ; à peine les soldats impériaux avaient-ils commencé la canonnade, le 29 avril, que deux régiments de dragons se débandèrent en criant : « Nous sommes trahis ! » et entraînèrent avec eux toute l'infanterie. Le lendemain, ils furent attaqués par les Autrichiens sous les murs de Beaulieu, et dès la première charge, ils s'enfuirent du côté de Valenciennes, en s'écriant de nouveau qu'ils étaient trahis ; ce ne fut qu'avec des efforts inouis que Rochambeau parvint à les rallier derrière Ruelle. Les troupes qui devaient

[1] Ann. Reg., 1791, 206. Jom., II. 4, 5. Th., II 79.

s'élancer de Dunkerque à Furnes, rétrogradèrent en apprenant ces désastres, et le général Lafayette jugea prudent de suspendre le mouvement de son armée, et de se retirer à son camp de Rancennes [1].

Tels furent les résultats de l'insubordination et de la licence qui s'étaient introduites dans les rangs de l'armée française, après qu'elles se furent révoltées contre leur souverain; exemple mémorable pour les âges futurs des dangers auxquels on s'expose en permettant à des soldats de jouer un rôle politique, et d'oublier les lois de l'honneur militaire pour l'accomplissement de prétendus devoirs sociaux. La défection des gardes françaises, cause immédiate de la chute de Louis XVI, plaça la France sur le bord de l'abîme; avec un ennemi plus entreprenant ou mieux préparé, la démoralisation produite par ces premières défaites sur la frontière, serait devenue funeste à l'indépendance nationale [2]. Si Napoléon ou Wellington eussent été à la tête des Autrichiens en Flandre, la France n'aurait jamais reconquis son drapeau, et si les alliés eussent connu la position désespérée de leurs adversaires, ils auraient marché sans crainte contre Paris. On ne peut rien attendre de troupes qui ont pris part à une révolution, quelle qu'ait été leur ancienne valeur, jusqu'au moment

[1] Jom., II. 16, 17. Th. II. 78, 79, 80. Saint-Cyr, I. 47, 48. Introduction. Toul., II. 121.
[2] Jom., II. 17.

où une autorité despotique a rétabli la discipline parmi elles.

L'extrême facilité avec laquelle avait été repoussée l'invasion de la Flandre, et la honteuse déroute des Français produisirent une impression extraordinaire dans toute l'Europe. Les Prussiens conçurent un souverain mépris pour leurs ennemis, et il est curieux de voir quels étaient les sentiments exprimés par eux à cette époque. Les hommes de guerre de Magdebourg ne considéraient les armées françaises que comme un ramas de gens indisciplinés. « N'achetez pas tant de chevaux, disait le ministre Bischoffswader à quelques officiers supérieurs ; la comédie ne durera pas long-temps ; l'armée des législateurs sera bientôt anéantie en Belgique, et au commencement de l'automne nous serons en route pour revenir dans nos foyers [1]. »

Les Jacobins et tous les partisans de la guerre dans Paris, quoique extrêmement déconcertés par le mauvais succès de leurs armes, eurent néanmoins l'adresse de dissimuler leurs appréhensions. Ils lancèrent les foudres de leur indignation contre les auteurs de ces désastres. Luckner fut désigné comme successeur de Rochambeau que l'on congédia, et des tribunaux furent spécialement créés pour le jugement des infractions commises contre la discipline militaire. On eut recours aux mesures les plus énergiques pour renforcer les armées et

[1] Hard., I. 557. Saint Cyr, I. 89. Introd.

raviver l'esprit national, que les récentes défaites avaient considérablement abattu ; et Luckner reçut l'ordre de reprendre les hostilités [1].

Faible et irrésolu, ce vieux général était peu fait pour ranimer la confiance de l'armée. Ses premières tentatives furent aussi malheureuses que celles de son prédécesseur, et il fut contraint, après avoir essuyé un violent échec, de se replier en toute hâte vers sa frontière ; en même temps l'avantgarde de Lafayette fut surprise et taillée en pièces près de Maubeuge, et ses nombreuses troupes tombèrent dans le plus complet découragement. Il semblait, à ce moment, que les opérations des généraux français ne fussent calculées qu'en vue de l'absence de leurs ennemis ; dès que ceux-ci paraissaient, elles étaient aussitôt abandonnées [2].

Cependant la Prusse et l'Autriche s'occupaient avec assez de lenteur à réunir leurs forces sur la frontière. Les honteux désordres du 20 juin accélérèrent leurs mouvements, et M. de Calonne insista fortement auprès des souverains alliés pour qu'ils s'avançassent rapidement, s'ils voulaient sauver le roi de sa périlleuse situation. Vers le milieu du mois de juin, les Prussiens étaient rassemblés dans le voisinage de Coblentz ; la tenue disciplinée de leurs régiments formés à l'école de Potsdam, l'aspect martial des Autrichiens récem-

[1] Jom., II. 19, 21. Th., II. 80. Toul, II. 123.
[2] Th., II. 80. Jom., II 22, 23.

ment arrivés de leurs campagnes contre les Turcs, semblaient promettre une victoire facile sur les tumultueuses levées de la France [1]. La désorganisation et l'abattement des armées françaises étaient d'ailleurs parvenus à leur comble avant le commencement même de l'invasion, et Frédéric-Guillaume comptait au moins autant sur la faiblesse de leur résistance que sur la valeur de ses propres troupes.

Le duc de Brunswick qui avait été investi du commandement en chef de l'armée d'invasion et qui, de tous les généraux appelés à combattre la révolution française, fut le premier à prendre l'initiative, était un homme de capacité peu ordinaire. Né en 1735, il était fils du duc Charles de Brunswick, et sa femme était la sœur de Frédéric II de Prusse. Dès ses plus jeunes années il montra une grande aptitude à acquérir toutes sortes de connaissances; malheureusement les mœurs de la cour licencieuse où il fut élevé, l'accoutumèrent promptement aux vices et aux jouissances d'une vie corrompue. Pendant la guerre de sept ans, il fut appelé à de plus nobles devoirs, et il devint le compagnon d'armes et l'ami du grand Frédéric; mais le rétablissement de la paix le rendit à l'oisiveté, à ses maîtresses et aux plaisirs. Ses habitudes voluptueuses que ne tempéra point son mariage avec la princesse Augusta, sœur de Georges III,

[1] Toul., II. 211. Jom. II. 85. Saint-Cyr, I. 62. Introd.

roi d'Angleterre, en 1764, n'eut pourtant pas pour résultat d'étouffer la vigueur native de son esprit. Sa conversation était brillante, son savoir immense, ses idées parfaitement nettes et exprimées avec la plus grande lucidité; mais quoique la vivacité de son imagination lui fît promptement apercevoir la vérité et prévenir toutes les objections qui pouvaient lui être présentées, il était néanmoins indécis dans sa conduite et constamment en proie à la crainte que sa réputation ne fût entamée. Particularité que l'on a fréquemment observée dans les hommes éminents du second ordre, jamais dans les esprits supérieurs du premier [1].

Jaloux de sa gloire militaire et de la renommée qu'il s'était acquise, d'être, après la mort de Frédéric-le-Grand, le prince le plus habile de l'Allemagne, il ne voulait risquer ni l'une ni l'autre en s'engageant dans une lutte avec la France révolutionnaire, lutte dont il prévoyait clairement tous les périls. Il ne manquait pas non plus de motifs personnels qui le confirmassent dans son opinion. Avant le commencement des hostilités, l'abbé Sièyes et le parti philosophique de la France avaient jeté les yeux sur lui comme le chef le plus capable de diriger la révolution, et dont la médiation serait le plus efficace pour désarmer la Prusse, et ils étaient même entrés dans des négociations secrètes avec lui sur ce point. On conçoit aisément avec quelle

[1] Mirabeau, *Cour de Berlin*, I. 231. Hard., I. 347, 351.

répugnance le duc de Brunswick se décidait à ouvrir la carrière d'hostilités qui interrompaient de semblables intelligences, et lui enlevaient peut-être le magnifique espoir d'être appelé un jour au trône des Bourbons ; sous l'empire de ces idées, il adressa au roi de Prusse un mémoire secret, rempli de vues sages et équitables sur la marche à suivre dans l'invasion qui approchait, et auxquelles il aurait été avantageux, pour les alliés, de se conformer strictement durant le cours de la campagne [1].

C'est dans les vues qu'entretenaient alors le cabinet prussien et le duc de Brunswick, que l'on doit rechercher le véritable secret des désastres de la campagne, et l'une des causes les plus puissantes des innombrables calamités qui fondirent plus tard sur les différentes contrés de l'Europe. Le premier songeait à s'approprier injustement une partie de la Pologne, et s'était mis à la tête de la coalition contre la France, surtout pour plaire à l'impératrice Catherine, qui, tout en dirigeant les opéra-

---

[1] « Vous comprendrez mieux que moi quelle haute influence doit avoir la disposition des esprits en France sur les opérations ultérieures de la campagne. Il serait convenable d'adresser une proclamation aux gardes nationales pour leur annoncer que nous ne faisons pas la guerre à la nation, que nous n'avons pas le dessein d'anéantir sa liberté, ni le désir de renverser sa constitution ; mais que nous ne demandons que les réparations dues aux princes allemands dépossédés en Alsace. Cette affaire des indemnités nous causera les plus grands embarras, si nous ne pouvons décider l'empereur à donner son acquiescement aux changements qui se préparent en Pologne. Quant à moi, je préfère de beaucoup les acquisitions que nous allons faire en Pologne à toutes celles qui pourraient être faites en France : car la moindre tentative d'agrandissement territorial dans ce dernier pays modifiera complètement l'esprit qui devra présider à la direction de la guerre. » *Mémoires du 10 février 1792.* — Hard., I. 349, 353.

tions de la ligue formée pour parvenir au démembrement des provinces polonaises, était en même temps très-désireuse d'anéantir les principes de la révolution. Le second craignait de compromettre sa grande réputation, qui ne reposait en définitive sur aucune action illustre ou mémorable, ou de voir ses ambitieux desseins à l'égard de la France, ruinés de fond en comble, par des hostilités trop violentes exercées contre ce pays. Le gouvernement prussien et son généralissime n'étaient donc pas disposés à jouer de franc jeu au moment d'entrer en campagne; ils ne voulaient que faire un semblant d'hostilité sur le Rhin, afin de se concilier les faveurs de la Sémiramis du nord, et d'obtenir une plus large part du riche butin qu'elle allait conquérir sur les bords de la Vistule. Frédéric-Guillaume était à la vérité beaucoup plus sincère dans son intention de délivrer le roi de France, et de rétablir l'autorité monarchique dans les états de ce dernier; mais, entouré de ministres qu'animaient des vues diverses, il ne pouvait agir avec l'énergie indispensable pour assurer le succès de l'entreprise, et il ne prévoyait pas non plus les obstacles qui entraveraient sa marche. Le duc de Brunswick seul appréciait sainement les graves dangers qui accompagneraient l'invasion, et, dans son mémoire déjà cité, il insistait avec force sur la nécessité « d'opérations immédiates et décisives dont l'inaccomplissement entraînera des conséquences incalculables; car les Français sont dans un tel état d'effervescence que, s'ils ne sont pas défaits au premier choc, ils peuvent devenir capables des résolutions les plus extraordinaires [1]. »

Dumouriez, ministre des affaires étrangères à Paris, informé que l'Autriche n'était aucunement préparée à soutenir la guerre dans les Pays-Bas, et convaincu de l'idée que le véritable intérêt de la France était d'enlever ces opulentes provinces à la maison de Habsbourg, conseilla d'envoyer sur-le-champ une armée contre la Flandre, tandis que ses agents secrets disposaient les mécontents de ce pays et du Piémont, à seconder l'invasion des républicains. Averti des intrigues que l'ambassadeur français, M. Sémonville, tramait dans ses états, le roi de Sardaigne ne lui permit pas de s'avancer au-delà d'Alexandrie. Là-dessus, Dumouriez affecta une violente colère et se plaignit de l'injure commise envers la grande nation dans la personne de son représentant; mais le cabinet de Turin demeura ferme et refusa, soit d'admettre M. Sémonville à la cour, soit de faire aucune concession aux exigences des républicains indignés [2].

Après de longues et nombreuses délibérations, on se décida à tenter l'invasion par les plaines de la Champagne, de cette même province que vinrent inonder, en 1814, les flots des armées coalisées.

[1] Hard., t. 555, 557.
[2] Hard., t. 567, 569.

De grandes difficultés étaient suscitées aux alliés par le corps des émigrés qui, ne recevant aucuns secours de la Prusse ou de l'Autriche, n'avaient pas encore acquis une forte organisation militaire : d'une part les alliés redoutaient l'exaspération que causerait en France, la vue d'une invasion armée de la noblesse proscrite, tandis que de l'autre, ils craignaient de donner de graves motifs de mécontentement à ces illustres exilés, dont l'influence était toute-puissante auprès des cours du nord. Enfin, on adopta un terme moyen, et l'on adjoignit les émigrés à l'armée principale, mais en ayant soin de les tenir en réserve avec la seconde ligne des troupes destinées à soutenir l'invasion. Cette funeste résolution était devenue inévitable par l'arrivée de dépêches de Saint-Pétersbourg, qui contenaient l'approbation expresse accordée par Catherine au plan des opérations commencées, et annonçaient en outre sa volonté bien arrêtée de ne pas souffrir qu'aucun changement intervînt dans la forme des gouvernements européens. Une semblable déclaration [1] avait pour but de cacher sous le voile d'un principe général admis sans discussion dans des cours despotiques, le dessein secrètement nourri par l'impératrice, de profiter des changements récemment apportés à la constitution polonaise pour effectuer le partage des plaines de la Sarmatie.

Les puissances co-partageantes ne tardèrent pas

[1] Hard., t. 369, 383

d'ailleurs à manifester hautement leurs prétentions. Le 8 juin 1792, Frédéric-Guillaume, d'accord avec l'impératrice Catherine, répondit au roi de Pologne qu'il désapprouvait complètement la révolution qui venait d'avoir lieu dans ses états, et qu'une invasion immédiate de la Russie et de la Prusse était la conséquence nécessaire des mesures prises sans leur consentement. Vingt-cinq mille hommes, sous le commandement du maréchal Moellendorf, reçurent en même temps l'ordre de marcher sur Varsovie. C'est ainsi qu'au moment où une sincère alliance de toutes les puissances européennes était impérieusement exigée par le besoin d'opposer une digue au torrent de la révolution française, des germes de division et de faiblesse étaient déjà semés sur les bords de la Vistule, par les plus injustes projets d'agrandissement [1].

Cependant le roi de France, qui ne se hasardait pas à communiquer ouvertement avec les souverains alliés, dépêcha secrètement à Vienne un envoyé porteur de lettres adressées au maréchal de Castres, qu'il avait choisi pour intermédiaire entre lui et les princes exilés. Ces lettres, qui contenaient les plus sages et les plus salutaires avis sur la conduite à tenir par les puissances coalisées, furent l'objet d'une même délibération de la part des cabinets étrangers [2]. Ils furent profondément péné-

[1] Hard., 1. 383, 389.
[2] « Le salut de la monarchie, disait Louis XVI, celui du roi et de sa famille, la sécurité générale des personnes et des propriétés, la stabilité de l'ordre

tés de la justesse des vues qu'elles renfermaient, et donnèrent à l'envoyé, Mallet du Pan, l'assurance solennelle qu'ils s'y conformeraient entièrement dans les mesures à prendre; mais l'avertissement fut presque aussitôt oublié que reçu, et l'ardeur irréfléchie des princes exilés l'emporta dans les conseils de la coalition [1].

Le roi de Prusse se rendit à son armée le 25 juillet, et le même jour fut publiée la proclamation que nous avons citée plus haut et qui eut pour résultat de réveiller le patriotisme et d'apaiser les dissensions du peuple français. Ce manifeste, quoique signé du duc de Brunswick, avait été rédigé par M. de Calonne et le marquis de Lemon dans des termes plus violents qu'on ne l'aurait voulu d'abord et contrairement au but de la guerre. S'il avait été ainsi inséré dans la déclaration officielle du cabinet prussien [2], c'était par suite de la con-

qui peut succéder à la confusion présente, l'urgente nécessité d'abréger la durée de la crise et d'affaiblir l'influence des anarchistes, tout concourt à recommander les vues de S. M. à tous les vrais royalistes. Elle craint avec raison qu'une invasion étrangère ne produise la guerre civile dans son royaume, ou plutôt une épouvantable *Jacquerie* : c'est là l'objet de ses plus grandes apprehensions. Elle désire ardemment, pour prévenir les malheurs dont vous ne semblez point assez effrayé, que les émigrés ne prennent aucune part aux hostilités qui vont commencer; qu'ils consultent l'intérêt du roi, de l'état, de leurs fortunes et de tous les royalistes demeurés en France, plutôt que leur juste ressentiment; et, qu'après avoir désarmé le crime par leurs victoires et rompu une ligue fanatique en la privant de ses moyens de résistance, ils puissent, au moyen d'une révolution salutaire, préparer les voies à un traité de paix où le roi et les puissances étrangères seront les arbitres des destinées et du gouvernement de la nation. » *Instructions de Louis XVI au duc de Castres.* — Hard., 1. 402, 404.

[1] Hard., 1. 402, 421.

[2] « Il n'est aucune puissance intéressée au maintien de l'équilibre de l'Europe, disait le manifeste prussien, qui ne voie avec peine ce grand royaume

naissance qui était parvenue aux puissances alliées des offres secrètes faites au duc de Brunswick par le parti constitutionnel en France, et de la nécessité où elles se trouvaient de le compromettre irrévocablement aux yeux de la révolution. Les passages qui devaient soulever des objections y avaient été introduits par l'ordre exprès de l'empereur et du roi de Prusse ; et le duc comprit si bien les fâcheuses conséquences qu'entraînerait pour lui la publication d'une telle pièce, qu'il déchira la première copie présentée à sa signature, et qu'il l'appela toujours dans la suite : « ce déplorable manifeste. » Il est certain en effet que si jamais on eût pu le promulguer, cette mesure n'aurait dû être prise qu'au moment où les alliés seraient arrivés aux portes de Paris, après un avantage décisif remporté sur le champ de bataille, et que c'était le comble de l'imprudence de le rendre public dès le début d'opérations militaires faibles et languissantes [1].

Le 30 juillet toute l'armée se mit en marche et entra sur le territoire français. Elle se composait

---

abandonné en proie aux anarchiques horreurs qui ont en quelque sorte annihilé son existence politique [*] ; il n'est pas de véritable Français qui ne désire la fin de semblables désordres. Mettre un terme à l'anarchie de la France, rétablir dans ce dessein le pouvoir légitime sur les bases de l'autorité monarchique, protéger les autres puissances contre les tentatives incendiaires d'une bande de Jacobins forcenés, tel est le but que le roi, d'accord avec ses alliés, se propose dans cette entreprise, non-seulement avec le concours de toutes les puissances européennes qui en reconnaissent la justice et la nécessité, mais encore appuyé de l'approbation et des vœux de tous les amis de l'humanité. » Hard., t. 425, 426.

[1] Hard., I., 427, 422.

[*] Telle était aussi l'opinion de M. Burke : « Nous pouvons regarder la France, disait-il, comme rayée dès à présent de la carte politique de l'Europe. » *Discours à la chambre des Communes, le 9 février 1790. Ses œuvres*, v. 5, 6.

de cinquante mille Prussiens admirablement équipés et soutenus par un immense train d'artillerie de siège et de campagne ; de quarante-cinq mille Autrichiens dont la plus grande partie étaient des vétérans récemment revenus des guerres contre les Turcs ; de dix mille Hessois et de plus de six mille émigrés français maladroitement répartis en différents corps séparés ; en tout cent treize mille hommes. C'était sans doute une armée formidable et par le nombre et par la qualité de ses troupes, mais à peine suffisante pour une aussi gigantesque entreprise que la conquête de France [1].

Les armées que la France avait à opposer à l'invasion, ne pouvaient en aucune façon rivaliser avec celles de ses adversaires, soit pour la discipline, soit pour l'équipement, et leurs efforts furent bientôt paralysés par les dissensions intestines. La division de Lafayette réduite à vingt-huit mille hommes occupait les environs de Sedan ; Beurnonville était posté entre Maubeuge et Lille, avec trente mille ; Kellerman, avec vingt mille à Metz ; Custine, avec quinze mille à Landau, et Biron, avec trente mille, en Alsace ; en tout cent vingt-trois mille hommes, mais cent vingt-trois mille hommes auxquels manquaient absolument et la tenue militaire et l'habitude de l'obéissance. Douze mille à peu près, de leurs officiers étaient passés dans les rangs des émi-

---

[1] Comparer Jom. II. 4, et Tout., II. 266. Ann. Reg., XXXV. 45. Jom., II 86, 87, et Hard, I.

grés, et ceux qu'on avait choisis pour les remplacer n'avaient pas encore l'expérience de leur art. Mais la révolution du 10 août apporta de graves changements dans le commandement des armées, et devint plus tard fatale aux alliés, tant par l'énergie qu'elle donna au gouvernement que par les talents qu'elle appela à la direction de la guerre. Lafayette ayant en vain tenté de lever l'étendard de la révolte contre les Jacobins fut obligé d'aller chercher un refuge au milieu des lignes autrichiennes, et Luckner ayant désobéi à la Convention, le commandement de leurs troupes réunies fut remis à Dumouriez, homme d'un esprit ardent, d'une activité infatigable, plein de ressources infinies, et qui, mieux que tout autre, pouvait sauver sa patrie de la périlleuse situation où elle se trouvait [1].

Une triple barrière protège la France sur sa frontière de l'est. Le centre de cette ligne que menaçaient d'attaquer les forces des alliés, est couvert, en avant, par Thionville, Bitsch, Sarrelouis, Longwy et Montmédy ; en arrière, par Metz, Verdun, Sedan et Mézières, tandis que les hauteurs boisées de la forêt des Ardennes, s'étendant sur un espace de quinze lieues entre Verdun et Sedan, opposent les plus graves obstacles au passage d'une armée. Ce fut par cette ligne que les alliés résolurent d'envahir la France, car l'on supposait alors, comme l'expérience l'a prouvé depuis, que deux cent cin-

[1] Jom., I. II. 104. Th., III 57, 59. St-Cyr, I. 50.

quante mille hommes au moins seraient nécessaires pour faire avec succès une tentative de cette nature du côté de la Suisse ou de la Flandre. Tout semblait présager une prompte réussite et prescrire les mesures les plus vigoureuses pour ne pas la manquer. Les armées françaises, disséminées sur un immense rayon, depuis les Alpes jusqu'à l'océan, étaient incapables de mettre le moindre ensemble ou la moindre unité dans leurs opérations, et leur désorganisation complète rendait extrêmement douteux qu'elles pussent ou voulussent l'essayer [1].

Trois forteresses seulement se trouvaient sur la la route des alliés : Sedan, Longwy et Verdun, toutes trois dans le plus misérable état de défense ; ils n'avaient plus ensuite qu'une plaine fertile à traverser pour gagner Paris. Dans de telles circonstances, une vive et soudaine attaque sur le centre de la ligne, était le plus sage et le plus sûr moyen de disperser la force de la révolution et d'arriver au cœur de sa puissance avant que des préparatifs suffisants eussent été faits pour la défendre. Ce n'est pas ici le lieu de discuter le mérite du plan des opérations, mais les alliés se trompèrent grandement sur le degré de vigueur qu'il fallait apporter dans son exécution [2].

L'armée envahissante s'avançait avec lenteur et avec une apparente timidité, dans un pays qu'elle

---

[1] Jom., ii. 86. Toul., ii. 295.
[2] Jom., i. 90, 91. Th., iii. 40.

regardait comme le théâtre d'une conquête assurée. Enfin, après des retards inexplicables, la forteresse de Longwy fut investie le 20 août; et le bombardement ayant immédiatement commencé, la garnison, qui était en partie composée de volontaires et divisée d'opinions, capitula le 23. En même temps on apprit que Lafayette s'était enfui de l'armée confiée à ses ordres et qu'il avait cherché un asile, contre la violence de ses soldats, au milieu des lignes autrichiennes. Le succès paraissait dès lors certain, et si le duc de Brunswick, profitant de la consternation du moment, était tombé avec le gros de ses troupes sur l'armée campée autour de Sedan et maintenant dépourvue de chef, on ne saurait douter que ce coup hardi n'eût déconcerté le parti de la révolution et amené la fin prochaine de la guerre. Au lieu de cela les alliés, se conformant au plan d'opérations qu'ils avaient arrêté à l'avance, suivaient la grande route, et, après un inconcevable délai de six jours passés sous les murs de Longwy, ils se remirent en marche le 29 août et vinrent assiéger Verdun le 30. Cette importante forteresse ne résista que faiblement et se rendit le 2 septembre; il ne restait plus maintenant aucune place fortifiée en état de défense sur la route de Paris [1] !

Après une bonne fortune aussi extraordinaire et aussi inespérée que la capitulation des seules for-

[1] Durant le cours de la marche, le roi de Prusse rencontra un jeune soldat

teresses qui se trouvaient sur leur route et dont aucune n'avait pu soutenir un siège de quelques jours, on comprend difficilement l'inertie actuelle des alliés et les désastres qui les accablèrent plus tard. L'armée qui stationnait près de Sedan, et qui était maintenant placée sous les ordres de Dumouriez, n'excédait pas vingt-cinq mille hommes, un peu plus du quart de celle du duc de Brunswick; de plus, les autres armées étaient à de si grandes distances, que sur elle seule reposait, presque exclusivement le salut de la France [1] ! Mais l'indolence des vainqueurs, jointe au génie entreprenant du général français, annula tous les avantages qu'ils avaient obtenus. Rien ne put décider le duc de Brunswick à abandonner son système de temporisation, pas même les incessantes remontrances du roi de Prusse qui désirait ardemment en venir à des opérations plus décisives [2].

Le sort de la campagne dépendait maintenant de l'occupation immédiate des défilés de la forêt des Ardennes, la seule barrière qui existât encore

portant son havresac sur le dos et un vieux mousquet à la main : « Où allez-vous ? » dit le roi. « Combattre, » repartit le soldat. « A cette réponse, » répliqua le roi, « je reconnais la noblesse de la France. » Il salua et passa outre. Le nom du jeune soldat est immortel; c'était *François Chateaubriand* revenant alors de ses voyages dans l'Amérique du nord pour partager les dangers du trône, dans son pays natal.—V. Chat., *Mém.*, 83, *frag.* Th., III. 42, 98. Jom., I. 101, 102.

[1] Toul., II. 297, 298. Dum., II. 387. Th., III. 45.

[2] Les avantages qui s'offraient à l'armée envahissante, dans cette conjoncture, sont ainsi exposés par celui qui, plus que tout autre était à même de les apprécier, par le général Dumouriez. « Comment arriva-t-il que l'ennemi, après la prise de Longwy, ne se décida pas immédiatement à marcher sur Stenay et Monzow pour anéantir l'armée française ou l'attirer dans son parti, incertaine et flottante qu'elle était après le détrônement du roi ? Rien n'est

entre la capitale et une armée victorieuse de quatre-vingt mille hommes. Les alliés n'avaient plus que six lieues à faire pour gagner ces hauteurs boisées, et il était de la dernière importance d'y arriver avant l'ennemi ; car si une fois le théâtre de la guerre se trouvait transporté dans les plaines qui sont au-delà, il y avait peu d'espoir que les troupes irrégulières de la France fussent en état de résister à la cavalerie nombreuse et disciplinée des Prussiens. Dumouriez, avec son coup-d'œil d'aigle, reconnut bientôt le seul point défendable, et, indiquant du doigt la forêt d'Argonne, sur la carte : « Là, dit-il, sont les Thermopyles de la France : si j'ai le bonheur d'y arriver avant les Prussiens, tout est sauvé; » et sa détermination fut prise à l'instant [1]. Il paraît néanmoins que le conseil exécutif de Paris avait précédemment recommandé le mouvement de la forêt d'Argonne, et qu'il n'avait différé d'en ordonner l'exécution que dans la pensée où il était, que les alliés seraient arrêtés plusieurs semaines devant Longwy et Verdun, et que le meil-

---

plus certain que, s'il l'avait fait, l'armée française se serait débandée; il y a même des raisons de croire que, si quelques officiers populaires de l'ancien régime s'étaient présentés aux postes avancés, une grande partie des troupes, la cavalerie surtout, se serait jointe à l'armée des alliés.

» Lorsqu'on est sur le point d'envahir un pays déchiré par une révolution, lorsqu'on veut délivrer un roi de ses fers, ce devrait être un principe invariable, surtout quand on dispose d'une puissante armée, de multiplier ses forces par la rapidité de ses mouvements, et de tomber, comme un coup de tonnerre, au sein de la capitale, sans donner au peuple le temps de revenir de son effroi. Après la prise de Longwy, si l'armée de Sedan avait été dispersée, il ne restait plus d'obstacles soit à la continuation d'une campagne régulière, soit à une marche immédiate contre Paris . » — Dumouriez, III. 52.

[1] Dum., II. 391. Th., II. 88, 89. Toul., II. 299.

leur moyen d'entraver leur marche serait de simuler une invasion des Pays-Bas.

La forêt d'Argonne est une chaîne de montagnes boisées, s'étendant à environ treize lieues au sud-ouest de Sedan. Sa largeur varie de une à quatre lieues; cinq routes la traversent, conduisant aux riches et fertiles districts qui forment les plaines ouvertes et sablonneuses de la Champagne. La grande route de Paris passe par le défilé des Islettes: les autres défilés portent les noms de Grandpré, du Chêne-Populeux, de la Croix-au-Bois et de la Chalade. Toutes ces routes devaient être occupées et gardées avant que l'ennemi n'y arrivât; opération périlleuse, parce qu'elle exigeait un mouvement de flanc qu'il fallait exécuter tout-à-fait sur le front d'une armée bien supérieure en nombre. C'est alors qu'on reconnut les funestes effets des retards qui avaient suivi la prise de Longwy; si au lieu de passer là une semaine dans l'oisiveté, les forces alliées s'étaient aussitôt mises en marche, la guerre aurait été transportée dans les plaines de la Champagne, et les défilés passés avant que l'armée française eût pu les atteindre [1].

Clairfait, avec l'avant-garde des alliés, était le 30 août, à six lieues seulement des Islettes, principal passage de la forêt d'Argonne; tandis que les postes français les plus proches commandés par Dillon, en étaient distants de dix lieues et que la route

[1] Jom., II. 109. Toul., II. 500. Th., III. 90.

la plus voisine pour y parvenir longeait directement le front de l'avant-garde autrichienne. Déterminé cependant à tout risquer pour gagner les défilés, Dumouriez, le 31 août, prit la résolution hardie de se précipiter directement à travers l'avant-garde autrichienne. Son entreprise fut couronnée d'un plein succès; les Autrichiens, ne devinant pas ses desseins et ne songeant qu'à couvrir le siège de Verdun qui se continuait, retirèrent leurs postes avancés et laissèrent passer les Français. C'est ainsi que du 1er au 4 septembre, l'armée entière défila presque à la vue des védettes ennemies et s'empara des passages; Dumouriez lui-même se plaça à Grandpré, près du centre, avec treize mille hommes. Sur-le-champ il se mit à fortifier sa position, et attendit tranquillement les renforts qui devaient lui venir de l'intérieur, l'armée du centre et celle du nord. Ils étaient assez considérables, car Beurnonville et Duval accouraient en toute hâte de l'armée de Flandre avec seize mille hommes, et l'on espérait sous peu de jours l'arrivée de Kellerman qui était parti des environs de Metz avec vingt-deux mille hommes. Des corps nombreux sortaient aussi de Paris où le gouvernement prenait les mesures les plus énergiques pour la défense du pays. Des camps de recrues étaient formés à Soissons, à Meaux, à Reims et à Châlons, où se rendaient chaque jour une multitude de volontaires animés du plus vif enthousiasme; tandis que les cruels despotes de la capitale envoyaient des milliers de citoyens qui s'étaient souillés de sang dans les massacres des prisons, à de plus nobles combats sur la frontière. Tous les renforts venant de l'intérieur, reçurent l'ordre de se rassembler à Sainte-Menehould.

Le camp du général français lui-même à Grandpré était fortifié d'une manière extraordinaire. Une succession de hauteurs disposées en forme d'amphithéâtre était le lieu où l'armée se trouvait placée; à ses pieds s'étendaient de vastes prairies au milieu desquelles coulait l'Aisne, protégeant convenablement la tête du camp. Deux ponts jetés sur le fleuve étaient protégés chacun par une forte garde avancée. L'ennemi étant ainsi dans la nécessité de passer l'Aisne sans l'aide de ponts, devait traverser une vaste étendue de prairies sous le feu réuni de nombreuses batteries, escalader des montagnes arides coupées par des forêts, et rendues encore inaccessibles par de forts retranchements. Plein de confiance dans la force de cette position, Dumouriez écrivit en ces termes au ministère de la guerre: « Verdun est pris; j'attends à tout moment les Prussiens; les camps de Grandpré et des Islettes sont les Termopyles de la France; mais je veux être plus heureux que Léonidas [1]. »

Pendant que la France prenait d'énergiques mesures, la marche des alliés, malgré leur bonheur

[1] Dum., II. 394, 396 ; IV. 2. Toul., II. 501. Jom., II. 110, 111. Th., II. 93, 94. St-Cyr, I. 06. Introd.

extraordinaire, était troublée par cette indécision qui, dans une guerre d'invasion est le précurseur assuré d'une défaite. Par la position de l'armée française et d'après les nombreux secours qui venaient en toute hâte s'adjoindre à chaque corps de troupes, il était évident que l'issue reposait dans les passages, si on les eût forcés, parce qu'on les aurait encore trouvés dans la confusion avant que leurs nouveaux renforts fussent arrivés, et leur énergie morale, portée à l'exaltation, ce qui, dans une guerre, vaut mieux que des armées nombreuses. Au lieu d'agir promptement, les mouvements des alliés furent pleins d'une lenteur inqualifiable, au point qu'ils donnèrent largement aux Français le temps de rassembler leurs forces, avant de commencer quelques mouvements décisifs. Quoique Verdun eût capitulé le 2 septembre, l'armée ne fit pas une marche jusqu'au 5, et elle resta sur les hauteurs de Sommerville jusqu'au 11, perdant dans l'inaction les plus précieux jours de la campagne. Enfin, informé que Dumouriez occupait les passages, le duc de Brunswick, après avoir terminé entièrement ses préparatifs, mit vers le 12 septembre une partie de ses troupes en mouvement sur Landres, et retint l'autre dans une complète inaction jusqu'au 17, inquiétant la gauche de l'armée française [1].

Pour s'opposer à ce mouvement, Dumouriez

Jom., II. 115, 118. St-Cyr, I. 67, Introd.

éloigna une partie considérable des forces qui occupaient le passage de la Croix-au-Bois, l'une des cinq issues qui traversaient la forêt d'Argonne, et était située sur la droite de la ligne, pour soutenir la gauche dans le cas d'une attaque prématurée. La conséquence de cette marche, fut que vers le 12, Clairfait s'établit dans ce poste important et rompit ainsi la ligne française, menaçant d'attaquer son arrière-garde. Informé de son erreur, le général français détacha le général Chazot pour reprendre la position; non-seulement Clairfait s'en était fait un appui, mais il se débarrassait de ses ennemis du corps central, et tournait entièrement la droite de l'armée française. La situation de Dumouriez était en ce moment des plus critiques; ses forces du camp central de Grandpré n'excédaient pas seize mille hommes, pendant qu'il avait devant lui toute l'armée prussienne, et que les Autrichiens de Clairfait menaçaient déja son arrière-garde; pour compléter son malheur, Kellermann, dont le départ de Metz s'était effectué très-tard, n'était pas encore arrivé, et il était évident qu'il ne pourrait opérer de jonction, sinon avec les derniers corps d'armée dans la forêt de l'Argonne [1]; en même temps, le détachement chargé de défendre le passage du Chêne-Populeux, incapable de résister aux attaques des Autrichiens,

[1] Dum., III. 20, 21, 23. St-Cyr, I. 67, 68. Jom., II. 120, 121. Th., III. 101, 102.

abandonnait ses positions et tournait le dos vers Châlons. « Jamais, dit Dumouriez, jamais la situation d'une armée ne fut plus désespérée; peu s'en est fallu que la France n'y pérît. »

Dans cette extrémité, le général français résolut d'évacuer entièrement la ligne de la forêt d'Argonne, et de s'appuyer avec toutes ses forces sur la position de Sainte-Menehould, à quelques lieues de son arrière-garde. Le tout était de pouvoir gagner du temps; les grosses pluies étaient déjà commencées et ceci promettait de rendre encore la marche des alliés extrêmement difficile, si ce n'est impossible. Le camp fut en conséquence levé à minuit le 15 septembre, et le 17 toute l'armée était rassemblée à Sainte-Menehould où elle résolut de tenir ferme jusqu'à l'arrivée des renforts attendus. Ses forces n'excédaient pas vingt mille hommes; mais la position était défendue par une nombreuse et excellente artillerie; avec les renforts qu'on attendait tous les jours, l'armée devait s'élever au nombre de soixante-dix mille combattants [1].

Pendant la retraite il y eut un incident qui faillit causer la perte de toute l'armée. Le général Chazot, qui commandait l'arrière-garde composée de dix mille hommes, fut attaquée à Vaux par quinze cents hussards prussiens et quatre pièces d'artillerie à cheval. Les troupes françaises prenant à l'instant la fuite, se débandèrent et se ruèrent sur

---

[1] Jom., II. 125. Dum., III. 53. St-Cyr, I. 69, 70, Introd.

le principal corps dans la plus grande confusion ; plusieurs saisis de frayeur s'enfuirent jusqu'à Reims et même jusqu'à Paris. Sans les efforts du général Duval qui réussit à réorganiser une partie de l'arrière-garde, et du général Miranda qui rétablit l'ordre dans le principal corps, toute la colonne aurait été inévitablement mise en déroute. La cavalerie prussienne ne fut pas soutenue, et elle se vit enfin forcée de rétrograder, stupéfaite et désolée, dans une circonstance aussi favorable, d'avoir perdu l'heureuse et facile occasion d'anéantir l'armée française. Quelques soldats s'enfuirent à trente lieues du champ de bataille, répandant la consternation partout où ils allaient, et disant que tout était perdu. Dans la soirée, pendant que les troupes prenaient leur position près de Dammartin, une nouvelle panique les saisit ; les artilleurs harnachèrent, en toute hâte, leurs chevaux pour s'enfuir jusqu'au-delà de la petite rivière de Bionne, laissant ainsi tout le camp dans la confusion. Peu à peu une apparence d'ordre fut rétabli par les dragons qui escortèrent les fuyards, les frappant du plat de leurs sabres ; de grands feux furent allumés, et l'armée reposa groupée en cercles sans ordre ni distinction [1].

« J'ai été forcé, disait Dumouriez dans son rapport à la Convention, d'abandonner le camp de Grand-pré ; pendant cette retraite, l'armée fut saisie d'une

[1] St-Cyr, t. 71, Introd. Th., iii. 104, 105, Dum., iii. 50, 51. Join., ii. 125.

incroyable frayeur; dix mille hommes ont fui devant quinze cents hussards prussiens; la perte ne s'élève pas à cinquante hommes; tout est réparé, et je réponds du salut de la France. » Il était loin de sentir la fierté que ses paroles semblaient annoncer. La déroute d'une si grande portion de ses forces, montrait le peu de confiance qu'on devait avoir dans les recrues indisciplinées, lorsqu'on opèrerait des mouvements en présence de nombreux et valeureux ennemis. Il résolut donc de faire la guerre dans ces positions, et d'inspirer à ses troupes une nouvelle confiance en les plaçant derrière des retranchements inattaquables [1].

La position du camp nouveau qu'il établit, était bien choisie pour réaliser ses pensées. Placée à une grande hauteur, au milieu d'une large et profonde vallée, il commandait à toute la contrée environnante; le centre de l'armée, commandée par Dumouriez, faisait face à la Champagne, tandis que le corps de Dillon stationnait sur la route principale de Verdun, et occupait tranquillement le passage des Islettes et de Chalade, au moyen desquels on arrivait à la principale route de Paris. Une nombreuse artillerie protégeait tous les abords du camp, et l'on pouvait avoir l'eau en abondance par la rivière de l'Aisne qui limitait les côtés des retranchements. Le général français put, dans cette posi-

[1] Dum., III. 34. Th. III. 106, 107.

CHAPITRE VIII

tion et sans inquiétude, attendre l'arrivée des renforts promis [1].

Effrayés des rapports qu'ils recevaient sur la déroute de Vaux, Kellermann et Beurnonville se retirèrent au moment où ils approchaient de Sainte-Menehould, l'un vers Vitry, l'autre vers Châlons. Ils auraient été irrévocablement séparés si les alliés eussent agi avec plus de vigueur et profité de leurs avantages; mais leurs délais sans fin, donnèrent à Dumouriez le temps de transmettre des ordres pour une jonction immédiate, ce qui eut lieu enfin le 19 septembre, jour où les trois armées se trouvèrent entièrement réunies dans le voisinage de Sainte-Menehould. L'ordre fut porté à Beurnonville par un aide-de-camp de Dumouriez nommé Macdonald, plus tard, duc de Tarente, et vainqueur aux champs de Wagram [2].

L'arrivée des renforts changea complètement l'état des affaires. L'esprit des soldats français se releva à l'arrivée de si grandes forces; ce n'était pas vingt-cinq mille hommes de plus qui rendaient la lutte égale contre quatre-vingt mille ennemis, mais une grande armée forte de soixante-dix mille hommes se préparait à se mesurer, avec des envahisseurs.

Cependant le désordre et les frayeurs continuèrent à l'arrière-garde de l'armée française. Les

---

[1] Dum., III, 55, 56. Th., III, 106, 107.
[2] Dum., III. 57. Jom., II. 124. Th., III. 169.

transfuges de Vaux qui avaient fui à trente lieues dans l'intérieur, déclarèrent partout que l'armée était détruite, que Dumouriez était un traître, et que tout était perdu. La garde nationale et la gendarmerie, à Reims, à Soissons et à Châlons, furent saisies du même esprit; le pillage devint universel; les corps se divisèrent, ils trahirent même leurs propres officiers, et en livrèrent quelques-uns à la mort. Telle était la consternation générale, que le peuple de Paris commença à désespérer de la république, et que l'hésitation se manifesta dans les nouvelles recrues que l'on envoyait chaque jour de leurs foyers à la frontière [1].

Les troupes de Beurnonville arrivées les premières, stationnèrent à Sainte-Cohiers; celles de Kellermann arrivèrent ensuite; Dumouriez leur ordonna de camper entre Dampierre et Elise, derrière la rivière de l'Auve; et dans le cas d'une attaque anticipée de l'ennemi, d'avancer aussitôt jusqu'aux hauteurs de Valmy. Kellermann crut que cet ordre disait qu'il devait s'emparer rapidement le premier de ces hauteurs, et, conformément à l'injonction de Dumouriez, il les occupa avec toute son artillerie, ses bagages, et y fit élever ses tentes. La confusion provenant de cette arrivée, excita l'attention des Prussiens campés sur les hauteurs opposées de la Lune, et amena une action peu grave en

[1] Toul., II. 522. Th., III. 110 Dum., III. 59. St-Cyr, I. 74, 75. Introd.

elle-même, mais très-importante par les conséquences qui la suivirent [1].

Le duc de Brunswick, informé du départ de Dumouriez du camp de Grandpré, mit enfin ses troupes en mouvement, passa librement les défilés de la forêt, traversa l'Auve le 18 septembre, s'avançant entre l'armée française et Paris. Par ce mouvement hardi, il eut l'espérance de couper l'ennemi dans ses ressources, et de le contraindre à se rendre, ou à renoncer à la défense de la capitale. De cette manière, les armées ennemies furent mises dans la plus singulière position; les Prussiens faisaient face au Rhin, et tournaient le dos à la Champagne, tandis que Dumouriez avec son arrière-garde dans la forêt de l'Argonne, regardait la capitale de la France [2].

Arrivés aux hauteurs de la Lune dans la matinée du 20 septembre, par un épais brouillard, les Prussiens, dès que les vapeurs commencèrent à disparaître, aperçurent en face d'eux, les Français, sur la montagne opposée de Valmy. La canonnade se fit entendre aussitôt. Dumouriez, s'apercevant qu'il était trop tard pour que Kellermann se retirât jusqu'au camp qui lui était primitivement assigné, détacha immédiatement pour le soutenir, neuf bataillons et huit escadrons sous les ordres du général Chazot, tandis que le général Steingel était

[1] Dum., III 41.
[2] Jom., II. 124 Th., III 116. Toul., II. 324.

placé avec six bataillons sur une hauteur qui commandait la position de Valmy sur la droite [1].

Le duc de Brunswick forma son armée en trois colonnes, et sembla disposé à commencer une attaque par la méthode oblique très en usage alors dans les armées prussiennes. L'explosion par accident, de quelques voitures de munitions près du moulin de Valmy, causa pendant un instant du désordre dans l'armée française, et s'il avait été suivi d'une attaque vigoureuse, il aurait probablement amené une défaite complète; mais le feu nourri de l'artillerie française, la conduite énergique de Kellermann, l'audace assurée de ses troupes déconcerta les Prussiens, et fit hésiter le duc s'il engagerait ses troupes dans une action générale. L'affaire se termina des deux côtés par l'échange de coups de canon, et les superbes colonnes des Prussiens se retirèrent à la nuit sans avoir tiré un coup de fusil. Kellermann bivouaqua après l'action sur les hauteurs de Valmy, les Prussiens sur celles de la Lune [2], couvrant ainsi la grande route de Châlons et toujours placé entre Dumouriez et Paris.

Il en est d'une armée qui envahit comme d'une insurrection; une action indécise équivaut à une défaite. L'affaire de Valmy fut tout simplement une canonnade; les pertes des deux côtés n'excédèrent p en tout huit cents hommes, et les forces restère

[1] Toul., II. 330. Dum, III. 41.
[2] Dum., III. 44, 45. Jom., II. 151. Toul., II. 330, 331. Th., III. 112.

égales. Elle amena pourtant pour les envahisseurs, des conséquences équivalentes aux plus terribles défaites. Le duc de Brunswick n'osa plus dédaigner un ennemi qui avait montré tant de fermeté sous le feu constant de son artillerie ; l'exaltation de la victoire, la demi-confiance qui la suit étaient passées d'un camp dans l'autre. Doué d'intelligence à un très-haut degré, influencé par une ardente imagination, le soldat français se laisse facilement abattre par un revers et puise un grand courage dans le succès; il passe rapidement d'un sentiment à un autre sans difficulté. On peut dater de la canonnade de Valmy, le commencement du cours des victoires qui conduisit l'armée française à Vienne et au Kremlin [1].

Après l'action, Kellermann s'était retiré des hauteurs de Valmy vers les lieux qui lui étaient assignés primitivement, dans l'intérieur des retranchements, pendant que les Prussiens se retranchaient sur les hauteurs de la Lune, couvrant encore la route de Châlons et de Paris. Le conseil exécutif montra une grande inquiétude relativement à la situation de l'armée, et pressa Dumouriez de changer de nouveau ses positions pour couvrir Châlons, Meaux et Reims, qui étaient menacés par des détachements de troupes ennemies. Celui-ci répliqua avec la fermeté d'un grand général, qu'il garderait

[1] Toul. II. 334. Jom., II. 151. Th., III 115. Dum., III. 44. Hard., I. 478, 479.

sa place; et, loin de détacher des forces pour protéger Châlons [1], il donna des ordres pour que les troupes qui y étaient réunies, s'avançassent plus près du lieu de l'action. Le passage des Islettes était toujours en sûreté; une attaque dirigée par un détachement d'alliés sur ce point important, fut repoussée par la résistance opiniâtre de l'officier commandant.

La conduite du duc de Brunswick dans cette action et les mouvements opérés pendant les trois semaines qui l'ont précédée, deviendraient entièrement inexplicables si l'on considérait seulement les évènements de la guerre. Mais la vérité était, comme on l'a révélé plus tard, que pendant tout ce temps, des négociations secrètes existaient entre lui et Dumouriez; elles avaient pour but d'obtenir, après un court délai de la part de ce dernier, la reconnaissance du trône constitutionnel, et de s'adjoindre avec son armée à l'armée ennemie. Cette négociation fut fort habilement conduite par le général français, qui prétendit d'ailleurs qu'il était entièrement favorable au roi et à la constitution, et qu'il voulait se montrer lui-même comme tel quand le moment propice serait arrivé; mais qu'afin de produire ainsi de l'effet, il était nécessaire d'attendre l'arrivée des autres corps d'armée; que, sans une force imposante, une pareille déclaration ne pouvait être entendue à Paris avec l'effet désiré, et que cependant

[1] Jom., ii. 135. Dum., iii 44, 47. Th., iii 110, 117. Ann Reg., xxxiii. 30.

dant quelque désastre pouvait mettre un terme à tous ses desseins. Au moyen de ces communications spécieuses et insidieuses, Dumouriez gagnait le temps de se replier de la forêt de l'Argonne vers Ste-Menehould sans être tourmenté, et il paralysait complétement son antagoniste; avant l'arrivée des renforts attendus, il se mit en état de jeter le masque et de résister ouvertement aux armées alliées [1].

Cette même négociation secrète qui avait arrêté déjà les mouvements des armées prussiennes, les retint dans les champs de Valmy. Le duc de Brunswick craignait par une action décisive et une victoire probable, de changer en un violent adversaire un allié presque assuré [2]. La canonnade n'était pas plutôt suspendue que l'échange des secrets messages devint plus actif que jamais. Lombard, secrétaire particulier du duc, se fit faire prisonnier par des patrouilles françaises, et conduisit ainsi la négociation. Le duc insista sur la délivrance immédiate du roi et le rétablissement d'une monarchie constitutionnelle. Le général français répondit que ceci avait été l'objet constant de ses préoccupations, mais il prétendait aussi que pour mettre ses intentions à exécution avec quelque espoir de succès,

[1] Hard., t. 471.
[2] On y faisait ouvertement allusion dans une dépêche officielle prussienne donnant un récit du combat. « Depuis le général jusqu'au dernier des soldats l'esprit le plus enthousiaste animait l'armée, et elle aurait pu gagner sans aucun doute une plus grande victoire, si des considérations de la plus haute importance n'avaient pas empêché le roi de livrer le combat. » Hard., t. 402.

il était indispensable avant tout que les alliés abandonnassent le territoire français; que ce fait de leur part lui donnerait une si grande influence qu'il ne doutait pas de réaliser ses projets, et qu'il engageait sa parole d'agir ainsi; que si l'on ne consentait pas à ses propositions, il voulait déployer toutes les ressources de son pouvoir pour détruire les envahisseurs; que, dans sa situation présente, à la tête de cent mille hommes, il était en état de le faire sans difficulté, et que l'effet certain de la continuation de pareilles contestations devait être la ruine du roi et de la famille royale, dont l'existence était déjà menacée par les factions anarchiques qui tenaient à Paris les rênes du pouvoir [1].

Ces représentations de Dumouriez produisirent une grande impression dans le camp des alliés. Les violences des Jacobins et les horribles massacres des prisons, qui avaient déjà eu lieu, rendaient le danger du roi évident. La conduite des républicains sous la canonnade de Valmy avait prouvé que leurs troupes pouvaient au moins soutenir le feu, et qu'elles n'étaient pas disposées à s'adjoindre aux envahisseurs, circonstances qui, sous le point de vue le plus favorable, annonçaient une lutte sanglante et passionnée, avant qu'un grand succès pût terminer cette guerre. Il paraissait étranger aux intérêts de la Prusse de compro-

[1] Hard., I. 486, 487.

mettre son souverain et la fleur de son armée en s'avançant plus avant dans la France, pour des choses dans lesquelles elle ne trouvait ni argent ni intérêt direct, et qui, si elle poursuivait trop chaudement, détourneraient probablement les forces nationales de la Pologne, où l'on pouvait gagner de véritables acquisitions à la monarchie. Ces considérations furent fortement présentées au roi par son conseil et le duc de Brunswick, qui n'avait pas tout-à-fait perdu l'espérance que de brillantes perspectives l'attendaient encore, si le parti libéral triomphait en France; mais le roi résista avec fermeté, et, poussé par l'ardeur militaire et le noble désir de sauver les illustres captifs de Paris, il fit fortement sentir la nécessité d'une marche immédiate sur la capitale [1].

Cependant les négociations continuaient encore. Le roi de Prusse s'engageait, dans un terme voulu, à évacuer immédiatement le territoire français [2]. Il reçut pour réponse, un bulletin contenant le décret de l'assemblée qui abolissait la royauté et changeait le royaume en république. Remplis de consternation par ces nouvelles, les envoyés prus-

[1] Hard., 1. 488, 494.
[2] Voici les conditions :
1° Le roi décline toute intention de rétablir l'ancien régime, mais il désire que l'établissement d'une constitution quelconque soit toute à l'avantage du royaume.
2° Il désire instamment que tout propagandisme cesse dans ses états et ceux de ses alliés.
3° Que le roi puisse être mis en liberté.

siens retournèrent à leur camp d'un air triste ; et Dumouriez profita habilement de l'alarme générale pour représenter qu'il était aussi désolé que personne des changements survenus dans Paris ; que le parti républicain était en ce moment triomphant, et qu'il pouvait être renversé par le seul retour des idées modérées et le calme de la paix, mais que rien ne paraissait plus certain, dans le cas d'une marche en avant de la part des alliés, que la ruine du roi, de la famille royale, et de toute la noblesse. C'était le moyen d'enlever toute espérance de retour à la puissance légitime [1].

Pendant qu'il faisait adroitement usage de ces considérations pénibles et trop probables, pour retenir dans l'inaction les armées alliées, et qu'il leur faisait perdre les moments propices en stériles négociation, Dumouriez apprit au gouvernement de Paris tout ce qui se passait ; il l'informait, qu'il voyait avec satisfaction la détresse pénétrer dans l'armée ennemie et qu'un peu de fermeté de sa part la conduirait à une retraite désastreuse [2].

[1] Hard. 1. 500, 501.
[2] « Les propositions du roi de Prusse, disait Dumouriez, ne paraissent pas avoir pour but une négociation, mais elles démontrent combien est grande la détresse de son armée ; fait suffisamment prouvé par l'absence de nourriture, le grand nombre des maladies et la longueur des attaques. Je suis persuadé que le roi de Prusse est très-fâché maintenant d'être aussi avancé, et qu'il saisirait avidement un moyen qui pourrait le tirer de cet embarras. Il me tient aussi serré, dans le désir d'engager un combat, le seul moyen qu'il ait de s'échapper ; mais si je reste encore plus de huit jours dans mes retranchements, son armée se dissoudra d'elle-même par l'absence de vivres. Je n'entreprendrai pas une sérieuse négociation sans votre autorité, et sans savoir de vous comment il faut la conduire. Tout ce que j'ai fait jusqu'à présent

En même temps il écrivit au roi de Prusse un long mémoire dans lequel chaque argument avait pour but d'ébranler sa résolution de continuer l'invasion ; il y insistait d'une manière spéciale, sur le danger auquel il exposerait le roi de France [1].

Frédéric-Guillaume tint ferme pourtant ; et ni les imminents dangers que courait son armée, ni les périls encore plus pressants qui menaçaient le roi de France, ne purent changer sa résolution. Dans un conseil de guerre tenu au quartier général le 27 septembre, auquel assistaient les ministres d'Autriche et de Russie, on résolut de marcher en avant et de livrer bataille le 29. Mais avant que cette résolution pût être mise à exécution, on apprit par des correspondances qu'il se formait dans le cabinet prussien un parti nombreux qui poussait le pouvoir à la paix. Un décret du comité de salut public arriva au quartier général. Il annonçait la résolution unanime de ne pas entamer de négociations tant que les troupes prussiennes n'auraient pas évacué entièrement le territoire français. En même temps arrivèrent de Londres et de La Haye des avis contenant le refus du cabinet de Saint-James et des états généraux de se joindre à la coalition. Les généraux recommencèrent alors leurs repré-

---

avec M. Manstein n'est qu'un prétexte pour gagner du temps et ne rien compromettre. » *Dépêche secrète de Dumouriez au gouvernement français.* (24 sept.) Hard., t. 500.

[1] Hard., t. 499, 509.

sentations sur l'état désastreux de l'armée ; la comtesse de Lichtenau, maîtresse du roi, se laissant corrompre par un présent considérable du gouvernement français, employa sa trop grande influence dans la même intention [1]. Assailli en même temps et de tous les côtés, vaincu par les représentations de ses généraux sur la nécessité de cette mesure, le roi céda enfin ; le 29 les ordres donnés pour combattre furent révoqués et la retraite résolue aussitôt. Il fut convenu entre les généraux des deux armées, que les Prussiens, à condition d'évacuer les forteresses dont ils s'étaient rendus maîtres, ne seraient pas inquiétés sur leurs derrières. Dumouriez, heureux de s'être débarrassé par son adresse et sa fermeté des dangers menaçants qui l'entouraient, écrivit à la Convention : « La république doit son salut à la retraite des Prussiens. Si je n'avais pas résisté avec résolution à l'opinion universelle de tout ce qui m'entourait, l'ennemi était sauvé et la France en danger [2]. »

En prenant cette détermination, le cabinet prussien fut guidé autant par la vieille jalousie assoupie de l'Autriche qui eut à cette époque tant d'influence dans ses conseils et sur les sentiments du peuple, que par la vue des dangers qu'amènerait un mouvement en avant. Le roi, en entrant

[1] Hard., vii. 248.
[2] Dépêche secrète, oct. 1. 1692. Hard., ii. 2.

en campagne, avait espéré marcher rapidement sur Paris; mais la prolongation de la guerre et la résistance croissante des Français rendirent évidemment ce projet difficile à accomplir, et il n'eût pu continuer sans un grand danger la poursuite d'espérances éloignées, en s'avançant avec son armée vers la capitale dans le moment où le détrônement et la captivité de Louis l'exposaient à d'imminents périls [1].

L'évènement justifia bientôt la confiance du général français. Dumouriez était à la tête de soixante mille hommes après les pertes de la campagne, et possédait douze mille chevaux; son artillerie était nombreuse et sa position excellente, lorsque de fortes recrues se formèrent rapidement à Châlons, à Reims, à Soissons, à Epernay et dans toutes les villes de l'intérieur. Ses troupes, bien qu'un peu fatiguées par la rigueur du temps, étaient toutes en bonne santé; des secours suffisants leur arrivaient des camps de Sedan et de Metz, qui étaient toujours au pouvoir de la France. D'un autre côté, la position des alliés devenait chaque jour de plus en plus critique. Leurs convois harcelés par les garnisons de Sedan, de Montmédy, et qu'ils étaient forcés de tirer des provinces éloignées de Luxembourg et de Trèves, par le passage de Grandpré, arrivaient très-irrégulièrement; les soldats étaient quelquefois quatre jours sans ration, et se

[1] St-Cyr, 1. 80, 81. Jom., II. 155, 157. Th., III. 120. Dum, III. 20.

nourrissaient d'un pain trempé dans une eau malsaine. Les plaines de la Champagne étaient stériles et privées entièrement d'eau, de fourrages et de provisions. Les pluies étaient tombées beaucoup plus en abondance qu'à l'ordinaire, et les troupes bivouaquaient dans la plaine découverte; aussi il y régnait de graves dyssenteries et d'autres maladies contagieuses, qui enlevèrent au moins un tiers des forces effectives de l'armée. Pousser plus avant, sur le territoire ennemi, eût été, dans de pareilles circonstances, un acte de la plus incroyable témérité, qui aurait compromis le salut du roi de Prusse ainsi que celui de son armée tout entière. Une attaque contre le camp fortifié des Français ne promettait pas un succès certain, et échouer dans une pareille entreprise c'était une ruine assurée. Le seul plan raisonnable était donc de se retirer dans les discricts fertiles des trois évêchés, de faire le siège de Montmédy et de prendre la Lorraine pour quartiers d'hiver, en gardant toujours, pour postes avancés, les défilés dont ils s'étaient emparés dans la forêt de l'Argonne. Mais ce projet ne pouvait s'accorder avec les conventions secrètement adoptées; aussi la retraite s'opéra-t-elle vers les bords du Rhin.

Mais pendant que ces embarras s'augmentaient pour l'armée alliée, il devenait on ne peut plus difficile à Dumouriez de maintenir sa position, malgré les ordres réitérés de la Convention et les représentations des officiers de son propre camp. Le gouvernement français, en s'apercevant que les forces n'étaient pas égales entre lui et les alliés, fut dans la plus grande alarme; des corps d'ennemis, qui se répandaient jusque vers Reims, plongèrent dans la consternation la contrée toute entière. On envoya au général en chef, courrier par courrier, une dépêche avec ordre d'abandonner sa position et de s'approcher plus près de la capitale. Kellermann et les autres officiers de l'armée joignirent leurs instances à ces représentations. Cette grande concentration de forces amena bientôt une disette de provisions dans le camp; les soldats restèrent au moins deux ou trois jours sans manger; ils avaient déjà commencé à se révolter, surtout dans le bataillon des fédérés, nouvellement arrivé de Paris. Les officiers supérieurs se pénétrèrent de la nécessité de la retraite; et Kellermann mit tant de véhémence dans ses instances que Dumouriez se vit forcé, comme Colomb, de promettre que, s'il n'arrivait pas au terme de ses désirs dans un nombre de jours fixé, il opèrerait sa retraite. Mais la volonté du général triompha de tous les obstacles; et en disant à ses soldats que celle des deux armées qui jeûnerait le plus long-temps serait victorieuse, il leur inspira la résolution de lutter contre toutes les privations [1].

Une armistice, telle que celle mentionnée plus

[1] Dum., III. 54, 60. Th., III. 116.

haut, qui stipulait seulement que les alliés ne pourraient être inquiétés sur leurs derrières pendant la retraite, et qui laissait aux Français l'entière liberté de harceler les côtés de l'armée ennemie, avait été à l'instant acceptée comme un avantage par Dumouriez. Le même jour qu'il la conclut, il détacha plusieurs corps qui attaquèrent les troupes les plus avancées de l'ennemi, répandirent au centre une grande frayeur, enveloppant ses flancs dans un cercle, pénétrèrent peu à peu dans les derniers rangs, séparèrent leurs détachements et interceptèrent leurs convois. Rarement l'expérience rend sage ; Napoléon commit une erreur de précision de la même nature, dans l'armistice entre Murat et Kutusow, auprès de Moscou, dans la campagne de Russie ; elle eut les plus désastreux résultats [1].

Le 30 septembre, les alliés commencèrent à opérer leur retraite, et repassèrent les défilés de la forêt d'Argonne jusqu'aux 2 et 3 octobre, sans être seulement inquiétés. Kellermann insista en vain près du général en chef pour qu'il prit des mesures efficaces, afin d'entraver leur marche; il le pressa en vain d'envoyer de suite un fort détachement de troupes sur Clermont. En considération de sa correspondance secrète avec l'ennemi, de la défiance de ses propres troupes dans l'agitation du combat en présence de forces aussi bien disciplinées que celle des Prussiens, Dumouriez les laissa opérer

[1] Dum., III. 63, 65. Jom., II. 138.

leur retraite dans une parfaite tranquillité et de la manière la plus facile. Le premier jour ils ne se retirèrent qu'à trois milles sans rien abandonner de leurs équipages, et ce ne fut qu'après qu'ils eurent quinze milles d'avance, et qu'ils eurent passé le défilé de Grandpré, que Kellermann fut détaché pour les poursuivre. Les alliés se retirèrent dans le meilleur ordre et de la manière la plus pacifique, quoique terriblement affaiblis par les maladies [1].

Échappé par la retraite des Prussiens à un pressant danger qui l'avait forcé de concentrer ses forces, Dumouriez pensa enfin en liberté à exécuter son projet favori d'envahir les Flandres. Il laissa pourtant Kellermann avec quarante mille hommes pour poursuivre l'arrière-garde prussienne, envoya trente mille soldats à l'armée du Nord sous les ordres de Beurnonville, et se rendit lui-même à Paris. Le nombre des Prussiens qui s'en allaient s'élevait à 70,000 hommes, et ils opéraient leur retraite de la manière la plus imposante, prenant des positions et faisant volte-face à chaque halte; aussi était-il tout-à-fait impossible, pour Kellermann, de faire, avec sa petite troupe, quelque impression sur ces masses en retraite, mais les généraux français étaient si heureux d'avoir sauvé la république, qu'ils auraient été capables d'eux-mêmes, de faire un pont d'or pour aider la fuite de l'ennemi. En vertu d'une convention expresse, ou d'une intelligence ta-

[1] Join., II. 138, 139. Th., III. 122. Toul., II. 546, 549.

cite, les envahisseurs ne furent nullement inquiétés dans leur retraite. Ils abandonnèrent successivement Verdun et Longwy ; vers la fin d'octobre ils avaient évacué le sol de la France, et les troupes de Kellermann étaient en cantonnements entre la forteresse de Longwy et la Moselle [1].

Quand on se fut mis en possession de la forteresse abandonnée, les commissaires de la Convention exercèrent une sanglante vengeance sur le parti royaliste. Plusieurs jeunes femmes qui, à l'arrivée des alliés, avaient présenté au roi de Prusse des guirlandes de fleurs, furent envoyées au tribunal révolutionnaire et condamnées à mort. Les Prussiens laissèrent après eux sur leur route, les désastres de la campagne : tous les villages étaient remplis de morts et de mourants; sans avoir livré de combats importants, les Prussiens avaient perdu, par la dyssenterie et la fièvre, plus du quart de leur armée.

Pendant que ces évènements décisifs se passaient dans les provinces du centre, des opérations de moindre valeur, mais importantes pourtant pour l'issue de la campagne, s'exécutaient sur les deux côtés de l'Alsace et dans les Pays-Bas. Les principales forces de ces deux contrées furent envoyées des frontières pour soutenir les armées du centre et leurs mouvements furent peu considérables. Le camp français de Maulde, fut emporté et

[1] Toul., II. 361, 366. Jom., II. 141, 142. Th., III. 180.

l'on commençait à opérer la retraite sur le camp de Bruillé, forte position un peu en arrière. Mais, en exécutant ce mouvement, le corps d'armée fut attaqué le 14 septembre dans sa retraite et complètement battu par les Autrichiens. Il perdit son artillerie, ses équipages et ses approvisionnements. Encouragés par ce facile succès, les alliés, sous le commandement de l'archiduc Albert, au nombre de vingt-cinq mille, entreprirent le siège de Lille, une des plus fortes villes de l'Europe, qui avait résisté glorieusement en 1708 aux armées unies d'Eugène et de Marlborough. La garnison composée de 10,000 hommes, et son commandant, soldat courageux et énergique, se dévouèrent à la cause de la république. On ne pouvait, en pareilles circonstances, espérer de succès que d'un siège en règle, mais les Autrichiens tâchèrent d'intimider le gouverneur par la terreur d'un bombardement qui se continua nuit et jour pendant une semaine toute entière. Cet orage terrible fit peu d'impression sur les soldats qui, à l'abri et à l'épreuve des bombes dans leur casemates, comtemplaient de là la ruine des habitants sans défense. Cet évènement produisit une si grande consternation dans les campagnes voisines, que l'on assura ensuite que Lille avait été prise, que toutes les villes frontières avaient capitulé en même temps pour échapper à une pareille destinée. Les Autrichiens auraient gagné en effet, par la prise de cette place importante, une position assurée sur les frontières de la France, qui eût été d'un grand effet dans l'avenir pour l'issue de la campagne. Mais ils furent interrompus dans leurs opérations par la retraite du duc de Brunswick, et l'approche des forces qui venaient de différents postes pour faire lever le siège de Lille. Les habitants supportèrent avec une fermeté héroïque les terreurs d'un bombardement qui se continua avec une vigueur sans exemple de la part de l'ennemi, et consuma une partie considérable de la ville; pendant le siège, le général Lamartillière effectua son entrée avec plus de dix mille hommes, en sorte que les assiégés devinrent aussi nombreux que les assiégeants. Cette circonstance jointe à l'épuisement de leurs approvisionnements, et à l'approche des renforts détachés par Dumouriez pour entraver leurs opérations, engagea les Autrichiens à abandonner leur entreprise; le 7 octobre, ils levèrent le siège et se retirèrent du territoire français. Les terreurs de l'incendie, l'issue glorieuse du siège, furent célébrés par toute la France, et contribuèrent grandement à augmenter cet esprit énergique qui animait déjà les habitants des départements les plus éloignés, et qui devint plus tard si menaçant pour les états voisins [1].

Cependant, le général Biron, qui commandait en Alsace quarante-cinq mille hommes, consumait en longs préparatifs les beaux jours de la

[1] Jom., ii. 170, 175, 176. Th., iii. 181. Ann., Reg. 1795, 55, 56.

campagne; mais d'un autre côté, le général Custine, qui se trouvait à la tête de dix-sept mille soldats près de Landau, commença un mouvement d'attaque contre Spire, où se trouvaient rassemblés d'immenses magasins. Par un mouvement rapide il entoura un corps de trois mille hommes placés près de la ville et les força de se rendre; cet évènement lui ouvrit immédiatement les portes de Spire, de Worms et de Frankental. Ce grand succès remporté dans le même moment où le principal corps des alliés s'engageait dans la forêt de l'Argonne, eût pu être de la plus grande importance pour les destinées futures de la campagne, si Custine, obéissant immédiatement aux ordres de la Convention et renonçant à son invasion du Palatinat, se fût tourné avec ses troupes victorieuses contre l'arrière-garde et l'armée du duc de Brunswick. Mais ce général, méditait d'autres projets qui devaient rendre également un immense service à la république; désobéissant donc aux ordres de la Convention, il passa quatorze jours dans une apparente inaction dans le Palatinat; mais il entretenait pendant ce temps une correspondance secrète avec la garnison et le club des Jacobins de Mayence; le 18 octobre à la tête de vingt-deux mille hommes, il marcha contre cette ville; le 19 elle était cernée, le 21 toutes ses batteries étaient emportées, et cette importante forteresse, la clef des provinces occidentales de l'empire, se rendait par capitulation. On permit à la garnison forte de quatre mille soldats de se retirer sous condition de ne pas servir contre la France, avant une année. De cette manière, les alliés perdaient les seuls postes fortifiés qu'ils possédaient sur le Rhin, preuve éclatante de la témérité et de la présomption avec laquelle ils pénétrèrent dans le cœur de la France avant de s'assurer d'une manière positive des moyens de retraite.

Emporté par son amour du butin, Custine fit jusqu'à Francfort une excursion sans utilité réelle pour la campagne; pendant ce temps, le duc de Brunswick, effrayé de la prise de Mayence, avançait à marches forcées du voisinage du Luxembourg vers Coblentz, où son armée passa le Rhin à l'aide d'un pont volant, pendant douze jours. Le corps des nobles émigrés fut immédiatement dissous à cause de l'absence de toutes ressources, et forcé de se séparer; les Autrichiens commandés par Clairfait, furent appelés à la défense des Pays-Bas, et les Prussiens campèrent sur la rive droite du Rhin. Ainsi s'accomplit la dissolution de cette armée importante, qui quelques mois auparavant était entrée en France avec une aussi brillante perspective, et qui, si on l'eût sagement dirigée, aurait pu délivrer à jamais l'Europe du fléau de l'ambition démocratique. Quel océan de sang devait être répandu, combien de provinces devinrent des déserts, que de cités furent détruites avant qu'on reprît de l'avantage, que la Champagne revît encore un ennemi victorieux, et que la république conquérante expiât ses torts [1] !

La retraite définitive des alliés donna à Dumouriez la liberté de mettre à exécution le projet, depuis long-temps médité, d'envahir les Pays-Bas, et de reprendre ces belles provinces à la domination autrichienne. Les avantages de cette entreprise n'étaient pas douteux ; reculer les provinces de la république jusqu'au Rhin, enlever aux provinces conquises les moyens de faire la guerre, jeter dans les Flandres les germes de la révolution, grossir les armées des esprits mécontents de ces populeuses contrées, et éteindre en Hollande l'influence anglaise; telles étaient les grandes pensées du vainqueur de Brunswick. Il reçut du gouvernement des pouvoirs illimités, et les pertes supportées par les alliés pendant l'invasion, lui donnèrent une grande supériorité de forces. L'aile droite, composée d'une grande partie des troupes venues de la forêt de l'Argonne, s'élevait à seize mille hommes ; entre la droite et le centre, se trouvait le général Harville avec quatorze mille soldats; Dumouriez commandait en personne le principal corps d'armée fort de quarante mille hommes, tandis que Labourdonnaye était à la tête de l'aile gauche composée à peu près de trente mille; en tout, cent mille soldats tous animés du plus noble esprit, et ne rêvant que

[1] Jom., II. 160, 161. St-Cyr, I. 8, 9. Th., IV 185, 186. Hard., II. 61, 75.

triomphes et conquêtes depuis leur récente victoire sur l'invasion prussienne [1].

Les Autrichiens ne pouvaient opposer des forces égales à cette immense armée; toutes leurs troupes, y compris le corps que le général Clairfait avait amené de l'armée du duc de Brunswick, n'excédaient pas quarante mille hommes, et étaient dispersées sur une ligne trop étendue; le centre, aux ordres de l'archiduc Albert, stationnait devant l'importante ville de Mons, tandis que le reste de l'armée, répandu sur une étendue de presque trente milles, ne pouvait qu'aider faiblement le principal corps d'armée, en cas de besoin [1].

Ce corps d'armée, qui n'avait pas plus de dix-huit mille hommes, était dans une position bien retranchée près du village de Jemmapes; le champ de bataille avait été choisi auparavant par les impériaux, et s'étendait à travers les villages d'Ausmes et de Jemmapes, jusqu'aux hauteurs de Berthaimont d'un côté, et au village de Sifly de l'autre, sur une série d'éminences qui commandaient toutes les plaines adjacentes. Quatorze redoutes fortifiées par toutes les ressources de l'art, et armées d'à peu près cent pièces d'artillerie, semblaient être, pour les Autrichiens, une compensation à la grande infériorité du nombre.

---

[1] Comparer Jom., II. 215. Toul., III. 58, 59. Th., II. 210, 212. Ann. Reg., 1793. 8, 9. Dum., IV. 121. Oct. 26.

[2] Toul., III. 40. Ann. Reg., 1793. 61.

L'artillerie française égalait cependant à peu près celle de l'ennemi, et les forces bien supérieures ne s'élevaient pas à moins de quarante mille hommes; malgré l'inexpérience de quelques-unes de leurs troupes, leurs triomphes récents avaient porté leur courage au plus haut degré. On appliqua, dans cette action, le nouveau système de tactique avec un grand succès, c'est-à-dire, qu'en accumulant les masses sur un seul point, on força de cette manière quelque partie faible de la position, et qu'on fit abandonner toutes les autres [1].

La bataille commença le 6 novembre, au point du jour. Les troupes françaises qui avaient été sous les armes ou au bivouac pendant trois jours, reçurent avec des acclamations l'ordre de s'avancer; elles marchèrent en avant avec rapidité, et perdirent quelques hommes en traversant la plaine qui les séparait de l'ennemi. Le général Beurnonville commença l'attaque de Cuesmes; un feu roulant d'artillerie arrêta ses efforts pendant quelque temps, mais il parvint à tourner le flanc du village de Jemmapes, et les redoutes du côté gauche des Autrichiens furent emportées par l'impétuosité de l'attaque des colonnes françaises. Dumouriez saisit ce moment pour faire avancer le centre de son armée en face de Jemmapes; la colonne marcha rapidement en avant et éprouva peu de pertes, mais en

[1] Jom., II. 217. Dum., III. 168, 169. Toul., III. 45. Ann. Reg., 1793. 61, 62. Hard., II. 45, 47.

approchant du village elle fut prise en flanc par quelques escadrons de cavalerie qui la percèrent et mirent en fuite une partie de la cavalerie qui la défendait. Le moment était des plus critiques, car au même instant les premiers bataillons, arrêtés par le feu terrible des canons, commençaient à hésiter au pied des redoutes. Dans cette extrémité, l'héroïsme d'un brave serviteur de Dumouriez nommé Baptiste, qui rallia les soldats abattus en arrêtant les escadrons victorieux des Autrichiens, et l'intrépidité et la conduite d'un jeune général rétablirent le front de la colonne; en effet, formant les régiments en une seule colonne, qu'il appela colonne de Jemmapes, il se mit à leur tête, et attaqua de nouveau les redoutes avec une si grande vigueur, que le village fut emporté, et les Autrichiens chassés de leurs retranchements jusqu'au milieu de la plaine. Ce jeune officier, alors le duc de Chartres, est aujourd'hui Louis-Philippe, *roi des Français* [1].

Au moment où la victoire était disputée avec tant d'acharnement au centre, Dumouriez éprouvait également des inquiétudes à la droite. Beurnonville, quoique heureux d'abord de ce côté, se reposait, lorsqu'il aperçut la confusion de la division centrale; il hésita dans ses mouvements entre le désir de se maintenir sur le terrain qu'il avait conquis, et celui de faire reculer ses troupes pour

---

[1] Dum., iii. 169, 173. Toul., iii. 40. Ann. Reg., 1793. 62. Th., iii. 241, 245.

soutenir la colonne qui paraissait au milieu de la plaine dans une si grande confusion. L'ennemi s'aperçut promptement de cette hésitation ; le feu de l'artillerie française pouvait facilement égaler celui de cinq redoutes qui exerçaient leurs ravages dans les rangs ; un corps nombreux de cavalerie impériale se tenait en avant prête à charger au premier signe de désordre. Dumouriez accourut aussitôt; il parcourut à cheval le front de deux brigades de ses vieux soldats du camp de Maulde qui firent retentir l'air des cris de *vive Dumouriez!* et il s'avança pour rallier les escadrons de cavalerie qui étaient la cause de la confusion où l'on était tombé. La cavalerie s'élança aussitôt et fut reçue à portée du pistolet par une charge de l'infanterie qui jeta la confusion dans ses rangs. On détacha des dragons français à leur poursuite, et la cavalerie impériale entraînée irrévocablement dans la fuite, se sauva sans ordre jusqu'à Mons. Ravi de ce succès, Dumouriez fit chanter à ses troupes victorieuses l'hymne de la *Marseillaise*, et profitant de leur enthousiasme, il se précipita en avant, à leur tête, et prit possession des redoutes; inquiété encore vers le centre, il se mit à la tête de six escadrons de cavalerie pour renforcer le duc de Chartres; mais il n'avait pas fait cent pas qu'il rencontra son aide-de-camp, le jeune duc de Montpensier, lui apportant l'heureuse nouvelle que la bataille était gagnée sur tous les points, et que les Autrichiens fuyaient de tous côtés vers la ville de Mons [1].

Telle fut l'affaire de Jemmapes, la première bataille rangée gagnée par les armées républicaines; célèbre à la fois et par ses importantes conséquences et par le mérite réel de la lutte. Les Autrichiens perdirent environ cinq mille hommes et quatorze pièces d'artillerie; le reste se retira en bon ordre vers la ville de Mons. Les pertes des Français passèrent six mille hommes; mais l'ivresse de la victoire sur les esprits et la force morale les deux parties fut d'un effet immense [2], et elle conduisit immédiatement à la conquête des Pays-Bas.

On dut plus, néanmoins, ces grands résultats à la terreur des impériaux qu'aux mesures vigoureuses du général français. Le 7 il entra dans Mons qui ouvrit ses portes sans résistance, et il y resta cinq jours dans une inaction complète. Cependant les autorités autrichiennes réussirent à fuir à l'arrière-garde, et, abandonnant Bruxelles, elles cherchèrent un asile dans Ruremonde. Les Français furent partout accueillis, sur leur passage, avec enthousiasme; Ath, Tournay, Newport, Ostende et Bruges ouvrirent leurs portes, et, après une escarmouche avec l'arrière-garde, Bruxelles elle-même fut occupée par leurs troupes victorieuses. A la droite, le général Valence prit Charleroi, et

---

[1] Dum., III. 173, 175. Toul., III. 49. Th., III. 245, 246. Ann. Reg., 1793. 62, 63. Hard., II. 45, 47.
[2] Ann. Reg., 1793. 63 Toul., III. 50, 51. Th., III. 246.

CHAPITRE VIII.

s'avança vers Namur; sur la gauche, Labourdonnaye, après bien des hésitations, marcha sur Gand et Anvers. Vers la fin de novembre, les Autrichiens avaient perdu toutes leurs possessions dans les Pays-Bas ; il ne gardaient plus que Namur et sa citadelle importante [1].

La grandeur de ces succès donna de l'ombrage au parti républicain à Paris. Le jour même de la bataille de Valmy, la république avait été proclamée et la royauté abolie en France. Les rapides conquêtes du jeune général jetèrent l'alarme parmi les despotes républicains; on dénonça en lui un autre César, un second Cromwell; Marat, dans son journal sanguinaire, et Robespierre à la tribune, le proclamèrent l'ennemi des libertés du peuple. Si l'évènement justifia un peu leurs prédictions, il faut convenir aussi qu'ils en furent la cause en lui montrant la destinée qui l'attendait, si les chances de la guerre, le précipitant dans des revers considérables, mettaient sa tête entre leurs mains [2].

Pendant que ces jalousies naissaient au sein du pouvoir, la carrière des conquêtes emportait Dumouriez vers l'Escaut, où se passèrent des évènements qui eurent les plus grands résultats. Le conseil exécutif ordonna, par un décret du 16 novembre, d'ouvrir ce fleuve aux vaisseaux flamands, évènement qui ne pouvait manquer d'amener une rup-

---

[1] Toul., III. 51, 52. Jom., II. 236, 239, 243.
[2] Toul., III. 52, 53. Jom., II. 255. Th., III. 263.

ture avec les puissances maritimes. Il dirigea, en conséquence, des forces considérables de ce côté ; Labourdonnaye, après s'être emparé lui-même de Malines et d'un dépôt considérable de provisions militaires placées dans cette cité, s'avança vers Anvers. Là il fut destitué de ses fonctions par Dumouriez pour des doutes sur sa fidélité au gouvernement républicain ; le général Miranda, officier de dévouement et de talent, le remplaça dans le commandement ; c'est le même qui s'illustra plus tard dans ses efforts pour l'indépendance de l'Amérique méridionale. Le 30 novembre la citadelle d'Anvers avait capitulé entre les mains du nouveau général, et la France était, sans contestation, souveraine de l'Escaut [1].

Le général républicain ne perdit pas de temps à laisser à l'état d'intention le projet favori de la France d'ouvrir cette grande artère de la prospérité de la Flandre. Il écrivit sur-le-champ à Miranda : « Ne perdez pas un instant pour expédier sur l'Escaut une chaloupe vers un banc de sable, afin de constater s'il empêche réellement la navigation ou si c'est seulement un faux bruit répandu en Hollande. Faites tout ce qui est en votre pouvoir pour ouvrir le fleuve aux entreprises commerciales, afin que les Flamands, comparant la générosité de la république avec l'avarice du gouvernement autrichien qui vend à la Hollande la navigation de

[1] Jom., II. 247. *Pièces just.* II. n° 6. Th., III. 260.

l'Escaut pour sept millions de florins, puissent adopter avec empressement les vrais principes de liberté ¹. » Miranda se hâta de se mettre en mesure pour l'exécution de ce projet, et en peu de jours la flottille amarrait à l'embouchure du fleuve, remontait jusqu'à Anvers au milieu des acclamations des habitants qui pressentaient, dans cet heureux évènement, l'aurore d'entreprises commerciales plus brillantes que celles qu'on avait jamais vues depuis le commencement de la république hollandaise ².

Pendant que l'aile gauche poursuivait ses succès, le centre, commandé par Dumouriez, marchait aussi dans la carrière des conquêtes. Une forte arrière-garde du principal corps des Autrichiens, postée près de Roucoux, fut attaquée le 26, et les impériaux se retirèrent après une résistance acharnée; le lendemain Liège ouvrait ses portes aux vainqueurs. Le parti révolutionnaire employa aussitôt dans cette ville des mesures de la plus grande violence; on forma un club des Jacobins qui rivalisa bientôt d'énergie et d'atrocité avec celui de Paris; pendant ce temps le parti démocratique, à Paris, se divisait en factions opposées sur la question de savoir si l'on ferait de ce pays une république indépendante, ou si on le joindrait à la France. Danton et Lacroix, commissaires de la Convention,

¹ Jom., II 248.
² Jom., II. 249.

soutinrent avec force ce dernier parti qui se livra bientôt à toute espèce de violence [1].

En même temps, l'aile droite, sous les ordres de Valence, pressait le siège de la citadelle de Namur. Les Autrichiens qui s'étaient établis dans le voisinage pour inquiéter les assiégeants, en furent chassés, et les tranchées ayant été ouvertes peu à peu, le fort de Villette, construction imposante qui contrariait les opérations des assiégeants, fut pris d'assaut le 30 novembre. La citadelle se rendit aussi peu de jours après, et les soldats, composant la garnison au nombre de plus de deux mille, furent faits prisonniers de guerre. A peu près à la même époque, Miranda dépossédait les Autrichiens de la ville de Ruremonde, tandis que, d'un autre côté, Dumouriez [2], après les avoir chassés de leur position qui protégeait Aix-la-Chapelle, s'emparait lui-même de cette ville.

Dumouriez projeta également une irruption dans le territoire hollandais et le siège de Maëstricht, l'une des principales villes frontières appartenant à cette république. Mais le conseil exécutif, craignant avec raison de le voir s'engager en même temps dans une guerre avec les Provinces-Unies et la Grande-Bretagne qui avait promis de défendre ce pays, lui ordonna de se désister de son entreprise ; ses forces étaient affaiblies par les malheurs,

[1] Ann. Reg., 1793. 66. Th., III. 266.
[2] Ann. Reg., 1793. 67. Th., III. 266. Jom., II. 249. Toul., III. 252, 253.

le besoin, la fatigue, la désertion de plus de dix mille hommes qui avaient abandonné leurs drapeaux pendant la liberté militaire qui suivit la conquête de la Belgique, et par la perte de six mille cavaliers; ceci le décida à les renvoyer à leurs quartiers d'hiver. Son armée se mit convenablement en cantonnement sur une ligne partant de Namur par Aix-la-Chapelle jusqu'à Ruremonde. Le gouvernement lui donna ordre de continuer ses opérations offensives et de pousser les impériaux jusqu'audelà du Rhin; mais l'épuisement de ses soldats rendait tous ses mouvements impraticables; il obéit cependant à ces représentations réitérées. Enfin ils leur accordèrent quelques semaines de repos [1].

Les Flamands devaient recueillir les fruits les plus amers de la conquête républicaine. Le 19 novembre, la Convention, enthousiasmée par la victoire de Jemmapes, publia ce fameux manifeste dans lequel elle déclarait « qu'il fallait donner des témoignages de fraternité et des secours à tous les peuples disposés à recouvrer leur liberté ; qu'elle chargeait ses généraux de leur prêter assistance et de protéger tous les citoyens qui auraient été ou qui pourraient être inquiétés en son nom. » Ce décret, qui ressemblait à une déclaration de guerre contre tous les gouvernements établis,

[1] Jom., II. 250, 258, 259, 260. Th., III. 267. Ann. Reg., 1793. 69. Dum., III. 230, 233.

fut traduit par ordre et publié dans toutes les langues. Il fut suivi, le 15 décembre, d'un second, rédigé particulièrement de manière à offenser les sujets des provinces conquises. La république proclamait, par ce manifeste célèbre, dans toutes les provinces qu'elle avait conquises, « la souveraineté du peuple, la suppression de toutes les autorités constituées, de toutes taxes ou impôts en vigueur, de tous les droits féodaux et territoriaux, de tous les privilèges de la noblesse et de ceux particuliers à chaque contrée. On annonçait à tous les sujets la liberté, la fraternité et l'égalité, et on les engageait à se former en assemblées, à nommer une administration et un gouvernement provisoire ; ce décret disait encore qu'on traiterait comme ennemie toute personne qui, renonçant à de pareils bienfaits ou les refusant, montrerait quelque disposition à protéger, à rappeler ou à aider leur prince ou quelque autre personnage de race privilégiée [1]. »

Ce dernier décret excita en Belgique une violente indignation qui répandit l'alarme dans toute l'Europe. Les Flamands n'étaient nullement disposés à abandonner leurs anciens maîtres, et les sentiments féodaux qui étaient en grand honneur dans cette contrée, se révoltèrent à cette soudaine rupture de tous les liens qui avaient été jusque-là les plus sacrés. Les plus chers intérêts, les plus pro-

[1] Jom., II. 284, 268. Pièces just. n° 8, 9.

fonds attachements de la nature furent violés, lorsque toute l'ancienne aristocratie du pays fut déracinée et que l'on prépara la formation d'un nouveau choix de gouverneurs, appelés par le suffrage universel des habitants ; une heureuse prospérité, des institutions de quelque durée se trouvaient détruits par un choc violent pour édifier une nouvelle société. Les sentiments naturels au milieu de si grands changements dans une contrée, furent réveillés d'une manière particulière dans les Flandres, à cause de l'influence puissante du clergé sur les habitants, du grand nombre d'intérêts établis et de grandes propriétés qui étaient menacées par les changements destructeurs de la Convention française; les harangues des orateurs qui introduisaient cette mesure n'apaisèrent pas l'exaspération ; Cambon, qui proposa la résolution, parla des Pays-Bas comme de provinces conquises, et Brissot, qui la seconda, avertit les Belges de l'adopter sous peine d'être « mis au ban de la philosophie française [1]. »

Aussitôt après ce décret, les Flandres furent inondées de hordes d'agents révolutionnaires qui avaient dans la bouche les mots de liberté, de patriotisme et de protection, et n'agissaient dans leurs mesures que par la violence, la confiscation et l'effusion du sang. Des réquisitions forcées d'hommes, de chevaux, de provisions, d'énormes

[1] Jom., II. 265. Th., III. 268.

contributions levées militairement, des paiements forcés en assignats dépréciés en France; la spoliation générale des églises, tels furent les premiers effets du gouvernement démocratique. Les légions d'agents du fisc et les collecteurs d'impôts qui couvraient le sol, ne semblaient avoir d'autre motif que celui d'enlever leur dernier liard à de malheureux habitants, et de faire leur fortune dans une possession passagère des districts conquis. A leur tête se trouvaient Danton, Lacroix et Carrier, républicains de l'espèce la plus farouche et la plus avide; ils communiquaient à tous les agents inférieurs leur énergie infernale, et donnaient aux Flamands un avant-goût du règne de la terreur [1].

Trente-cinq commissaires choisis au sein même du club des Jacobins à Paris, et nommés par la Convention, assistèrent ces trois esprits souverains dans l'œuvre de destruction.

On les envoya dans les Flandres sous le prétexte d'organiser le règne de la liberté, mais en réalité pour anéantir le parti tout entier de l'aristocratie. A leur arrivée, ils partagèrent ce malheureux pays en districts, et chacun d'eux, dans son petit domaine, procéda à l'œuvre de spoliation.

Les paysans furent conduits à coups de sabre et à la pointe des baïonnettes aux principales assemblées indiquées par la Convention, pendant que les églises et les châteaux étaient livrés au pillage, qu'on en

[1] Dum., III. 277, 378. Jom., II. 205.

vendait les tableaux dont le prix payait largement les commissaires français. Les domaines du clergé furent mis partout sous le séquestre, on saisit et vendit tous les tableaux de grande valeur appartenant à des propriétaires laïques, et on envoya ces malheureux, sous le titre détesté d'aristocrates, dans les forteresses françaises où ils restèrent comme otages pour ces réquisitions [1].

Revenus, par ces terribles exactions, de leur rêve de liberté, les habitants des Flandres émirent bientôt pour le retour de leur premier gouvernement des vœux aussi ardents qu'ils en avaient faits pour sa ruine. Les provinces de Brabant et de Flandre qui avaient fait tant d'efforts pour secouer le joug de Joseph II, ayant maintenant goûté le résultat des conquêtes républicaines, tâchèrent de se délivrer de leurs libérateurs. Elles envoyèrent à l'empereur une députation avec prière de venir à leur secours, lui assurant en ce cas l'aide de trente mille hommes et de grandes avances en argent [2]. Voilà les premiers résultats des conquêtes républicaines ; ce ne furent pas les derniers. Le mot de liberté a sur tous les hommes un grand empire ; ceux qui souffraient alors en connurent tous les malheurs. L'Europe eut à souffrir les mêmes calamités qui avaient désolé la Flandre avant de perdre les funestes illusions qui lui imposèrent leur joug.

[1] Dum., III. 278
[2] Jom., II. 266.

Tandis que ces grands évènements avaient lieu dans le Nord, des évènements de moindre importance, mais pourtant féconds en graves résultats, se passaient aux frontières du Sud et de l'Est. Les montagnes de la Savoie étaient le théâtre de disputes moins sanguinaires entre les soldats de la République et ceux de l'Italie. Le péril évident des états piémontais, résultant de leur voisinage du grand centre de l'action révolutionnaire, avait amené, dès 1792, le gouvernement sarde à prendre des mesures de précaution, et tous les états d'Italie, alarmés du rapide progrès des principes démocratiques, avaient concerté d'avance une ligue pour leur mutuel soutien. La fermentation était si grande dans le Piémont, et la contagion des principes libéraux si violente, que la guerre seule, comme on le vit bientôt, pouvait sauver le royaume d'une révolte. La marche rapide des impériaux sur le Milanais, à travers le Tyrol, amena une crise en septembre 1792. Les Français envoyèrent une ambassade au gouvernement du Piémont pour lui proposer une alliance, promettant dans ce cas de garantir ses possessions, de réprimer la turbulence de ses sujets, et de lui céder toutes les conquêtes faites par leurs forces réunies, au sud des Alpes. Mais le roi de Sardaigne comprenait si bien le danger de s'unir à un gouvernement établi par des troupes républicaines, qu'il rejeta les propositions. On ne permit pas, en conséquence, à l'envoyé français d'aller plus loin qu'Alexandrie; dès que la Convention connut le résultat de cette démarche décisive, elle déclara la guerre au monarque piémontais, et l'ordre fut immédiatement transmis au général Montesquiou d'attaquer la Savoie, où les émissaires jacobins avaient déjà semé des éléments de haine contre la dynastie italienne [1].

Le 21 septembre les républicains entrèrent inopinément en Savoie, s'emparèrent, après une faible résistance, de Chambéry et de Montmeillan, et occupèrent, bientôt après, toutes les vallées jusqu'au pied du mont Cénis. Les troupes sardes, quoique fortes d'environ 10,000 hommes, étaient si dispersées, qu'il était impossible de les réunir en nombre suffisant pour opposer une résistance à l'attaque impétueuse des Français. C'est une preuve nouvelle à ajouter à beaucoup d'autres connues des grandes difficultés de défendre une rangée de montagnes contre un ennemi supérieur et entreprenant. Les républicains opérèrent bientôt, sur une échelle plus vaste, une entreprise contre le pays de Nice. Le général Anselme traversa le Var le 1er octobre, à la tête de 9,000 hommes, et le même jour la flotte française, composée de douze vaisseaux de ligne et de frégates, jeta l'ancre à une demi portée de canon des murs de Nice. Se voyant menacé par la population insurgée de la ville, et déconcerté à la vue de forces aussi supérieures, le général Courten,

[1] Bott., t. 75, 88. Jom., II. 180.

qui avait à peine avec lui 2,000 hommes, se retira précipitamment vers Saorgio et le Col de Tende, laissant aux Français toute la côte et les vallées, jusqu'au pied.de la grande chaîne des Alpes maritimes. Villa-Franca et Montalban, qui avaient résisté si glorieusement au prince de Conti en 1744, se rendirent aux premières sommations, et Saorgio devint place frontière des possessions piémontaises [1].

Les républicains firent un cruel usage de leur victoire. Les habitants de Nice et du pays voisin furent récompensés de la réception qu'ils leur avaient faite par le pillage, les massacres et des outrages sans nombre; ils découvrirent les montagnards dans les vallées les plus reculées, saisirent les bestiaux, brûlèrent les maisons et violèrent les femmes de ceux qui les avaient salués comme des libérateurs. On n'écouta nullement une proclamation publiée, et contresignée par le général Anselme; les commissaires même, envoyés par la Convention pour s'enquérir des désordres, ne purent faire aucune réparation efficace. Bientôt après, les forces combinées de terre et de mer entreprirent une expédition contre la forteresse d'Onéglia; et comme les habitants, en faisant feu sur une chaloupe qui s'approchait des batteries avec un pavillon de trêve, avaient tué l'officier qui le portait, les républicains se vengèrent de cette violation des usages de

[1] Jom., II. 190, 198. Ann. Reg., 1793. 74. Bott. I. 95.

la guerre, par la destruction complète de la ville [1].

Ainsi, en quelques semaines, furent enlevées à la couronne sarde, les pays de Nice et de Savoie, quoique défendus par des armées considérables, entrecoupés de montagnes escarpées et impraticables, et garnies de forteresses autrefois jugées imprenables. La perte subite des moyens de défense, devant la première attaque des républicains, donnait lieu aux plus pénibles réflexions. Elle montrait la faiblesse des troupes piémontaises, jadis si vantées, et faisait tristement augurer du résultat probable d'une attaque contre l'Italie, lorsque ses meilleurs défenseurs avaient donné des preuves si honteuses de pusillanimité. La présence des exilés de France qui arrivèrent à Genève et à Turin, dans un état déplorable, augmenta encore la consternation générale. Triste exemple d'un passage subit du rang le plus élevé et de la fortune, au dernier degré de la misère [2].

Après avoir porté les armes de la république, au pied du grand sommet central qui sépare la France de l'Italie, la Convention songea à étendre ses conquêtes sur les républiques helvétiques. Les cantons de cette confédération étaient très-partagés d'opinion ; les uns avaient ressenti profondément le massacre de la garde suisse, le 10 août; les autres, imbus des principes démocratiques, étaient prêts à re-

[1] Jom., II. 200, 205, 205. Bott., I. 92, 96. Ann. Reg., 1795. 74.
[2] Bott., I. 97, 98.

cevoir dans les soldats républicains, les libérateurs du pouvoir dominant de l'aristocratie. Le pays de Vaud, surtout, était dans un tel état de fermentation que quelques exemples sévères avaient été jugés nécessaires par le gouvernement pour maintenir son autorité. Paralysée par des divisions intestines, la confédération helvétique avait résolu de conserver une neutralité armée; mais les vues avides des conquérants républicains l'en empêchèrent, et finirent par l'entraîner sur le champ général d'une guerre européenne [1].

Clavières, ministre des affaires étrangères en France, et Genevois de naissance, épousa chaudement le parti des mécontents de sa ville natale. Il s'empressa d'employer son pouvoir nouvellement acquis, à la ruine de la faction avec laquelle il avait long-temps combattu dans cette petite république. Il fit écrire au général Montesquiou par Servan, le ministre de la guerre : « qu'il serait bien de briser les fers que le despotisme avait forgés pour enchaîner les Genevois, s'ils étaient portés à publier les droits de l'homme. » Ce général était très-peu disposé à commencer cette nouvelle attaque, parce que non-seulement la diète lui avait donné les plus formelles assurances de sa résolution de conserver une stricte neutralité, mais parce que le canton de Berne avait rassemblé une armée d'environ dix mille hommes pour appuyer ses observations, et

[1] Jom., II. 306, 310. Th., III. 190, 191.

l'on prévoyait qu'une attaque dirigée contre Genève, serait regardée comme une déclaration de guerre à toute la confédération. Sans tenir compte de ces sages considérations, le gouvernement français commanda à Montesquiou d'avancer immédiatement; tandis que de leur côté, les Suisses envoyaient dix-huit cents hommes pour aider à la défense de la ville. Lorsque les républicains arrivèrent près de Genève, ils trouvèrent les portes fermées, les secours arrivés, et le sénat de Berne leur fit savoir qu'ils la défendraient jusqu'à la dernière extrémité. L'état de désarmement des villes frontières du Jura, entre la France et la Suisse, rendait extrêmement imprudent de s'engager dans un débat avec ces montagnards belliqueux. Dans ces circonstances, des négociations parurent préférables à une violence déclarée, et peu de temps après, les Français s'éloignèrent. Le général Montesquiou osa ainsi désobéir ouvertement aux ordres de la Convention qui lui avait follement prescrit de s'emparer de cette ville. Du reste, en vertu de deux conventions, les Suisses retirèrent leurs forces de Genève, et les Français leurs troupes de leur voisinage. Genève fut délivrée d'une invasion républicaine, et Montesquiou eut la gloire de sauver son pays des suites d'une attaque téméraire et inexcusable qu'il avait commencée [1].

La Convention ne perdit pas de temps pour as-

[1] Ann. Reg., 1773. Jom., II. 311, 312, 313. Th., III. 191.

surer ses conquêtes et en faire pour l'avenir la base de mesures révolutionnaires. Un club de Jacobins de douze cents membres fut formé à Chambéry et s'affilia dans toute la Savoie à des sociétés qui répandirent bientôt la fièvre de la démocratie dans les Alpes maritimes et menacèrent les institutions du Piémont d'un bouleversement total. Une Convention nationale établie à Chambéry, le premier octobre, proclama l'abolition de la royauté, des dîmes et des ordres privilégiés. Des députations des clubs de Savoie furent envoyés à Paris et reçus avec le plus grand enthousiasme par la législature française. Enfin, le 17 novembre, toute la Savoie fut incorporée à la France sous le nom de département du Mont-Blanc, et bientôt après le district de Nice fut confondu dans la République usurpatrice sous le nom de département des Alpes-Maritimes et l'état de Monaco ajouté à son vaste territoire [1].

Au milieu de tous ces triomphes, la fortune abandonna la cause républicaine sur le Haut-Rhin. Les forces françaises, de ce côté, qui montaient, y compris les armées de Kellermann, de Custine et de Biron, à 62,000 hommes, auraient pu porter un grand coup à l'armée du duc de Brunswick alors très-affaiblie par le départ des Autrichiens sous les ordres de Clairfait, pour la défense des Pays-Bas. Mais les mouvements mal combinés de ces généraux n'amenèrent qu'un désastre. Le plan adopté mar-

[1] Ann. Reg., 1793, 134, 135, 140.

quait à Beurnonville, qui avait remplacé Kellermann, de prendre possession de Trèves et de marcher sur Coblentz où il devait effectuer sa jonction avec Custine, et s'avancer avec leurs forces réunies sur les alliés inquiétés déjà par l'armée de Flandre, et les forcer de repasser le Rhin. Ce plan était habilement conçu, mais l'exécution en fut entièrement manquée, résultat imputable en partie à la difficulté de l'entreprise au commencement de l'hiver, et en partie au manque de coopération cordiale parmi les généraux qui la conduisaient [1].

Le général Laroblière, qui était chargé de l'avant-garde de l'armée de Beurnonville, montant à 3,000 hommes, et destinée à l'attaque de la ville de Trèves, fut rappelé dans le moment où il arrivait au but de son voyage, par les craintes du général en chef; tandis que Custine, dont les forces, déduction faite de la garnison de Mayence, étaient réduites à 15,000 hommes, semblait plus disposé à piller les châteaux qu'il rencontrait sur sa route, à établir des clubs jacobins à Francfort et à Mayence, qu'à poursuivre les mouvements militaires de la campagne. Cependant les Prussiens, remarquant l'inaction de Kellermann, réunirent secrètement leurs forces autour du corps de Custine, dans l'espoir qu'étant aussi avancé et se trouvant si mal soutenu, il pourrait être fait prisonnier avant qu'aucun secours pût être détaché pour l'appuyer. Ce

[1] Toul., III. 103, 108. Jom., II. 269, 272, 273.

projet, résultat de la nonchalance du commandant des troupes françaises, faillit réussir. Long-temps Custine méprisa les corps prussiens qui se réunissaient peu à peu autour de lui ; il fut réveillé de son rêve en voyant menacée par l'ennemi l'unique ligne de retraite qui lui restait. Il détacha alors le général Houchard avec trois mille hommes qui eurent un engagement sans succès avec les Prussiens près de Limbourg ; mais l'arrivée de douze mille soldats de l'armée du Haut-Rhin le mit en position de reprendre les opérations offensives [1]..

Cependant le roi de Prusse, à la tête d'une superbe armée de cinquante mille hommes, rétablis à peu près de leurs désastres, résolut de prévenir l'ennemi et de le chasser de la rive droite du Rhin, afin de donner à ses troupes de sûrs cantonnements pour l'hiver. Dans cette vue, il mit son armée en mouvement, et dirigeant la masse de ses forces contre le flanc droit de Custine, l'obligea de se retirer dans un camp retranché derrière la Nidda, laissant à Francfort une garnison de deux mille hommes dans une situation très-précaire : le roi tenta sur-le-champ contre cette ville un coup de main qui réussit complètement, tous les soldats de la garnison, moins deux cents, ayant été tués ou faits prisonniers. Custine, après avoir faiblement tenté de défendre le cours de la Nidda, repassa le Rhin et fit cantonner ses troupes entre Bingen et

[1] Jom., II. 275, 270, 280. St-Cyr, I. 9, 12 Toul., III. 108.

Frankendal, laissant une garnison de dix mille hommes pour défendre l'importante forteresse de Mayence. De leur côté, les alliés mirent aussi leurs troupes dans leurs quartiers d'hiver dont ils avaient tant besoin. La ligne de leurs cantonnements s'étendait entre Francfort et Darmstadt, avec une avant-garde pour observer cette ville frontière [1].

Ainsi finit la campagne de 1792, période remplie d'enseignements précieux pour l'homme d'état et le soldat. Le caractère téméraire et énergique de la guerre était déjà manifeste; la contagion des principes républicains avait fait remporter à la France bien des conquêtes, mais la sévérité du pouvoir républicain avait rendu l'illusion, dans les pays conquis, aussi passagère qu'elle était trompeuse. Dans plusieurs endroits, on accueillit les soldats républicains comme des libérateurs, jamais ils ne furent regrettés à leur départ comme des amis. La campagne, ouverte sous de fâcheux auspices, fut marquée par les plus brillants succès de la part des républicains; mais leurs conquêtes avaient surpassé leurs forces et leurs affaires déclinèrent à la fin sur tous les points [2]. Dans le Nord, l'armée de Dumouriez, qui venait d'achever la conquête de la Flandre, était tombée au dernier état de dérèglement; des bataillons entiers avaient aban-

---

[1] Jom. II 282. 292. Toul., II. 116, 117. St-Cyr, II. 12, 16. Hard., II. 77, 78.
[2] Jom., II. 192.

donné leurs drapeaux et étaient retournés chez eux ou s'étaient formés en bandes de voleurs sur le territoire conquis; les chevaux et les équipements étaient dans un état pitoyable, et toute l'armée, affaiblie par la licence et l'insubordination, penchait vers une prompte ruine. Les corps de Beurnonville et de Custine, quoique paralysés par les divisions et l'inaction de leurs chefs, se trouvaient dans des circonstances un peu plus favorables, et leurs fautes récentes avaient été loin d'affaiblir l'esprit énergique, résultat de leurs premiers succès, tandis que les troupes qui avaient occupé Nice et la Savoie, victimes de leurs désordres, supportaient les conséquences du pillage et de la dévastation qui avaient accablé d'une si grande misère les districts conquis [1].

Mais il était évident, d'après ce qui s'était passé, que cette guerre surpasserait, en grandeur et en importance, toutes celles qui l'avaient précédée et que les résultats devaient effacer tout exemple connu.

La campagne avait seulement commencé aux premiers jours d'août, et, avant la fin de l'année, une invasion, la plus formidable qui eût jamais menacé l'existence de la France, avait été repoussée et des conquêtes avaient été faites plus grandes que celles des monarques précédents. La Flandre, théâtre de débats si opiniâtres sous le règne de

[1] Jom., II. 192, 517. Dum., III. II. 50.

Louis XIV, avait été occupée en quinze ou vingt jours, les états transalpins de la maisons de Savoie, séparés de la couronne de Sardaigne, et la grande ville frontière de l'Allemagne, arrachée à l'empire, presque sous les yeux des armées impériale et royale. De plus, tous ces faits s'étaient accomplis sous les auspices les moins favorables; les troupes françaises étaient entrées en campagne dans un état complet d'insubordination; la honte et les défaites avaient accompagné leurs premiers efforts; le royaume était déchiré par une guerre intestine; une grande partie de la noblesse se trouvait dans les rangs de l'invasion; et peu de ses généraux avaient servi ou étaient en état de résister à la tactique expérimentée de l'ennemi.

Mais à ces désavantages réels, les Français pouvaient opposer des éléments jusqu'alors inconnus dans les guerres modernes, l'énergie de la valeur républicaine et la vigueur de l'ambition démocratique. L'expérience prouva bientôt que ces principes étaient plus puissants qu'aucun de ceux encore apportés dans le mouvement des affaires humaines, et que la force qu'ils renfermaient ne serait égalée que par le développement de passions aussi énergiques et de sentiments aussi universels. Les Français triomphèrent tant qu'ils combattirent contre des rois et des armées; ils tombèrent du jour où leur tyrannie excita l'indignation, et où leurs invasions réveillèrent le patriotisme des peuples.

Mais ce ne fut pas immédiatement que s'éleva ce formidable pouvoir; et des leçons politiques de la plus haute importance pour la conduite future de l'humanité, peuvent être recueillies dès le commencement de cette guerre mémorable.

1° La première conclusion qui se présente est la nécessité absolue, lorsque l'on attaque un pays en état de révolution, de procéder vigoureusement dans le principe, et de ne pas laisser un premier succès changer l'énergie démocratique en ambition militaire. Ces deux principes sont presque inséparables; l'un se mêle rapidement à l'autre, quoiqu'ils soient cependant bien distincts d'abord. Après un léger succès dans une guerre, un état révolutionnaire est le plus formidable de tous les antagonistes; quand il n'a pas encore vaincu, on peut généralement en triompher sans beaucoup de difficultés. Aucune armée ne pouvait se trouver dans un état plus déplorable que celles de la France au commencement de la campagne de 1792, et la raison en était dans la licence d'une révolution qui avait rompu toute discipline; aucune ne pouvait être plus redoutable qu'elles ne le furent à Arcole, parce que le succès avait alors tourné l'enthousiasme politique vers la carrière des conquêtes. En attaquant un état révolutionnaire, le seul procédé sage et réellement économique est de produire tout de suite une force puissante, et de ne jamais laisser un succès passager enthousiasmer l'esprit du peuple. Les gouvernements d'Autriche et de Prusse regrettèrent amèrement le mesquin développement de leurs forces au commencement de la guerre. Ils pouvaient alors faire marcher aisément cent mille hommes pour envahir la Champagne, tandis que soixante mille se seraient avancés à travers l'Alsace et autant dans les Pays-Bas. Deux monarchies militaires, ayant à leur disposition une force réunie de plus de quatre cent mille hommes, pouvaient assurément agir ainsi dans une simple campagne. Quelle multitude de malheureux auraient épargnés des forces pareilles déployées de bonne heure ! La conscription française, la campagne de Moscou, la déroute de Leipsick, le sang de millions d'hommes, les trésors des siècles !

2° Si les alliés avaient profité de leurs avantages dès le principe, la révolution aurait été, sans aucun doute, vaincue dès la première campagne. Un peu moins de retard dans sa marche vers la forêt d'Argonne eût empêché les Français d'en occuper les défilés avec leurs troupes inexpérimentées, et les eût forcés ou de livrer Paris ou de combattre dans les plaines de la Champagne, où la nombreuse cavalerie des Prussiens eût été irrésistible ; un peu plus de vigueur dans la marche contre la colonne en retraite de Grandpré à Sainte-Menehould aurait dispersé toute l'armée de défense et changé en terreur la passion de la liberté. Quinze cents hussards prussiens y mirent en déroute dix mille hommes des meilleures troupes françaises; la destinée de l'Europe tenait alors à un fil : si le duc de Brunswick était tombé avec une force considérable sur l'armée en retraite, elle aurait été complètement dispersée, et le règne de la révolution eût été fini.

3° L'occupation des défilés de la forêt d'Argonne par Dumouriez, a été le sujet des plus hauts éloges de la part des écrivains militaires; mais elle mit la France au bord de sa ruine par le danger que courut l'armée dans la retraite qui s'opéra sur Sainte-Menehould. Une autorité très-compétente, le maréchal Saint-Cyr, l'a blâmée comme une mesure périlleuse et inutile, qui, en divisant les forces françaises en présence d'un ennemi aussi supérieur, les exposait au risque d'être battues ou mises en pièces partiellement. L'impuissance de Dumouriez à défendre les passages de cette forêt vient ajouter aux nombreux exemples de l'impossibilité de défendre une ligne de terrain entrecoupé, quelque fort qu'il soit, contre un ennemi supérieur et habile. La raison en est que la force défensive est nécessairement divisée pour garder les différents passages, tandis que les assaillants peuvent choisir leur point d'attaque, et, en y attirant des troupes nombreuses, forcer toute la ligne. C'est précisément ce que firent Napoléon dans les Alpes maritimes, Soult dans les Pyrénées et Diebitch dans le Balkan. Le seul exemple de réussite dans la conservation d'une pareille position est celui de Wellington à Torres-Vedras, et ce n'était pas tant la défense d'une chaîne de montagnes que d'un grand camp retranché, également protégé sur tous les points par des travaux de terre. Il n'y a pas à douter qu'en conservant ses forces réunies, Dumouriez ne les aurait jamais exposées au hasard menaçant qui se présenta à son arrière-garde, dans la retraite de ses colonnes détachées de Grandpré au camp; mouvement qui eût été fatal à la France s'il avait eu lieu en présence d'un ennemi entreprenant. Si Napoléon avait été à la place du duc de Brunswick avec une armée aussi considérable, il aurait promptement pénétré à travers les autres défilés de la forêt d'Argonne et forcé Dumouriez de mettre bas les armes dans son camp imprenable.

4° L'état misérable de l'armée française et ses tristes exploits au commencement de la guerre, fournissent une preuve frappante de l'extrême danger d'une indépendance nationale qui provient de soldats occupés des dissensions civiles et oubliant pour les applaudissements passagers de la multitude, l'obéissance et la fidélité, les premières vertus militaires. La révolte des gardes françaises, le vacillement de l'armée sous Louis XVI, mirent l'indépendance nationale sur le penchant de sa ruine. L'insubordination, les désordres, l'indiscipline, résultat d'une pareille révolte, tarirent les sources de la bravoure militaire; tant que dura cet état, la nation n'eut aucun moyen de défense contre ses ennemis. Que les siècles futurs ne comptent pas sur la rencontre d'un autre Dumouriez ou la timidité d'un autre duc de Brunswick : si le contraire de ce qui arriva, avait eu lieu, que le commandant français eût conduit l'invasion et que les Prussiens eussent été chargés de la défense, où serait aujourd'hui le nom et l'indépendance de la France? Le despotisme intérieur et le joug étranger sont les inévitables conséquences de pareilles violations de la discipline militaire. La France en goûta l'amertume, à la suite de la révolte applaudie de ses défenseurs; le règne de la terreur, le despotisme de Napoléon, la prise de Paris en furent les résultats légitimes. L'armée française conserva son honneur intact et garda la pureté vierge de la capitale à travers les périls de la monarchie; elle les perdit à la fin dans l'anarchie qui suivit le mépris de ses devoirs, à la naissance de la république.

Enfin dans le résultat brillant des efforts généreux qu'a faits le peuple français pour conserver son indépendance, quand la révolte avait paralysé ses véritables défenseurs, les patriotes d'aujourd'hui peuvent prendre des encouragements même au milieu des plus grandes calamités. Aucune situation ne pouvait paraître plus désespérée que celle de la France après la prise de Longwy; elle voyait sa capitale insurgée, son peuple en guerre civile, une armée ennemie envahissant son territoire; elle manquait d'officiers expérimentés et de soldats disciplinés. Cependant la France fut délivrée de tous les dangers par l'énergie de son gouvernement et l'héroïsme de son peuple. De l'extrémité du péril encouru à Grandpré, combien fut prompte la transition qui conduisit à l'assurance et au triomphe; à une gloire plus grande que celle de François 1er, à des conquêtes plus rapides que celles de Louis xiv! Exemple admirable pour les siècles à venir, de ce que peuvent produire l'énergie et le patriotisme, et des récompenses qui attendent ceux qui, méprisant les revers de la fortune, s'attachent avec courage, au milieu de ses vicissitudes sans nombre, à remplir leurs devoirs.

CHAPITRE IX.

RÉPUBLIQUE FRANÇAISE DEPUIS LA MORT DU ROI JUSQU'A LA CHUTE DES GIRONDINS.

ARGUMENT.

Affliction et consternation générales à la mort de Louis. — Elle perd irrévocablement les Girondins. — Retraite de Roland, qui est remplacé par Garat. — Guerre avec l'Angleterre, l'Espagne et la Hollande. — Prodigieux effets de cet événement. — Sa funeste influence sur la cause royaliste et constitutionnelle. — Plan des Jacobins pour résister aux alliés. — Établissement du tribunal révolutionnaire. — Grande détresse à Paris. — Le peuple demande une loi du maximum. — Desseins de Dumouriez. — Il veut rétablir la monarchie. — Son échec et sa fuite. — Luttes entre les Girondins et les Jacobins. — Conspiration des Jacobins; elle échoue. — La guerre éclate dans la Vendée. — Vigoureuses mesures de la Convention. — Dumouriez dénoncé. — Nomination du comité de salut public. — Les Girondins et le centre envoient Marat au tribunal révolutionnaire. — Violente agitation pour paralyser cet acte. — Marat est acquitté. — Proposition énergique de Guadet. — Insurrection générale contre les Girondins et la Convention. Lutte désespérée dans l'assemblée. — Rapport de Garat déclarant Paris dans un état de tranquillité. — Insurrection renouvelée le 31 mai. — Vastes forces organisées dans les faubourgs. — Elles environnent et attaquent la Convention. — Violents débats dans son sein. — Les membres sortent de la salle, mais ils sont repoussés par les bandes armées. — Les trente chefs de la Gironde sont livrés et mis en arrestation. — Plusieurs s'échappent et s'enfuient dans les provinces. — Leur procès et leur condamnation. — Leur mort héroïque. — Procès et mort de madame Roland. — Sa conduite généreuse. — Mort de M. Roland. — Réflexion sur la chute des Girondins.

La mort de Louis XVI acheva la destruction de la monarchie française; la révolution avait alors parcouru la première période des convulsions de cette nature. Sortie de principes philanthropiques, soutenue par des sentiments de patriotisme, aidée par la liberté et l'aristocratie, servie même par la faveur royale, elle avait successivement perdu toutes les classes qui l'avaient appuyée. Le clergé fut le premier à se ranger sous son drapeau, et il fut le premier frappé; les nobles cédèrent ensuite à sa fortune, et leur corps fut la seconde victime. Le roi s'était fait le généreux bienfaiteur de ses sujets, et avait accordé toutes les demandes des révolutionnaires; en retour on le conduisit à l'échafaud. Il restait à voir le destin de ceux qui étaient demeurés vainqueurs, si de tels crimes passeraient impunis, et si les lois de la nature promettaient à la méchanceté la même impunité qu'elle avait obtenue des tribunaux humains.

« *Quid in rebus civilibus*, dit Bacon, *maximè prodest? Audacia. Quid secundum? Audacia. Quid tertium? Audacia. In promptu ratio est; inest enim naturæ humanæ plerumque plus stulti quam sapientis, undè et facultates eæ quibus capitur pars illa in animis mortalium stulta, sunt omnium potentissimæ. Attamen utrumque ignorantiæ et sordidi ingenii proles est audacia, nihilominùs fascinat et captivos ducit eos qui vel judicio infirmiores sunt, vel animo timidiores; tales autem sunt hominum pars maxima.* » Le canon que vous entendez, dit Danton à la barre de l'assemblée, n'est pas le canon d'alarme, c'est le pas de charge sur nos ennemis. Pour les vaincre, pour les attérer, que faut-il? De l'audace! encore de l'audace! toujours de l'audace! » C'est une chose remarquable que la sagacité philosophique ait inspiré au sage du xvi⁰ siècle, non-seulement l'idée, mais les paroles même que l'expérience pratique des orages de la révolution suggéra au terrible démagogue du dix-huitième [1].

Jamais la vérité de ces mémorables paroles ne fut mieux démontrée qu'en France pendant le cours de la révolution. Le rang, l'influence, le talent, le patriotisme, abandonnèrent le champ de bataille, ou succombèrent dans la lutte; l'ambition téméraire, l'audace bruyante, vainquirent tous leurs adversaires. Les Girondins soutenaient que la force de la raison et la force du peuple étaient une seule et même chose, et ils se flattaient de pouvoir, par leur éloquence, dompter la révolution, quand ses excès deviendraient dangereux; ils vécurent pour reconnaître leur complète impuissance à lutter avec la violence populaire, et succombèrent sous la fureur de l'orage qu'ils avaient excité.

La maxime *vox dei vox populi* n'est vraie que quand elle s'applique au paisible résultat de la réflexion humaine, quand l'époque d'agitation est passée, et que la raison a repris son empire. Dans des moments d'effervescence, la passion est tellement prédominante, qu'il serait plus vrai de dire, que la voix du peuple est la voix des démons qui le poussent. Un coursier, troublé par la terreur, ne court pas plus aveuglément à sa perte que la populace, lorsqu'elle est excitée par l'ambition révolutionnaire. C'est une

[1] Bacon, x 52, Mign. i. 204, Th. iii, 272.

loi de la nature qui lui ménage un châtiment lent, mais certain. Pour punir chaque faction qui arrive successivement à la tête des affaires, une autre plus violente s'élève, jusqu'à ce que le châtiment ait atteint toutes les classes coupables, et que la nation ait expié son crime dans le cilice et la cendre.

La mort du roi ouvrit les yeux à une foule de gens sur les dangers du gouvernement populaire; à peine sa tête était-elle tombée, que l'affliction publique devint visible. Les brigands qu'on avait soudoyés pour pousser des cris de triomphe, ne purent trouver d'écho parmi les spectateurs. Le nom de Santerre fut universellement exécré. « Le roi voulait en appeler à nous, disait le peuple, et nous l'aurions délivré. » Plusieurs trempèrent leurs mouchoirs dans le sang de la victime; ses cheveux furent recueillis religieusement, et placés avec les reliques des saints, par le petit nombre de ceux qui conservaient encore des sentiments religieux. Les gardes nationaux tristes et muets, regagnèrent leurs foyers, déposèrent leurs armes et donnèrent cours, au sein de leurs familles, aux sentiments qu'ils n'avaient osé manifester en public. « Hélas! si j'avais été sûr de mes camarades, » s'écriaient-ils tous. Fatal effet des dissensions civiles, qui paralysent les bons par une méfiance mutuelle, et poussent les méchants par la conscience de leur audace [1] !

[1] Lacr. x. 256, Th., iv. 2.

L'exécution était terminée à dix heures et demie ; mais les boutiques restèrent fermées, et les rues désertes pendant toute la journée. Paris ressemblait à une ville désolée par un tremblement de terre. On n'apercevait que des groupes d'assassins, chantant des chansons révolutionnaires, les mêmes que celles qui précédèrent les massacres de septembre. Leurs voix, répercutées par les murs silencieux, parvinrent à la prison du Temple, et apprirent à la famille royale le sort de son chef. La reine, avec son fils orphelin, tomba à genoux, et demanda au ciel de leur faire la grâce de rejoindre bientôt le martyr au séjour des bienheureux [1].

La mort du roi rendit non-seulement les partis irréconciliables, mais elle affaiblit l'influence des Girondins auprès du peuple; les Jacobins leur re-reprochaient sans cesse d'avoir essayé de sauver le tyran. Ce généreux dessein, qui ne pouvait se nier, était un crime impardonnable aux yeux du parti démocratique. Il les accusait d'être ennemis du peuple, parce qu'ils blâmaient ses excès ; complices du tyran, parce qu'ils avaient voulu lui sauver la vie ; traîtres à la république, parce qu'ils recommandaient la modération envers ses adversaires. De peur qu'un retour de l'esprit public à la raison ne rendît manifeste l'absurdité de ces reproches, les chefs du parti employèrent tous

[1] Lacr. x. 257.

les moyens pour faire durer l'agitation populaire. Frapper de terreur les ennemis de la révolution par l'imminence du danger et la fureur de l'insurrection ; représenter la sûreté de la république comme dépendant uniquement de leurs efforts ; exciter les département à l'aide de sociétés affiliées, tel était le système qu'ils suivirent constamment, jusqu'à qu'ils se fussent débarrassés de tous leurs ennemis [1].

Une union momentanée s'établit entre les parties contendantes, par suite de la consternation que produisit la mort d'un des députés, Lepelletier Saint-Fargeau, qui fut tué par un ancien garde du corps, nommé Pâris, pour avoir voté la mort du roi. La condition de la trêve fut le renvoi du ministre de l'intérieur, l'intègre et intrépide Roland. Il fut remplacé par Garat, homme de mœurs douces et bienveillantes, mais sans fermeté dans le caractère, et tout-à-fait impropre à lutter contre les orages et les dangers de la situation. Par la retraite de Roland, les Girondins perdirent le seul appui ferme que possédât leur parti [2].

Jusqu'au dernier moment les Jacobins doutèrent du succès de leur attaque contre le roi. La grandeur de l'entreprise, l'énormité du crime, effrayait même leur âme sanguinaire ; aussi leurs transports n'eurent-ils pas de bornes, quand ils virent

[1] Mign., I. 242.
[2] Lacr., Pr. Hist., II. 50. Mign., I. 243, 244. Toul., III. 235. Th., IV. 3.

leurs efforts couronnés de succès. Les Girondins, au contraire, regrettèrent l'illustre victime, et, alarmés de la terrible victoire de leurs adversaires, ils virent dans le martyre de Louis le prélude de longues et sanglantes querelles, et le premier pas dans l'inexorable système qui suivit de si près. Ils avaient abandonné Louis à son destin, pour montrer qu'ils n'étaient pas royalistes; mais leur faiblesse humiliante ne trompa personne; tout le monde comprenait qu'ils l'avaient fait par nécessité, non par inclination; que la peur avait maîtrisé leur résolution; et que l'appel au peuple était un moyen de rejeter sur d'autres un danger qu'ils n'avaient pas l'énergie d'affronter eux-mêmes. Ils perdirent de cette manière la confiance de tous les partis: des royalistes, parce qu'ils avaient été les premiers auteurs de la révolte qui renversa le trône; des Jacobins, parce qu'ils avaient reculé devant l'exécution du roi. Roland, complètement découragé, non par des dangers personnels, mais par l'impossibilité d'arrêter le progrès du mal, fut trop heureux de la perpective de quitter sa brillante position pour se réfugier dans la tranquillité de la vie privée [1].

Tous les partis furent trompés dans l'effet qu'ils avaient attendu de la mort du roi. Les Girondins, dont les coupables déclamations avaient soulevé l'esprit démagogique qui les mena à l'échafaud,

[1] Th. IV. 2, 3. Buzot, 10, 12.

s'étaient imaginé que leur concours à ce grand sacrifice augmenterait leur influence sur la populace, et qu'elle aimerait mieux se laisser gouverner par leurs avis sages et modérés que par la fougue farouche de leurs rivaux, les Jacobins ; mais ils furent bientôt convaincus du contraire, et apprirent à leurs dépens, que cet acte d'iniquité, comme tous les autres méfaits, rendait leur situation pire qu'auparavant. Les Orléanistes perdirent par ce terrible évènement le peu de considération qu'ils possédaient encore, et Philippe-Egalité, qui s'était flatté qu'en y consentant il assurerait le trône à lui et à ses descendants, fut bientôt écrasé sous le choc des factions plus énergiques qui se disputaient la direction des affaires publiques. Les Jacobins, avec plus de raison, croyaient que la chute du trône leur assurerait une longue jouissance du pouvoir, et ils n'en jouirent que pendant dix-huit mois. La France, accablée par leur tyrannie, chercha un refuge, non dans les mains vacillantes d'un monarque bienveillant, mais dans le bras de fer d'un guerrier sans pitié. Telle est la marche des révolutions ; elle ne reculent jamais, quand leurs chefs obtiennent un ascendant sans limites ; mais elles se précipitent d'un extrême à l'autre jusqu'à ce que l'excès des souffrances rendent le pouvoir aux classes faites pour l'exercer, et expulsent du système social le poison mortel de la démagogie [1].

[1] *Hist. de la Conv.*, II. 112, 115, 116.

Les Girondins employaient tous leurs efforts pour empêcher Roland de sortir du ministère de l'intérieur, mais ce fut en vain ; l'influence même de sa femme fut impuissante à le retenir à son poste. Il déclara qu'il aimerait mieux la mort que les mortifications qu'il était obligé d'endurer chaque jour. Son parti fut désespéré de sa retraite, parce qu'il voyait clairement l'impossibilité de le remplacer ; il s'aperçut de la funeste tendance de ses mesures pour le pays et pour lui-même, quand il ne fut plus temps de revenir sur ses pas [1].

Des évènements extérieurs d'une importance non ordinaire, arrivèrent à cette époque, qui précipitèrent la chute de ce parti célèbre et hâtèrent l'approche du règne de la terreur.

Le premier fut l'adhésion de l'Angleterre à la ligue des souverains alliés contre la république ; l'exécution du roi, comme Vergniaud l'avait prédit, détruisit tout d'un coup l'espèce de neutralité qui existait entre les états rivaux. Chauvelin, ambassadeur de France, reçut ordre de quitter Londres sur-le-champ, et cet acte, amena peu de jours après, une déclaration de guerre de la Convention contre l'Angleterre, l'Espagne et la Hollande ; contre l'Angleterre, comme ayant déjà réellement déclaré la guerre par le renvoi de l'ambassadeur français ; contre la Hollande comme influencée par l'Angleterre ; contre l'Espagne comme étant déjà une en-

[1] *Hist. de la Conv.*, II. 185.

nemie secrète. Ces déclarations furent suivies d'un ordre pour une lévée immédiate de trois cent mille hommes [1].

Ces mesures produisirent un effet prodigieux dans toute la France. « Nous vous remercions de nous avoir réduits à la *nécessité de vaincre*, » écrivit une des armées à la Convention, en réponse à l'annonce de la mort du roi et de la déclaration de guerre; et dans le fait ce sentiment était universel dans les armées, général parmi le peuple. Le sentiment de l'honneur national, toujours si puissant parmi les Français, était éveillé; le parti dominant des Jacobins à Paris n'était plus aux yeux d'un peuple égaré, une faction sanguinaire, qui voulait à tout prix le pouvoir, mais une association de patriotes, combattant bravement pour l'indépendance nationale; la résistance à ses ordres semblait presque une trahison envers la république à son heure de danger. Toute espèce de réquisition trouvait une prompte obéissance dans le but d'éviter les calamités qui menaçaient. La crainte de l'invasion étrangère faisait oublier au citoyen la perte de sa fortune ou de son emploi; un seul chemin, celui de l'honneur, était ouvert aux braves; un seul devoir, celui de la soumission, restait aux hommes de bien; et le sang même qui coulait de l'échafaud, semblait un sacrifice justement dû au génie offensé du patriotisme,

[1] Lacr., *Pr. Hist.*, t. 81 Mign., t. 248. Th., iv. 13, 14.

indigné de la défection de quelques-uns de ses sujets [1].

Les partis royaliste, constitutionnel et modéré, ne furent plus capables de séparer la cause de la France de celle des Jacobins, qui dirigeaient alors ses destinées. Le peuple, toujours entraîné par ses sentiments, et souvent incapable d'une juste distinction, quoiqu'il reste généralement fidèle à la cause de la vertu, quand il n'est pas conduit par des chefs méchants, associait constamment les adhérents de ces partis aux ennemis de la république; les royalistes, parce qu'ils combattaient dans les rangs des alliés, et faisaient la guerre à la république dans la Vendée; les constitutionnels, parce qu'ils négociaient avec les ennemis de l'état, et recherchaient l'appui des armées étrangères pour rétablir la balance du pouvoir entre les factions intérieures; les modérés, parce qu'ils élevaient la voix contre la tyrannie domestique, et cherchaient à arrêter le bras du pouvoir dans l'effusion du sang humain. Le parti qui passe dans l'esprit du peuple, pour être indifférent au destin du pays à l'heure du danger, ne pourra jamais regagner son influence durant tout le cours de la génération actuelle; et l'opposition au pouvoir dirigeant pendant une telle crise, ne peut qu'avec peine éviter une imputation de ce genre. Par une singulière coïncidence, mais par l'effet des mêmes principes, l'opposition en France et en An-

[1] Foul., III. 236, 237. Th., IV. 4, 5.

gleterre, à cette époque, perdit la sympathie de la partie influente de la nation; les royalistes français, parce qu'ils étaient accusés de s'allier avec les les puissances étrangères contre l'intégrité de la France; les whigs anglais, parce qu'on les soupçonnait d'être indifférents à la gloire nationale dans la lutte engagée avec l'ambition révolutionnaire [1].

Les chefs du gouvernement français, n'étaient pas insensibles au danger qui pouvait résulter de l'attaque d'une si formidable coalition, mais la retraite était impossible; par l'exécution de Louis, ils avaient rompu définitivement avec tous les gouvernements établis. La révolte du 10 août, le massacre des prisons, la mort du roi, avaient excité la plus profonde indignation dans toute la portion aristocratique de l'Europe, et singulièrement refroidi l'ardeur des classes moyennes en faveur de la révolution; ce n'était plus le mépris, mais la frayeur que les républicains inspiraient aux puissances européennes, et la terreur pousse à des efforts plus vigoureux que le mépris. Mais les chefs républicains de Paris ne désespérèrent pas de sauver la cause de la démocratie. Le mouvement extraordinaire qui agitait la France leur donnait des raisons d'espérer qu'ils pourraient réussir à soulever toute la population mâle pour sa défense, et produire ainsi sur le champ de bataille une masse d'hommes beaucoup plus nombreuse que les

[1] Lacr., III. 257. Mign., I. 248.

alliés ne pourraient en réunir pour la soumettre. L'énormité de la dépense était une affaire de peu d'importance pour eux ; les biens des émigrés offraient une vaste ressource toujours croissante, qui excédait généralement le montant de la dette publique ; pendant que l'émission illimitée des assignats, à quelque taux qu'ils descendissent, fournissait amplement à tous les besoins présents ou probables du trésor [1].

La difficulté de se procurer des subsistances, et la stagnation totale du commerce, inévitable résultat des convulsions politiques, s'accrurent d'une manière très-alarmante durant le mois de février et de mars 1793. La crainte du pillage, la répugnance des cultivateurs à vendre les denrées pour une monnaie en papier déprécié, rendaient infructueux tous les efforts du gouvernement pour suppléer aux nécessités publiques ; en même temps, le prix de chaque objet de consommation augmenta si démesurément, que cette augmentation excita les plus violentes clameurs parmi le peuple. Le prix, non-seulement du pain, mais du sucre, du café, de la chandelle et du savon, avait plus que doublé, depuis que la révolution avait commencé. D'innombrables pétitions sur ce sujet, se succédaient l'une à l'autre à la barre de l'assemblée. Les plus violents des Jacobins avaient un remède tout prêt ; c'était de proclamer un maximum pour le prix de chaque

[1] Th., IV. 16, 18.

objet, d'imposer une taxe forcée aux riches, et de pendre tous ceux qui vendraient à un prix plus élevé que celui fixé par la loi. En vain Thuriot et quelques autres des plus modérés du parti, élevèrent la voix contre ces mesures extrêmes; ils furent assaillis de cris contre l'aristocratie boutiquière, et leurs voix étouffées par les sifflets et les huées des galeries; et la Montagne elle-même, trouva qu'en résistant à de tels actes, elle se rendrait aussi impopulaire que les Girondins l'étaient déjà devenus. Le peuple déclara alors que les chefs qu'ils s'étaient donnés étaient aussi mauvais que les anciens nobles. Peut-être la plus grande et la plus funeste illusion dans de semblables convulsions, c'est l'opinion commune, qu'en choisissant leurs chefs dans leurs propres rangs, les classes laborieuses les trouveront plus portés à sympathiser avec leurs malheurs, que s'ils étaient pris dans une classe plus élevée, opinion naturelle, mais bien pernicieuse, dont toute l'histoire prouve la fausseté, et qui est contraire à l'expérience ordinaire du genre humain [1].

A la fin l'extrême difficulté de se procurer des subsistances, poussa le peuple à une véritable fureur. Un rassemblement tumultueux environna la salle des Jacobins, et traita ce corps comme on avait si souvent traité l'assemblée. Son but était d'en obtenir une pétition pour la Convention, afin

[1] Th., IV. 39, 41. *Hist. de la Conv.*, II. 164.

d'arracher d'elle la loi du maximum. La demande fut rejetée. Aussitôt des cris « à bas les accapareurs, à bas les riches! » retentirent de tous les côtés, et les Jacobins furent menacés, comme ils avaient menacé la Convention. Marat, le lendemain, publia un numéro de son journal, dans lequel il éleva sa voix redoutable contre ce qu'il appelait les monopoleurs, les marchands de luxe, les supports de la fraude, les ex-nobles ; il ajoutait : «Dans tous les pays où les droits du peuple ne sont pas un vain titre, le pillage de quelques boutiques, aux portes desquels on pendrait leurs propriétaires accapareurs, mettraient fin à un mal qui réduit cinq millions d'hommes au désespoir, et en fait journellement mourir de faim des milliers. Quand les députés du peuple apprendront-ils à agir, sans discuter éternellement sur les maux auxquels ils ne savent pas remédier [1] !»

Tous les corps publics étaient remplis de consternation à l'aspect de ces désordres. Les boutiquiers en particulier, dont les efforts en faveur de la révolution avaient été si décidés au commencement, étaient au désespoir en voyant l'anarchie s'approcher de leurs portes. Les Girondins, qui pour la plupart étaient les représentants des villes commerciales de France, comprenaient parfaitement le désastreux effet d'un maximum pour les prix, mais lorsqu'ils essayèrent de faire prévaloir leurs principes, ils furent

[1] *Journal de la République*, 25 février 1793. Th., iv. 43, 44.

assaillis par la populace, et leurs efforts dans cette circonstance particulière achevèrent de détruire le peu de considération qui leur restait, et les Jacobins n'obtinrent jamais plus de succès contre eux. La souffrance était réelle et universelle, rien ne pouvait faire voir au peuple qu'elle était due aux mesures de la révolution. Les tentatives de la municipalité pour rétablir l'ordre, ou rendre des ordonnances comminatoires, étaient étouffées sous les cris de la multitude, et les sifflets des galeries; chaque nouvel acte de violence qu'on racontait, était reçu avec des tonnerres d'applaudissements. Ni à la Convention, ni à l'Hôtel-de-Ville, ni aux Jacobins on ne pouvait trouver un remède pour apaiser la fureur du peuple. Robespierre, St-Just, Chaumette étaient hués du moment qu'ils essayaient de parler. Les royalistes comparaient ces déplorables scènes avec la tranquillité dont on jouissait sous la monarchie. « Voyez, disaient les Girondins, à quoi nous sommes réduits sous le système de la violence populaire. » Tout cela, disaient les Jacobins, est l'ouvrage des Royalistes, des Rolandistes, des Girondins, et des partisans de Lafayette déguisés. Le soir, aux Jacobins, Robespierre soutenait le principe populaire; que le peuple ne pouvait mal faire, et que les royalistes étaient les secrets instigateurs de ces désordres [1].

Bientôt les alarmes à Paris devinrent extrêmes;

[1] Th., iv. 47, 48. *Hist. de la Conv.*, ii. 163.

tous les corps publics se déclarèrent en permanence; partout la générale appela les sections armées à leurs postes, et le peuple parla ouvertement de la nécessité d'une nouvelle insurrection, pour élaguer les parties gangrénées de la représentation nationale. Les Girondins qui seraient probablement les premiers à souffrir, s'assemblèrent en armes à la maison de Valazé, un de leurs membres, où l'indécision et la différence des opinions paralysèrent tous leurs conseils. Les Jacobins n'étaient guère moins embarrassés qu'eux. Quoique soutenus par la municipalité, la majorité des sections ou de la garde nationale, et la multitude armée, ils ne croyaient pas l'esprit public assez mûr pour une attaque directe contre les représentants de la nation, où les Girondins occupaient encore les postes importants; ils résolurent de braver les demandes sur les points les moins graves, pour se préparer à la grande attaque qui devait renverser leurs adversaires [1].

L'autre évènement qui consolida l'influence des Jacobins, fut la malheureuse tentative de Dumouriez pour rétablir le trône constitutionnel. Ce célèbre général, qui était vivement attaché aux principes des Girondins, était depuis long-temps mécontent de ces mesures sanguinaires, et des déclarations plus sanguinaires encore des meneurs démocratiques; et, ne voyant de salut pour la France,

[1] Th., IV. 50, 55.

que dans le rétablissement de la constitution de 1791, il quitta le commandement de son armée, et vint à Paris pour tâcher de sauver la vie à Louis XVI, et quand ce projet eut échoué, il retourna en Flandre, et entra en négociation, avec la Hollande et la Grande Bretagne. Son dessein était de faire une irruption dans la Hollande, de renverser les autorités révolutionnaires de ce pays, d'établir un nouveau gouvernement dans les dix-sept provinces des Pays-Bas, et de lever une armée de quatre-vingt mille hommes, d'offrir l'alliance de cet état au gouvernement français, à condition de rétablir la constitution de 1791 ; et en cas de refus, de marcher sur Paris avec ses propres forces et ceux des Belges, et de renverser la Convention et le règne des Jacobins [1].

Plein de ce projet extraordinaire, Dumouriez, à la tête de quinze mille hommes, se jeta dans la Hollande. Il fut d'abord heureux, et réussit à s'emparer de Bréda et de Gertruydenberg ; mais pendant qu'il poursuivait sa carrière, il fut informé de la déroute de l'armée française qui assiégeait Maestricht, et des ordres furent donnés pour le retour immédiat de l'armée victorieuse, afin de couvrir les frontières. La consternation était si grande dans les troupes républicaines que tous les bataillons se débandèrent, et quelques-uns des fuyards se sauvèrent jusqu'à Paris, répandant les

[1] Dum., II. 287. Toul., III. 286, 290. Mign., I. 240, 250 Roland, I. 217.

bruits les plus exagérés partout où ils passaient. Pour obéir à ces ordres, Dumouriez revint en Flandre, et soutint un engagement général avec le prince de Cobourg; mais les alliés furent heureux, et la victoire de Nerwinde força les Français à abandonner toutes leurs conquêtes en Flandre [1].

Poussé par le danger imminent de sa situation, mécontent des mesures de la Convention qui avait contrarié ses vues politiques et flétri ses lauriers militaires, chagriné de la conduite du gouvernement envers les Belges, qui avaient capitulé sur la foi de ses assurances, et depuis avaient été cruellement maltraités par leurs vainqueurs, Dumouriez entama une correspondance avec les généraux alliés. Dans la poursuite de ce dessein, il n'agit ni avec la vigueur ni avec la précaution indispensables pour arriver au succès; il parla ouvertement à ses officiers de marcher sur Paris, comme il leur avait récemment parlé de marcher sur Bruxelles, pendant que les soldats étaient abandonnés à la séduction des Jacobins, qui trouvaient en eux les instruments dociles de leurs ambitieux projets. Dumouriez, comme il l'avance lui-même, n'avait pas les qualités nécessaires pour un chef de parti; mais quand même il aurait possédé l'énergie de Danton, la fermeté de Bouillé, ou l'ambition de Napoléon, le torrent de la révolution était trop fort pour être arrêté par un seul bras. Comme Lafayette et

[1] Lacr., II. 55, 55, 56. Mign., I. 260.

Pichegru, il était destiné à éprouver la vérité des paroles de Tacite : « *Bellis civilibus plus militibus quam ducibus licere.* » Son pouvoir, qui pendant long-temps avait dirigé les forces de la démocratie, échoua quand il voulut en comprimer la fureur; et le chef de cinquante mille hommes se trouva bientôt abandonné et proscrit au milieu des troupes qu'il avait récemment commandées avec une autorité despotique [1].

Le premier avis que la Convention reçut de ses desseins, lui vint du général lui-même. Trois Jacobins déterminés, Proly, Pereira et Dubuisson, avaient été envoyés au quartier-général pour obtenir une explication authentique de ses intentions; dans une discussion longue et animée qu'il eut avec eux, il avoua ouvertement ses vues, et menaça la Convention de la vengeance de son armée. « Point de paix pour la France, s'écria-t-il, si nous ne détruisons la Convention; tant que je manierai une épée, je m'efforcerai de renverser son pouvoir et le tribunal sanguinaire qu'elle a récemment créé. La république est une pure chimère; elle ne m'a trompé que trois jours; il faut que nous sauvions notre pays en rétablissant le trône et la constitution de 1791. Depuis la bataille de Jemmapes je n'ai jamais cessé de regretter les triomphes obtenus dans une si mauvaise cause. Qu'importe que le roi

[1] Tacite, *Hist.*, II. 44. Lacr., II. 256. Toul., III. 294, 306. Mign., I. 250.

se nomme Louis, ou Jacques, ou Philippe? Si la vie des prisonniers du Temple est en danger, la France trouvera toujours un souverain, et je marcherai à l'instant sur Paris pour venger leur mort [1]. »

A l'imprudence de cette déclaration prématurée, Dumouriez, avec ce mélange de chaleur et de facilité qui distinguait son caractère, ajouta la faute encore plus grande de laisser les commissaires, ainsi instruits de ses intentions, partir pour Paris où ils ne perdirent pas de temps à informer la Convention du danger qui la menaçait; de promptes mesures furent prises pour paralyser les desseins d'un si formidable antagoniste. Procédant avec la décision et la rapidité, qui, dans les dissensions civiles, est indispensable au succès, ils le sommèrent de paraître à leur barre, et en cas de désobéisssance, ils envoyèrent quatre commissaires, avec des instructions pour l'amener devant eux, ou l'arrêter au milieu de son armée. Dumouriez reçut ces représentants au milieu de son état-major; ils lui lurent le décret de l'assemblée, qui lui ordonnait de paraître sans délai à sa barre; il refusa d'obéir, alléguant pour excuse les fonctions importantes dont il était investi, et promettant de rendre compte de ses actes à une époque plus reculée. Les représentants insistèrent et lui citèrent pour exemple la conduite toujours docile des généraux romains. « Nous nous trompons, répon-

[1] Mign., t. 266. Lacr., ii. 57.

dit-il, en alléguant pour excuse de nos crimes, les vertus des anciens. Les Romains n'assassinèrent pas Tarquin; ils établirent une république gouvernée par de sages lois; ils n'avaient ni un club de Jacobins, ni un tribunal révolutionnaire. Nous vivons dans des temps d'anarchie; des tigres demandent ma tête, je ne veux pas la leur donner. » — Citoyen général, dit Carnier, le chef des commissaires, voulez-vous obéir au décret de la Convention, et vous rendre à Paris? — Pas à présent, répondit Dumouriez. — Je vous déclare alors suspendu de vos fonctions, et ordonne aux soldats de se saisir de votre personne. — Ah! c'en est trop, s'écria le général; et, appelant ses hussards, il arrêta les représentants de la Convention, et les livra comme otages au général autrichien [1].

Le dé une fois jeté, Dumouriez se prépara à suivre son projet d'établir une monarchie constitutionnelle. L'opinion de son armée était fortement divisée; les corps attachés à sa personne, étaient disposés à le suivre jusqu'au bout; ceux du parti contraire le regardaient comme un traître; la majorité, comme dans toutes les dissensions civiles, était indifférente, et prête à se ranger du côté du parti victorieux. Mais le général manquait de la fermeté nécessaire pour guider un mouvement révolutionnaire, et les sentiments des plus

[1] Lacr., II. 267. Mign., I. 267. Toul., III. 311, 312. Th., IV. 118, 119.

énergiques de ses soldats étaient hostiles à ses projets. Il partit pour Condé, avec l'intention de livrer cette ville aux Autrichiens comme un gage de sa sincérité, suivant les conventions établies ; mais ayant rencontré un corps de troupes contraire à ses vœux, il fut forcé de prendre la fuite, et n'échappa qu'en abandonnant son cheval, qui refusa de sauter un fossé. Le lendemain, il essaya, avec un courage héroïque, de regagner son camp avec une escorte de hussards autrichiens; mais la vue des uniformes étrangers excita les sentiments patriotiques des soldats français; l'artillerie la première abandonna sa cause, et bientôt après toute l'infanterie suivit cet exemple. Dumouriez regagna avec peine les lignes autrichiennes, où quinze cents partisans seulement rejoignirent son drapeau. Le reste de l'armée se réunit dans un camp retranché à Famars, où, peu de temps après, le général Dampierre, par l'ordre de la Convention, prit le commandement de l'armée [1].

L'échec de cette conspiration, comme de toutes celles qui ne réussissent pas, ajouta à la force du parti dominant dans la capitale de la France. La terreur, qui arrive souvent à son plus haut degré, quand le danger est passé, disposa le peuple à prendre les mesures les plus désespérées pour le salut public; la désertion de Dumouriez aux Autrichiens, donna aux violents révolutionnaires l'im-

[1] Toul., III. 315, 316, 320. Mign , I. 258. Lacr., II. 61, 02. Th., IV. 120, 126.

mense avantage de représenter leurs adversaires
comme réellement ennemis de la France. Pendant
la première vivacité de l'alarme, les Jacobins dé-
noncèrent leurs anciens ennemis, les Girondins,
comme les auteurs de toutes les calamités publiques, et fixèrent le 10 mars pour une attaque
générale contre les chefs de ce parti dans la Convention. L'assemblée s'était déclarée en permanence, en raison des dangers publics, et le soir
du 9 il fut décidé, aux clubs des Jacobins et des
Cordeliers, que le jour suivant on fermerait les
barrières, qu'on sonnerait le tocsin, et qu'on marcherait en deux colonnes avec les forces des faubourgs sur la Convention. A l'heure indiquée, les
chefs de l'insurrection se rendirent à leurs postes;
mais les Girondins, informés de leur danger, s'abs-
tinrent d'aller à l'assemblée au moment fixé pour
l'attaque; les sections et la garde nationale hési-
tèrent à se joindre aux insurgés; Beurnonville,
ministre de la guerre, marcha contre les faubourgs
à la tête d'un fidèle bataillon de troupes de Brest,
et une averse abondante refroidit l'ardeur révolutionnaire de la multitude. Pétion, regardant le
ciel pluvieux, s'écria : « On ne fera rien ; il n'y
aura point d'insurrection cette nuit. » Le complot
échoua, et son échec différa de quelques semaines
le commencement du règne de la terreur. Tant
étaient futiles alors les moyens avec lesquels il
était possible d'arrêter la révolution ; tant les chan-

gements les plus importants dépendent d'accidents fortuits [1].

Danton et les Jacobins firent un usage immédiat de l'agitation produite par ces événements, pour presser l'établissement d'un *tribunal révolutionnaire*, afin de défendre contre les ennemis intérieurs les intérêts de ceux qui combattaient l'agression étrangère aux frontières. Les Girondins employaient tous leurs efforts pour repousser cette institution, aussi arbitraire qu'elle menaçait d'être formidable. Mais leurs efforts furent vains; l'esprit public, violemment ébranlé par la crainte de la trahison domestique, était inaccessible aux dangers d'une domination sanguinaire; tout ce qu'ils purent faire, ce fut d'introduire des jurés dans la nouvelle cause, et de modérer, jusqu'à un certain point, la violence de ses procédés, jusqu'à la fatale insurrection qui la soumit à ses terreurs [2].

En même temps un autre décret fut rendu, qui imposa à tous les propriétaires une taxe de guerre extraordinaire; un troisième qui organisa quarante et une commissions, de deux membres chacune, chargées de parcourir les départements, armées de pleins pouvoirs pour mettre à exécution le recrutement, désarmer les réfractaires, saisir tous les chevaux destinés à des usages de luxe; en un mot, exercer l'autorité la plus despotique. Ces commis-

---

[1] Mign., I. 251. Lacr., II. 62, 63. Th., IV. 76.
[2] Mign., I. 248, 249. Th., IV. 66.

saires remplissaient généralement leur mission avec la dernière rigueur ; et, armés qu'ils étaient d'une autorité irrésistible, et appuyés par tout le parti révolutionnaire, ils posèrent les bases de ce réseau de fer dans lequel la France fut enveloppée durant le règne de la terreur [1].

Les commissaires, étonnés de l'absence des Girondins durant la période critique, se livrèrent aux plus bruyantes invectives contre leur défection. Ils étaient constamment à leurs postes, s'écriaient-ils, quand il s'agissait de sauver Louis Capet ; mais ils se cachent, quand le salut de la patrie est en jeu. Le lendemain tout Paris s'occupa de l'échec de la conspiration, et Vergniaud, profitant de la consternation générale, dénonça au sein de la Convention, le comité d'insurrection qui avait projeté le massacre, et demanda que les papiers des clubs fussent saisis, et les membres du comité arrêtés. « Nous allons, s'écria-t-il, des crimes aux amnisties, et des amnisties aux crimes. La grande masse des citoyens est tellement aveuglée par ces fréquentes alternatives, qu'elle confond ces tumultes séditieux avec le grand mouvement national en faveur de la liberté, regarde la violence des brigands comme les efforts d'âmes énergiques, et considère le vol lui-même comme indispensable au salut public. Vous êtes libres, disent-ils ; mais, à moins que vous ne pensiez comme nous, nous vous dénoncerons au peuple ;

[1] Mign., IV. 66.

vous êtes libres, mais à moins que vous ne vous courbiez devant l'idole que nous adorons, nous vous livrerons à sa violence; vous êtes libres, mais à moins que vous ne vous joigniez à nous pour persécuter ceux dont nous redoutons la probité ou les talents, nous vous abandonnerons à sa furie. Citoyens, il y a grandement lieu de craindre que la révolution, comme Saturne, ne dévore successivement tous ses enfants, et qu'en définitive elle ne nous laisse que le despotisme avec tous les maux qu'il entraîne à sa suite. » Ces paroles prophétiques produisirent quelque impression; mais, comme à l'ordinaire, l'assemblée ne prit pas de mesures efficaces pour prévenir les maux qu'elle prévoyait. Quelques-uns des conspirateurs furent amenés devant le tribunal révolutionnaire, mais leur procès n'aboutit à rien [1].

Les Jacobins furent un moment déconcertés par l'échec de cette conspiration, mais la guerre de la Vendée, qui éclata vers cette époque, et fit rapidement les plus alarmants progrès, leur rendit bientôt leur ancien ascendant sur la populace. La situation particulière de ce district, ses mœurs simples, ses habitudes patriarcales, sa position retirée, et ses propriétaires résidents, la rendaient le centre naturel de l'esprit royaliste, que l'exécution de Louis avait excité au plus haut degré dans toute la France. Les nobles et les prêtres, qui n'avaient point quitté la

[1] Mign., I. 282. Th., IV. 78. Lacr., II. 64.

province, s'y trouvaient en nombre suffisant pour contre-balancer l'influence des villes, et lever l'étendard de la révolte. Les deux plus puissantes passions de l'esprit humain, le fanatisme religieux et l'ambition populaire, furent promptement mises en conflit ; il en résulta une guerre d'extermination, et un million de Français périrent dans la lutte des factions qui se disputaient l'empire [1].

Assaillis par tant de dangers domestiques et extérieurs, la Convention adopta les mesures les plus énergiques, et les Jacobins recoururent à leurs moyens d'agiter et de dominer l'esprit public. Les pouvoirs du tribunal révolutionnaire furent augmentés ; au lieu de procéder sur un décret de la Convention, il fut autorisé à accuser et à juger en même temps. Tous les Sans-Culottes eurent ordre d'être armés d'une pique et d'un fusil aux dépens des classes riches ; un emprunt forcé fut exigé des personnes qui possédaient quelque bien, et des taxes révolutionnaires levées dans les départements suivant le plaisir des commissaires révolutionnaires. La commune de Paris demanda l'imposition d'un maximum sur le prix des denrées, demande qui ne pouvait manquer d'obtenir la popularité parmi les basses classes, et dont le refus augmenta leur mécontentement contre la Convention [2].

Cependant les démocrates ne furent pas lents à

---

[1] Lacr., II. 63, 64. Mign , I. 232. 263.
[2] Lacr., II. 64, 66.

profiter de l'agitation croissante de l'esprit public pour agrandir encore la victoire qu'ils avaient récemment remportée par l'établissement d'un tribunal révolutionnaire. Comme à l'ordinaire, ils eurent recours à l'agitation; un repas fut préparé pour le peuple à la Halle au Blé, et les galeries furent remplies des partisans des Jacobins, échauffés par le vin, et disposés à applaudir toutes les extravagances de leurs chefs. Lindet lut un projet de loi pour le règlement du nouveau tribunal. Il portait que le tribunal serait composé de neuf membres nommés par la Convention, affranchi de toutes les formes légales, autorisé à juger sur toute espèce de preuves, partagé en deux divisions permanentes, avec mission de poursuivre, soit à la réquisition de la Convention, soit de leur propre autorité, tous ceux qui égaraient le peuple par leurs opinions, ou rappelaient par les places qu'ils occupaient sous l'ancien régime, les privilèges usurpés des despotes [1].

Pendant la lecture de ce terrible projet, les plus violents murmures éclatèrent du côté droit, mais ils furent promptement couverts par les bruyants applaudissements des galeries et de la gauche. « J'aimerais mieux mourir, s'écria Vergniaud, que de consentir à l'établissement d'un tribunal pire que l'inquisition de Venise. — Choisissez, répondit Amar, entre une mesure semblable et une insurrection. — Mon inclination pour le pouvoir révolu-

[1] Th., IV. 70.

tionnaire est suffisamment connue, dit Cambon ; mais, si le peuple peut se tromper dans ses choix, ne pourrons-nous pas nous tromper dans le choix que nous ferons des juges? et si cela arrive, quels insupportables tyrans nous nous serons donnés! » Le tumulte devint effrayant; la nuit approchait; l'assemblée, fatiguée de la lutte, cédait à la violence; les les membres de la Plaine commençaient à se retirer, et les Jacobins réclamaient hautement une décision par un vote public, lorsque Féraud s'écria : « Oui, donnons nos votes publiquement, afin de faire connaître au monde les hommes qui veulent assassiner l'innocence sous le masque de la loi. » Cette apostrophe hardie rappela le centre à son poste, et contre toute attente, il fut décidé que les jugements auraient lieu par jury, que les jurés seraient choisis dans les départements, et qu'ils seraient nommés par la Convention [1].

Après ce succès inattendu, les Girondins proposèrent que l'assemblée s'ajournât pour une heure; mais Danton, qui craignait que l'influence de la terreur et de l'agitation ne se refroidît même dans ce court intervalle, éleva sa puissante voix : « Je somme, dit-il d'une voix de tonnèrre, tous les bons citoyens de prendre leurs places, il faut achever sur-le-champ la formation de ces lois destinées à frapper de terreur les ennemis intérieurs de la révolution; il faut qu'elles soient arbitraires, parce

[1] Th., IV. 71, 72.

qu'elles ne peuvent pas être précises ; parce que, quelque terribles qu'elles soient, elles sont préférables à toutes ces exécutions populaires, qui maintenant, comme en septembre, seraient la conséquence d'un délai dans l'exécution de la justice. Après avoir organisé ce tribunal, nous aurons à organiser un pouvoir exécutif énergique, qui sera en contact immédiat avec vous, et mettra à votre disposition, toutes vos ressources en hommes et en argent. Profitons des erreurs de nos prédécesseurs, et faisons ce que l'assemblée législative n'a pas osé faire : il n'y a pas de milieu entre les formes ordinaires et un tribunal révolutionnaire. Soyons terribles pour empêcher le peuple de le devenir; organisons un tribunal, non pas qui fasse bien, c'est impossible, mais qui fasse le moins de mal possible, afin que le glaive de la loi tombe sur tous ses ennemis. Aujourd'hui donc, complétons le tribunal révolutionnaire, demain, le pouvoir exécutif, et après-demain le départ des commissaires pour les départements. Calomniez-moi, si vous voulez, mais périsse ma mémoire, pourvu que la république soit sauvée [1]. » L'assemblée, accablée de terreur, investit le nouveau tribunal du pouvoir despotique qui fut ensuite exercé d'une manière si funeste pour la plupart de ses membres.

[1] *Hist. de la Conv.*, II 209, 210. Lacr., II 202. Th., IV. 72, 73.

L'arrestation des commissaires de l'assemblée ne fut pas plutôt connue à Paris, que la Convention se déclara en permanence, dénonça Dumouriez comme traître, mit sa tête à prix, bannit le duc d'Orléans et tous les Bourbons, et créa le fameux comité de salut public, destiné à compléter les crimes et à détruire les auteurs de la révolution [1]. Quoique les Girondins concourussent à ces mesures avec autant d'ardeur que les Jacobins, ils furent cependant accusés d'un secret penchant pour le général rebelle, et ce soupçon devint un terrible instrument entre les mains de leurs adversaires. Robespierre accusa nominativement Brissot, Guadet, Vergniaud, Pétion et Gensonné dans la Convention, pendant que Marat les dénonçait dans les sociétés populaires. Comme président de la société des Jacobins, il écrivit aux départements une circulaire, dans laquelle il invoquait les foudres des accusations et des pétitions contre les traîtres et les délégués indignes qui s'étaient efforcés de sauver les tyrans en votant l'appel au peuple [2].

Fouquier-Tinville fut l'accusateur public du tribunal révolutionnaire, et son nom devint bientôt,

[1] Le decret qui établissait le comité de salut public, était conçu en ces termes : Le comité sera composé de vingt-cinq membres ; il sera chargé de la préparation des lois et de toutes les mesures extérieures et intérieures nécessaires pour le salut de la république. Le comité appellera à ses séances tous les ministres composant l'autorité exécutive, au moins deux fois par semaine ; il rendra compte à la Convention toutes les fois qu'il en sera requis, et l'informera chaque semaine de l'état de la république et de celui de toutes les affaires liées avec elle qui lui seraient divulguées. *Hist. de la Conv.*, II. 227.
[2] Mign., I. 288, 289. Th., IV. 131, 145.

dans toute la France, aussi terrible que celui de Robespierre. Il était né en Picardie, et possédait une réunion de qualités si extraordinaires, que, si la chose n'était pas établie par des témoignages irrécusables, cela paraîtrait tout-à-fait fabuleux. Sombre, cruel, soupçonneux, implacable ennemi du mérite ou de toute vertu quelconque, toujours prêt à aggraver les souffrances de l'innocence, il paraissait inaccessible à tout sentiment de compassion ou d'équité. A ses yeux la justice consistait à condamner; un acquittement était pour lui la source d'une profonde vexation; il n'était jamais heureux que quand il avait emporté la condamnation de tous les accusés; il déployait dans la poursuite de cet objet un degré d'ardeur extraordinaire; il semblait croire que son crédit personnel dépendait de la décision des juges; la fermeté et les réponses calmes des accusés en présence du tribunal, lui inspiraient des transports de rage; mais avec toute cette haine pour ce qui est le plus estimé de tous les hommes, il se montrait également insensible aux attraits de la fortune, ou à la douceur de la vie domestique; il n'avait besoin d'aucune récréation, les femmes, les plaisirs de la table, du théâtre, lui étaient également indifférents. D'une sobriété exemplaire, jamais il ne se livrait à aucune orgie, si ce n'est quand il célébrait avec les juges du tribunal révolutionnaire ce qu'ils appelaient *un feu de file*, c'est-à-dire une séance où tous les accusés avaient été condamnés ; il cédait alors à l'intempérance ; sa faculté à supporter la fatigue était illimitée ; rarement on le voyait aux clubs ou dans aucune assemblée publique ; le tribunal révolutionnaire était le théâtre de tous ses exploits. Le seul amusement qu'il se permît, c'était d'aller voir ses victimes périr sur l'échafaud. Il avouait que ce spectacle avait pour lui de grands attraits ; il aurait pu, pendant le cours de sa puissance, amasser une immense fortune, il resta toujours pauvre, et on dit que sa femme est morte de faim ; son logement était dépourvu de toute espèce de luxe ; tout le mobilier après sa mort ne se vendit pas vingt louis ; aucune séduction ne pouvait l'influencer ; c'était littéralement une barre de fer contre tous les désirs ordinaires des hommes. Rien n'agitait son âme sinon la perspective d'infliger la mort, et alors son animation était telle, que sa figure devenait radieuse et expressive [1].

L'aveuglement des Girondins croissait d'heure en heure. La ville de Paris devenait chaque jour plus menaçante, du moins dans sa partie active et influente ; et cependant ils comptaient follement sur leur inviolabilité garantie par la constitution, inviolabilité qu'ils avaient eux-mêmes si manifestement foulée aux pieds dans la personne du roi. Cette confiance était d'autant plus extraordinaire, que Robespierre commençait alors à agir d'après ce plan, qu'il ne cessa

[1] *Hist. de la Conv.*, II. 215, 217.

jamais de poursuivre jusqu'à ce que tous ses ennemis fussent anéantis. Ce plan consistait d'abord à se débarrasser des Girondins par le moyen de la Montagne, puis à faire périr par son influence tous les hommes de l'ancien régime, qui, soit par leur rang, leur fortune, ou leurs vertus pouvaient lui donner quelque ombrage. Il voulait abaisser toutes les têtes qui s'élevaient au-dessus de la sienne, et parmi elles, il avait déjà marqué Philippe-Égalité pour la première victime, la reine pour la seconde, et, après avoir accompli ces divers objets, son but était de décimer la Montagne elle-même, de manière qu'il ne lui restât plus aucun rival qui pût lui donner de l'inquiétude. En même temps il poursuivit avec une vigueur sans pitié tous les chefs militaires qui avaient acquis quelque gloire, bien convaincu que c'était parmi eux que devait s'élever son plus formidable rival. Tout inconcevable que paraisse un tel plan, rien n'est plus certain que sa réalité, et les évènements montreront combien il fut près d'être mis à une complète exécution [1].

L'aveugle confiance des Girondins était principalement fondée sur l'immense majorité par laquelle ils avaient obtenu l'élection de Pétion comme maire de Paris, en opposition à Robespierre et à Danton. Robespierre n'eut que 23 votes, Danton 11, tandis que Pétion en eut 14,000. Ils n'est pas

[1] *Hist. de la Conv.*, II. 192.

étonnant qu'avec cette majorité ils se crussent en état de braver la populace. L'évènement montra bientôt sur quelles bases fragiles et trompeuses reposait cette confiance [1].

La Convention sentit la nécessité de faire un effort pour résister aux mesures incendiaires des Jacobins. Par les efforts réunis des Girondins et du parti neutre, Marat fut traduit devant le tribunal révolutionnaire, sous l'accusation d'avoir excité le peuple à demander le châtiment des représentants de la nation. C'était le premier exemple de l'infraction à l'inviolabilité de la Convention, et comme tel, il fournit un malheureux précédent que le parti sanguinaire ne fut pas lent à suivre. Toutefois l'accusation n'était pas en réalité une violation des privilèges de l'assemblée. Il fut envoyé au tribunal révolutionnaire, non pour ce qu'il avait dit ou fait dans la Convention, mais pour une circulaire qu'il avait adressée aux départements, comme président du club des Jacobins, et jamais on ne supposa que les membres de l'assemblée eussent le privilège de commettre des actes de trahison hors de ses murs [2].

Les Jacobins ne perdirent pas de temps pour adopter des mesures capables de paralyser cet acte de vigueur. Les clubs, la multitude, et le centre de l'insurrection, la municipalité, furent mis en

[1] Hist. de la Conv., 1. 130
[2] Toul., iv. 339 Th., iv. 150.

mouvement; toute la puissance de l'agitation populaire fut invoquée pour sauver, disaient-ils, cet austère et profond philosophe, formé par la méditation et le malheur, doué d'une si profonde sagacité, et d'une si grande connaissance du cœur humain, qui seule pénétra les desseins des traîtres sur leurs chars de triomphe, au moment où le stupide vulgaire les accablait encore d'applaudissements. Pache, maire de Paris, parut à la barre de l'assemblée pour demander, au nom des trente-cinq sections et de la Commune, l'expulsion des chefs de la Gironde. Le jeune et généreux Boyer Fonfrède demanda à être compris dans la liste des proscrits, acte de dévouement qui plus tard lui coûta la vie. Tous les membres de la droite et du centre se levèrent, et insistèrent pour être réunis à leurs collègues dans l'accusation. La pétition fut rejetée, mais le but de ses auteurs fut atteint; elle accoutuma le peuple au spectacle de la Convention assiégée par la clameur populaire, et affaiblit la majesté de la législature, en montrant comment on pouvait assaillir ses membres avec impunité [1].

Marat fut accompagné au tribunal révolutionnaire par tous les chefs du parti jacobin; il fut acquitté, et ramené en triomphe à l'assemblée; une immense multitude le suivit jusqu'aux portes; les meneurs entrèrent et s'écrièrent : « Nous vous

[1] Toul., III. 239, 340. Mign., I. 259. Th., IV. 150. Lacr., II. 67.

ramenons le brave Marat, l'ami éprouvé du peuple, qui ne cessera jamais d'épouser sa cause. » Un sapeur sortit de la foule et s'écria : « Marat a toujours été l'ami du peuple ; si sa tête était tombée, la tête du sapeur serait tombée avec elle. » En disant ces mots, il brandit sa hache en l'air, au milieu des applaudissements de la Montagne et des galeries. La foule demanda à défiler en triomphe devant la chambre ; avant que le président eût pu consulter l'assemblée sur ce sujet, les flots tumultueux de la populace se précipitèrent dans la salle ; brisant tous les obstacles et franchissant les barrières, elle s'assit aux places des députés qui s'étaient retirés de dégoût devant une telle scène de violence. La Convention contemplait en silence le triste résultat de ces mesures ; les Jacobins redoublèrent d'efforts pour tirer avantage de la victoire qu'ils avaient remportée. Les approches de la chambre furent incessamment assiégées par une multitude furieuse, qui demandait vengeance contre les députés proscrits ; les galeries étaient remplies par les partisans des Jacobins, qui étouffaient les arguments de leurs adversaires, et applaudissaient à outrance les plus violentes propositions ; le soir les clubs retentissaient de cris de vengeance contre la faction des traîtres [1].

Les Girondins virent alors qu'il n'y avait pas de temps à perdre pour arrêter les tentatives des Ja-

[1] Toul., 260 Lacr., II. 66. Mign., I. 260., Th., IV. 151, 152.

cobins et de la municipalité. Guadet, dans un discours énergique, s'exprima ainsi : « Citoyens, pendant que les hommes de bien déplorent en silence les malheurs du pays, les conspirateurs s'agitent pour le détruire ; comme César, écrions-nous : Que les autres parlent, agissons. Pour les combattre, nous devons agir aussi ; le mal est dans l'impunité des conspirateurs du 10 mars ; dans l'anarchie qui règne ; dans la mauvaise administration des autorités de Paris qui n'ont soif que de pouvoir et d'or. Il est encore temps cependant de sauver la patrie et notre honneur terni ; je propose d'annuler à l'instant les autorités de Paris ; de remplacer la municipalité par les présidents des sections ; de réunir à Bourges les membres supplémentaires de l'assemblée, et d'annoncer cette résolution aux départements par des courriers extraordinaires. » Ces mesures décisives, si elles avaient été adoptées par l'assemblée, auraient détruit le pouvoir de la municipalité, et renversé les projets des conspirateurs ; mais elles eussent sur-le-champ occasionné une guerre civile, et, en divisant le centre d'action, augmenté le danger d'une invasion étrangère. La majorité fut influencée par ces considérations ; la séparation de l'assemblée en deux divisions, l'une à Paris, l'autre à Bourges, semblait l'avant coureur immédiat de deux gouvernements en conflit. Barrère soutint ces opinions. « C'est par l'union et la fermeté, dit-il, que vous devez dissiper les orages qui vous assaillent; la division accélérera votre ruine; croyez-vous, que si les conspirateurs parviennent à dissoudre la Convention dans le centre de son pouvoir, ils auront de la peine à disposer de ses restes assemblés à Bourges? Je propose de nommer une commission de douze personnes, pour veiller sur les desseins de la Commune, faire une enquête sur les derniers désordres, et en arrêter les auteurs; mais gardons-nous, en accédant à la mesure de Guadet, de nous déclarer incapables de combattre son influence. » La Convention adopta cette proposition, et l'occasion de renverser la municipalité fut perdue pour toujours [1].

Cependant, la commission des douze commença ses fonctions par des mesures vigoureuses; une conspiration contre la majorité de la Convention, était depuis quelque temps ouvertement organisée dans Paris; le club des Cordeliers était le centre du mouvement, et un comité insurrectionnel siégeait jour et nuit. La ferveur publique demanda bientôt plus que la simple proscription des trente députés, elle exigea celle de trois cents. Varlet avait ouvertement proposé un plan d'insurrection, qui fut discuté, au milieu de cris furieux, aux Cordeliers, et l'exécution en fut fixée au 24 mai; il fut convenu que la multitude armée se rendrait à la salle de la Convention, avec les droits de l'homme voilés par un crêpe, pour saisir et expulser tous les membres qui

[1] Toul., III. 261. Mign., I. 900, 291., Th., IV. 198.

avaient appartenu à la Constituante ou à l'Assemblée Législative, renverser le ministère et mettre à mort tous ceux qui portaient le nom de Bourbon [1].

Le comité eut bientôt obtenu des preuves de cette conspiration, et arrêta un de ses membres, Hébert, auteur d'un journal révolutionnaire, obscène et dégoûtant, intitulé : *le Père Duchesne*, qui avait obtenu une immense popularité parmi les partisans de la municipalité. Ce corps turbulent se mit aussitôt en état d'insurrection, se déclara en permanence, et invita le peuple à lever l'étendard de la révolte. Quelques-unes des sections les plus violentes suivirent son exemple; celles qui tenaient pour l'assemblée, furent assiégées par des bandes furieuses d'hommes armés. Les clubs des Jacobins, des Cordeliers, et des sections révolutionnaires, siégeaient jour et nuit; l'agitation de Paris était à son comble [2].

Le 25 mai, une multitude furieuse s'assembla autour de la salle de la Convention, et une députation parut à la barre, demandant dans les termes les plus menaçants, la suppression de la commission des douze, et le relâchement immédiat d'Hébert, le membre emprisonné de la magistrature; quelques-uns même allèrent jusqu'à demander que la commission fût sur-le-champ traduite devant le tribunal révolutionnaire. Isnard, président de l'as-

---

[1] Th., iv. 26.
[2] Lacr., ii. 87, 88. Mign., i. 261., 202. Th., iv. 210, 211

semblée, éloquent et courageux Girondin, s'écria : « Écoutez mes paroles! si jamais la Convention est exposée au danger; si une autre de ces insurrections, qui se sont si fréquemment renouvelées depuis le 10 mars, vient à éclater, et que la Convention soit outragée par une faction armée, la France se lèvera comme un seul homme pour venger notre cause; Paris sera anéanti, et bientôt l'étranger s'informera sur quelle rive de la Seine s'élevait cette ville fameuse [1]. »

Cette réponse hardie produisit pour le moment quelque impression, mais des masses de nouveaux pétitionnaires, ayant Danton à leur tête, apparurent bientôt, et rendirent confiance aux conspirateurs. Sur la persistance d'Isnard d'ordonner la mise en liberté d'Hébert, une foule de membres de la Montagne se levèrent pour aller l'arracher de son siège; les Girondins se réunirent autour de lui pour le défendre. Au milieu du tumulte, Danton s'écria d'une voix de tonnerre : « Tant d'impudence n'est pas supportable; nous vous résisterons; plus de trêve entre la Montagne et les hommes vils qui ont voulu sauver le tyran [2].

Les députés de la municipalité se retirèrent dans cette occasion sans avoir obtenu ce qu'ils désiraient; mais ils étaient décidés à procéder sur-le-champ à l'insurrection. Tout le reste du 25 et

[1] Lacr., II. 68, 69 Mign., I. 262. Th., IV. 213.
[2] Mign., I. 262. Lacr. II. 69.

la journée entière du 26 furent consacrés à exciter le peuple par les harangues les plus incendiaires. Leurs efforts obtinrent un tel succès, que le matin du 27, vingt-huit sections étaient réunies pour demander l'élargissement d'Hébert. La commission des douze ne pouvait compter que sur l'appui de la force armée de trois sections; mais au premier ordre, celles-ci accoururent au secours de la Convention, et se rangèrent avec leurs armes et l'artillerie autour de la salle. Mais une immense multitude les entoura; les cris de « mort aux Girondins! » retentirent de toutes parts, et le cœur même des plus résolus commença à fléchir sur les menaces de la foule en fureur [1].

Les Girondins avaient de la peine à soutenir la lutte contre les Jacobins dans le sein de l'assemblée et la multitude menaçante qui assiégeait les murs, lorsque Garat, ministre de l'intérieur, entra et les priva de leur dernière ressource, la nécessité d'une inflexible fermeté; quand on l'invita à rendre compte de l'état de Paris, il déclara qu'il n'avait pas vu l'ombre d'une conspiration, qu'il n'avait rencontré que le respect dans la foule qui entourait l'assemblée, et que le seul dessein perfide qu'il crût exister, était celui de diviser, par la crainte de dangers chimériques, deux partis également désireux de concourir au bonheur public. Garat avait été trompé par Pache, maire de Paris, Jacobin

[1] Mign., iv. 214, 215.

hypocrite, du caractère le plus dangereux. La France eut lieu alors de regretter la retraite du ferme et sagace Roland [1].

Attérés par cet extraordinaire et inexplicable rapport, qui semblait une défection du ministre de l'intérieur, les Girondins se retirèrent pour la plupart de l'assemblée, et le courageux Isnard fut remplacé au fauteuil de la présidence par Hérault de Séchelles. Cédant aux clameurs qui assiégeaient la législature, celui-ci déclara : « La force de la raison et la force du peuple sont une seule et même chose; vous réclamez un magistrat en état de détention, les représentants du peuple vous le rendent. » On proposa alors que la commission des douze fût abolie, et Hébert mis en liberté. Cette résolution fut emportée à minuit, au milieu des cris de la foule, qui avait franchi les barrières, et qui vota sur les bancs de la Montagne avec les Jacobins [2].

Honteux d'avoir si mal à propos abandonné la Convention, les Girondins se réunirent en nombre le lendemain, et révoquèrent le décret arraché par la force le jour précédent. Lanjuinais se distingua d'une manière spéciale dans ce débat, qui fut tumultueux et menaçant au plus haut degré. « Plus de cinquante mille citoyens, dit-il, ont déjà été emprisonnés dans les départements par l'ordre de vos

---

[1] Lacr., ii. 69. Mign., i. 263. Th., iv. 217, 218.
[2] Lacr., ii. 69 Mign., i. 263. Th., iv. 220, 221.

commissaires; il y a eu dans un an plus d'arrestations arbitraires que pendant tout un siècle sous l'ancien régime; et vous avez excité tout ce tumulte, parce que nous avons fait mettre en prison deux ou trois individus qui ont ouvertement proclamé le meurtre et le pillage. Vos commissaires sont des proconsuls, qui agissent loin de vous, et à votre insu, et toute votre jalousie se concentre sur la commission placée sous vos yeux, et soumise à votre contrôle immédiat. Dimanche dernier, on a proposé aux Jacobins d'exécuter un massacre général à Paris; ce soir, la même proposition doit être soumise aux Cordeliers et au club électoral de l'évêché; les preuves de la conspiration sont prêtes, nous vous les offrons, et cependant vous hésitez; vous ne protégez que les assassins couverts de sang. » A ces mots la Montagne étouffa sous ses cris la voix de l'orateur, et Legendre le menaça de le jeter en bas de la tribune. Mais l'intrépide Lanjuinais garda sa place, et le décret de la veille fut révoqué par une majorité de cinquante et une voix. Les Jacobins se livrèrent aussitôt aux exclamations les plus furieuses. « Hier, dit Danton, vous avez fait un acte de justice; prenez garde de vous départir de cet exemple : si vous persistez à réclamer les pouvoirs que vous avez usurpés, si les emprisonnements arbitraires continuent, si les magistrats publics ne sont pas rendus à leurs fonctions, après avoir montré que nous surpassons nos ennemis en modération et en sagesse, nous montrerons que nous les surpassons en audace et en vigueur révolutionnaire. »

— « Vous avez violé les droits de l'homme, dit Collot-d'Herbois, tremblez! nous allons suivre votre exemple; ils ne serviront pas de bouclier aux tyrans. Jetons un voile sur la statue de la liberté, si impudemment placée au milieu de votre salle; nous ne voulons pas encourir le blâme de retenir plus long-temps l'indignation du peuple [1]. »

L'agitation, qui avait commencé à s'apaiser après la victoire de la veille, fut renouvelée avec une double violence à la révocation du décret. Robespierre, Marat, Danton, Chaumette et Pache, commencèrent immédiatement à organiser une nouvelle révolte; le 29 fut employé à disposer des forces. Le 30, les membres du corps électoral, les commissaires des clubs, les députés des sections, se déclarèrent en insurrection; Henriot reçut le commandement de la force armée, et l'on promit aux Sans-Culottes quarante sous par jour, pendant qu'ils resteraient sous les armes. Ces arrangements faits, on sonna le tocsin, la générale battit au point du jour le 31, et les forces des faubourgs marchèrent sur les Tuileries, où la Convention était assemblée [2].

C'est dans cette occasion que se manifesta le premier symptôme d'une division entre Danton et Robespierre; le premier voulait obtenir l'abolition

[1] Th., iv. 223, 224.
[2] Mign., t. 266. Lacr., ii. 70, 71. Th., iv. 225, 233.

du comité des douze, mais non pas un outrage pour la législature; le second voulait renverser la Convention par la force de la municipalité. Mais il était déjà dépassé dans la carrière de la révolution par des caractères plus violents, une révolte générale avait été résolue par le comité central d'insurrection, révolte morale, disaient-ils, sans pillage, ni violence, mais accompagnée d'un tel déploiement de force physique que toute résistance serait impossible; quarante-huit sections se réunirent et annoncèrent publiquement leur résolution de lever l'étendard de la révolte, et le 31, au point du jour, tout Paris fut en armes [1].

La garde nationale et les forces insurgées se montrèrent d'abord timides et ne sachant à qui obéir, ni pour quel objet elles étaient rassemblées. Les terribles canonniers, les janissaires de la révolution, donnèrent le branle; le cri de *vive la Montagne! périssent les Girondins!* partit de leurs rangs et révéla le secret de la journée; ils fixèrent les incertains en donnant l'exemple; bientôt on apprit que l'objet du rassemblement était de présenter à l'assemblée une pétition, appuyée par une force armée, demandant la proscription des vingt-deux chefs de la Gironde, la suppression du comité des douze et l'établissement d'un maximum pour le prix du pain [2].

[1] Th., IV. 256, 257
[2] Lacr., 71. Mign., I. 263. Th., IV. 258, 259.

Au faubourg Saint-Antoine, l'ancien centre de l'insurrection, la révolte prit un caractère plus alarmant. Le pillage, la rapine et le désordre pouvaient seuls soulever son immense population. La Commune excita sa cupidité en proposant de marcher sur le Palais-Royal, dont les marchands étaient les plus riches de Paris. « Armez-vous, criaient les agents de la municipalité ; la contre-révolution approche ; au Palais-Royal elle crie en ce moment *vive le roi*, et foule aux pieds les couleurs nationales ; tous ses habitants sont complices de la conspiration ; marchez sur le Palais-Royal et de là sur la Convention. » Mais les habitants de ce quartier étaient préparés à se défendre ; les portes du Palais furent fermées, et de l'artillerie placée dans les avenues qui y conduisaient. Lorsque l'immense forêt de piques commença à déboucher du côté des faubourgs, les canonniers étaient à leurs pièces mèche allumée, et le flot de l'insurrection passa à côté pour se porter vers le quartier de la législature, qui n'avait pas les mêmes moyens de défense [1].

La Convention s'était réunie de bonne heure au son du tocsin ; les chefs des Girondins, malgré les instantes prières de leurs amis, se rendirent tous au poste du danger. Ils avaient passé la nuit dans la maison d'un ami commun, où ils s'étaient réunis en armes, bien décidés à vendre chèrement leur vie ; mais au point du jour ils quittèrent leur

[1] Lacr., II. 72. Th., IV. 247.

asile, et prirent leur place à la Convention pendant que le tocsin sonnait. Garat persista à soutenir qu'il n'y avait rien à craindre; qu'on n'avait absolument en vue qu'une insurrection morale. Pache, avec un zèle hypocrite, déclara qu'il avait doublé la garde de la Convention, et défendu de tirer le canon d'alarme; dans ce moment on entendit les décharges de l'artillerie; à l'instant l'agitation de l'assemblée devint extrême. « Je demande, dit Thuriot, que la commission des douze soit sur-le-champ dissoute. — Et moi, dit Tallien, que le glaive de la loi frappe les conspirateurs au sein de la Convention. » Les Girondins demandèrent avec instance que le commandant en chef Henriot fût appelé à la barre, pour avoir tiré le canon d'alarme sans l'autorité de la Convention. « Si un combat s'engage, dit Vergniaud, quel qu'en soit le résultat, il perdra la république. Que tous les membres jurent de mourir à leur poste. » Tous prétèrent le serment; quelques heures après il était oublié. « Supprimez la commission des douze, dit Danton d'une voix terrible, le canon a retenti. Si vous avez quelque prudence politique, vous profiterez de l'agitation publique pour avoir un motif de revenir sur vos pas, et de regagner votre popularité perdue. Je m'adresse à ces députés, qui ont égard à la situation dans laquelle ils sont placés, et non à ces mortels insensés qui n'écoutent que leurs passions. N'hésitez pas plus long-temps à satisfaire le peuple? — Quel peuple, s'écria Vergniaud. — Le peuple, repliqua Danton, cet immense corps, qui est notre avant-garde, qui hait également toute espèce de tyrannie et cette vile modération qui le ferait promptement rétrograder ; hâtez-vous donc de le satisfaire ; sauvez-le de sa propre colère, et si, quand vous l'aurez fait, le mouvement continue, Paris aura bientôt anéanti les factions qui troublent sa tranquillité [1].

Les Tuileries furent bloquées par la multitude ; sa présence, et le langage menaçant des pétitionnaires, qui furent successivement admis à la barre, encouragèrent les Jacobins à tenter sur-le-champ la perte de leurs antagonistes. Barrère et le comité de salut public proposèrent, comme compromis, que la commission des douze fût dissoute; Robespierre et ses adhérents insistaient sur l'arrestation immédiate des Girondins. « Citoyens, dit-il, ne perdons pas notre temps en vaines clameurs et en propositions insignifiantes, c'est peut être aujourd'hui le dernier jour des luttes de la liberté contre la tyrannie. — Faites donc votre proposition, dit Vergniaud. — Oui, dit-il, et mon accusation est contre vous! contre vous, qui, après la révolution du 10 août, essayâtes de mener à l'échafaud les hommes qui l'avaient faite ; contre vous, qui n'avez jamais cessé de provoquer des mesures fatales à la prospérité de Paris; contre vous, qui avez cherché à sau-

---

[1] Mign., t. 260. Th., iv. 234, 240, 243. Lacr., ii. 75

ver le tyran; contre vous, qui avez conspiré avec Dumouriez pour renverser la république; contre vous, qui avez attaqué sans relâche ceux dont Dumouriez demandait la tête; contre vous, dont la criminelle vengeance a provoqué les cris d'indignation que vous reprochez maintenant comme un crime à ceux qui en ont souffert; je propose l'accusation immédiate de ceux qui ont conspiré avec Dumouriez, et sont signalés dans les pétitions du peuple. » L'assemblée, entraînée par la violence qui l'entourait, crut prudent d'adopter la proposition de Barrère et du comité, pour la suppression de la commission, sans la proposition des Jacobins; funeste précédent de soumission à la violence populaire, qui bientôt amena son asservissement total [1].

Mais les révolutionnaires n'avaient pas l'intention de s'arrêter à mi-chemin dans leur carrière de violence; le soir du 31, Billaud Varennes déclara dans le club des Jacobins, qu'ils n'avaient fait que la moitié de leur ouvrage; qu'il fallait l'achever sur-le-champ, avant que le peuple eût le temps de se refroidir dans son ardeur. « Soyez sûrs, dit Bourdon de l'Oise, que tous ceux qui désirent établir une aristocratie bourgeoise, commenceront bientôt à réfléchir sur leur conduite; déjà ils demandent, quand on les presse de se mettre en insurrection : Contre qui devons-nous nous révolter? l'aristocratie est anéantie, le clergé est

---

[1] Mign., I. 260. Lacr., II. 75. Toul., III. 412. Th., IV. 261, 265.

anéanti; quels sont donc nos oppresseurs?» Pour empêcher toute réaction de ce genre, les démagogues résolurent de tenir constamment le peuple en agitation. Le 1er juin fut employé à compléter les préparatifs; le soir, Marat lui-même monta au beffroi de l'Hôtel-de-Ville, et sonna le tocsin, la générale battit pendant la nuit, et Paris fut sous les armes au point du jour, le matin du 2 [1].

Ce jour, le dernier qu'ils dussent passer ensemble dans ce monde, les Girondins dînèrent en société pour délibérer sur les moyens de défense qui leur restaient encore dans l'état désespéré de leurs affaires; leurs avis, comme à l'ordinaire, furent fort partagés; les uns pensaient qu'ils devaient rester fermes à leur poste, et mourir sur leurs chaises curules, défendant jusqu'à la dernière extrémité le caractère sacré dont ils étaient revêtus; Pétion, Buzot et Gensonné, soutinrent cette triste et magnanime résolution; Barbaroux, ne consultant que son impétueux courage, voulait braver ses ennemis en présence de la Convention; d'autres, parmi lesquels était Louvet, soutinrent avec force qu'il fallait abandonner à l'instant la Convention, où leurs délibérations n'étaient plus libres, et où les poignards des Jacobins intimidaient les Girondins, et se retirer chacun dans son département, pour revenir à Paris avec une force capable de venger la cause de la représentation nationale. La délibération conti-

[1] Mign., I. 269. Th., IV. 258, 259. Toul., III. 414.

nuait encore, quand le tocsin et le roulement des tambours, les avertirent que l'insurrection avait commencé; et ils se séparèrent sans avoir pris aucune résolution [1].

A huit heures, Henriot se mit à la tête des immenses colonnes d'hommes armés assemblés autour de l'Hôtel-de-Ville, se présenta devant le conseil de la municipalité, et déclara au nom du peuple insurgé, qu'ils ne poseraient les armes qu'après avoir obtenu l'arrestation des députés coupables.

Les forces réunies dans cette occasion étaient très-formidables. Cent soixante pièces de canon, avec des équipages complets, des fournaises pour faire rougir les boulets, la mèche allumée, et le sabre nu dans la main des canonniers, ressemblaient plutôt aux préparatifs pour le siège d'une puissante forteresse, qu'à des démonstrations dirigées contre une pacifique législature. En outre, plusieurs bataillons, qui étaient partis le matin même pour la Vendée, reçurent contre-ordre, et rentrèrent à Paris dans un état d'extrême irritation; à l'instant on leur distribua des assignats, d'une valeur de cinq francs chacun, et ils se rangèrent autour de Henriot, prêts à exécuter ses ordres, même contre la Convention. Après les avoir harangués sur la place de Grève, il se rendit vers les autres insurgés, se mit à leur tête et mar-

[1] Th., IV. 200.

cha sur le Carrousel. A dix heures toutes les avenues des Tuileries étaient bloquées par d'immenses colonnes et de l'artillerie; et quatre-vingt mille hommes armés entourèrent les réprésentants du peuple sans défense [1].

On ne vit que quelques-uns des députés proscrits à cette séance. L'intrépide Lanjuinais était du nombre; du haut de la tribune il traça avec des couleurs effrayantes et vraies le tableau de l'état de l'assemblée, délibérant pendant trois jours sous les poignards des assassins, menacée au dedans par une multitude furieuse, dominée au dehors par une faction qui dirigeait à son gré les forces insurgées, descendant de dégradation en dégradation, récompensée de sa complaisance par l'arrogance, et de sa soumission par l'outrage: « Tant qu'il me sera permis d'élever la voix dans cette place, dit-il, je ne souffrirai pas que la représentation nationale soit avilie dans ma personne; jusqu'ici vous n'avez rien fait; vous avez seulement laissé faire; vous avez sanctionné tout ce qu'on a voulu; une insurrection s'assemble et nomme un comité pour organiser une révolte, avec un commandant de la force armée pour la diriger, et vous tolérez l'insurrection, le comité, le commandant. » A ces mots, les vociférations de la Montagne étouffèrent sa voix, et les Jacobins se précipitèrent de leurs bancs pour aller l'arracher de la tribune; mais il

[1] Mign., 1. 209 Toul., III. 418, 424, Th., IV. 161, 262.

tint ferme, et le président parvint enfin à rétablir le silence. « Je demande, dit-il en terminant, que toutes les autorités révolutionnaires de Paris soient sur-le-champ dissoutes; que tout ce qu'on a fait durant les trois derniers jours soit annulé; que tous ceux qui s'arrogent une autorité illégale soient déclarés hors la loi. » Il avait à peine fini, que les pétitionnaires armés entrèrent, et demandèrent sa propre arrestation et celle des autres Girondins. Leur langage fut bref et tranché. « Voilà quatre jours, dirent-ils, que les citoyens de Paris sont sous les armes; voilà quatre jours qu'ils demandent à leurs mandataires le rétablissement de leurs droits si scandaleusement violés, et pendant quatre jours leurs mandataires n'ont rien fait pour les contenter. Il faut que les conspirateurs soient sur-le-champ arrêtés; il faut que vous sauviez le peuple sans délai, ou il se chargera lui-même de pourvoir à son salut. Sauvez le peuple, s'écrièrent les Jacobins, sauvez vos collègues, en consentant à leur arrestation provisoire. » Barrère et le parti neutre pressaient les députés proscrits d'avoir la générosité de donner leur démission, afin de tranquilliser l'esprit public. Isnard, Lanthenas et d'autres suivirent cet avis; Lanjuinais refusa positivement. « Jusqu'ici, dit-il, j'ai montré quelque courage; je ne faillirai pas au dernier moment; vous ne devez attendre de moi ni suspension ni démission. » Violemment interrompu par la gauche, il ajouta; « Quand les anciens préparaient un sacrifice, ils couronnaient la victime de fleurs et de guirlandes avant de la conduire à l'autel; le prêtre l'immolait; il n'ajoutait pas l'insulte ou l'injure. Mais vous, plus cruels qu'eux, vous accablez d'outrages la victime, qui ne fait aucun effort pour éviter son destin. — J'ai juré de mourir à mon poste, dit Barbaroux, je tiendrai mon serment; courbez vous, si vous voulez, devant la municipalité, vous qui avez refusé d'arrêter le cours de ses crimes; ou plutôt imitez-nous, nous que reclame à l'instant sa fureur, restez fermes ici et bravez sa colère. Vous pouvez me faire tomber sous ses poignards, vous ne me ferez pas tomber à ses pieds [1]. »

Pendant que la plus grande agitation régnait dans l'assemblée dominée tour-à-tour par la terreur et l'admiration, Lacroix, ami intime de Danton, entra d'un air hagard, et annonça qu'il avait été arrêté à la porte, et que la Convention était emprisonnée dans son enceinte. Le secret de la révolte devint alors évident; elle n'était point conduite par Danton et la Montagne, mais par Robespierre, Marat et la municipalité. « Nous devons à l'instant, dit Danton, venger cet outrage contre la représentation nationale : sortons, et effrayons les rebelles par la majesté de la législature » La Convention, ayant à sa tête son

[1] Mign., I. 270, 271. Lacr., II. 72, 73. Toul., III. 430, 334. Th., IV. 264, 265.

président, sortit et s'avança en corps, avec les signes de détresse, vers la principale porte qui conduisait à la place du Carrousel. Elle y rencontra Henriot à cheval, l'épée à la main, à la tête des bataillons les plus dévoués des faubourgs. « Que demande le peuple ? dit le président, Hérault de Séchelle; la Convention n'est occupée que de son bonheur. »

— Hérault, répondit Henriot, le peuple ne se laissera pas tromper par de belles paroles, il demande que vingt-quatre députés coupables soient arrêtés.

— Demandez plutôt que nous soyons tous arrêtés, s'écrièrent ceux qui entouraient le président.

—Canonniers ! à vos pièces ! répliqua Henriot. » Deux canons chargés à mitraille furent pointés contre l'assemblée, qui recula involontairement, et après avoir en vain essayé de trouver des moyens de s'échapper par les autres portes du jardin, elle rentra tout effrayée dans la salle. Marat la suivit, à la tête d'un corps de brigands. « Je vous ordonne, au nom du peuple, de rentrer, de délibérer et d'obéir », leur cria-t-il [1].

Quand les membres furent assis, Couthon se leva : « Vous avez maintenant, dit-il, des preuves convaincantes que la Convention est parfaitement libre; l'indignation du peuple n'est dirigée que contre certains membres indignes; nous sommes entourés de son hommage et de son affection;

[1] Lacr., ii. 76, 77. Mign., i. 200, 282. Th., iv. 268, 270

obéissons à la fois à notre conscience et à ses désirs. Je propose que Lanjuinais, Vergniaud, Sillery, Gensonné, Le Hardi, Guadet, Pétion, Brissot, Boileau, Birotteau, Valazé, Gomaise, Bertrand, Gardien, Kéverlégan, Mollevaut, Bergoïen, Barbaroux, Ledon, Buzot, Lasource, Rabaut, Vigie, Louvet et Henri Larivière, soient arrêtés sur-le-champ. » La Convention, le poignard sous la gorge, adopta le décret; un grand nombre eurent le courage de protester contre la violence et de refuser de voter. Cette espèce de suicide fut décrété par la Montagne seule et un petit nombre d'adhérents. La grande majorité refusa d'y prendre aucune part. La multitude poussa des cris de triomphe et se dispersa; la victoire était complète; la municipalité de Paris avait renversé l'Assemblée Nationale [1].

Ce jour termina la carrière politique des Girondins; depuis ils ne se firent plus connaître que comme individus, par leur conduite héroïque dans l'adversité et la mort. Leur lutte avec les Jacobins fut une longue guerre entre deux classes qui se succèdent invariablement dans la direction des convulsions révolutionnaires. Le parti téméraire, mais habile et généreux, qui se confiait à la force de la raison dans les assemblées populaires, succomba, parce qu'il voulait arrêter le torrent dont il avait lâché les digues, venger les massacres de septembre, éviter l'exécution du roi, repousser

[1] Mign., I. 272, 773. Lacr., II. 78, 79 Th., IV. 272.

l'institution du tribunal révolutionnaire et du comité de salut public. Il expira avec l'excitation des passions révolutionnaires, à l'approche de dangers plus pressants, à l'arrivée des temps où la modération semblait un crime. Plus tard, quand toutes les formes légales furent violées, tout appel contre la violence étouffé par l'emprisonnement des Girondins, le despotisme démocratique parcourut sa carrière sans obstacle, et la terrible dictature, composée du comité de salut public et du tribunal révolutionnaire, se trouva érigée en souveraineté absolue [1].

Les membres proscrits furent d'abord mis aux arrêts dans leurs propres maisons ; plusieurs trouvèrent moyen de s'échapper avant que l'ordre fût donné de les conduire en prison. Barbaroux, Pétion, Lanjuinais, Henri Larivière arrivèrent à Caen, où l'on tenta une faible résistance contre l'autorité usurpée de la populace parisienne, résistance qui céda promptement aux efforts des émissaires Jacobins. Louvet s'enfuit à Bordeaux, et erra ensuite pendant plusieurs mois à travers les forêts et les cavernes du Jura, où il employa ses heures de solitude à composer ses remarquables mémoires. Vergniaud, Guadet, Brissot et les autres chefs, furent bientôt après renfermés dans les prisons, d'où ils ne sortirent plus que pour être conduits à l'échafaud [2].

[1] Th., iv. 275, 276.
[2] Mign., i. 293.

CHAPITRE IX.

Leur procès et leur condamnation eurent lieu en octobre, devant le tribunal révolutionnaire. La Convention rendit un décret qui autorisait leur jugement; l'accusation portée contre eux était générale, mais les charges spécifiées ne portaient que contre cinq ou six d'entre eux; ils insistèrent pour avoir le droit de présenter chacun une défense séparée. Les Jacobins, le comité de salut public et la Convention, regardèrent cette demande comme une preuve décisive d'une nouvelle conspiration. Pour obvier au danger qu'elle pouvait présenter, et se garantir de l'effet de l'éloquence bien connue des accusés, qui avaient déjà fortement ému l'auditoire, le tribunal révolutionnaire, après quelques jours d'audience, obtint de la Convention un décret, qui l'autorisait à prononcer son jugement aussitôt qu'il serait convaincu de la culpabilité des accusés, *soit qu'ils eussent été entendus dans leur défense ou non* [1].

Les bases de l'accusation étaient on ne peut plus ridicules; Chaumette raconta toutes les luttes de la municipalité avec le côté droit, sans ajouter un seul fait qui pût inculper les accusés; le misérable Hébert raconta les détails de son arrestation par le comité des Douze, et allégua que Roland avait cherché à corrompre les écrivains publics, en offrant d'acheter son obscène journal *le Père Duchesne*; Destournelles déposa, que les accusés s'étaient efforcés d'écraser la municipalité; qu'ils avaient con-

[1] Foul., iv. 114. Th., iv. 509. Mign., ii. 205. Lacr., ii. 78, 99. Louv., p. j.

damné les massacres des prisons, et travaillé à établir une garde départementale. Chabot fut le plus violent de tous les témoins qui déposèrent contre eux. Il leur attribua une politique machiavélique pendant tout le cour de la révolution, tâchant de faire tourner toute chose à leur profit, et permettant même les massacres de septembre, afin de faire périr quelques-uns de leurs ennemis parmi les victimes [1].

Les poursuites durèrent neuf jours ; au bout de ce temps, le jury se déclara convaincu. L'éloquence de Vergniaud, la véhémence de Brissot, se déployèrent en vain. La Cour lut alors aux accusés le décret de la Convention, qui l'autorisait à terminer le procès aussitôt que le jury aurait déclaré que sa conviction était formée. Ils comprirent à l'instant que leur sort était décidé, puisqu'ils allaient être condamnés sans avoir été entendus. Ils se levèrent tous et étouffèrent, sous les bruyantes expressions de leur indignation, la voix du président qui lisait leur sentence. Valazé se frappa d'un coup de poignard, et mourut en présence du tribunal, qui ordonna sur-le-champ que son corps serait porté sur un tombereau au lieu de l'exécution, et décapité avec les autres prisonniers. Lasource s'écria : « Je meurs dans un temps où le peuple a perdu sa raison ; vous mourrez aussitôt qu'il la recouvrera. » Les autres prisonniers s'embrassèrent les uns les autres, et

[1] Th., v. 384.

crièrent : Vive la république ! L'auditoire, quoique composé en grande partie des assassins de septembre, était ému jusqu'aux larmes ¹.

Le zèle d'amis dévoués avait procuré à Vergniaud un poison sûr et prompt; il refusa d'en faire usage, afin d'accompagner ses amis à l'échafaud. L'éloquence de Vergniaud, qui s'étendit la veille de son exécution sur la liberté expirante de la France, transporta jusqu'aux tristes hôtes de sa prison. Le 31 octobre les illustres prisonniers furent conduits au lieu de l'exécution; ils marchèrent ensemble d'un pas ferme, chantant l'hymne révolutionnaire, qu'avec un léger changement ils appliquaient à leur propre situation :

> Allons, enfants de la patrie,
> Le jour de gloire est arrivé;
> Contre nous de la tyrannie
> Le couteau sanglant est levé.

Quand ils arrivèrent au lieu de l'exécution, ils s'embrassèrent mutuellement en s'écriant : « Vive la république ! » Sillery monta le premier; il salua le peuple d'un air grave, et reçut le coup fatal avec une stoïque fermeté. Tous moururent avec la résolution de véritables Romains, protestant, jusqu'à leur dernier soupir, de leur attachement pour la liberté et la république ².

[1] Toul., iv. 114. Lacr., ii. 99. Mign., ii. 294. Th., v. 389, 390, 391.
[2] Lacr., ii. 90, 100. Th., v. 592. Mign., ii. 294. Toul., iv. 115. Rioufle, 51, 52.

Un jeune homme, nommé Girey Dufocé, fut amené à la barre du tribunal révolutionnaire. Le président lui demanda s'il avait été ami de Brissot. « J'ai eu ce bonheur. — Que pensez-vous de lui ? — Qu'il vécut comme Aristide, et mourut comme Sidney, » répondit-il avec intrépidité. Il fut plus tard envoyé à l'échafaud, où il périt avec la fermeté de son défunt ami [1].

Rabaut Saint-Etienne, un des plus éclairés et des plus vertueux des députés proscrits, s'était échappé de Paris peu de temps après le 2 juin; fatigué d'errer à travers les provinces, il revint dans la capitale, et vécut caché dans la maison d'un de ces fidèles amis, dont la révolution a donné tant d'exemples. Sa femme, excitée par le plus tendre attachement, veillait incessamment à sa sûreté. Un jour, dans la rue, elle rencontra un Jacobin, qui l'assura du vif intérêt qu'il prenait à la position de son mari, et de son desir de lui offrir un asile dans sa propre maison. Rabaut, informé de cette circonstance, et désirant épargner à son généreux hôte de nouveaux dangers, informa le Jacobin du lieu de sa retraite, et lui assigna une heure de la nuit pour venir l'y chercher. Le misérable traître y vint accompagné de gendarmes, qui traînèrent leur victime avec son hôte et son hôtesse devant le tribunal révolutionnaire, d'où ils furent envoyés à

[1] Lacr., ii. 100.

l'échafaud [1]. Désespérée d'avoir été, quoique involontairement, l'instrument d'une telle trahison, sa femme, à la fleur de l'âge et de la beauté, se donna elle-même la mort.

Madame Roland eut ensuite son tour. Cette femme héroïque avait été de bonne heure enveloppée dans la proscription des Girondins, dont ses brillants talents l'avaient presque rendue le chef. Renfermée dans la prison de l'Abbaye, elle employa les pénibles mois de sa captivité à composer ses mémoires, qui font si bien connaître sa vie et son caractère. D'une main ferme, elle traça, dans cette triste demeure, les époques les plus joyeuses comme les plus sombres de son existence; les rêves brillants et l'ardent patriotisme de sa jeunesse; les scènes orageuses de son âge mûr; les horreurs et les angoisses de ses derniers jours. Pendant qu'elle souffrait du fanatisme du peuple, au moment où elle allait tomber victime de la violence de la populace, elle n'abandonna jamais les principes de sa jeunesse, et ne regretta point de souffrir le martyre pour la cause de la liberté; si parfois l'idée de sa fille et de son mari lui arrachaient des larmes, elle retrouvait sa fermeté dans toutes les occasions importantes. Ses mémoires attestent une imperturbable sérénité d'âme, quoiqu'elle ait été fréquemment interrompue dans leur composition par les cris de ceux que les exécuteurs

[1] Lacr., II. 100.

arrachaient de leurs cellules pour les conduire à l'échafaud [1].

Le jour où elle dut paraître devant le tribunal, elle s'habilla de blanc avec un soin scrupuleux. Sa belle chevelure noire tombait en longues tresses sur sa poitrine; si sa beauté en ressortait davantage, elle le devait à ses geôliers, qui lui avaient ôté tout moyen de faire une autre toilette; elle avait choisi le blanc comme emblème de la pureté de son âme. Son avocat, M. Chauveau Lagarde, alla la voir pour recevoir ses dernières instructions; tirant un anneau de son doigt, elle lui dit: « Demain je ne serai plus, je sais bien le destin qui m'attend; votre généreuse assistance ne me servirait de rien; elle vous exposerait sans me sauver; ne venez donc pas au tribunal, je vous en prie; mais acceptez ceci comme le dernier témoignage de mon estime. » Sa défense, composée par elle-même la nuit qui précéda son jugement, est un des monuments les plus éloquents et les plus touchants de la révolution; ses réponses aux interrogatoires de ses juges, la dignité de ses manières, la beauté de sa personne, émurent de pitié même l'auditoire révolutionnaire. Voyant qu'ils ne pouvaient l'amener à faire aucun aveu qui la compromît, le président lui demanda si elle était instruite du lieu où se tenait caché son mari, elle répondit: « Que je le connaisse ou non, je ne le révèlerai pas; il n'y a pas de loi

[1] Riouffe, 86, 87. Lacr., II. 100. Roland, I. passim, et 97

qui puisse m'obliger, dans une cour de justice, à violer les plus forts sentiments de la nature. » Là dessus elle fut sur-le-champ condamnée; quand la lecture de sa sentence fut finie, elle se leva et dit : « Vous me jugez digne de partager le sort des grands hommes que vous avez assassinés. Je tâcherai d'imiter leur fermeté sur l'échafaud. » Elle regagna sa prison d'un pas ferme et l'œil brillant d'enthousiasme; toute son âme paraissait absorbée dans les sentiments héroïques dont elle était animée [1].

Elle fut conduite à l'échafaud dans la même voiture qu'un homme dont la fermeté n'égalait pas la sienne; pendant qu'ils traversaient les rues, toute sa sollicitude semblait être de soutenir son courage; elle le faisait avec tant de simplicité et d'effet, qu'elle amenait souvent un sourire sur les lèvres de la pauvre victime. Au lieu de l'exécution elle s'inclina devant la gigantesque statue de la liberté, et prononça ces paroles mémorables : « O liberté! que de crimes on commet en ton nom! » Lorsqu'ils arrivèrent au pied de l'échafaud, elle eut la générosité de renoncer, en faveur de son compagnon, au privilège d'être exécutée la première. « Montez le premier, dit-elle, que je vous épargne au moins la douleur de voir couler mon sang. » Puis, se tournant vers l'exécuteur, elle lui demanda s'il consentait à cet arrangement; il répondit que ses ordres portaient qu'elle devait mourir la première.

[1] Roland, I. 40, 41, 43. II. 459. App., II. p. 425, Riouffe, 57.

« Vous ne pouvez, j'en suis sûre, lui dit-elle en souriant, refuser à une femme sa dernière demande. » Sans se laisser effrayer par le spectacle qui suivit bientôt ces paroles, elle mit tranquillement la tête sous la guillotine, et mourut avec la sérénité qu'elle avait toujours montrée depuis son emprisonnement [1].

Madame Roland avait prédit que son mari ne lui survivrait pas; sa prophétie fut bientôt accomplie; quelques jours après on le trouva mort sur la route de Paris à Rouen; il s'était frappé lui-même dans ce lieu, afin de ne pas trahir les généreux amis qui lui avaient donné asile dans son malheur; sa poche renfermait une lettre conçue en ces termes; « Qui que tu sois, ô passager, qui découvres mon cadavre, respecte les restes du malheureux; ce sont ceux d'un homme qui a consacré toute sa vie à être utile à son pays, qui est mort comme il a vécu, vertueux et sans tache; puissent mes concitoyens adopter des sentiments plus humains; ce n'est pas la crainte, mais l'indignation qui m'a fait quitter ma retraite, quand j'ai appris le meurtre de ma femme. J'ai pris du dégoût pour un monde souillé de tant de crimes [2].

Les autres chefs du parti, dispersés dans les provinces, coururent d'innombrables dangers, et y échappèrent d'une manière plus merveilleuse que

---

[1] Roland, I. 43, 44. Lacr., x. 278.
[2] Roland, I. 45, 46. Lacr., x. 278.

les héros de romans. Louvet dut son salut au fidèle attachement d'une femme ; Barbaroux, Pétion, Buzot et Valade, furent cachés à Saint-Emilion dans une caverne, par une sœur de Guadet; un petit nombre seulement échappa aux recherches multipliées des Jacobins [1]. Leurs Mémoires offrent une preuve curieuse de l'indignation qu'éprouvaient ces esprits enthousiastes, mais vertueux, en voyant le triomphe de l'ambition coupable.

Ainsi périt le parti de la Gironde, imprudent dans ses mesures, coupable par la témériré de ses actes, mais illustre par le talent, glorieux dans sa chute; il comprenait tous les hommes qui étaient philanthropes par sentiment, ou républicains par principes, les braves, les hommes bienveillants et humains; mais à eux se mêlaient aussi des âmes d'une nature plus vile; plusieurs qui employaient leur talent pour servir leur ambition, et qui se souciaient peu du bonheur de leur pays, pourvu qu'ils augmentassent la puissance de leur parti ; il fut renversé par une faction composée d'éléments plus grossiers, mais d'un caractère plus déterminé, à qui il restait moins de sentiments de conscience, mais qui connaissait mieux les ressorts de la méchanceté pratique. Orné des talents les plus brillants, soutenu par la plus puissante éloquence, animé souvent par les intentions les plus généreuses, il périt victime d'une faction vile et méprisable,

[1] *Mémoires de Buzot, Louvet et Barbaroux. Passim*, et Lacr., x. 280.

d'hommes sortis de la lie du peuple, et qui n'obéissaient qu'à l'amour du crime et à l'ambition la plus égoïste. Tel a toujours été et tel sera toujours le résultat des convulsions révolutionnaires, lorsque la ferme union des classes supérieures ne s'y opposera pas dès le principe. Dans le conflit des factions opposées, les hommes vertueux et modérés seront souvent vaincus par les méchants et les audacieux; la prudence arrête leur courage, la vertu réprime leur ambition; l'humanité paralyse leurs efforts; ils succombent, parce qu'il leur répugne d'employer la violence, qui dans des temps désastreux devient essentielle pour assurer le succès.

Les principes de ce parti célèbre le rendaient peu propre à jouer un rôle énergique ou heureux dans les affaires publiques; son aversion pour la violence, son horreur du sang le mettait tout-à-fait hors d'état de lutter contre ses sanguinaires antagonistes; ils aimaient mieux endurer que commettre la violence; mourir en défendant la liberté que de vivre par le moyen d'atrocités qui devaient la détruire. Leurs principes à la fin, quand ils furent poussés aux dernières extrémités, furent ceux qu'exprima si bien Louis XVIII, quand on le pressait d'assassiner Napoléon : « Dans notre famille nous sommes assassinés, mais nous ne commettons jamais d'assassinat [1]. »

[1] *Mémoires sur Louis XVIII*. I. 221. Buzot, 10.

Leur plus grande faute, et c'en est une que tous les malheurs postérieurs n'ont pas expiée, consista dans l'agitation qu'ils entretinrent avec tant de zèle dans l'esprit public. L'orage que leur éloquence avait excité, leur sagesse ne put le calmer ; ils soulevèrent le peuple contre le trône au 10 août ; ils échouèrent dans leur dessein de sauver le monarque le 21 janvier, et tombèrent sous la hache de la populace, dont ils avaient éveillé les passions furieuses; tel est le progrès naturel des révolutions; leurs premiers chefs deviennent les objets de la jalousie, quand ils sont au pouvoir; les hommes turbulents, et les ambitieux se réunissent contre une autorité qu'ils veulent remplacer ; de plus grosses flatteries à la licence populaire, des protestations plus extravagantes de zèle pour le bien public, soulèvent bientôt la multitude contre ceux qui ont obtenu l'influence qu'ils veulent pour eux-mêmes. Le pouvoir tombe entre les mains des esprits désespérés ; ils obtiennent tout, parce qu'ils n'ont de scrupules pour rien.

Les Girondins, et tout le parti constitutionnel de France, éprouvèrent, quand ils voulurent contenir leurs anciens alliés et réprimer la marche de la révolution, l'effet nécessaire des faux principes sur lesquels ils s'étaient guidés, et la périlleuse nature des doctrines qu'ils avaient pris tant de peine à propager parmi le peuple. Jamais ils ne purent retrouver l'assistance d'aucune des deux grandes factions de l'état, des propriétaires, ou des avocats de la spoliation. Les premiers ne pouvaient avoir confiance en eux, après qu'ils avaient confisqué les propriétés de l'église, persécuté les prêtres, porté le cruel décret contre les émigrés, provoqué la révolte du 10 août et voté la mort du roi ; les derniers ressentirent contre eux toute l'amertume de la déception personnelle et de la trahison de parti, lorsqu'ils voulurent employer la force du pouvoir exécutif contre les hommes avec lesquels ils avaient agi d'abord, et contre les principes au moyen desquels ils avaient exécuté une si redoutable convulsion. C'est ce sentiment de méfiance d'un côté et de trahison de l'autre, qui anéantit si rapidement le pouvoir des auteurs d'une révolution, lorsqu'ils essaient de réprimer ses excès, et qui fait tout-à-coup du chef d'une puissante armée un homme tout-à-fait méprisable et sans pouvoir. C'est l'accusation d'inconséqnence dont ils ne peuvent jamais triompher; c'est l'amertume excitée par un abandon de principes, qui paralyse tous leurs efforts pour en corriger les abus. Les Girondins et les Constitutionnels éprouvèrent ce cruel retour de la manière la plus signalée dans les derniers périodes de la révolution. Lafayette avait entre les mains toute la puissance de la France, quand il dirigeait la garde nationale contre la monarchie de 1789, mais il ne put faire venir trente hommes sous ses drapeaux pour défendre le trône en 1792;

et le chef de la populace au 5 octobre n'échappa à sa férocité, que grâce à son emprisonnement dans une forteresse autrichienne. Vergniaud et les Girondins étaient tout puissants quand ils déclamaient contre la trahison supposée de la cour, et qu'ils enflammaient la nation pour l'entraîner dans une guerre européenne; mais quand ils parlèrent contre les massacres des prisons et cherchèrent indirectement à sauver la vie du monarque qu'ils avaient détrôné, ils devinrent impopulaires au suprême degré, et furent conduits en prison et à l'échafaud au milieu des applaudissements de la multitude qui les avait si récemment suivis avec acclamation.

Ces faits suggèrent une importante conclusion en science politique, c'est que l'injustice et la violence d'un parti révolutionnaire ne peuvent guère être efficacement réprimées par ceux qui ont partagé ses principes; mais que la seule espérance des amis de l'ordre, dans de telles circonstances, doit se trouver dans ceux, qui malgré toutes les menaces, ont opiniâtrement repoussé toutes les injustices. Il y a dans le courage et la persistance dans les mêmes principes quelque chose qui commande le respect, même au milieu des ressentiments de l'esprit de faction; et si une réaction contre le règne de la violence doit jamais se faire, on en trouvera les chefs, non parmi ceux qui ont abandonné, mais parmi ceux qui ont combattu la révolution. Il en coûte peu à un soldat de combattre sous les drapeaux d'un adversaire habile et résolu ; mais jamais il ne mettra sa confiance dans un général qui a abandonné son drapeau pendant la bataille. Les écrivains républicains sont tous dans l'erreur, quand ils affirment que les horreurs de la révolution viennent toutes de ce que le roi ne s'était pas jeté cordialement dans les bras du parti constitutionnel ; avec de tels alliés il n'aurait jamais pu maîtriser le parti jacobin, appuyé comme il l'était par une si nombreuse portion des populations des villes; c'étaient les royalistes seuls, qui auraient pu profiter réellement de la forte réaction qui s'opérait contre la révolution, et qu'amenèrent les premiers actes de violence ouverte contre le trône, et l'évènement a suffisamment prouvé la justesse de ses principes. Les partis orléaniste et girondin ne furent jamais en état d'opposer une résistance sérieuse aux progrès de la révolution, et l'histoire trouve à peine à raconter une escarmouche livrée pour la défense de leurs principes [1]; tandis que les paysans de la Vendée, sans aucune assistance extérieure, et malgré des désavantages de tous genres soutinrent une guerre désespérée contre la république, et ne furent soumis qu'à l'avènement de Napoléon, après six cents batailles livrées, et le massacre d'un million d'hommes. Ce fut la désertion générale du pays par les émigrés,

[1] La résistance de Lyon et de Toulon, quoique commencée sous les couleurs des Girondins, avant le commencement de l'action, fut dans le fait conduite par le parti royaliste.

la trahison de l'armée et l'irrésolution du roi, qui frayèrent réellement la voie aux excès des Jacobins.

Mais quoique les excès antérieurs et l'ambition turbulente des Girondins leur aient ôté le pouvoir d'opposer une résistance efficace aux progrès de la révolution, ils firent beaucoup pour racheter leurs funestes erreurs, par la magnanimité de leur mort. La postérité se déclare invariablement pour la cause de la vertu ; les dernières impressions sont celles qui durent le plus ; les principes qui triomphent à la fin, sont ceux qui trouvent de l'écho dans le cœur humain. Déjà cet effet est devenu manifeste. Les talents, la vigueur, l'énergie des Jacobins, sont effacés par le sang qui a souillé leurs victoires ; le zèle imprudent, la conduite irrésolue, la crédulité inexpérimentée des Girondins disparaissent devant l'héroïsme qui signala leur chute. Le règne de la terreur, qui est comme la nuit de la révolution, fut de courte durée ; les étoiles qui s'étaient éteintes au firmament, attirèrent seules les yeux du monde avec plus d'anxiété vers l'aube naissante. L'éloquence de Vergniaud et l'héroïsme de madame Roland, ont produit sur le monde une impression qui ne s'effacera pas ; et tandis que l'histoire, qui raconte les terribles maux que leurs fougueuses déclamations produisirent dans le pays, ne peut les absoudre de l'imputation d'innovations téméraires et dangereuses, d'ambition inconsidérée ; elle doit respecter quelques-uns des motifs qui conduisirent même à des erreurs, dont les conséquences étaient alors en grande partie inconnues, et vénérer le courage avec lequel ils supportèrent leur destin.

FIN DU TOME DEUXIÈME.

TABLE
DES MATIÈRES
DU TOME DEUXIÈME.

CHAPITRE V.
DEPUIS L'OUVERTURE DE L'ASSEMBLÉE LÉGISLATIVE JUSQU'A LA CHUTE DE LA MONARCHIE.

Formation de l'Assemblée Législative.— État du pays pendant les élections. — L'émigration des nobles continue. — Ses funestes effets. — Ouverture de l'assemblée.— Partis qui la composent.— Les Girondins et les Feuillants.— Clubs de la capitale, les Cordeliers et les Jacobins. — Luttes avec l'église. — Débats sur la confiscation des propriétés, et lois contre les émigrés. — Décrets contre ces derniers, et contre le clergé non assermenté. — Le roi refuse de les sanctionner, mais il rappelle les émigrés et sanctionne le décret contre le comte d'Artois. — Élection d'un maire de Paris. — Débats sur les relations extérieures. — Préparatifs de guerre. — Ils sont vivement combattus par Robespierre. — Changement de ministère. — Les Girondins admis au pouvoir. — Dumouriez, son caractère, et Madame Roland. — Affaires étrangères. — La guerre désirée par tous les partis, mais spécialement par les Girondins. — Le roi cède contre son propre jugement, et la guerre est déclarée. — Massacre d'Avignon. — Terrible insurrection à St-Domingue. — La garde royale dissoute par l'assemblée. — Changement de ministère. — Nouveaux ministres choisis parmi les Feuillants. — Les Girondins, pour se venger, organisent l'insurrection contre le trône. — Lettre de Lafayette à l'assemblée.—Troubles du 20 juin.—L'assemblée et le Palais-Royal envahis par la populace.—Conduite héroïque du roi, de la reine et de la princesse Élisabeth. — Première apparition de Napoléon. Indignation publique qu'excite cet outrage.—Lafayette arrive à Paris.—Il n'est soutenu ni par la cour ni par la garde nationale, et échoue. — Les Girondins organisent ouvertement une révolte. — Débats dans l'assemblée sur ce sujet. — Fête du 14 juillet. — Arrivée des fédérés à Paris. — Divers plans de la cour. — Progrès des Prussiens et des Autrichiens.—Proclamation du duc de Brunswick. — Nouveaux préparatifs de la cour et des insurgés.—Le roi se retire avec sa famille dans l'Assemblée Législative.—Conflit dans la place du Carrousel, et massacre des Suisses. — Prise et pillage du palais. — Détrônement du roi. — Réflexions générales sur les erreurs des révolutionnaires, des nobles et des alliés, qui amenèrent ces événements. 1

CHAPITRE VI.

RÉPUBLIQUE FRANÇAISE DEPUIS LA DÉCHÉANCE DU ROI JUSQU'A SA MORT.

Dissolution progressive du pouvoir en France pendant la révolution.—Causes qui la produisent.—Fureurs de la populace après la prise du palais.—Rétablissement du ministère girondin.—Le roi et sa famille transférés au Temple. — Les armées approuvent Paris.—Disgrâce et fuite de Lafayette.—Grande influence de Danton, Marat et Robespierre. — Leur caractère. — Ils demandent un tribunal pour juger les ennemis de la révolution.— Première institution du tribunal révolutionnaire. — Consternation causée par l'approche des Prussiens.—Projet de massacre dans les prisons. — Les barrières fermées pour prévenir la fuite des personnes suspectes.—Plans énergiques de Danton.—Massacre dans les prisons de l'Abbaye et des Carmes. — Discours de Billaud Varennes aux meurtriers. — Mort de la princesse de Lamballe. — Conduite faible de l'assemblée.—Circulaire infernale envoyée par la municipalité de Paris aux autres municipalités de France. — Pillage énorme et impuni. — Fin de l'Assemblée Législative. — Elections pour la Convention.—Prodigieuse influence que les clubs jacobins exercent sur elles. — Réunion de la Convention. — La république est proclamée. — Changement du calendrier. — Lutte des Girondins et des Montagnards. — Caractère de ces deux factions. — Vergniaud, Guadet, Gensonné, Barbaroux. — Dans l'assemblée, les Girondins siègent à droite, les Montagnards à gauche. — Récriminations mutuelles. — Etat des finances. — Nouvelle émission d'assignats. — Proclamation d'une constitution complètement démocratique fondée sur le suffrage universel.—Désordres et malheurs dans toute la France. — Accusation portée contre Marat par les Girondins. — Louvet attaque Robespierre. — Réplique et acquittement de celui-ci. — Les Girondins proposent en vain une garde pour la Convention. —Bruits répandus par les Jacobins sur la division de la république. — Préparatifs du procès de Louis. — Violente agitation répandue par les Jacobins.—Découverte de l'armoire de fer aux Tuileries.—Discussion préliminaire sur la question de savoir si Louis peut être jugé par la Convention. — La question est résolue affirmativement. — Conduite du roi et de sa famille depuis leur captivité. — On les sépare. — Le roi amené à la barre de l'assemblée. — Généreux dévouement de Malesherbes et de Tronchet. — Belle péroraison de Desèzes. — Débat sur l'accusation.— Louis est condamné. — Noblesse de sa conduite. — Sa dernière entrevue avec sa famille. — Sa dernière communion. — Son exécution. — Réflexions sur son caractère et sur sa condamnation. 109

CHAPITRE VII.

ETAT DE L'EUROPE AVANT LE COMMENCEMENT DE LA GUERRE.

Etat de l'Europe au commencement de la révolution française. — Vive excitation causée universellement par son triomphe. — Forces navales et militaires de la Grande-Bretagne. — Partis qui existent dans son sein. — M. Pitt et M. Fox. — M. Burke. — Grande division d'opinions sur la révolution entre ces chefs et entre les whigs et les torys. — État de l'Autriche. — Ressources militaires des états impériaux. — Pays-Bas autrichiens. — Destruction des forteresses par l'empereur Joseph. — État militaire de la Prusse et de la Russie. — Armée russe. — Les Cosaques. — La Pologne. — La Suède. — Les états ottomans. — L'Italie et le Piémont. — L'Espagne et le Portugal. — La Hollande. — La Suisse. — La France. — État de la société en Europe à cette époque. — Différence entre les états méridionaux et septentrionaux sous le rapport du courage militaire. — État intérieur de la France quand les hostilités commencèrent. — Négociations entre les puissances européennes avant le commencement de la lutte. — Fin de la guerre de la Russie contre la Turquie. — Extinction graduelle de toutes les autres jalousies et hostilités. — Langage menaçant employé par la France vis-à-vis des autres états. — Traité de Mantoue. — Déclaration de Pilnitz. — Les alliés n'agissent point d'après elle. — Le parti révolutionnaire en France déterminé à la guerre. — Déclamations des Girondins en faveur de la guerre. — Récriminations mutuelles qui conduisent aux hostilités. — Stricte neutralité de la Grande-Bretagne. — Elle cesse après la révolution du 10 août. — Système français de propagande. — Déclaration de guerre des républicains contre quiconque n'adopterait pas leurs principes de gouvernement. — Alarmes excitées dans la Grande-Bretagne par cette conduite. — Préparatifs militaires de cette puissance. — Elle déclare la guerre à la France. — Réflexions générales sur ces évènements. 218

CHAPITRE VIII

CAMPAGNE DE 1792.

Situation des armées françaises au commencement de la guerre. — Situation des alliés. — Invasion de l'armée française dans les Pays-Bas. — Sa défaite. — Consternation de Paris. — Les armées alliées se réunissent sur le Rhin. — Invasion de la France par le duc de Brunswick. — Ordre de sa marche. — Reddition de Longwy et de Verdun. — Mouvements de Dumouriez. — Description de la forêt d'Argonne. — Il s'empare des défilés avant l'arrivée des Prussiens. — Temporisation des alliés. — Clairfait force l'un des défilés. — Dumouriez se replie sur Sainte-Menehould. — Déroute d'une partie de l'armée française pendant la retraite. — La France prend position à Sainte-Menehould. — Elle y réunit ses armées. — Consternation dans Paris et à l'arrière-garde des troupes. — Canonnade de Valmy. — La France conserve sa position. — Détresse des alliés ; ils se décident à la retraite. — Différents motifs de cette résolution. — Terreur de Paris. — Conférences ouvertes au sujet de la retraite des alliés. — Ils commencent à rétrograder et regagnent le Rhin. — Opérations militaires en Flandre. — Bombardement de Lille. — Levée du Siège. — Mouvement sur le Haut-Rhin. — Prise de Mayence par Custine. — Plan de l'invasion de la Flandre commencée par Dumouriez. — Bataille de Jemmapes. — Lenteur de Dumouriez. — Conquête de la Flandre. — Les succès de Dumouriez inspirent de la jalousie à Paris. — Les républicains s'avancent jusque sur les bords de l'Escaut et de la Meuse. — Prise d'Anvers, Liége et Namur. — Dumouriez fait prendre à son armée ses quartiers d'hiver. — Violent décret de la Convention et grands changements révolutionnaires en Belgique. — Cruelle oppression des Français en Flandre. — La guerre est commencée contre le Piémont. — Conquête de la Savoie et de Nice.—La Suisse menacée d'une invasion, qui est différée. — Mesures prises pour révolutionner Nice et la Savoie. — Leur incorporation à la France. — Clôture de la campagne sur le Haut-Rhin. — Echecs des républicains ; ils repassent le Rhin. — Immenses résultats de cette campagne. — Précipitation des alliés. — Suites fâcheuses de leur manque de vigueur au commencement des opérations. — Situation Perilleuse de la France à cette époque.— Réflexions générales sur la campagne. 324

CHAPITRE IX.

RÉPUBLIQUE FRANÇAISE DEPUIS LA MORT DU ROI JUSQU'À LA CHUTE DES GIRONDINS.

Affliction et consternation générales à la mort de Louis. — Elle perd irrévocablement les Girondins.— Retraite de Roland, qui est remplacé par Garat. — Guerre avec l'Angleterre, l'Espagne et la Hollande. — Prodigieux effets de cet évènement. — Sa funeste influence sur la cause royaliste et constitutionnelle. — Plan des Jacobins pour résister aux alliés. — Etablissement du tribunal révolutionnaire. — Grande detresse à Paris. — Le peuple demande une loi du maximum — Desseins de Dumouriez. — Il veut rétablir la monarchie. — Son échec et sa fuite. — Luttes entre les Girondins et les Jacobins. — Conspiration des Jacobins ; elle échoue. — La guerre éclate dans la Vendée. — Vigoureuses mesures de la Convention. — Dumouriez denoncé.—Nomination du comité de salut public.—Les Girondins et le centre envoient Marat au tribunal révolutionnaire.—Violente agitation pour paralyser cet acte.—Marat est acquitté.—Proposition énergique de Guadet.—Insurrection générale contre les Girondins et la Convention. Lutte désespérée dans l'assemblée. — Rapport de Garat déclarant Paris dans un état de tranquillité. — Insurrection renouvelée le 31 mai. — Vastes forces organisées dans les faubourgs. — Elles environnent et attaquent la Convention. — Violents débats dans son sein. — Les membres sortent de la salle, mais ils sont repoussés par les bandes armées. — Les trente chefs de la Gironde sont livrés et mis en arrestation. — Plusieurs s'échappent et s'enfuient dans les provinces. — Leur procès et leur condamnation. — Leur mort héroïque. — Procès et mort de madame Roland. — Sa conduite généreuse. — Mort de M. Roland. — Reflexion sur la chute des Girondins. 412

FIN DE LA TABLE DU TOME DEUXIÈME.

www.ingramcontent.com/pod-product-compliance
Lightning Source LLC
Chambersburg PA
CBHW060229230426
43664CB00011B/1589